Reihe Rechtswissenschaft
Band 198

Unmittelbarer Opferzeugenschutz

Möglichkeiten und Grenzen der audiovisuellen Vernehmung von Kindern als Opferzeugen in Verfahren wegen sexuellen Mißbrauchs nach dem Zeugenschutzgesetz

Birgit Thoma

Centaurus Verlag & Media UG 2003

Birgit Thoma, Juristin, Promotion an der Universität Halle/Wittenberg, Fachhochschulprofessorin für Recht.

Die Deutsche Bibliothek – CIP-Einheitsaufnahme

Thoma, Birgit:
Unmittelbarer Opferzeugenschutz : Möglichkeiten und Grenzen der audiovisuellen Vernehmung von Kindern als Opferzeugen in Verfahren wegen sexuellen Mißbrauchs nach dem Zeugenschutzgesetz / Birgit Thoma. - Herbolzheim : Centaurus-Verl., 2003
(Reihe Rechtswissenschaft ; Bd. 198)
Zugl.: Halle/Wittenberg, Univ., Diss., 2001
ISBN 978-3-8255-0422-9 ISBN 978-3-86226-827-6 (eBook)
DOI 10.1007/978-3-86226-827-6

ISSN 0177-2805

Satz: Dr. Claudia Nickel, Schmitten
Umschlaggestaltung: DTP-Studio, Antje Walter, Hinterzarten

Inhalt

Einleitung*

Die vorliegende Arbeit befasst sich mit den Möglichkeiten und Grenzen der audiovisuellen Vernehmung, die mit dem am 1.12.1998 in Kraft getretenen „Zeugenschutzgesetz" in das Strafverfahren eingeführt wurde, wobei die ebenfalls neugeschaffenen Möglichkeiten, zu dieser Vernehmung einen finanzierten Zeugenbeistand hinzuzuziehen, vorliegend explizit von der Untersuchung ausgenommen sind.[1] Zielsetzung der Neuregelung ist – postuliert im Gesetzgebungsverfahren und in der abschließenden Plenardebatte – (Opfer-) Zeugen stärker in den Mittelpunkt der Verfahren zu rücken und dort nicht länger als Objekte und Beweismittel zu instrumentalisieren, sondern besser vor verfahrensbedingten Belastungen zu schützen.[2] Einen Schwerpunkt stellt die Möglichkeit dar, künftig Mehrfachvernehmungen von Kindern in Verfahren wegen sexuellen Missbrauchs zu reduzieren. Mithilfe der neugeschaffenen Möglichkeit, die erste Vernehmung zu konservieren und zu verwerten, sollen Mehrfachvernehmungen von Kindern künftig der Vergangenheit angehören.[3] Inwieweit dieser Anspruch des verbesserten Opferzeugenschutzes und die verfahrensrechtliche Wirklichkeit der Vernehmungsreduzierung beieinander liegen, wird im folgenden näher zu betrachten sein. Im Mittelpunkt des Untersuchungsinteresses steht dabei keine empirische Bestandsaufnahme,[4] sondern die Auseinandersetzung mit verfahrensrechtlichen Problemstellungen. Ausgangspunkt sind dabei die Fälle, in denen der Angeschuldigte aus dem Familienkreis oder dem familiären Umfeld der Kinder stammt[5] und es sich um ein Verfahren nach § 176 StGB – die Kinder also unter

* Es sei darauf hingewiesen, dass dort, wo es nicht zu vermeiden und eine geschlechtsneutrale Formulierung nicht durchgängig möglich war, vorzugsweise die männliche Form gewählt wurde, auch wenn dies die Lesbarkeit nicht zwingend erleichtert. Die neue Rechtschreibung wurde im übrigen berücksichtigt.

1 BGBl.I, 98, 820. Zur Entwicklungsgeschichte vgl. 1. Kapitel.

2 Plenarprotokoll 13/221, S. 2027, 2028.

3 BT-Drs. 13/7165, S. 1; Volbert/Pieters, 1993, S. 14 ff.; Busse/Volbert/Steller 1996, S. 199.

4 Dazu vgl. Kipper, Oliver: Schutz kindlicher Opferzeugen im Strafverfahren. Kriminologische Forschungsberichte. Max-Planck-Institut Freiburg, Dissertation 2001.

5 Die Fälle, in denen es sich um absolut Fremde handelt, sind eher die Ausnahme. Sie machen nur etwa 10 % der Fälle aus und sind daher für die vorliegende Untersuchung, die Strukturen aufzeigen soll, vernachlässigbar. Vgl. Elke Mitzlaff: Sexueller Mißbrauch, in M. Käßmann (Hrsg.), Gewalt an Kindern. 1. Kinderkonsultation in Kurhessen-Waldeck, Hofgeismar 1992, S. 14.

14 Jahren sind. Für diese Fallkonstellationen soll konkret untersucht werden, inwieweit durch die Neuregelung die Vernehmungssituation verbesserbar ist und eine erneute Vernehmung in der Hauptverhandlung durch die Verwertung der konservierten Erstvernehmung ersetzbar ist, ohne das Kind daneben zwingend erneut zu vernehmen.[6] Für eine solchermaßen „dispositive Vernehmung" in der Hauptverhandlung gilt es, die richterlichen Beweiserhebungsspielräume auszuloten und die entsprechenden Begründungsmuster zu entwickeln.

6 Es sei noch darauf hingewiesen, dass die Begriffe „Opfer" und „Verletzter" im folgenden synonym verwendet werden, wobei von einem engen Verletztenbegriff, der das prozessuale Spiegelbild des Rechtsgutsträgers darstellt, ausgegangen wird, vgl. dazu Heike Jung: Die Stellung des Verletzten im Strafprozeß, in ZStW 93 (1981), 1148 ff.

Erstes Kapitel
Stellenwert des Opferzeugenschutzes im Verfahren – Rhetorik des Zeugenschutzgesetzes und Wirklichkeit

I. Rhetorik: Verbesserung der Situation von Kindern als Opferzeugen im Strafverfahren wegen sexuellen Missbrauchs

1. sekundäre Viktimisierungen durch die Verfahren

Die Neuregelung zur Videovernehmung wurde von Vertretern aus Politik[7], Medien und auch Opferschutzorganisationen überwiegend als ein neuer Meilenstein in der kriminalpolitischen Debatte um die Aufwertung des Opferzeugenschutzes im Verfahren gesehen. So bewerteten sie allesamt die Verabschiedung der Neuregelung als „einen großen Tag für den Opferschutz".[8] Mit der Neuregelung zur Videovernehmung und der Regelung zum Zeugenbeistand sollte es künftig möglich sein – so das (fast)[9] einhellig in der Debatte formulierte Fazit – die *Opfer* von Straftaten künftig besser vor übermäßigen Belastungen im Strafverfahren zu schützen und stärker in den Mittelpunkt des Verfahrens zu stellen. Proklamiert wurde damit einhergehend insgesamt eine Anknüpfung an „eine der bemerkenswerte-

7 Protokoll der 221. Sitzung vom 4.3.1998 (BT-Drs. 13/221), S. 20207.

8 Vgl. auch die Abgeordneten Profalla (CDU/CSU), Plenarprotokoll 13/221 S. 20207, Schmidt-Jortzig, 13/221, S. 20215, van Essen (FDP), 13/221, S. 20209, Schubert (SPD) 13/221, S. 20212; Eylmann (CDU/ CSU), 13/221, S. 20213; Kintzi, DriZ 98, 173; Rieß, NJW 1998, S. 3240 ff.; Caesar, NJW 1998, S. 2313; Seitz, JR 1998, S. 309; Jung, GA 1998, 313; Nur der Abgeordnete von Bündnis 90/die Grünen, Beck, warnte vor der „Opfereuphorie". Ein ganz so großer Tag für die Opfer von Straftaten sei die Verabschiedung nicht, da nur Korrekturen und minimale Verbesserungen im Opferschutz erreicht worden seien. Er warnt explizit davor den Mund nicht ganz so voll nehmen und plädiert dafür, auf dem Teppich zu bleiben, Plenarprotokoll, aaO, S. 20208.

9 Es wurde gleichzeitig darauf hingewiesen, dass erstens noch Erfahrungen mit der Videovernehmung zu sammeln und zweitens noch weitere Nachbesserungen erforderlich seien, was zeigt, dass sich nicht alle Vorschläge durchsetzen konnten. In diesem Zusammenhang erinnert Meyer an noch weitergehende Forderungen zum Zeugenschutz: So plädiert er bspw. für ein befristetes oder unbefristetes Aufenthaltsrecht für Frauen, die als Opfer von Menschenhändlern zur Prostitution gezwungen wurden und eine Zeugenaussage scheuen, weil sie bisher befürchten müssen, dann abgeschoben zu werden, vgl. Plenarprotokoll aaO, S. 20207.

sten kriminalpolitischen Entwicklungen" der letzten Jahre, weg von einem täterorientierten hin zu einem opferorientierteren Strafrecht[10] und damit eine „Renaissance" des Opfers im Strafverfahren[11]:

„Die Menschenwürde des Verletzten erfordert, ihn nicht als Zeuge und Objekt des Strafverfahrens zu instrumentalisieren; der Verletzte muß eine eigene Handlungskompetenz und Subjektqualität erhalten."[12]

Entsprechend lautet auch der Untertitel der Neuregelung: *„Gesetz zum Schutz von Zeugen bei Vernehmungen im Strafverfahren und zur Verbesserung des Opferschutzes"* oder umgangssprachlich auch nur kurz: *„Zweites Opferschutzgesetz"*.

Ausgangspunkt der Neuregelung war die seit Anfang der 90 Jahre geführte Debatte um den sexuellen Missbrauch von Kindern, den Ursachen, Begehungsformen und Präventionsmöglichkeiten des Delikts, die auch die Frage nach neuen Strategien eines gesellschaftlichen Umgangs mit den Tätern und den Opfern und damit auch die Rolle des Strafrechts und des Strafverfahrens in den Mittelpunkt der Debatte rückte.

Im Strafgesetzbuch sind die Straftatbestände des sexuellen Missbrauchs in den §§ 174, 174a, 174b, 176 geregelt und so konzipiert, dass sie unabhängig vom Verhalten des Kindes grundsätzlich jede Art von sexuellem Kontakt zwischen Täter und kindlichem Opfer unter Strafe stellen. Die Tatbestände erfassten sowohl den vollendeten oder versuchten Geschlechtsverkehr als auch verbale Belästigungen und exhibitionistische Handlungen. Entscheidend ist der sexuelle Bezug der Handlung. Insgesamt stieg die Zahl der Anzeigen wegen sexuellen Missbrauchs von Kindern in den Jahren 1991–2001 um etwa 25%, und lag 2001 bei 15117.[13] Trotz

10 Abgeordnete Irmer (FDP), Plenarprotokoll 13/221, 20206: „Insgesamt kann man feststellen, dass wir in dem modernen Strafrecht immer mehr von dem rein täterbezogenen Strafrecht wegkommen und die Opfer sowie die sonstigen Beteiligten, die mittelbar Opfer sind, hier stärker in ihren Rechten fördern und berücksichtigen wollen."

11 Vgl. auch ZRP 1998, S. 39, Bericht aus dem Rechtsausschuß, sowie van Essen, Abgeordneter der FDP, Plenarprotokoll, aaO, S. 20209, der begrüßt, dass die „professionelle Verbiegung", die viele Abgeordnete auf Grund ihrer Tätigkeit als Richter, Staatsanwälte, Verteidiger von Straftätern haben und die eine Fixierung auf den Täter mit sich bringe, „Gott sei Dank ein Ende hat". Es gehöre ganz selbstverständlich zu unserem Rechtsstaat, dass der Schutz vor Straftaten und der Schutz derjenigen, die Opfer von Straftaten geworden sind, in den Mittelpunkt der Überlegungen gestellt werde.

12 Meyer (SPD), Plenarprotokoll, 13/221 S. 20207, sowie Schubert (SPD), aaO, S. 20212, die betont, dass mit dem Zeugenschutzgesetz hat das Opfer endlich auch seine Gleichstellung als Beteiligter des Prozesses gefunden habe.

13 Polizeiliche Kriminalstatistik 2001 3.2., Straftaten gegen die sexuelle Selbstbestimmung, Tabelle 01.

eines zu verzeichnenden leichten Rückgangs der Fallzahlen seit 1997 um etwa 4 %[14] ist der sexuelle Missbrauch von Kindern dennoch das mit Abstand am häufigsten registrierte Sexualdelikt: von 52902 angezeigten Sexualdelikten entfielen knapp 30 % auf den Tatbestand des sexuellen Missbrauchs.[15] Zwar konnte in knapp über 70 % der Fälle ein Täter ermittelt werden, strafrechtlich belangt wurden aber nur die wenigsten.[16] So belegte Volbert[17] anhand von näher analysierten Berliner Fällen, dass bei einem großen Teil ein Ermittlungsverfahren trotz positiver psychologischer Glaubwürdigkeitsgutachten eingestellt wurde. Auch Kippers kommt in seiner neuesten Untersuchung zur Situation von Kindern im Strafverfahren zu einer Einstellungsquote von fast 70 %.[18] Obwohl keinerlei Untersuchungen darüber existieren, in welchem Maße der hohe Anteil der Verfahrenseinstellungen auf mangelhafte Ermittlungen oder auf die fehlenden Voraussetzungen der Straftatbestände des sexuellen Missbrauchs zurückzuführen sind, vermitteln die Zahlen den Eindruck einer unzureichenden Rechtsdurchsetzung.

Er verstärkt sich, wenn man die Ergebnisse der Dunkelfeldforschung hinzunimmt, denn danach liegen die tatsächlichen Zahlen des sexuellen Missbrauchs von Kindern um etwa das 10–20fache höher. Sie werden durch deutsche und US-amerikanische Studien empirisch erhärtet, wonach in retrospektiven Befragungen zwischen 11 % und 62 % der erwachsenen Frauen und zwischen 3 und 16 % der erwachsenen Männer aus der Gesamtbevölkerung angegeben haben, Opfer eines Kindesmissbrauchs geworden zu sein.[19] Mehrere im Auftrag des Bundeskriminalamts durchgeführte repräsentative Untersuchungen von Baurmann kommen zu dem Ergebnis, dass in den alten Bundesländern und Westberlin etwa 4–5% aller Frauen als Kind missbraucht wurden.[20] Angesichts dieser hohen Zahlen ist die Anzeigebereitschaft erstaunlich gering.

14 Polizeiliche Kriminalstatistik 2001, 3.2., Straftaten gegen die sexuelle Selbstbestimmung, G 31.

15 Polizeiliche Kriminalstatistik 2001, 3.2., Straftaten gegen die sexuelle Selbstbestimmung, Tabelle 01.

16 Strafverfolgungsstatistik von 2001. Demnach werden weniger als 10 % der Angeklagten verurteilt. Auf diese Entwicklung wiesen bereits Endres/Scholz, NStZ 1994, S. 468 sowie Blath, Sexueller Mißbrauch von Kindern FuR 1995, 71 ff. hin.

17 Volbert/Erdmann, MschKrim 4/96, S. 239 ff.; Child witness in sexual abuse cases: The juridical situation in Germany, in: Lösel/Bender/Bliesener (Hrsg.), Psychology and law, 1992, S. 374 ff.

18 Kipper, Oliver, Schutz kindlicher Opferzeugen im Strafverfahren. Kriminologische Forschungsberichte, 2001, S. 283.

19 Vgl. die umfangreichen Nachweise bei Endres/Scholz, Sexueller Mißbrauch aus psychologischer Sicht, NStZ 1994, S. 468.

20 Baurmann, Straftaten gegen die sexuelle Selbstbestimmung, in: Schuh/Kilias, Sexualdelinquenz, Chur/Zürich, 1992, S. 77–82.

Kirchhoff deutete dies als Ausdruck eines Misstrauens gegen die Strafverfolgungsbehörden, die die Situation von Kindern als Opferzeugen nicht ausreichend berücksichtigten.[21] Sie sind meist tatsächlich und verfahrensrechtlich die einzigen aussagepflichtigen Tatzeugen, da der Missbrauch buchstäblich im Verborgenen durch einen Einzeltäter stattfindet. Diese „klassische" Beweissituation, in der sich die Kinder in ihrer Rolle als Zeugen befinden, und der damit auf ihnen lastende Druck ist für sie schon schwierig genug.[22] Hinzu kommen weitere strafprozessuale Bedingungen in diesen Verfahren, die die Gefahren einer erneuten Traumatisierung der Kinder verstärkten und so einen „negativen Katalysatoreffekt" auf die Kinder ausübten.[23] Die Gefahr der sekundären Viktimisierung, der nochmaligen Opferwerdung durch das Verfahren – so ihre These –, sei den Verfahren immanent.[24] Saller schloß sich dieser These an und konstatierte ebenfalls, dass sich durch die strafprozessualen Vorschriften die Gewaltsituation für das Kind wiederhole und es durch die Vorgehensweise im Strafprozess erneut eine „Verohnmächtigung erfahre".[25] Er führt weiter aus, dass sich das Kind erneut als Objekt des Verfahrens erfahre, da es keine Kontrolle über das Verfahren habe und darüber hinaus die Intimsphäre des Kindes für Beweisführungszwecke verletzte werde. In diesem Zusammenhang spricht Saller von einem erneuten „Missbrauch" des Kindes, da es zur Befriedigung des sog. „öffentlichen Interesses" an der Überführung des Täters – dem Zweck des Strafverfahrens – benutzt werden. Er weist im übrigen als einer der ersten darauf hin, dass auch die häufig einsetzenden Verdrängungsmechanismen, das Vergessen, Auslassen und Aussparen von Details, als Abwehrmechanismen fungieren und damit dem Schutz und der Traumabewältigung für die Opferzeugen dienen. Durch eine erneute Befragung und die angewandten Vernehmungstechniken werde den Zeugen dieser Schutz genommen, da sie nicht im therapeutischen und aufarbeitenden Rahmen erfolgen.[26]

21 Kirchoff, 1994, S. 89 ff.

22 Laubentahl, JZ 1996, S. 337; Denger, ZRP 1991, S. 49, Geppert, Oehler-FS, S. 329, über die in Fällen sexuellen Mißbrauchs von Kindern typische Beweissituation berichtete auf der Fachtagung „Kinder als Zeugen" am 11.5.1995 in Hannover auch die Staatsanwältin Freudenberg, vgl. Dokumentationsmappe S. 10, vgl. auch Duggan et al, 1989, S. 37.

23 Kirchhoff, 1994, S. 89.

24 Kirchhoff, 1994, S. 92.

25 Saller, in: Bärsch u.a., 1990, S. 131 ff. (141).

26 Saller, in: Bärsch u.a., S. 141.

Kirchhoffs und Sallers Thesen wurden durch die Arbeiten von Volbert/Pieters zum Teil bestätigt.[27] Sie konnten zwar keine grundsätzliche viktimisierende Wirkung des Strafverfahrens auf die Kinder feststellen[28], die von ihnen durchgeführte Auswertung und Erarbeitung eigener und fremder empirischer Studien zeigte jedoch, dass sich für Kinder Belastungen aus den Verfahren ergaben, die zumindest eine Gefahr von kurzfristigen und langfristigen sekundären Viktimisierungen der Kinder erhöhten:

Zu diesen Belastungen zählten sie konkret:

- wiederholte Befragung durch die Polizei, die Staatsanwaltschaft, Richter und Sachverständige,
- Vernehmung in nicht kindgerechter Form durch psychologisch unzureichend geschulte Polizeibeamte, Staatsanwälte und Richter,
- Fehlen rechtlichen Wissens
- Länge des Strafverfahrens
- nicht kindgerecht gestaltete Gerichtsgebäude und Verhandlungssäle
- Wartezeit vom Aufruf der Sache bis zur Aussage
- Angst der Kinder, ihnen werde vor Gericht nicht geglaubt
- Angst der Zeugen vor eigener Bestrafung
- Begegnung mit dem Angeklagten im Gerichtsflur oder im Verhandlungssaal
- Aussage vor der Öffentlichkeit
- Aussage trotz Drohung der Familienangehörigen und des Angeklagten, unzureichende Information nach der Hauptverhandlung.

27 Vgl. dazu insgesamt Volbert/Pieters, 1993, S. 14 ff. Hier wurde nicht zwischen langfristigen Schädigungen durch den Mißbrauch selbst und kurzfristigen durch das Verfahren, unterschieden, da Vergleichsgruppen von Kindern, die nicht im Verfahren aussagen mußten fehlten; ebenso Denger, ZRP 1991, S. 48 f.; DRiB, 1995, S. 3.

28 Volbert/Pieters, 1993, S. 197; Busse/Volbert/Steller, 1996, die diese Erfahrungen mit geringen Abweichungen bestätigten.

2. Schwerpunkt: Reduzierung der belastenden Mehrfachvernehmungen

Dass unter diesen konstatierten Viktimisierungsgefahren vor allem den Mehrfachvernehmungen eine entscheidende Bedeutung zukommt, zeigten – neben verschiedenen Erfahrungsberichten[29] – vor allem die Arbeiten von Kirchoff[30], Störzer[31] und Diesing.[32] So wirkte sich der „normale" Verfahrensablauf, innerhalb dessen die Kinder das Geschehene mehrmals rekapitulieren mussten, für sie besonders negativ und belastend aus und läßt sich folgendermaßen skizzieren[33]: Nach einer kurzen Anhörung des Kindes durch die Polizei und Anzeigenaufnahme wurden weitere Ermittlungen angestellt, um den Tatvorwurf zu überprüfen und um danach zu beurteilen, ob das Kind tatsächlich aussagen muss. Bei Erhärtung des Tatverdachts wird das Kind geladen und erneut von den Polizeibeamten zur Sache verhört. Erst danach wird die Aussage der Staatsanwaltschaft übermittelt, die gegebenenfalls ein Ermittlungsverfahren einleitete. Im Vorverfahren wurden die Kinder in der Regel von der Staatsanwaltschaft (§ 161a StPO) oder von der Polizei (§ 161 StPO) vernommen. Wenn gegenüber dem Beschuldigten ein Zeugnisverweigerungsrecht bestand, beantragte der Staatsanwalt eine ermittlungsrichterliche

29 Friesa Fastie, 1994, S. 85 ff. Sie beobachtete 23 Hauptverhandlungen in drei deutschen Städten und berichtet, dass die kindlichen Zeugen besonders unter den Mehrfachvernehmungen leiden, ebenso Kirchhoff, 1993, die 15 Mißbrauchsprozesse an 5 nordrhein-westfälischen Landgerichten beobachtete.

30 Vgl. Ergebnisse von Kirchhoff, 1993, S. 89.

31 Störzer, in MschrKrim 1977 S. 379; vgl. auch vgl. Fegert, 1993, S. 27. Goodman et al., 1992, S. 69.

32 vgl. Diesing 1980. S. 13. Ebenso im Ergebnis Volbert/Pieters, 1993, S. 15; Dessecker/Geissler-Frank, 1995, S. 199; Goodman et al., 1992, S. 6. – Zum ganzen vgl. auch Weigend, 1989, S. 462 und zuletzt zusammenfassend, Kintzi, DriZ 1996, S. 187. Bezüglich der traumatischen Folgen, die Strafverfahren für erwachsene Opfer von Sexualstraftaten haben können, existieren mehrere Untersuchungen. Vgl. eine Zusammenfassung in: Axel Dessecker/Isolde Geissler-Frank, 1995, S. 198 ff. sowie auch bei Busse/Volbert/Steller, 1996, S. 23–26.

33 Siehe auch Ansatz bei Weigend, 1989, S. 462 und zuletzt zusammenfassend, Kintzi, DriZ 1996, S. 187. Die strukturell mögliche Reduzierung auf nur zwei Vernehmungen durch nur eine Vernehmung im Zuge der Sachverhaltserforschung gem. § 160 Abs. 1 und Abs. 2 StPO, sowie nur eine weitere Vernehmung aufgrund des Unmittelbarkeitsprinzips, wurde nur in wenigen Modellprojekten erfolgreich umgesetzt; vgl. das hessische Projekt „Einsparungen von Zeugenvernehmungen von Kindern im Strafverfahren", in Teilen abgedruckt bei Gebhardt, Betrifft: JUSTIZ 33(1993), S. 6; vgl. auch ders., FuR 1995, S. 158 StPO; Ferner das Göttinger Modell, unveröffentlichtes Konzeptpapier und Bericht bei Freudenberg, Tagungsdokumentation Hannover, 1996; Dem Grunde nach auch zustimmend zu diesen Projekten DRiB, Gutachten 1995, S. 12 ff.

Vernehmung (§ 168 c Abs.2 StPO), da nur sie als Ausnahme von § 252 StPO bei einer Zeugnisverweigerung in der Hauptverhandlung über einen Beweis vom Hörensagen verwertbar war. Bei einer geplanten Anklageerhebung wurde der Beschuldigte spätestens vor dem Abschluß der Ermittlungen vernommen (§ 163 a StPO). Diese Befragung erfolgte entweder durch die Polizeibeamten (§ 163 a Abs. 4 StPO) oder durch die Staatsanwaltschaft, wobei die Aussage des Beschuldigten fast immer zu einer Nachvernehmung der kindlichen Zeugen führte, da sich neue Aspekte oder Tatsachen aus der Vernehmung ergaben. In der Regel wurde ein Gutachten über die Glaubwürdigkeit der Aussagen des Kindes erstellt, die weitere Befragungen des Kindes nach sich zogen (§ 80 Abs.2 StPO). An diese mehrfachen Vernehmungen bereits im Ermittlungsverfahren schlossen sich dann mehrere Vernehmungen im Hauptverfahren an, da eine Ersetzung weiterer Vernehmungen meist nicht möglich war, weil entweder die Gründe aus § 251 ff StPO nicht vorlagen oder das Unmittelbarkeitsprinzips generell einer Ersetzung entgegenstand (§ 250 StPO).[34]

Dass aus diesen Mehrfachvernehmungen Belastungen resultieren, läßt sich zwar nicht für alle Kinder pauschalisieren, da sie von verschiedenen Faktoren wie individuelle Belastbarkeit der Kinder, Alter des Kindes und Auswirkung der *primären* Belastungsfaktoren, also solchen, die von der Tat selbst und damit vom Tatvorwurf ausgehen, abhängen.[35] Dennoch läßt sich ein Belastungsgrundmuster ersehen. So sind die mit mehreren Aussagen einhergehenden Belastungen umso größer, je jünger die Kinder sind, je schwerer sie viktimisiert wurden, je häufiger sie die Vernehmungsperson wechselten und je geringer der Abstand zwischen der Vernehmung und der anschließenden Exploration ist, da für die Kinder schwer einsehbar und nicht vermittelbar ist, warum sie erneut aussagen müssen. Vor allem der letzte Punkt, der mit Mehrfachvernehmungen in der Praxis immer ein-

34 Vgl. Vachss/Leggewie, 1994, S. 82, die feststellen, dass Kinder in deutschen Strafverfahren durchschnittlich siebenmal vernommen werden, vgl. dazu auch Eckhardt in: Salgo (Hrsg.), 1995, S. 95, die berichtet, dass Mehrfachvernehmungen von Zeugen durch die Polizei, die Staatsanwaltschaft und die Gerichte im Ermittlungs- und Strafverfahren durchaus übliche Praxis ist. Ebenso Volbert/Busse, 1995, S. 78; Gebhardt FuR 1995, S. 125, Albrecht, 1995, Fn. 44.

35 Bei der Frage nach einer adäquaten Einschätzung der sekundären Viktimisierungsgefahren sind aufgrund dieses Zusammenhangs die typischen Reaktionsweisen und Ängste von sexuell mißbrauchten Kindern immer miteinzubeziehen, die nicht bei jedem Kind in der gleichen Weise auftreten. Dabei gibt es weder ein generelles Behandlungs- bzw. Umgangsschemata, dennoch gibt es sog. „einheitliche Folgen" der Tat, vgl. Mitnick, 1986, S. 84 ff. und Fegert, 1993, S. 39.

hergeht, ist besonders belastend für die Kinder, da damit jede Befragungsperson wieder ganz von vorn mit der vollständigen Befragung beginnt.[36] Die „Nachvernehmung“ gerät damit, obwohl sie in weiten Teilen eigentlich nur ergänzend sein müßte, zwangsläufig zu einer Wiederholung der vorherigen Vernehmung. Nur allzu leicht wird dem Kind dadurch das Gefühl vermittelt, nicht schon von Beginn an ernstgenommen worden zu sein. Dies ließe sich zwar vermeiden, wenn mit der eventuell erforderlichen Nachvernehmung nochmals dieselbe Person beauftragt würde, die das Kind bereits beim ersten Mal befragt hat. Eine solche Verfahrensweise ist aber durch Urlaube, Krankheiten, Tod und Berufswechsel von Vernehmungspersonen utopisch und unpraktikabel und erfolgt daher in der Praxis nicht.

Ferner ist bei der Beurteilung der skizzierten Belastungsmuster das sog. „Child Sexual Abuse Accomodation Syndrome“ zu berücksichtigen. Dies ist ein fünfstufiger Verarbeitungsprozess, der bei vielen sexuell missbrauchten Kinder quasi als Muster gleichermaßen abläuft und ebenfalls in die Belastungssituation durch Mehrfachvernehmungen mit hineinspielt[37]: Häufig erfolgt erst die Geheimhaltung des Geschehens, dann tritt eine damit einhergehende Hilflosigkeit und Unfähigkeit sich zu offenbaren ein. Daran schließt sich eine Anpassung an den Missbrauch an, aus der eine erneute Hilflosigkeit resultiert. Im Idealfall erfolgt die Enthüllung, an die sich jedoch meist die Rücknahme und Zurückversetzung in Stufe zwei, die wieder erfahrene Hilflosigkeit, anschließt.[38] Gerade die Gefahr, nach der Enthüllung wieder eine erneute Hilflosigkeit zu erleben, ist durch die Mehrfachvernehmungen aus mehreren Gründen sehr groß. Erstens implizieren sie an sich das Gefühl des mangelnden Ernstnehmens. Zweitens können sie aufgrund der skizzierten psychologischen Dynamik häufig weder eine Rücknahme verhindern noch diesen Kreislauf durchbrechen, da sie – entgegen einer immer wieder geäu-

36 Kirchhoff, 1994, S. 78; ferner Wolf/Steller in: Bierbrauer/Gottwald/Bierbrauer-Stahlberger, 1995, S. 163 ff.

37 Vgl. Mitnick, 1986, S. 88 ff.; Die mit dem „Post Traumatic Stress Disorder“ oder „Traumagenic Dynamics Model“ bezeichneten Symptome (vgl. Whitcomb, 1992, S. 22) gleichen sich in den auftretenden Auffälligkeiten der zu unterscheidenden Phasen. Dieses Syndrom ist aber nicht unumstritten, vgl. dazu Fegert, 1993, S. 39.

38 Vgl. dazu ausführlich zu diesen Verarbeitungsstufen nach Summit bei Whitcomb, 1992, S. 20, Fegert, 1993, S. 42 sowie Lusk/Waterman in: MacFarlane (Hrsg.), 1986 S. 105 ff. Der Verarbeitungsprozeß des Geschehens bei sexuelle mißbrauchten Kinder läuft demnach als Teil eines fünfphasigen Prozesses ab. Diese Phasen sind: Geheimhaltung Hilflosigkeit Anpassung Enthüllung Rücknahme. Vgl. dazu ausführlich: Vachss, 1995, S. 57 ff.; Goodman et. al. 1992, S. 3, Fegert, 1993, S. 43.

ßeren Ansicht[39] – nicht der therapeutischen Aufarbeitung dienen. Drittens verstärkt gerade ein Beweissystem, das den Schwerpunkt auf eine gleichermaßen konstante und detailgetreue Aussage – und damit Mehrfachvernehmungen – setzt, die Gefahr, die Gefühle der Hilflosigkeit zu verstärken, da Kinder selten den Ansprüchen einer detailgetreuen Aussage genügen können, sondern den Blick eher auf das Gesamtgeschehen richten.[40] Viertens werden Abweichungen in den Vernehmungen den Kindern als mangelnde Glaubwürdigkeit ausgelegt und damit Schuld und Unzulänglichkeitsgefühle verstärkt.

Neben diesen typischen mit Mehrfachvernehmungen einhergehenden Belastungsmustern zeigten die Wormser Missbrauchsverfahren überdeutlich, dass die Mehrfachvernehmungen zu den *tatsächlichen Hauptursachen* psychischer Belastungen für Kinder zählten.[41] Dort verweigerten die Kinder gerade durch die Belastungen der Mehrfachvernehmungen jede weitere Aussage und Zusammenarbeit mit den Behörden. Ohne ihre Aussage in der Hauptverhandlung war – unter Berufung auf das Unmittelbarkeitsprinzip – ein Tatnachweis nicht mehr möglich, ein Dilemma, das die sibyllinische Begründung eines im Wormser Großverfahrens erfolgten Freispruchs klar verdeutlichte:

„Die Schuld der Angeklagten konnte nicht zweifelsfrei bewiesen werden, dennoch geht das Gericht davon aus, dass ein Missbrauch stattgefunden hat.[42]

Letztendlich waren so nicht nur die von Kirchhoff und Volbert/Pieters aufgezeigten Gefahren der „Viktimisierungen" praktisch bestätigt. Darüber hinaus zeigte sich auch, dass rechtsstaatliche Grundsätze wie die der effektiven Strafverfolgung ohne Vernehmungserleichterungen und eine stärkere Berücksichtigung der Opferzeugeninteressen mehr als nur gefährdet waren und der Druck, hier neue Lösungswege zu entwickeln zunahm. Wichtige Impulse gingen hierbei von der Praxis aus[43]: Dort führte das Gericht in einem der Wormser Verfahren erstmalig eine

39 Vgl. ausführlich dazu bei Vachss, 1995, S. 100 sowie Volbert/Busse 1995, S. 141; Ferner Volbert/Pieters, 1993, S. 14; Albrecht, 1995, S. 6; Whitcomb, 1992, S. 15 (27); Volbert/Pieters, 1993, S. 23 f.; Arntzen, ZRP 1997, S. 241 StPO ff.

40 Verarbeitungsprozeß nach Summit, zitiert bei Whitcomb 1992, S. 20, vgl. Fn. 56.

41 Lossen, Streit 1995, S. 108 und Prozeßbericht von Burgsmüller, Streit, 1996, S. 13.

42 So der Kommentar des vorsitzenden Richters Schäfer bei der Urteilsverkündung im Wormser Verfahren II vor dem Landgericht Mainz am 11.3. 1995.

43 Vgl. die Untersuchung von Volbert/Erdmann, Ergebnisse in MschKrim 4/96, S. 238. Demnach zeigten die Richter und Staatsanwälte ein ausgeprägtes Problembewußtsein für die Gefahren der sekundären Viktimisierung von Kindern in diesen Verfahren und waren äußerst bereit und engagiert Maßnahmen dagegen zu ergreifen. Ferner hielt die Mehrheit der Befragten die Kinder für besonders ehrliche Zeugen und für schätzte die Glaubhaftigkeit ihrer Aussagen als sehr hoch ein. Zwar äußerten sie sich zu verfahrensrechtlichen Reformen wie der Videovernehmung überwiegend kritisch, jedoch nicht ablehnend.

Videosimultanvernehmung eines Kindes durch, um ihm belastende Konfrontation mit den übrigen Verfahrensbeteiligten zu ersparen und dadurch die Vernehmung zu erleichtern: Der vernehmende Richter befand sich mit dem Kind in einem Nebenzimmer und war über eine Ohrknopfschaltung in den Hauptverhandlungssaal verbunden, um Fragen weitergeben zu können, während die Vernehmung in den Hauptverhandlungssaal übertragen wurde. Dieses sog. „Mainzer Modell" wurde zwar vom BGH als mit verfahrensrechtlichen Grundsätzen nicht vereinbar angesehen, dennoch setzte es neue Signale für mehr Vernehmungserleichterungen, eine Reduzierung der Mehrfachvernehmungen und insgesamt eine stärkere Berücksichtigung von Opferzeugeninteressen in diesen Verfahren und führte zu einer rechtspolitischen Reformdebatte, in der von Seiten der Praxis gesetzgeberischer Handlungsbedarf angemahnt und verschiedene Vorschläge unterbreitet wurden.[44]

Damit war jedoch der Boden für Neuregelungen oder Reformen i.S. von mehr Opferzeugenschutz im Verfahren noch nicht bereitet, denn aufgrund einer angenommenen Interdependenz zwischen Gesetzgebung und Empirie[45] sollten erst die Ergebnisse eines Forschungsprojekts zur Evaluation des Belastungserlebens von Kindern im Strafverfahren über konkrete gesetzgeberische Maßnahmen entscheiden. Diese von Volbert/Busse in Berlin durchgeführte Studie zeigte, dass es nur in 3% der untersuchten Fälle zu mehr als zwei Vernehmungen kam.[46] Also doch keine Mehrfachvernehmungen im Regelfall? – ein Ergebnis, das überraschte und die Frage aufwarf, ob die Bedeutung des Belastungsfaktors Mehrfachvernehmung überschätzt wurde? Dass dies aber nicht der Fall war, stellten die Verfasserinnen durch ihren gewählten Untersuchungsansatz indirekt selbst klar, denn sie hatten die informatorischen Befragungen durch die Polizei, Explorationsgespräche mit Sachverständigen und sonstige Befragungen[47] auch durch die

44 Gutachten, DriB 1995, S. 3 ff.; Vorschlag des Deutschen Juristinnenbundes in Streit 3/1995, S. 109, Mildenberger, 1995, S. 317 (336); Wegner/Zschockelt NStZ 1996, 305; Meier, GA 1995, S. 151 ff.; ders. JZ 1991, S. 638.

45 Ein Ansatz, der letztendlich Ergebnisse von empirische Arbeiten über Reformen entscheiden läßt. Dadurch gewinnt die Rechtstatsachenforschung einen großen Raum. Zur Problematik der tatsächlichen mangelnden Interdependenz zwischen empirischen Befunden und gesetzgeberischen Maßnahmen zur Verbesserung der Situation von minderjährigen Zeugen, vgl. Keiser, 1997, S. 46 ff. Vgl. auch Coester, das Kindeswohl, S. 426 ff.

46 Siehe Volbert/Busse, Belastungen von Kindern in Strafverfahren, S. 88.

47 Die Kinder unterscheiden nicht zwischen einer Vernehmung und einer Befragung, da für sie beides dasselbe ist, in diesem Zusammenhang daher nur von einem juristischen Vernehmungsbegriff auszugehen und nur die polizeiliche und richterliche dazuzuzählen erscheint unredlich, vgl. dazu ausführlich bei der Darstellung des weiteren Untersuchungsansatzes im zweiten Kapitel.

Nebenklagevertreter nicht miterfasst und gingen selbst davon aus, dass die Zahl der polizeilichen Vernehmungen tatsächlich höher lag.[48] Damit verdeutlichten sie selbst, wie gefährlich es ist, eine Interdependenz zwischen empirischen Ergebnissen und konkreten Gesetzgebungsvorschlägen anzunehmen, denn unabhängig von den statistischen Angaben kann – wie sich zeigte – praktischer Reformbedarf bestehen.[49] Zwei Überlegungen mögen dies verdeutlichen: zum einen ist nicht auszuschließen, dass erst, nachdem das Problem der Mehrfachvernehmungen als ein solches bekannt und das entsprechende Problembewußtsein geschaffen wurde, hierdurch zahlreiche Vernehmungen effektiv eingespart werden konnten.[50] Zum anderen aber ist den statistischen Angaben nicht zu entnehmen, ob die übrigen 3 % der mehr als zwei Mal vernommenen Kinder nun dadurch deutlich mehr belastet wurden. Möglicherweise ist der Grad einer psychischen Beeinträchtigung gerade dieser Kinder ja besonders groß. Von einer „Überschätzung" der Bedeutung der Mehrfachvernehmungen kann dann in bezug auf den einzelnen hiervon Betroffenen natürlich keine Rede mehr sein.

Insgesamt warnten *Volbert/Busse* vor dem Versuch, die aufgezählten Belastungsfaktoren für Kinder jeweils einzeln zu sehen und entsprechend zu versuchen, sie einzeln zu reduzieren. Den Nutzen einer solchen Vorgehensweise schätzen sie – ohne begleitende opferschützende Maßnahmen und ein entsprechendes verfahrensrechtliches Klima – als sehr gering ein.[51] Sie plädierten daher für eine insgesamt opferzeugenorientierte Strafrechtspflege, die die Interessen von Kindern ernster nimmt, da nur dann aus ihrer Sicht gesetzliche Änderungen Sinn machen:

„Einzelne Schutzmaßnahmen können – besonders bei Opferzeugen – möglicherweise nur einen geringen Effekt haben, wenn das gesamte Procedere eines Strafverfahrens dem

48 Endbericht Volbert/Busse, 1995, S. 88. Bereits als diese auf Berlin bezogenen Zahlen am 11. Mai auf einer Fachtagung „Kinder als Zeugen" in Hannover vorgestellt wurden (vgl. Tagungsunterlagen) gingen die anwesenden Teilnehmerinnen und Teilnehmer für Niedersachsen von einer weitaus höheren Zahl aus.

49 Gebhardt, FuR 1995, S. 158 StPO ff.; Eckhardt, 1995, S. 95; sowie unveröffentlichtes Konzeptpapier des Göttinger Modells und entsprechender Bericht von Freudenberg, Tagungsdokumentation Hannover 1995; im übrigen siehe auch Charlotte Meyer, ZStW 45 (1924), die dies bereits als einen Grundgedanken der Verordnung zur Behandlung kindlicher Zeugen in Sittlichkeitsprozessen ermittelte.

50 Befragungen von Staatsanwälten und Richtern haben ergeben, dass auf einer 4-stufigen Skala 29.2 % Mehrfachvernehmungen „häufig" und 67, 1 % „fast immer" als belastend eingestuft haben. Für die eigene Praxis gaben 5, 4 % der Befragten an, sich um die Reduzierung der Anzahl der Vernehmungen zu bemühen, 13,8 % durch einen Verzicht auf eine gerichtliche Vernehmung (vgl. Volbert/Busse, 1995 Tab. 3, S. 83 und Tab. 5, S. 85; vgl. auch Volbert/Erdmann, MSchKrim 79, 1996, Tab. 2 und Tab. 4, S. 242/243.

51 Volbert/Busse, 1995, S. 207.

kindlichen Zeugen das Gefühl vermittelt, an dem Geschehen nicht aktiv gestaltend, sondern ausschließlich passiv erduldend teilnehmen zu müssen. Unüberlegtheiten seitens relevanter Personen (z.B. Hinterlassen erklärender Informationen, durch Organisationsmängel bedingte lange Wartezeiten oder schlichte Unhöflichkeiten) können trotz adäquater gesetzlicher Regelungen belastungsfördernd wirken..."

Trotz dieses deutlichen Ergebnisses und Signals bestimmte dennoch nur eine rein technische Seite des Opferzeugenschutzes – namentlich eine Belastungsreduzierung durch die Möglichkeiten der Videovernehmung – die weitere Reformdiskussion. Im Mittelpunkt stand die Frage, wie das Verfahren des videotaping, die Möglichkeit die erste Vernehmung zu konservieren und mit ihr weitere zu ersetzen, sowie das CCTV-Verfahren, die Möglichkeit das Kind in der Hauptverhandlung getrennt von den Beteiligten zu vernehmen, zu regeln sei. Dabei kristallisierte sich heraus, dass insgesamt das videotaping dem CCTV-Verfahren mehr Möglichkeiten bietet, verfahrensbedingte Belastungen zu reduzieren, da neben den belastenden Mehrfachvernehmungen mit ihr auch jede Konfrontation mit dem Angeklagten besser vermeidbar ist sowie die Verfahrensdauer für die Kinder verkürzt werden kann.[52] Durch nur eine tatnahe, frühzeitig konservierte Vernehmung, die jede weitere Vernehmung ersetzt, entfällt eine langfristige Beschäftigung und Involvierung mit dem strafrechtlichen Procedere. Die Kinder können, anstelle die Ängste des Gerichtsverfahrens zu durchleiden, anfangen, das Geschehene zu verarbeiten und zu versuchen, das Leben neu zu beginnen.[53]

52 Volbert/Erdmann, MschrKrim 1996, S. 241 StPO; vgl. ebenfalls BR-Druck 348/74, S. 26; Volbert/Pieters, 1993, S. 12; LR-Gollwitzer § 247 StPO Rn. 19. K/Meyer-Goßner § 247 StPO Rn. 19. Volbert/Busse, 1995, S. 77. Bei den von Volbert und Busse analysierten Akten ergab sich eine durchschnittliche Verfahrenslänge, also eine Dauer von Anzeige bis einschließlich der Hauptverhandlung von mindestens 41 Wochen, vgl. Volbert/Busse, 1995, S. 77. Die maximale Dauer kann sich noch verlängern, da einige Verfahren zum Zeitpunkt der Veröffentlichung noch nicht abgeschlossen waren.

53 Im Schrifttum wurde das Verfahren der Videovernehmung nach dem Mainzer Modell als mit verfahrensrechtlichen Grundsätzen wie dem Grundsatz der Einheit der Hauptverhandlung aus § 261, sowie 226 als nicht vereinbar angesehen und aus diesem Grund eher das englische Modell des CCT Verfahrens (closed circuit Television) oder video-link favorisiert, bei dem der Vorsitzende im Hauptverhandlungssaal verbleibt und die Vernehmung simultan erfolgt, vgl. Bohlander, ZStW 197(1995), S. 82–116, Keiser, 1997, S. 361 ff.; Meier, GA 1995, S. 151 ff.; Mildenberger, 1995, S. 164 ff.; Frommel, 1995, S. 177 ff.; Hussels, ZRP 1995, S. 241 StPO–242; Arntzen, ZRP 1995, S. 241 StPO ff.; a.A. Zschockelt/Wegner, NStZ 1996, S. 305 ff.; Wegner, ZRP 1997, S. 406 ff.; Wegner, ZRP 1997, S. 404 ff. Ergänzend dazu wurde über die Möglichkeit diskutiert, wie über eine – mittels Video konservierte – Erstvernehmung weitere Vernehmungen zu ersetzen sind vgl. Köhnken, StV 1995, S. 376 ff.; Albrecht, 1995, S. 6; Brocker, MSchKrim 1996, S. 406 ff.

II. Gesetzgebungsverfahren

Aus der skizzierten Debatte um die Videovernehmung gingen entsprechende konkrete Gesetzesvorschläge hervor[54], von denen nur die Vorschläge der damaligen CDU/CSU-FDP-Regierungskoalition[55], ein Vorschlag der SPD-Fraktion[56] sowie der auf den Ergebnissen einer Arbeitsgruppe der Justizministerkonferenz basierende Entwurf des Bundesrates[57] die ersten parlamentarischen Hürden nehmen konnten und in den Bundestag gelangten: Sie sollen im Folgenden näher betrachtet werden.

1. Gesetzesvorschläge

1.1. Vorschlag der SPD-Fraktion[58]

Die SPD Fraktion legte einen Entwurf *„zur Verbesserung der Rechtsstellung von Deliktsopfern und zum Einsatz von Videogeräten bei Zeugenvernehmungen in der Hauptverhandlung"* vor, der sich durch zwei Schwerpunkte auszeichnete: Einerseits sollte die Videovernehmung nicht nur für Kinder, sondern auch für Frauen gelten, wenn sie als Opferzeugen vernommen werden[59], daneben wurde auch die Institutionalisierung eines finanzierten Opferanwalts gefordert.[60]

54 Es lagen noch mehr Gesetzesvorschläge aus den Ländern vor, jedoch scheiterten die meisten bereits im Bundesrat, vgl. den Vorschlag aus Hamburg: BR-Drs. 50/95; den Vorschlag aus Niedersachsen: Entwurf eines zweiten Opferschutzgesetzes BR-Drs. 709/96; den Vorschlag aus Bayern: Entwurf eines Gesetzes zur Verbesserung des Opferschutzes BR-Drs. 741/96; und sogar der Entwurf aus dem Bundesrat selbst konnte sich nicht durchsetzten, vgl. BT-Drs. 13/6831. – Allein der SPD-Entwurf enthielt darüber hinaus auch die Möglichkeit eines finanzierten Rechtsbeistands für alle Opferzeugen, vgl. BT-Drs. 12/3128, Regelung in § 406 f (neu), dazu unter II. 1.2.

55 BT-Drs. 13 /7165.

56 BT-Drs. 13/3128.

57 BT-Drs. 13/ 4983.

58 BT-Drs. 13/3128.

59 Vgl. BT-Drs. 13/3128, S. 1.

60 BT-Drs. 13/3128, S. 1. Es wurde angemahnt, dass zwar mit der Verabschiedung des Opferschutzgesetzes vom 18. Dezember 1986 (vgl. BGBl. I S. 2496) die gesetzliche Institutionalisierung des „Opferanwalts" zwar das erste Mal angesprochen, jedoch nur unzureichend umgesetzt wurde. Kritisiert wurde, dass sich nicht jedes Opfer einer Straftat darauf verlassen kann, zuverlässige Hilfe in einer Situation zu erhalten, in der es regelmäßig mit Behörden und Versicherungen konfrontiert wird und diese Regularien die Opfer häufig überfordern. Die Situation, dass sich nur finanziell besser gestellte Opferzeugen die Unterstützung durch einen Anwalt leisten können, sei sozialpolitisch so nicht hinnehmbar.

Im Einzelnen sah der Entwurf vor[61]:

- Die Unterscheidung zwischen dem Nebenklageberechtigten (der nach geltendem Recht weitergehende Befugnisse hat) und dem nicht nebenklageberechtigten Verletzten wird aufgehoben.
- Ein Rechtsanwalt soll auf Antrag des Verletzten immer dann beigeordnet werden, wenn die Schwere des Delikts es notwendig macht oder die eigenständige Interessenvernehmung durch das Opfer nicht zumutbar erscheint.[62]
- Der Verletzte soll von den Anwaltskosten grundsätzlich freigestellt werden.[63]
- Videovernehmungen in der Hauptverhandlung bei Zeugen unter 16 Jahren sowie bei Opfern von Sexualstraftaten können durch den Vorsitzenden, der die Vernehmung außerhalb des Sitzungssaals durchführt, vorgenommen werden.[64]

Auffällig ist, dass der Entwurf lediglich die Videovernehmung regelt, aber keine konkreten Vorschläge zu ihrer weiteren Verwertung macht und die Möglichkeit, mit einer Aufzeichnung weitere Vernehmungen zu ersetzen, außer Acht läßt.

1.2. Vorschlag des Bundesrates[65]

Der Bundesrat legte einen Gesetzesentwurf unter dem Arbeitstitel „Schutz kindlicher Zeugen" vor, der die Videovernehmung für Opferzeugen unter 16 Jahren vorsah.[66] Konkret sollte:

61 aaO, Begründung, S. 13, wird darauf verwiesen, dass eine möglichst schonende Vernehmung das Mindeste sei, was einem Opfer/Zeugen zu gewähren sei. Ferner wird ein finanzierter Rechtsbeistand zur Umsetzung der Vorgaben einer Entscheidung des Bundesverfassungsgerichts von 1974 gefordert (BVerfGE 38, 105 ff.). Der Entwurf verweist daneben auf die Bedeutung der Opferautonomie, die durch empirische Arbeiten des BKA klar zum Ausdruck komme. Danach waren 62,2% der befragten Opfer der Meinung, dass sie als Betroffene selbst entscheiden wollen, ob sie den Kontakt zu einem Beistand herstellen möchten (vgl. Baurmann, 1991, S. 145).

62 Vorschlag eines § 406 f (neu).

63 Vorschlag eines § 472 Abs. 3 (neu).

64 Vorschlag einer Änderung des § 250.

65 BT-Drs. 13/4983.

66 BT-Drs. 13/4983, S. 1. Ansatzpunkt war klar die Belastungen für Kinder und Jugendliche im Verfahren in denen sie als Opfer eine Straftat aussagen, zu reduzieren: „(...) Andererseits ist die Wahrheitsfindung im Strafprozeß auf Zeugen angewiesen. Es stellt sich die Frage, ob dieses Spannungsverhältnis bei Zuhilfenahme moderner technischer Möglichkeiten gemildert werden kann (...)."

- Im Ermittlungsverfahren die richterliche Vernehmung eines kindlichen Opferzeugen bei Sexualstraftaten, bei Straftaten gegen das Leben und Vergehen gemäß § 223 b StGB per Video aufgezeichnet werden.[67]
- In der Hauptverhandlung kann die Möglichkeit eröffnet werden, die Vernehmung eines kindlichen Opferzeugen durch den Richter per Standleitung vom Vernehmungszimmer in den Gerichtssaal zu übertragen (geteilte Hauptverhandlung).[68] Entsprechendes sollte für die richterliche Vernehmung im Ermittlungsverfahren gelten.[69]
- Bei Sexualstraftaten, Straftaten gegen das Leben und Vergehen kann gemäß § 223 b die Vernehmung eines kindlichen Zeugen vor Gericht durch Abspielen des Videobandes über seine frühere richterliche Vernehmung ersetzt werden, eine ergänzende Vernehmung bleibt zulässig.[70]
- Videoaufzeichnungen von der Vernehmung eines kindlichen Zeugen dürfen dem Verteidiger nicht zur Einsichtnahme mitgegeben werden; die Vervielfältigung solcher Aufzeichnungen ist unzulässig.[71]

Der Entwurf favorisierte damit klar das Mainzer Modell sowohl im Ermittlungsverfahren als auch in der Hauptverhandlung, beschränkt nur für Opferzeugen unter 16 Jahren und unter Anwendung eines eingeschränkten Straftatenkatalogs.[72] Darüber hinaus legte er auch klare Regelungen zur weiteren Verwertung einer konservierten Erstvernehmung fest.

1.3. Vorschlag der CDU/CSU-FDP-Fraktion

Die CDU/CSU-FDP-Fraktion favorisierte in ihrem Vorschlag hingegen einen erweiterten Anwendungsbereich der Videovernehmung. Sie sollte nicht nur für Opferzeugen, sondern auch für andere schutzbedürftige und sensible Zeugen anwendbar sein, was bereits im Titel der Regelung zum Ausdruck kam, der „Gesetz zum Schutz von Zeugen bei Vernehmungen im Strafverfahren; Zeugenschutzgesetz – ZSchG" lautete. Ferner lehnte der Entwurf das Mainzer Verneh-

67 Vorschlag einer Regelung § 168 e StPO (neu).
68 Vorschlag eines § 241 StPO b (neu).
69 Vorschlag einer Neuregelung in § 168 c StPO Abs. 2.
70 Vorschlag zur Änderung des 250 und Ergänzung des § 253, sowie § 254 Abs. 1.
71 Vorschlag einer Änderung des § 147.
72 Vgl. Stellungnahme der Bundesregierung als Anlage 2 dazu, die in der Videovernehmung eine ergänzende Option des Opferzeugenschutzes sieht, die weitergehende Opferzeugenschutzmaßnahmen nicht entbehrlich machen soll.

mungsmodell ab.[73] Er befürwortet aber explizit die Möglichkeit, mit einer konservierten richterlichen Erstvernehmung weitere Vernehmungen zu ersetzen. Dazu im Einzelnen:

- Im Ermittlungsverfahren soll die Videovernehmung ermöglicht werden.[74]
- Ihre Aufzeichnung der (polizeilichen, staatsanwaltschaftlichen oder richterlichen) Zeugenvernehmung auf Bild-Ton-Träger ist zulässig, wenn gewährleistet ist, dass der Zeuge in der Hauptverhandlung nicht vernommen werden kann und die Aufzeichnung zur Erforschung der Wahrheit unerläßlich ist. Diese Regelung ist nicht auf bestimmte Zeugengruppen beschränkt, sondern soll allen schutzbedürftigen Zeugen zugute kommen.[75]
- Die Videovernehmung wird in der Hauptverhandlung dergestalt durchgeführt, dass der Vorsitzende bei der Vernehmung im Gerichtssaal bleibt. Mit dem Zeugen, der durch eine Vertrauensperson oder einen anwaltlichen Beistand begleitet werden kann, ist er über eine Videodirektschaltung verbunden (englisches Modell).[76]
- Die Videovernehmung eines Zeugen in der Hauptverhandlung ist auch dann zulässig, wenn der Zeuge sich an einem anderen Ort aufhält.[77]
- Die aus dem Ermittlungsverfahren aufgezeichnete Vernehmung kann in der Hauptverhandlung neben der Niederschrift über die Vernehmung vorgeführt werden. Sie kann darüber hinaus nach den Urkundenbeweisregelungen eine weitere Vernehmung ersetzen.[78]
- Zeugen, die ersichtlich außerstande sind, ihre Befugnisse bei der Vernehmung selbst wahrzunehmen, kann für den Zeitraum der Vernehmung ein Zeugenbeistand bestellt werden; um das Verfahren nicht durch ggf. zeitraubende Ermittlungen bezüglich der Einkommens- und Vermögensverhältnisse des Zeugen zu verzögern, wird der Beistand ohne Rücksicht auf die finanzielle Situation des Zeugen bestellt.[79]
- Eine Kopienerstellung der Videovernehmung und Überlassung an den Verteidiger ist zulässig.[80]

73 Vgl. dazu auch die entsprechende Stellungnahme der damaligen Bundesregierung (CDU/CSU/FDP) zum Entwurf des Bundesrates, BT-Drs. 4983 in Anlage 2, Punkt 3, sowie Stellungnahme zu § 147 Abs. 5.

74 Vorschlag eines neuen 168 e StPO.

75 Vorschlag einer Neuregelung 58 StPO a

76 Vorschlag einer neuen Regelung § 247 StPO a StPO.

77 Vorschlag der Regelung § 247 StPOa StPO in Fußnote 94.

78 Vorschlag einer neuen Regelung 255a StPO.

79 Vorschlag eines neuen § 68 b StPO.

80 Vgl. Begründung, aaO, S. 7/8.

2. Modifikationen im Rechtsausschuss

Der Rechtsausschuss hat bei seinen Beratungen gegenüber diesen Gesetzesentwürfen einige Änderungen und Ergänzungen beschlossen.[81] Sie beruhten auf den Beratungen der Berichterstatter zusammen mit Vertretern des Bundesministeriums der Justiz. Die Fraktionen der CDU/CSU, SPD und FDP waren übereinstimmend der Auffassung, dass das Anliegen des Zeugenschutzes bei Vernehmungen im Strafverfahren auf der Grundlage des von den Koalitionsfraktionen vorgelegten Gesetzentwurfs mit den von den Berichterstattern vorgeschlagenen Änderungen verwirklicht werden sollte. Als Änderung sei zu begrüßen, dass bei richterlichen Vernehmungen im Ermittlungsverfahren nunmehr der Richter die Vernehmung des Zeugen in Abwesenheit der übrigen Verfahrensbeteiligten durchführen soll.[82] Wesentlich sei auch die Änderung, wonach es ermöglicht werde, eine Vernehmung von Zeugen, die sich nicht am Gerichtsort befinden, dergestalt vorzunehmen, dass ihre Aussage via Videostandleitung in den Sitzungssaal übertragen wird.[83] Ferner wurden die Überlegungen aus dem Entwurf des Bundesrates, eine Vervielfältigung zu untersagen und Einsicht nur in amtliche Räume zu gewähren[84], explizit abgelehnt und eine Kopieerstellung für die Verteidigung, die anwaltliche Nebenklagevertretung und dem Rechtsbeistand des Verletzten ausdrücklich befürwortet.[85] Die Fraktion der SPD trug ergänzend vor, dass kindlichen Opfern von Straftaten gegen die sexuelle Selbstbestimmung zwingend ein professioneller Beistand beigeordnet werden sollte.[86] Sie stellte unter Hinweis auf das sogenannte „Magdeburger Modell" einen entsprechenden Antrag[87], der allerdings abgelehnt wurde.[88]

81 BT-Drs. 13/9063.

82 Vgl. Änderung § 168 e StPO in BT-Drs. 13/ 7165.

83 Vgl. Änderung § 247 StPOa StPO in BT-Drs. 13/7165.

84 So der Vorschlag des BT-Entwurfs, BT-Drs. 13/4983.

85 Für den Umgang mit den Kopien besteht für die Verteidigung jedoch eine gewichtige Einschränkung. Die Kopie darf dem Beschuldigten nicht überlassen werden, vielmehr hat er nur ein Recht auf Einsichtnahme in Anwesenheit des Verteidigers, vgl. Begründung, aaO, S. 8.

86 Vgl. Änderung § 68 b StPO in BT-Drs. 13/3128.

87 Entsprechende Ergänzung des § 68 b StPO.

88 Vgl. BT-Drs. 13/9063. Dieser Änderungsantrag wurde mit den Stimmen der Fraktionen der CDU/CSU, BÜNDNIS 90/DIE GRÜNEN und F.D.P. und der Gruppe der PDS gegen die Stimmen der Fraktion der SPD abgelehnt. Die Kritik richtete sich vor allem gegen die Verknüpfung einer Regelungen über die Videovernehmung für kindliche Opferzeugen mit einer Regelung für erwachsene Opferzeugen. Auch sollte ihrer Ansicht nach eine *obligatorische* richterliche Vernehmung durch Videoaufzeichnung bereits im Ermittlungsverfahren vorgesehen werden, um Kinder vor der Traumatisierung durch weitere Vernehmungen in der Hauptverhandlung schützen zu können.

Bereits die Tatsache, dass sich der letztgenannte Entwurf der CDU/CSU-FDP-Fraktion, der die Videovernehmung für alle „schutzbedürftigen" Zeugen und nicht lediglich für Opferzeugen vorsah, als einziger der Entwürfe im Rechtsausschuss leicht modifiziert durchsetzten konnte[89], zeigt, dass die Prämissensetzung „verbesserter Opferzeugenschutz" sich innerhalb des Gesetzgebungsverfahrens veränderte. Die Aufzeichnung einer Zeugenvernehmung auf Bild- und Tonträger sollte als „kann"-Regelung normiert und für alle Zeugen für den Fall zulässig sein, dass der Zeuge in der Hauptverhandlung nicht vernommen werden kann und die Aufzeichnung zur Erforschung der Wahrheit daher „unerläßlich" ist.[90] Die Videovernehmung sollte in der Hauptverhandlung ferner so durchgeführt werden, dass der Vorsitzende bei der Vernehmung im Gerichtssaal verbleibt und mit dem Zeugen, der durch eine Vertrauensperson und einen anwaltlichen Beistand begleitet werden kann, über eine Videodirektschaltung verbunden ist (englisches Modell). Dabei war vorgesehen, dass sich der Zeuge nicht nur in einem Nebenzimmer, sondern auch an einem anderen Ort aufhalten kann.[91]

89 Vgl. BT-Drs. 13/8990: Gegen die Stimmen der Fraktion Bündnis 90/Grüne und der Gruppe der PDS wurde der Gesetzesentwurf angenommen, und die übrigen Entwürfe für erledigt erklärt.

90 Vgl. BT-Drs. 13/9063, S. 4. Damit wurde der Vorschlags zu 58 StPO a des Gesetzentwurfs unverändert angenommen.

91 BT-Drs. 13/9063, S. 4/5 zu § 247 StPO a StPO. Das favorisierte englische Modell geht auf die positive Erfahrungen mit dieser Verfahrensweise in Großbritannien zurück. Es wurde in diesem Entwurf gegenüber dem Mainzer Modell vorgezogen, um Kollisionen mit den Regelungen des § 226 StPO (ununterbrochene Anwesenheit der zur Urteilsfindung berufenen Personen) sowie dem § 261 StPO (Beweiswürdigung nach der aus dem Inbegriff der Verhandlung geschöpften Überzeugung) zu vermeiden. Zum Streit um die Zulässigkeit des Mainzer Modell und verfahrensrechtliche Bedenken. Ferner sollten den Bedenken gegen die „gespaltene Hauptverhandlung" (so Dahs in NJW 1998, 1117) Rechnung getragen werden und den Einsatz der Videotechnologie auch vor dem Straf- und Schöffenrichter ermöglicht werden. Zum Streit um die Zulässigkeit des Mainzer Modell und verfahrensrechtliche Bedenken, vgl. dazu ausführlich im 2. Kapitel, Zweiter Schritt II, 2.5.2.aa).

3. Zwischenergebnis

Insgesamt konnte sich damit ein Entwurf durchsetzen, der weniger den Opferzeugenschutz, sondern den allgemeinen Zeugenschutz favorisierte, denn er ging im Ansatz von keinen Defiziten im verfahrensrechtlichen Opferzeugenschutz für Kinder aus und betonte explizit, dass bestehende Regelungen zum Schutz der Kinder ausreichten. Bestehende praktische Defizite, wie sie sich in den Wormser Verfahren zeigten, seien allein auf eine unzureichende Anwendung opferschützender Regelungen zurückzuführen:

(..) „Den besonderen Bedürfnissen schutzwürdiger Zeugen bei Vernehmungen im Strafverfahren kann zwar auf der Grundlage des geltenden Rechts in weitem Umfang Rechnung getragen werden. In der Praxis besteht jedoch – insbesondere bei kindlichen Opferzeugen – der Wunsch, audiovisuelle Medien zu nutzen, um die mit der Vernehmung oftmals verbundenen Belastungen zu reduzieren. "[92]

Dass dennoch ein Regelungsvorschlag zur audiovisuellen Vernehmung erfolgte, wird als ein Zugeständnis an die Praxis bezeichnet, die im Vorlauf der Neuregelung eine entsprechende Regelung massiv forderte.[93] Aus der Tatsache heraus, dass keine normativen Defizite im Opferzeugenschutz gesehen wurden, erklärt es sich auch, dass bei der Neuregelung nicht allein die Opferzeugen, sondern auch die gefährdeten Zeugen in Verfahren wegen Rauschgifthandels und anderer Formen der organisierten Kriminalität im Regelungsblickpunkt standen und die Möglichkeiten der audiovisuellen Vernehmung künftig auch für sie gelten sollten:

„(..) Opfer von Straftaten werden durch die im Laufe des Strafverfahrens durchgeführten Vernehmungen nicht selten erheblich belastet. Dies betrifft wohl in erster Linie Kinder, gilt aber in gleicher Weise für andere besonders schutzbedürftige Zeugen wie Opfer von Gewalttaten, alte Menschen oder gefährdete Zeugen, denen bereits aus der Zeugeneigenschaft erhebliche Belastungen erwachsen können".[94]

Bei einem Blick in die weitere Begründung drängt sich sogar der Verdacht auf, dass die Kinder als Opferzeugen in den belastenden Verfahren gegen die sexuelle Selbstbestimmung nur zum willkommenen Anlaß genommen wurden, letztend-

91 BT-Drs. 13/7165 S. 1.
92 BT-Drs. 13/7165 S. 1.
93 BT-Drs. 13/7165 S. 1.
94 BT-Drs. 13/7165 S. 1.
94 BT-Drs. 13/7165 S. 1.

lich stärkere ermittlungstaktische Instrumente für gefährdete Zeugen zu erhalten, um so besser gegen organisierte Kriminalitätsstrukturen vorzugehen, denn in der Begründung wird die Problematik der gefährdeten Zeugen sehr in den Vordergrund gerückt und mehrmals der Bezug zum OrgKG und auf eine Koalitionsvereinbarung hergestellt, die beide nur gefährdete Zeugen erfassen:

„Der Zeuge ist eines der wichtigsten strafprozessualen Beweismittel. Seinem Anspruch auf ein faires Verfahren und die Wahrung seiner berechtigten Interessen muss das Strafverfahrensrecht Rechnung tragen. Denn wenn die Rechtspflege den Bürger als Zeugen zur Mitwirkung am Verfahren zwingt, dann sollten die für den Bürger daraus erwachsenden Lasten in Grenzen gehalten werden. Nur so kann der in der Begründung zum Gesetz zur Bekämpfung des illegalen Rauschgifthandels und anderer Erscheinungsformen der Organisierten Kriminalität (OrgKG) thematisierten Gefahr begegnet werden, dass" immer mehr Bürger sich zurückziehen und die Zeugenrolle wo immer möglich zu vermeiden suchen" (vgl. Drucksache 12/989, S. 34). Dieses Problem ist wesentlich älter als die Diskussion über die spektakulären Prozesse wegen sexuellen Missbrauchs von Kindern, die das Thema in jüngster Zeit in den Mittelpunkt rechtspolitischer Erörterungen gerückt haben. Die Verbesserung der Situation schutzbedürftiger Zeugen ist deshalb in den letzten 20 Jahren Gegenstand vielfältiger von seiten der Bundesregierung initiierter oder unterstützter Reformbemühungen gewesen. Zu den wichtigsten Erfolgen zählen das Erste Gesetz zur Verbesserung der Stellung des Verletzten im Strafverfahren (Opferschutzgesetz) vom 18. Dezember 1986 sowie die durch das OrgKG vom 15. Juli 1992 neu gefaßten Regelungen zur Verbesserung des Zeugenschutzes im Strafverfahren. Die Koalitionsvereinbarung vom 11. November 1994 sieht für Maßnahmen zur Verbesserung des Opfer- und Zeugenschutzes besonderen Handlungsbedarf. Zu den prioritären Vorhaben der Bundesregierung in dieser Legislaturperiode gehört daher die Gewährleistung eines umfassenden Opfer- und Zeugenschutzes".

Den Verdacht, dass letztendlich bereits im Gesetzgebungsverfahren damit nicht die kindlichen Opferzeugen im Vordergrund standen, bestätigt auch die weitere Begründung, die explizit betont, dass bewußt „von kleinräumigen, auf minderjährige Zeugen beschränkte Regelungen zum Videoeinsatz" im Entwurf abgesehen wird.

Was nun die konkrete Anwendung der Videovernehmung für Opferzeugen unter 16 Jahren betrifft, wird in der Begründung des Entwurfs explizit davor gewarnt, deren Nutzen zur tatsächlichen Belastungsreduzierung überzubewerten. Sie dürfe als einzelne Schutzmaßnahme nicht überschätzt werden, da ihr entlastender Effekt gering sein könne, wenn es an den Grundvoraussetzungen wie unterstützendes Richterverhalten und einer Beachtung der Bedürfnisse des Kindes fehle.[95] Aus diesem Grund sei sie nur als zusätzliches Angebot insbesondere bei Verfahren mit vielen Prozessbeteiligten hilfreich und daher nicht als „Königsweg" anzusehen, da ansonsten die Gefahr bestünde, dass wichtige unterstützende Maßnahmen, die erst den Erfolg der Videovernehmung – die Belastungsreduzierung – garantierten, entfielen:

„Im Hinblick auf die ernüchternde Beobachtung, dass in den von den Verfassern begleiteten Verfahren die nach geltendem Recht bestehenden Möglichkeiten kinderschützender Verfahrensweisen nicht konsequent genutzt wurden, verdient diese Warnung (sic!) besondere Beachtung. Sonderregelungen für den Einsatz der Videotechnologie könnten der Praxis den unzutreffenden Eindruck vermitteln, dass es sich hierbei um den Königsweg kinderschützender Verfahrensweisen handelt".[96]

Um daher keinen solchen „Königsweg" zu eröffnen und die Videovernehmung als Regelfall auszugestalten, wurde die Videovernehmung an sehr enge Voraussetzungen geknüpft: Es muss die „dringende Gefahr eines schwerwiegenden Nachteils für das Wohl des Zeugen" bestehen und diese Gefahr darf nicht anders als durch die Entfernung des Angeklagten abwendbar sein. Insgesamt wird in der Begründung klargestellt, dass diese Kriterien eng auszulegen seien, denn es wird die Prognose aufgestellt, dass künftig auch Bild- und Tonaufzeichnungen die Ausnahme sein werden.[97]

Insgesamt blieb der Entwurf umstritten. Bemängelt wurde vor allem, dass die Videovernehmung für alle Zeugen gelten sollte und er keine konkrete Regelung zur Videovernehmung von Opferzeugen unter 16 Jahren enthielt. Damit sei – so der berechtigte Vorwurf – keine klare Opferzeugenorientierung in der Neuregelung zu erkennen und der Grund der Reform, die Verbesserung für Kinder in Verfahren wegen sexuellen Missbrauchs, in Frage gestellt.[98] Ferner sei der Entwurf zu „schwammig" und nicht einsehbar, warum das Mainzer Modell nicht für das Ermittlungsverfahren gelten solle.[99] Außerdem wurde die Finanzierung eines

95 Volbert/Busse, 1996, S. 197.
96 BT-Drs. 13/7165 S. 4.
97 BT-Drs. 13/7165 S. 5.
98 Vgl. Stellungnahme BÜNDNIS 90/GRÜNE, BT-Drs. 13/9063 S. 3.
99 Vgl. Stellungnahme BÜNDNIS 90/GRÜNE, BT-Drs. 13/9063 S. 3.

Opferanwaltes für Zeugen nicht nur für Vernehmungen, sondern für das gesamte Verfahren gefordert.[100] Dies alles waren Kritikpunkte, die zur zweimaligen Anrufung des Vermittlungsausschusses führten.[101]

4. *Vermittlungsverfahren*[102]

Im Vermittlungsverfahren wurde diskutiert, wie zum einen der Opferschutzgedanke in der Regelung verstärkt und konkret die Vernehmung außerhalb des Gerichtssaals durchzuführen sei. Strittig war bei letzterem, ob sie in jedem Fall durch den Vorsitzenden erfolgen sollte.[103] Dabei wurde das in Österreich und Großbritannien praktizierte Modell diskutiert, wo trotz der Videosimultanschaltung die Vernehmung nicht durch den Vorsitzenden durchgeführt wird. Vielmehr bleibt der Vorsitzende im Gerichtssaal, weil er beobachten soll, wie die Reaktion beispielsweise des Angeklagten auf die in den Gerichtssaal überspielte Zeugenaussage ist. Obwohl es aus dem Gesetzestext nicht direkt hervorgeht, waren sich schließlich alle Beteiligten des Vermittlungsverfahrens darüber einig, dass

100 Vgl. Vorschlag der SPD BT-Drs. 13/3128.

101 Bundesrat vgl. BT-Drs. 13/9063: durch die Fraktionen BÜNDNSI 9O/GRÜNE sowie die SPD-Fraktion, vgl. auch Protokoll der Rechtsausschußsitzung. Die Fraktion BÜNDNIS 90/GRÜNE sah in der Verknüpfung kindlicher Belange mit den Belangen erwachsener Zeugen eine Instrumentalisierung der Interessen von kindlichen Zeugen für andere Zwecke (bspw. für einen verbesserten Schutz gefährderter Zeugen). Da – so die Argumentation – eine Verbesserung der Situation kindlicher zeugen auch Anlaß für die Reform waren, sei es nicht einsehbar warum die Vorschriften von kindlichen Zeugen mit denen für erwachsene Zeugen verbunden werden sollten (aaO, S. 3). Entsprechend sah auch der Entwurf der Bundesrates nur eine Beschränkung der Videovernehmung auf Opferzeugen unter 16 Jahren vor (BT-Drs. 13/4983). In eine ähnliche Richtung geht auch die Kritik von Kintzi, der bemängelt, dass es sich um kein Kinderzeugengesetz aus einem Guß handelt, vgl. ders., DriZ 5/98, S. 174. Ferner forderte die SPD-Fraktion bereits im Rechtsausschuß eine richterliche Videovernehmung bereits im Ermittlungsverfahren und entsprechend dem „Magdeburger Modell" für diese Zeugengruppe eine Beiordnung eines Opferanwalts auf Staatskosten nicht nur für die Vernehmung, sondern für das gesamte Verfahren, vgl. auch Entwurf der SPD-Fraktion BT-Drs. 13/3128, sowie den entsprechenden Vorschlag des Bundesrates, BT-Drs. 933/2/97.

102 Vgl. die Empfehlungen Rechtsausschuß sowie Ausschuß für Frauen und Jugend BR Drs. 933/1/97, sowie Antrag von Bayern BR-Drs. 933/2/97 und Anrufung des Vermittlungsausschusses, sowie Beschluß Vermittlungsausschuß BT-Drs. 13/100 und letztendlich BR Drs. 212/98

103 BR. Drs. 933/1/97.

bei diesem Verfahren theoretisch auch ein nicht zum Spruchkörper gehörender ersuchter Richter die Fragen an den Zeugen stellen kann.[104] Abschließend einigte man sich im Vermittlungsausschuß auf folgende, den Entwurf aus dem Rechtsausschuss ergänzende Regelungen[105]: So wurde das englische Modell auch im Ermittlungsverfahren zugelassen, d.h. auch der Ermittlungsrichter befindet sich mit dem Kind in einem Raum und die Vernehmung wird den anderen Verfahrensbeteiligten per Videoschaltung simultan übertragen. Ferner wurden für die Vernehmung von Opferzeugen unter 16 Jahren noch wichtige Sonderregelungen eingefügt. So soll (vorher: kann) ihre Vernehmung im Ermittlungsverfahren aufgezeichnet werden und diese Aufzeichnung ist im Hauptverfahren über die Urkundenregelungen hinaus verwertbar, wenn der Angeklagte und sein Verteidiger Gelegenheit hatten, daran mitzuwirken. Durch eine erneute Anrufung des Vermittlungsausschusses durch den Bundesrat wurden auch die Vorschläge zum finanzierten Opferanwalt für das gesamte Verfahren neu diskutiert[106] und konnten sich dort letztendlich auch durchsetzen. Abschließend wurde auch der Titel des Gesetzes geändert und in einer Unterzeile noch der Zusatz „(..)...zur Verbesserung des Opferschutzes...(..)" aufgenommen. Alle Ergänzungen wurden in der 221. Sitzung des Bundestages am 4.3.1998 auch so angenommen und verabschiedet.[107]

Die Neuregelung sei nun noch einmal im Hinblick auf Opferzeugen unter 16 Jahren im Überblick und die Vernehmungssituation zusammengefaßt, wobei die Finanzierungsregelungen, da sie nicht zum Untersuchungsgegenstand gehören, ausgeklammert sind:

Für den Fall, dass im Ermittlungsverfahren bei einer richterlichen Vernehmung des Zeugen in Gegenwart der Anwesenheitsberechtigten eine dringende Gefahr eines schwerwiegenden Nachteils für das Wohl des Zeugen besteht, die nicht auf andere Weise abgewendet werden kann, soll diese Vernehmung getrennt von den Anwesenheitsberechtigten durchgeführt werden (§ 168 e StPO).[108] Diese Vernehmung soll bei Zeugen unter 16 Jahren immer aufgezeichnet werden (§ 58 Abs. 2 StPO).[109] Diese Aufzeichnung kann im weiteren Verfahren als Beweismittel nach den Urkundenbeweisregeln verwertet werden (§ 255a Abs.1 StPO). Sie kann in

104 Vgl. Irmer, BT-Drs. 13/221 S. 20206.
105 BT-Drs. Drucksache 13/10 001.
106 Vgl. Antrag Bayern BR-DR 933/2/97.
107 Vgl. Plenarprotokoll BT-Drs. 13/221 S. 20216.
108 Vgl. BGBl. I, S. 820, § 168 e StPO.
109 Vgl. BGBl. I, S. 820, § 58 StPO.

der Hauptverhandlung eine erneute Vernehmung des Kindes ersetzen, wenn der Angeklagte und sein Verteidiger Gelegenheit hatten, daran mitzuwirken (§ 255a Abs. 2 S. 1 StPO). Eine ergänzende Vernehmung daneben bleibt aber zulässig (§ 255a Abs. 2 S. 2 StPO).[110] Jede Vernehmung des Kinder in der Hauptverhandlung kann mittels einer Videosimultanübertragung nach dem sog. englischen Modell durchgeführt werden. Dabei wird das Kind außerhalb des Hauptverhandlungssaals vernommen, wobei der Vorsitzende im Gerichtssaal verbleibt und die Aussage zeitgleich in das Sitzungszimmer übertragen wird (CCTV [closed circuit television view] -Verfahren oder video-link-Verfahren).[111] Voraussetzung ist, dass durch die Gegenwart der in der Hauptverhandlung Anwesenden die dringende Gefahr eines schwerwiegenden Nachteils für das Wohl des Zeugen besteht und dieser Nachteil nicht durch andere Maßnahmen wie bspw. den Ausschluss des Angeklagten oder der Öffentlichkeit abgewendet werden kann (§ 247 a S. 1 StPO). Ein solches CCTV Verfahren soll ferner auch unter den einschränkenden Voraussetzungen der Urkundenregelungen des §§ 251 Abs. 1 Nr. 2,3,4 StPO zulässig sein, wenn – so die weitere Einschränkung – dieses Verfahren zur Erforschung der Wahrheit auch erforderlich ist (§ 247 a S. 2 StPO). Generell soll die CCTV-Vernehmung aufgezeichnet werden, wenn zu besorgen ist, dass der Zeuge in der weiteren Hauptverhandlung nicht vernommen werden kann und die Aufzeichnung zur Erforschung der Wahrheit erforderlich ist (§ 247 a S. 3 StPO).[112]

5. Stellungnahme

Der Verlauf des Gesetzgebungsverfahrens macht deutlich, dass der Neuregelung zwar eine deutliche Opferrhetorik, aber kein reiner opferzeugenorientierter Umsetzungsauftrag zugrunde liegt, da die Vernehmungserleichterungen dort von Anfang an für alle Zeugengruppen und nicht nur für Opferzeugen vorgesehen waren. Die Vorsitzende der Strafrechtskommission des Juristinnenbundes, Nelles, vergleicht die Regelung aus diesem Grund mit einem „Trojanischen Pferd": Unter dem Deckmantel des Opferzeugenschutzes für Kinder wurden ihrer Ansicht nach nur Erleichterungen für den Einsatz von verdeckten Ermittlern eingeführt.

110 Vgl. BGBl. I, S. 821, § 255a StPO.

111 Dabei ist die sog. Zwei-Wege-Methode vorgesehen, das Kind ist über wie eine Gegensprechanlage installierte Videoeinrichtung mit dem Gerichtssaal verbunden.

112 Vgl. BGBl. I, S. 821, § 247 a StPO.

Ein Verdacht, der nicht von der Hand zu weisen ist, betrachtet man sich die der Neuregelung zugrundeliegende Begründung aus dem Entwurf der Regierungskoalition.[113] In dieselbe Richtung gehen die Bedenken von Strate[114], der in der Neuregelung konkret ein Vehikel für die (noch leichtere) Herausnahme von V-Mann-Vernehmungen aus der Hauptverhandlung sieht

Nicht zu übersehen ist damit die Gefahr, dass bereits im Ansatz die Neuregelung „leerläuft" und es allein bei einer Rhetorik des verbesserten Opferzeugenschutzes bleibt, die wenig am konkreten belastenden Gerichtsalltag und vor allem den Mehrfachvernehmungen verändert. Dies zeigt sich auch daran, dass die Neuregelungen sowohl im Wortlaut als auch in der systematischen Gesamtschau widersprüchlich bleiben und keine konsequente Reduzierung der Mehrfachvernehmungen verfolgen:

So wurde zwar die Aufzeichnung der Erstvernehmung als Soll-Bestimmung formuliert (58 a Abs. 1 Nr. 1 StPO), ihre Verwertung bleibt aber im tatrichterlichen Ermessen. Welchen Sinn soll aber eine zwingende Aufzeichnung machen, wenn sie nicht auch zwingend zu verwerten ist ? Damit wurde bereits die erste Weiche gestellt, die eine Option zur Reduzierung der Vernehmungen durch die Ersetzung weiterer Vernehmungen mit der konservierten Erstvernehmung verschlechtert. Eine weitere Weiche stellt § 255a StPO, der explizit zwar Optionen zur Vernehmungsreduzierung eröffnet, sie aber derart unverbindlich hält, dass sie nicht berücksichtigt werden müssen und damit den bisherigen Verfahrensablauf der Mehrfachvernehmungen weiterhin ermöglicht.[115] Konkret können weitere Vernehmungen zwar durch eine konservierte Erstvernehmung ersetzt werden, das Verfahren hängt aber erstens von engen Voraussetzungen ab und ist zweitens nur als „kann"-Bestimmung formuliert, d.h. es liegt, auch wenn die Voraussetzungen vorliegen, im tatrichterlichen Ermessen. Daneben bleibt – lapidar formuliert – eine weitere sog. ergänzende Vernehmung „zulässig" (§ 255a Abs. 2 S. 2 StPO)[116]. Für sie wurden ebenfalls keine konkreten Kriterien formuliert. Bereits diese Systematik von Satz 1 und Satz 2 des § 255a Abs. 2 StPO zeigt, dass der Gesetzgeber die Zielvorstellung, die Vernehmung der Kinder als Opferzeugen zu reduzieren, nicht konsequent verfolgte[117], sondern vielmehr den Gerichten für

113 Vgl. Bericht vom Feministischen Juristinnentag in Bremen, FR vom 28.5.1999.

114 Vgl. Strate, StraFO 1996, S.2.

115 Vgl. HK-Julius § 255a StPO) Rn. 8.

116 Die Vorschrift geht zurück auf einen Vorschlag des BRates (BT-Drs. 13/4983). Zur Entstehungsgeschichte vgl. ausführlich Kapitel I.

117 Vgl. HK-Julius Rn. 8, „keine Verabsolutierung des Opferschutzes"; Widmaier, L31 62. DJT, der die geringen Einschnitte in die verfahrensrechtliche Praxis explizit begrüßt.

weitere Vernehmungen einen (weiten) tatrichterlichen Ermessensspielraum bzw. eine Dispositionsbefugnis darüber eröffnete, den sie nutzen können oder auch nicht: Das Gericht kann darüber entscheiden, ob die konservierte erste Vernehmung in der Hauptverhandlung erneute Vernehmungen ersetzt und sie entbehrlich werden läßt (§ 255a Abs. 2 S. 1 StPO). Zweitens kann das Gericht aber, auch wenn es diese Variante bejaht, noch darüber entscheiden, ob es das Kind erneut „ergänzend" vernimmt oder nicht (§ 255a Abs. 2 S. 2 StPO). Hinzu kommt, dass das Gericht bei beiden Varianten nicht nur über das „ob", sondern auch noch über das „wie" der weiteren Vernehmung entscheiden kann, d.h. über die Durchführung mit oder ohne das mögliche „video link"-Verfahren. Folglich liegen zwei Entscheidungsspielräume bezüglich des „ob" einer erneuten Vernehmung vor, die faktisch – nimmt man die Entscheidungsspielräume über das „wie" hinzu, den Gerichten mehrere neue Optionen eröffnen[118]:

Erstens: die Ersetzung der Vernehmung in der Hauptverhandlung durch die konservierte Erstvernehmung wird zugelassen und jegliche ergänzende Vernehmung wird abgelehnt, mit dem Ergebnis nur einer Vernehmung im Ermittlungsverfahren.[119]

Zweitens: die Ersetzung der Vernehmung in der Hauptverhandlung durch die konservierte Erstvernehmung wird zugelassen und eine ergänzende Vernehmungen bejaht, sie wird per video-link von einem anderen Ort aus durchgeführt, mit dem Ergebnis von zwei Vernehmungen, eine davon im Ermittlungsverfahren, eine per video-link von einem anderen Ort aus.

Drittens: die Ersetzung der Vernehmung in der Hauptverhandlung durch die konservierte Erstvernehmung wird zugelassen und eine ergänzende Vernehmung bejaht, sie wird nicht per video-link sondern im Hauptverhandlungssaal durchgeführt, mit dem Ergebnis von zwei Vernehmungen, eine davon im Ermittlungsverfahren, eine im Hauptverhandlungssaal.

Viertens: die Ersetzung der Vernehmung in der Hauptverhandlung durch die konservierte Erstvernehmung wird nicht zugelassen, das Kind per video-link vernommen, aber ergänzende Vernehmungen werden abgelehnt, mit dem Ergebnis von zwei Vernehmungen, eine Vernehmung im Ermittlungsverfahren, eine von einem anderen Ort per video-link.

118 wobei hier bei den Vernehmungsvarianten im Ermittlungsverfahren, bei der Vernehmung neben der Bild-Tonaufzeichnung, sowie bei den ergänzenden Vernehmungen jeweils von Idealfall nur einer Vernehmung ausgegangen wird.

119 Es wird davon ausgegangen, dass diese Vernehmung unter optimalen Bedingungen durchgeführt wird, vgl. dazu ausführlich unter 2. Kapitel, Erster Schritt I–VI.

Fünftens: die Ersetzung der Vernehmung in der Hauptverhandlung durch die konservierte Erstvernehmung wird nicht zugelassen, das Kind nicht per video-link sondern im Hauptverhandlungssaal vernommen, aber ergänzende Vernehmungen werden abgelehnt, mit dem Ergebnis von zwei Vernehmungen, eine im Ermittlungsverfahren, eine im Hauptverhandlungssaal.

Sechstens: die Ersetzung der Vernehmung in der Hauptverhandlung durch die konservierte Erstvernehmung wird nicht zugelassen, das Kind per video-link vernommen und ferner eine ergänzende Vernehmung per video-link zugelassen, mit dem Ergebnis von drei Vernehmungen, eine im Ermittlungsverfahren, zwei per video-link von einem anderen Ort aus.

Siebtens: die Ersetzung der Vernehmung in der Hauptverhandlung durch die konservierte Erstvernehmung wird nicht zugelassen, das Kind per video-link vernommen und ferner eine ergänzende Vernehmung zugelassen, aber nicht per video-link, mit dem Ergebnis von drei Vernehmungen, eine im Ermittlungsverfahren, eine per video-link von einem anderen Ort aus und eine im Hauptverhandlungssaal.

Dass hinter diesen skizzierten Optionen, denen alle der Idealfall einer Vernehmung im Ermittlungsverfahren sowie maximal zwei Vernehmungen im Hauptverfahren zugrunde liegt, in der Praxis immer noch ein „plus x" stehen kann, liegt auf der Hand. Insgesamt zeigt aber bereits dieser Blick auf den Vorlauf sowie die Neuregelung selbst, dass bereits am normativen Anknüpfungspunkt einer Vernehmungsreduzierung und damit zeugenentlastenden Verfahrensweise erhebliche Zweifel bestehen und ein verfahrensrechtlicher Dispositionsrahmen über die künftige Anzahl der Vernehmungen besteht, der von mindestens einer bis zu drei Vernehmungen im Regelfall reicht und weitere Vernehmungen „plus x" ermöglicht. An der von Meyer eingangs proklamierten Feststellung, dass mit der Verabschiedung der Neuregelung ein „großer Tag für den Opferzeugenschutz" und mit ihr eine wichtige verfahrensrechtliche Reform zur Reduzierung der Vernehmungen von Kindern im Verfahren, auf „möglichst"[120] eine eingeleitet worden sei, ist daher zu bezweifeln.[121] Auch auf dem 62. DJT 1998 wurde die Neuregelung bereits vor ihrem Inkrafttreten im Dezember 1998 im Hinblick auf eine tat-

120 Vgl. Meyer, Plenarprotokoll 13/2022.

121 Die Zweifel werden im übrigen verstärkt durch die Prognose von Widmaier, der – aus Verteidigersicht – die Neuregelung dafür lobte, dass sie das geltende Recht unangetastet lasse (vgl. Referat, 62. DJT Band C, L 31, was impliziert, dass sich die bisherige im ersten Teil skizzierte Vernehmungssituation der mehrfachen Vernehmungen nicht zwingend zu verändern braucht.

sächliche Vernehmungsreduzierung als unzureichend bewertet und ein Verbesserungsvorschlag mit folgendem Wortlaut als Beschluß verabschiedet:

„Über die künftigen Vorschriften der §§ 168e StPO, 247 StPOa, 255a StPO hinaus ist für besonders schutzbedürftige Zeugen als Regelfall vorzusehen, dass in geeigneten Fällen schon im Ermittlungsverfahren eine frühe erste richterliche Vernehmung durchgeführt wird, bei der der Beschuldigte und sein Verteidiger anwesend sein und Fragen an den Zeugen richten können. Diese Vernehmung ist auf Videoband aufzuzeichnen, das in der Hauptverhandlung als Beweismittel verwendet werden kann. Der erneuten persönlichen Vernehmung des Zeugen bedarf es dann nur für den Fall, dass wesentliche neue Umstände hervorgetreten *sind, die eine nochmalige Befragung für die* Wahrheitsfindung unerläßlich *machen"*[122]

Dieser Vorschlag bedeutet in letzter Konsequenz allerdings auch keine zwingende Vernehmungsreduzierung, denn die Verteidigung braucht nur – sozusagen als „As im Ärmel" – noch weitere Umstände zurückzuhalten und diese erst im Hauptverfahren geltend zu machen, um auf diese Art und Weise die Notwendigkeit einer erneuten Vernehmung als „für die Wahrheitsfindung unerläßlich" begründen zu können.[123] Der Vorschlag zeigt damit erneut die rechtspolitischen und verfahrensrechtlichen Vorbehalte auf, die einer konsequenten Vernehmungsreduzierung und damit dem kindlichen Opferzeugenschutz entgegenstehen.[124]

122 Vgl. Beschluß vom 62 DJT, L 195 sowie L 251 (Hervorhebungen durch Verfasserin); Dieser Vorschlag wurde 42:27 Stimmen angenommen. Hingegen konnte sich der Vorschlag einer „absoluten" Ersetzungsmöglichkeit unter den Voraussetzungen des § 251 nicht durchsetzen. Er wurde mit 29:39 Stimmen abgelehnt.

123 Diese Option konterkariert das Anliegen, die Vernehmung „möglichst" auf eine zu reduzieren (vgl. Mayer 13/221, S. 2028). Vgl. zu den Möglichkeiten auf eine erneute Vernehmung zu verzichten und Möglichkeiten einer „Quasi-Präklusionswirkung" der konservierten Erstvernehmung. ausführlich unter 2. Kapitel, Zweiter Schritt, III.

124 Überwiegend wird ein „Spannungsverhältnis" zwischen dem kindlichen Zeugenschutz und einer möglichen Einschränkung der Zeugenpflicht sowie der Wahrheitsfindung im Verfahren angenommen. Vgl. zu Ausgleichsoptionen im 2. Kapitel. Zum rechtspolitisch postulierten „Spannungsverhältnis" das eine Lösung zugunsten von Opferzeugen klar verhindert, vgl. auch Thomas StV, 1985, S. 431–436; ders. 1989, S. 277 (280); Schünemann, StV 1998, S. 391 ff. (399); Griesbaum, NStZ 1998, S. 433 ff.; Fischer, JZ 1998, S. 816 ff. (819); Krehl, GA 1990, S. 555; Rieß, NJW 1998, S. 3240 ff.; Siehe auch Widmaier, 62. DJT, L 30 ff.; a.A. die eine klare Option zugunsten von Opferzeugen fordert, Nelles, NJ 1998, S. 449 ff.; Rössner, 62. DJT, L 14.

Insgesamt wird bereits aus der Entstehungsgeschichte der Neuregelung und bei einem ersten Blick auf die Systematik der neuen Regelungen deutlich, dass der kindliche Opferzeugenschutz nach wie vor dispositiv bleibt und damit der Opferperspektive im strafrechtsdogmatischen Sinne nach wie vor lediglich eine reine Reflexfunktion zukommt.[125] Dies verwundert, angesichts einer vielbeschworenen „Renaissance"[126] des Opfers und trotz einer jahrzehntelangen Diskussion um die Aufwertung von Opferzeugeninteressen im Verfahren. Festzuhalten bleibt: Es hat sich nicht wirklich Grundlegendes geändert und offensichtlich werden reine „Scheindebatten" um eine opferzeugenorientiertere Strafrechtspflege geführt. Da eine konsequente Vernehmungsreduzierung für kindliche Opferzeugen, i.S. eines prozessualen Opferzeugenschutzes aber ohne eine entsprechende opferorientierte Strafrechtsdogmatik zum Scheitern verurteilt ist, sollen im folgenden die Prämissen für eine opferorientierte Strafrechtspflege näher betrachtet und als Grundlage für die Umsetzung des Regel-Ausnahmemodells neu definiert werden.

III. Stellenwert von Opferzeugenrechten im Verfahren: Opferschutz als Mittel der Wahrheitsfindung und Wahrung des Rechtsfriedens

Für eine Funktions- und Grenzpositionierung der Zeugenpflicht im Spannungsfeld des staatlichen Strafanspruchs[127] ist gerade zur Garantie des Rechtsfriedens und im Interesse der Wahrheitsermittlung eine entsprechende Aufwertung des verfahrensrechtlichen Stellenwerts der Interessen von Opferzeugen unumgänglich[128] und erfordert eine Auseinandersetzung mit den verfassungsrechtlichen Legitimierungen von Opferzeugeninteressen und Rechten im Verfahren[129]. Opfer-

125 So auch Kichling, ZRP 2002, S. 58

126 Eser, zur Renaissance des Opfers im Strafverfahren, in: GS A. Kaufmann, 1989, S. 723ff; Jung, ZRP 2000, 159ff.

127 Kritisch zum Begriff, Weigend, DelikStPOfer und Strafverfahren, 1989, S. 191ff m.w.N.

128 Dass bisherige normative Aufwertungsversuche an dieser Systempositionierung und Bewertung wenig ändern konnten zeigte Kaiser, 1991, S. 206 ff.; sowie Maier, 1997, S. 43 ff. deutlich auf.

129 Dass diese Grundsätze auch für Kinder gelten, wird damit begründet, dass Minderjährige von keinem Gesetz allein aufgrund ihres Alters als Zeugen ausgeschlossen werden. Gegen eine solche Sicht- und Argumentationsweise wendet sich Nelles, 1996, S. 218, die erhebliche Zweifel daran anmeldet, ob einem Minderjährigen überhaupt die staatsbürgerlichen (Zeugen-) Pflichten aufgebürdet werden können. Vgl. ausführlich 2. Kapitel Zweiter Schritt, II, 2.5.2.

zeugen sind in besonderem Maße in ihren Grundrechten[130] betroffen: Zum einen ist durch den Zwang vor Gericht zu erscheinen ihre *allgemeine Handlungsfreiheit (Art 2 I GG)* tangiert, ferner ist mit der Pflicht, die Fragen, um die es in diesen Verfahren geht, zu beantworten, die Privat- und Intimsphäre und damit das *Persönlichkeitsrecht (Art 2 I iVm 1 I GG)* betroffen und darüber hinaus kann auch eine Gefahr für die *Gesundheit* durch psychische oder körperliche Belastungen durch die Aussage selbst vorliegen *(Art 2 II 1 GG)*.[131] Der Zeugenpflicht sind – soviel ist vorab besonders für die Gruppe der kindlichen Opferzeugen festzuhalten – Grundrechtseingriffe immanent.[132] Fraglich ist, inwieweit durch den staatlichen Strafanspruch in diese Rechte eingegriffen werden darf und welche Ausgleichsmöglichkeiten für diese Eingriffe bestehen. Überwiegend erfolgt dieser Ausgleich bisher zu Lasten der Opferzeugen und auch die Neuregelung weist – wie der oben skizzierte Vorschlag des 62. DJT zeigt – diese Tendenz auf:[133] Unabhängig davon, welche Belastungen für sie bestehen, wird an der Zeugenpflicht festgehalten und mit dem Argument, dass es bei den intrafamilialen Delikten wie dem

130 Die Grundrechtsfähigkeit von Minderjährigen ist im Ergebnis unbestritten, vgl. Staudinger-Peschel-Gutzeit, § 1626, Rn. 11 m.w.N. Zum Überblick über die unterschiedlichen Begründungsansätze siehe auch Frenzel, S. 23–41. Auch das Bundesverfassungsgericht hebt die Grundrechtsfähigkeit von Kindern immer wieder hervor: vgl. BVerfGE, BVerfGE 24, 119 (144); 55, 171 (179); BVerfG NJW 1989, S. 519 ff. (520), dass ein Kind ein „(...) Wesen mit eigener Menschenwürde und eigenem Recht auf freie Entfaltung seiner Persönlichkeit i.S. Art. I und 2 I GG" sei.

131 Zu den beachtlichen Grundrechten gehören damit nicht nur die allgemeinen Handlungs- und Persönlichkeitsrechte, die bisher vorwiegend im Mittelpunkt der fachlichen Debatte standen, sondern insbesondere auch das Recht auf Leben und die körperliche Unversehrtheit gem. Art. 2 Abs. 2 Satz 1 GG. Ein Aspekt der im Gang der weiteren Untersuchung verstärkt zu berücksichtigen sein wird, denn Art. 2 Abs. 2 schützt nicht nur für die körperliche Unversehrtheit, sondern die Gesundheit im weitesten Sinne, vgl. BVerfGE 55, 171(179), Siedhoff, NJW 1994, 620, vgl. auch Isensee, Rn. 15. Umfassend dazu mit zahlreichen Nachweisen Seewald, S. 44–46.

132 Der Aspekt, dass die Pflicht zur wahrheitsgemäßen Aussage auch den *Zusammenhalt innerhalb der Familie (Art 6 I GG)* gefährden kann, sofern es sich bei dem Beschuldigten um einen Familienangehörigen handelt soll hier nicht erörtert werden, da es hier vorrangig um die Grundrechte gehen soll, die dem Kind direkt zustehen. Vgl. aber zu diesem Aspekt ausführlich Keiser, 1997, S. 91 ff., die in ihrer Arbeit überzeugend nachweise, dass dieses Kriterium einen erhöhten Schutz für den Opferzeugen auslöst und der Staat sein Wächteramt ausüben und am Kindeswohl orientiert auch das Strafverfahren gegen den Angehörigen zu führen hat.

133 Was sich daran zeigte, dass in der Neuregelung keine konkreten Kriterien und Grenzen für die erneute Vernehmung formuliert wurden.

sexuellen Missbrauch zur Beweisführung gerade auf die Aussage der Kinder als meist einzigen Tatzeugen immer ankomme, eine Einschränkung der Zeugenpflicht bzw. eine zwingende Reduzierung der Vernehmungen einer Gefährdung für die Wahrheitsfindung gleichgesetzt.[134] Auf diese Art und Weise wird prozessual und strafrechtsdogmatisch ein Widerspruch zwischen Opferzeugeninteressen und dem Strafanspruch des Staates postuliert.[135] Diesen gilt es daher näher zu betrachten und aufzulösen.

1. *Marginalisierung von Opferzeugen: Zeugenpflicht und staatlicher Strafanspruch*

Im modernen Strafprozess wird die Stellung des Opferzeugen grundsätzlich dadurch charakterisiert, dass sie noch nicht in den Begriff und der Funktion von Individualrechten fällt[136], was sich auch daran zeigt, dass die Pflicht vor Gericht zu erscheinen und – evtl. unter Eid auszusagen[137] – weder für Erwachsene noch

134 Gerade bei der klassisch zu bezeichnenden Situation des buchstäblich im Verborgenen stattfindenden sexuellen Mißbrauchs durch einen Einzeltäter werden besonders hohe Anforderungen an die Wahrheitsfindung gestellt. Vgl. zur Beweissituation im einzelnen auch Laubenthal, JZ 1996, S. 337; Denger, ZRP 1991, S. 49, Geppert, 1985, S. 329; Rengier, 1979, S. 93. Über die – in Fällen des sexuellen Missbrauchs von Kindern – typische Beweissituation berichtete auch Freudenberg, Dokumentationsmappe, S. 10 und 11; vgl. auch Dugan, 1989, S. 73. Als Folge davon wird überwiegend auch ein Eingriff in die Grundrechte von Kindern über das unerläßliche Maß hinaus befürwortet, da ansonsten – so die Argumentation – die Wahrheitsfindung gefährdet sei, vgl. Diskussion auf dem 62. DJT sowie und auch Beschluß des 62. DJT, L 211, I.2.d.

135 Teilweise wird auch eine Animosität zwischen den Opferzeugenrechten und Beschuldigtenrechten angenommen, siehe speziell in bezug auf die hier aufgeworfene Fragestellung in den Protokollen des Sonderausschusses des Deutschen Bundestages für die Strafrechtsreform 6. Wahlperiode, Bericht des damaligen Bundesministers der Justiz vom 25. 2. 1972, Anlage 1 zur 72. Sitzung, S. 2127; vgl. ferner Deckers, NJW 1996, S. 3106, der hier von „Aufeinandertreffen zweier Welten spricht."

136 Dies wird mit der Tatsache erklärt, dass in keinem anderen Lebensbereich der Konflikt zwischen staatlicher Machtentfaltung und dem Interesse des einzelnen an der Unverletzlichkeit seiner Rechtssphäre so deutlich in Erscheinung tritt wie im Strafprozeß. Der Angeklagte sei deshalb derjenige, für den im Rahmen der Entwicklung des Strafverfahrens alles auf dem Spiel steht und daher dem Schutz der Rechtsstellung des angeklagten Vorrang in den rechtlichen Texten gegeben wurde, vgl. ausführlich Peters, 1987, S. 34.

137 Für Minderjährige hat die Eidespflicht jedoch kaum praktische Relevanz. Bis zur Vollendung des 16. Lebensjahres gelten sie gem. § 60 Nr. 1 ohnehin als eidesunmündig, aber auch danach kann nach dem Ermessen des Gerichts ohnehin gem. § 61 Nr. 1 bis zur Vollendung des 18. Lebensjahres von der Vereidigung abgesehen werden.

für Minderjährige als solche wirklich durch eine gesetzliche Vorschrift normiert ist.[138] Sie wird auch für Kinder lediglich aus einer staatsbürgerlichen allgemeinen Verpflichtung des Einzelnen, im Gemeinschaftsinteresse zu handeln, abgleitet.[139] Danach hat *„...jedermann als gemeinschaftsbezogener und gemeinschaftsdienender Bürger staatliche Maßnahmen hinzunehmen, die im überwiegenden Interesse der Allgemeinheit unter strikter Einhaltung des Verhältnismäßigkeitsgebots getroffen werden, solange sie nicht den unantastbaren Bereich privater Gestaltung beeinträchtigen"*.[140] Für die Zeugenpflichten hat das Verfassungsgericht dies speziell aus dem rechtsstaatlichen Grundsatz der Gerechtigkeit hergeleitet, welcher die Aufrechterhaltung einer funktionstüchtigen Strafrechtspflege verlange[141] und dies damit begründet, dass die Möglichkeiten justizförmiger Sachaufklärung im wesentlichen auf dem Zeugenbeweis beruhen.[142]

Das Kind ist als Opferzeuge damit in erster Linie Beweismittel und hat als solches zur Sachaufklärung beizutragen.[143] Es dient der Durchsetzung des staatlichen Strafanspruchs und sichert dadurch die „Effektivität der Strafrechtspflege".

138 zu den Normierungsvorschlägen vgl. den Vorschlag des AE-ZVR, in einem neu zu schaffenden Absatz 2 zu § 48 StPO ausdrücklich festzuschreiben: „Der Zeuge ist verpflichtet, in dem zu seiner Vernehmung bestimmten Termin vor dem Richter oder der Staatsanwaltschaft zu erscheinen. Er hat die Pflicht auszusagen, wenn keine im Gesetz zugelassene Ausnahme vorliegt." Siehe auch den Vorschlag des DJB, 1998, S. 23 zu § 48 b (neu), sowie Vorschlag von Rössner auf dem 62. DJT, Referat L 15, sowie Beschluß des 62. DJT II, 1 a).

139 K/Meyer-Goßner, vor § 48, Rn. 5; KMR-Paulus, Vorbem. § 48, Rn. 26; BVerfGE 49, 280 (284); BVerfG NJW 1988, S. 897 (898). Im Gegensatz zur heutigen Situation wurde dies in den Vorläufergesetzen zur StPO in den jeweiligen Strafprozeß- und Kriminalordnungen der Staaten auch ausdrücklich normiert, vgl. Glaser, S. 484 und die Nachweise bei Nelles, 1996, S. 214 Fn. 14. Ein Blick in Art 33 Abs. 1 GG zeigt, dass das Grundgesetz ausdrücklich die Existenz staatsbürgerlicher Pflichten anerkennt, sie lassen sich allerdings nicht direkt aus Art. 33 GG heraus begründen, da diese spezielle Vorschrift eine Ausprägung des Gleichheitssatzes ist und nur die Gleichstellung der Bürger in ihrem Verhältnis zum Saat in den einzelnen Bundesländern betrifft, vgl. Kunig, in: von Münch, Grundgesetzkommentar, Art. 33, Rn. 4 und 7. A.A. Weiss, S. 156 ff.

140 BVerfGE 33, 367 (376/7). BVerfGE 33, 367 (383) m.w.N.

141 Kritisch zu diesem Topos, soweit er als Argument für die Beschneidung von Verteidigungsrechten ins Feld geführt wird Hassemer, KritJ 1980, S. 316 ff. und ders., StV 1982, S. 275 ff. Ebenso kritisch zu diesem Ansatz Nelles, 1996, S. 218 die gerade für eine Aufrechterhaltung einer funktionstüchtigen Strafrechtspflege die Zeugenpflicht ablehnt und einen grundrechtlichen Abwehranspruch zur Begründung konstruiert.

142 Vgl. BVerfGE 33, 367 (374), zum ganzen siehe BVerfGE 38, 105 (115/116).

143 K/Meyer-Goßner Einl. Rn. 49, 72 vor § 48 Rn. 1; KMR-Paulus Vorb. § 48 Rn. 20; ANM, Beweisantrag, S. 72; Peters, 1985, S. 342; Neumann in Hassemer, 1987, S. 225; Weigend, 1989, S. 24.

Als Anzeigeerstatter und Hauptbelastungszeuge wird es als ein „unverzichtbares Element für die Funktionstüchtigkeit der Strafrechtspflege" bewertet.[144]

Dieser Funktionalisierung von Opferzeugen zur reinen Sachaufklärung ging ein langer historischer Prozess voraus[145], und auch die jüngsten Reformversuche haben an dieser Marginalisierung von Opferzeugeninteressen wenig geändert.[146] Zwar wurde inzwischen versucht, den Opferzeugen mehr Rechte einzuräumen, dennoch steht insgesamt deren Geltendmachung und Beachtung überwiegend unter dem „Deckmantel der Schutzpflicht des Staates"[147] zur Disposition des Staates. Aktivrechte in bezug auf die Zeugenpflicht stehen den kindlichen Opferzeugen – bis auf die selten eingreifenden Ausnahmefälle der *gesetzlichen Zeugnis- und Aussageverweigerungsrechte* – nach überwiegender Ansicht nicht zu.[148]

Im Gegensatz zum Opfer nimmt nun der Beschuldigte im Verfahren immer eine Subjektstellung ein, die im Verfahren in größtmöglichem Umfang gewährleistet werden soll.[149] Er ist die Zentralfigur des Strafverfahrens und soll als Persönlichkeit, die über sich selbst verfügen und ihr Schicksal eigenverantwortlich gestalten kann, auch im Strafverfahren „Herr seiner Entschlüsse sein".[150] Da das Strafverfahren ausschließlich eine Angelegenheit des Staates, d.h. der Allgemeinheit und des Beschuldigten ist, kann das Opfer, auch wenn seine Aussage zur Durchführung des Verfahrens erforderlich sein mag, daraus keine weitergehenden „Rechte" in Form von Schutz- oder Aktivrechten ableiten. Die schwache Position des Opferzeugen wird folglich gerade mit Beschuldigteninteressen begründet, d.h. aus Angst vor „Rachegefühlen" des Opferzeugen wurden restitutive Gedanken aus dem Strafverfahren zurückgedrängt. Der Strafprozess soll vor allem die in der Straftat liegende „Störung der Allgemeinheit" beseitigen. Insofern gibt es auch keinen Strafanspruch des Opfers, sondern nur einen öffentlich-rechtlichen Rechtsanspruch der Allgemeinheit auf Überführung und Bestrafung des Täters.[151]

144 Meier, Neue Kriminalpolitik 1992, S. 33.

145 Vgl. dazu ausführlich Weigend, 1989, S. 24 ff.; ders. ZStW 96(1984), S. 761 ff.

146 Weder das Opferschutzgesetz (BGBl. 1986, 2496–2500), noch das OEG (BHBl. 1976 I, 1181, 1183) konnten diese Marginalisierung aufheben, vgl. auch Maier, 1997, S. 47 ff. Ebenso Kichling, ZRP 2002, S. 58.

147 Siehe Nelles, NJ 1998, S. 449.

148 Vgl. dazu die Gegenüberstellung der Schutz und Subjektkonzeption unter I, 2.2.

149 KMR-Paulus, Einl. I Rn. 5.

150 KK-Pfeiffer, Einl. Rn. 86.

151 Vgl. Weigend, 1989, S. 18, (217), (218) und eingehend zum Zweck des Strafverfahrens, aaO S. 173–219: „Ziel des Strafverfahrens ist die Wiederherstellung des Rechtsfriedens durch Klärung des Tatverdachts... außerdem schafft es die Voraussetzung dafür, dass der durch die Straftat gestörte Rechtsfrieden erneuert wird und unterstützt die generalpräventive Wirkung des Strafrechts".

Das Strafverfahren sanktioniert folglich nur die Verletzung der Rechtsordnung des Staates. Damit wird die soziale Wirklichkeit ausgeblendet und es wird nicht berücksichtigt, dass eine konkrete Person verletzt worden ist. Im Allgemeinen kann dann nur wenig Rücksicht auf die spezifischen Opferbelange genommen werden. Die Wünsche und Bedürfnisse kindlicher Opferzeugen stehen mithin *systembedingt* nicht im Mittelpunkt des Strafverfahrens. Die Opferperspektive wird im Strafverfahren völlig verdrängt.[152] Daher genießen auch die prozessualen legitimen Aufklärungs- und Verteidigerinteressen nach überwiegender Auffassung grundsätzlich Vorrang vor dem Schutz des Opfers.[153]

Die Notwendigkeit der Sachaufklärung hat Priorität, weil sich hierin der eigentliche Zweck des Strafprozesses verkörpert. Die Wahrung der Rechte des Beschuldigten ist vorrangig, weil für ihn wesentlich mehr auf dem Spiel steht als für die Opfer.[154] So verwundert es nicht, dass innerhalb dieses „Systems" der Strafrechtspflege dem Opferzeugen bisher nur eine schwache Position eingeräumt wurde, die sich auch durch das Opferschutzgesetz nur minimal verstärkte.[155]

Ein Paradigmenwechsel hin zu einem von Weigend geforderten „klientenzentrierten Verhalten"[156] ist durch diese Täterorientierung im Strafverfahrensrechts erschwert und kann nicht erzwungen werden. Dass er aber notwendig ist, zeigt

152 Vgl. die Schilderung einer „Opferkarriere" bei Kiefl/Sieger, Kriminalistik 1993, S. 261 ff., ferner Kirchoff, 1994, Bd. 1, S. 261; Rössner/Wulf, 1987, S. 4 f., 80 ff.; U. Schneider, 1987, S. 179; siehe auch Seebode in Haesler u.a., 1986, S. 177 ff. (S. 177 m.w.N); Tampe, 1992, S. 82; Däubler-Gmelin, 1994, S. 339.

153 Vgl. Weigend, 1989, S. 425, 427; Rieß, 1984, Rn. 71 („allgemeines Leitprinzip"); Meier, Neue Kriminalpolitik 1992, S. 33 bezeichnet diese Prämisse als einer der vier Grundlagen der kriminalpolitischen Diskussion über die weitgehend Einigkeit bestünde. Nach ihm lauten die anderen drei Prämissen:

1. Das Opfer ist ein unverzichtbares Element der Strafrechtspflege.
2. Es beteiligt sich am Strafverfahren mit ganz spezifischen Interessen und Erwartungen.
3. Der Strafprozeß wird nicht im Interesse des Verletzten, sondern vielmehr ausschließlich im öffentlichen Interesse geführt. Vgl. die Feststellung von Kirchoff, Tagung des Deutschen Juristinnenbundes 1994 in Berlin, Thesenpapier Nr. 19, sowie dies., 1994, Bd. I, S. 134; vgl. auch aus dem amerikanischen, McDonald, American Criminal Law Review 1976, S. 649 ff., S. 662.

154 Weigend, 1989, S. 425, Fegert, 1993, S. 143.

155 Vgl. dazu Kaiser, 1991, S. 34 ff.; Maier, 1997, S. 47 ff.; zur Kritik am Opferschutzgesetz siehe Burgsmüller/Goy, Streit 1985, S. 108 ff.; Engel, Streit 1987, S. 27; Weigend, NJW 1987, S. 1170 ff.; Selig StV 1988, S. 498; Frommel, Neue Kriminalpolitik 1992, S. 14 ff.; dies, FS Schüler-Springorum 1993, S. 257 ff. (263). Zur Vernachlässigung des Zeugenschutzes in StPO und GVG, siehe Krey, GS Meyer 1990, S. 239.

156 Weigend, 1989, S. 408.

sich bereits daran, dass im Strafprozess gerade unter Berufung auf das vermeintliche Ziel der Friedensstiftung eine Sachverhaltsaufklärung ohne Berücksichtigung der Opferzeugeninteressen systemwidrig ist. Da die besonderen Instrumente des Strafverfahrens nicht zu einer Aussöhnung zwischen Täter und Opfer geeignet sind, kann allein über die spezifischen Möglichkeiten der Sachaufklärung der Rechtsfrieden hergestellt werden. Dies bedeutet, dass das Prozessziel die Sicherung des Rechtsfriedens durch Streben des Gerichts nach einer „justizförmig verhandelten Wahrheit“[157] und Gerechtigkeit sein muss, die gerade aus diesem Grund auf eine Berücksichtigung von Opferzeugeninteressen zwingend angewiesen ist.[158]

Im Folgenden wird es daher darum gehen, die Möglichkeiten darzulegen, wie ein Schutz der Opferzeugen vor den der Zeugenpflicht immanenten Grundrechtseingriffen aussieht, der *gleichermaßen* die Interessen von Opferzeugen und den Strafanspruch des Staates garantiert und dabei die Verhältnismäßigkeit des Eingriffs berücksichtigt. Die Basis, aufgrund der im heutigen Strafverfahren ein solcher effektiver Opferschutz praktiziert werden sollte, ist entsprechend simpel: Opferschutz durch Abwägung der Kollision der prozessualen Grundrechte des Opfers und dem Strafanspruch des Staates *gerade im Interesse der Wahrheitsfindung*.[159] Nur auf diese Art und Weise kann die normstabilisierende Wirkung des Strafrechts und eine Sachaufklärung erreicht werden.

Eine solche Abwägung setzt voraus, dass sowohl kindliche Opferzeugen als auch der Beschuldigte sich im Verfahren auf prozessuale Grundrechte gegenüber dem staatlichen Strafverfolgungsanspruch aktiv berufen können. Auf dieser Grundlage soll aufgezeigt werden, wie sich aus den der Zeugenpflicht immanenten Grundrechtseingriffen eine Vernehmungsreduzierung im Verfahren in das bestehende System einfügen läßt und dabei in der Gesamtschau mit dem Strafanspruch des Staates – formuliert als die Prämisse der Wahrung des Rechtsfriedens und dem Interesse an der Wahrheitsfindung – sowie der Garantie der Beschuldigtenrechte und den Interessen von Opferzeugen vereinbar ist bzw. letztere sie gerade erfordert.

157 In diese Richtung auch der von Hassemer entwickelte Ansatz einer „Kultur der Strafrechtspraxis“, vgl. Hassemer, StV 1997, S. 308 ff.

158 Vgl. Weigend, 1987, S. 502.

159 So auch Frommel für den Opferschutz allgemein, 1993, S. 264, 276 und Weigend, 1987, S. 136.

2. Aufwertung von Opferzeugeninteressen

2.1. Verfassungsrechtliche Grundlagen von Opferzeugenrechten

a) Menschenwürde Art 1 Abs. 1 GG

Das Strafprozessrecht ist in allen seinen Erscheinungsformen angewandtes Verfassungsrecht, für das als Maßstab der Schutz der Menschenwürde aus Art 1 Abs. 1 I GG zugrundezulegen ist. Er gilt für jeden im Strafverfahren erscheinenden Prozessbeteiligten und ist daher gegenüber der staatlichen Machtausübung im Strafprozess nicht nur für den Beschuldigten, sondern auch für den Verletzten heranzuziehen. Die Gefährdung der Menschenwürde des Verletzten durch a) die Begehung der strafbaren Handlung und b) durch die Durchführung des Strafverfahrens kann daher Opferzeugenrechte begründen.

Stellt man die Basiswertenscheidung der europäischen Menschenrechtskonvention vom 4.11.1950[160] und des internationalen Paktes[161] vom 19.12.1966 über die bürgerlichen und politischen Rechte zusammen, so leuchtet aus ihnen auch ein Menschenbild und Gesellschaftsmodell hervor, das den Einzelnen als vernunftbegabtes Wesen sieht und ihm Würde sowie gleiche und unveräußerliche Menschenrechte zuerkennt.[162] Da die Würde und die Grundfreiheit des Individuums als „Grundlage der Freiheit, der Gerechtigkeit und des Friedens in der Welt" jeder Macht vorgelagert sind, ist der Rechtsgeber bei der Auswahl der legislatorisch verfolgten und von den gesetzgebundenen Staatsorganen zu konkretisierenden Zielen nicht frei. Er ist dem „Ideal vom freien Menschen, der bürgerliche Freiheit genießt und frei von Furcht und Not lebt" verpflichtet; der Staat soll nicht nur die „allgemeine und wirksame Achtung der Rechte und Freiheiten der Menschen fördern...". Vielmehr soll das Gesetz jeden Menschen in der Ausübung seiner Rechte und Freiheiten nur solchen Beschränkungen unterwerfen, die darauf abzielen, die Anerkennung und Achtung der Rechte und Freiheiten der anderen zu gewährleisten und den gerechten Anforderungen der Moral, der öffentlichen Ordnung und der allgemeinen Wohlfahrt in einer demokratischen Gesell-

160 Vgl. Sartorius II, Internationale Verträge, Europarecht, Nr. 130.

161 Vgl. BGBl. 1976 II, S. 1968.

162 Siehe Präambel EuMRK, Präambel IPBR, Präambel GG Art I GG.

schaft zu genügen."[163] Da aber die individuellen Rechte und Grundfreiheiten mehr wert sein sollen als das Papier, auf dem sie stehen, hat jeder Mensch „Anspruch auf wirksamen Rechtsschutz vor den zuständigen Gerichten gegen alle Handlungen, die seine ihm nach der Verfassung oder dem Gesetz zustehenden Grundrechte verletzen."[164] Dabei gehört es zum Schutzbereich der Menschenwürde, dass der Verletzte nicht als Objekt staatlicher Fürsorge behandelt wird, sondern dass seine Autonomie respektiert wird und ihr in größtmöglichem Umfang Raum gegeben wird[165]: Ein Grundsatz, der nach *Weigend* mittelbar aus der humanitären Verpflichtung des Staates herzuleiten ist.[166]

b) Grundsatz des fair trial

Eine stärkere Berücksichtigung der Interessen von Opferzeugen läßt sich auch aus der richterlichen Fürsorgepflicht[167] bzw. dem *fair trial* Gebot[168] ableiten. Beide leiten sich aus dem Gebot des sozialen Rechtsstaates aus Art 20 Abs. 1, Abs. 3, 28 Abs. 1 S 1 GG ab. Aus ihnen ist die Verpflichtung des Gerichts begründbar, dem Verletzten bei der Durchsetzung seiner Rechte behilflich zu sein. Das Tatopfer muß darauf vertrauen dürfen, dass die Gerichte nicht einseitig die Interessen des Täters wahrnehmen.[169] Diese Fürsorgepflicht des Gerichts leitet sich aus dem Kern

163 So Art 20 Abs. 2 der allgemeinen Erklärung der Menschenrechte in der von der UNMRE vom 10.12.1948 beschlossenen Fassung (internationale Quelle): Resolution 217 (III) universal Declaration of Human Rights, United Nations, General Assembly, Official Records, Third Session (Part I) Resolutions (Doc A / 810), S. 71 abgedruckt in Sartorius II, Internationale Verträge, Europarecht Nr. 19.

164 Art u. UNMRE; Art 13 13 EuMRK: „Sind die in der vorliegenden Konvention festgelegten Rechte und Freiheiten verletzt worden, so hat der Verletzte das recht eine wirksame Beschwerte bei einer internationalen Instanz einzulegen, selbst wenn die Verletzung von Personen begangen ist, die in amtlicher Eigenschaft gehandelt haben"; vgl. auch Art 17 II IPBR.

165 Vgl. Verpflichtung des Bayerischen Staatsministeriums der Justiz, Bekanntmachung vom 27.7.1982 in BayJMBl., S. 209: Es ist die selbstverständliche Pflicht der Strafverfolgungsorgane, die dem Tatopfer aus dem Strafverfahren gegen den Beschuldigten entstehenden Nachteile so gering wie möglich zu halten.

166 Weigend, 1989, S. 424.

167 Dazu ausführlich KMR – Paulus Einl. XII, aber auch Vor § 48, Rn. 29.

168 Vielfach wird die Fürsorgepflicht auch als Unterfall des Gebots des fair trial gesehen, so Maiwald und Gössel, zitiert in KMR – Paulus Einl. XII. vorliegend wird sie aber als eigenständiger Grundsatz aus dem Rechtsstaatsprinzip abgeleitet, vgl. dazu auch Weigend, ZStW 104 (1992), S. 487 ff.

169 Ganderath, MDR 1983, S. 798.

des Sozialstaatsprinzips, der Materialisierung des Gleichheitsgrundsatzes, ab.[170] So kann das Sozialstaatsprinzip verlangen, auf die Schutz- bzw. Abwehrbedürftigkeit des Verletzten gegenüber einem übermächtigen Beschuldigten Rücksicht zu nehmen und einen Ausgleich herzustellen. Dies läßt sich mit dem fair trial immanenten Recht auf rechtliches Gehör aus Art 103 auch für Opferzeugen begründen. Es soll Verfahrensbeteiligten, die mit einer Beeinträchtigung ihrer Rechts- und Prozesslage zu rechnen haben[171], die Chance geben, den Inhalt der zu treffenden Entscheidung zu beeinflussen. Da es sich infolgedessen auch auf die Grundlagen insgesamt ausdehnen muss, gilt es auch für die Einflußnahme auf die Art und Weise der Beweiserhebung. Die Einbeziehung auch der Rechtsfragen läßt sich nicht damit ablehnen, dass im Strafverfahren den in Betracht kommenden Betroffenen meist die angemessenen erforderlichen Rechtskenntnisse fehlen. Dieser Mangel kann durch die Hinzuziehung rechtskundiger Prozessbevollmächtigter ausgeglichen werden. Abgesehen davon, dass Tat- und Rechtsfragen untrennbar sind, weil der rechtliche Gesichtspunkt die Auswahl der für die Entscheidung relevanten Tatsachen bestimmt, gilt der Sinn und der Zweck des Gehörs auch deshalb in bezug auf die rechtliche Seite der zu erwartenden Entscheidung, da das Gericht nicht einfach ein bereits vorhandenes Recht zu präsentieren, sondern das Recht in bezug auf den bestimmten Fall zu konkretisieren hat. Darin besteht folglich der Inhalt des rechtlichen Gehörs, dessen Schutzfunktion auch der Verletzte genießt. Was dies für den Grundsatz der „Waffengleichheit" bedeutet, wird noch an anderer Stelle zu erörtern sein.

c) Allgemeines Persönlichkeitsrecht Art 2 Abs. 1 iVm Art 1 Abs. 1 GG

Der Verletzte ist im Allgemeinen zunächst durch sein allgemeines Persönlichkeitsrecht gem. Art. 2 Abs. 1 GG i.V.m. Art. 1 Abs. 1 GG geschützt, wonach auch ihm das Recht auf ein faires Verfahren zusteht. Demgemäß hat der Zeuge vor Gericht „Anspruch auf angemessene Behandlung und Ehrenschutz"[172]. Die staatsbürgerliche Zeugenpflicht wird zwar vereinzelt angezweifelt[173], sagen Kinder jedoch vor Gericht als Zeugen aus, so stehen auch sie unter dem grundrechtlichen Schutz, da auch Kinder Grundrechtsträger sind. Sie haben in diesem Falle einen selbständigen Anspruch auf Sicherung durch den Staat, so dass auch sie durch das allge-

170 Vgl. Müller-Dietz, FS Dünnebier, 1982, S. 81; Stern, Staatsrecht Bd. I, 1977, S. 714.

171 BVerfGE 17, 356 (362).

172 BVerfGE in NJW 1975, S. 103; Ganderath, MDR 1983, S. 798; Dahs, NJW 1984, S. 1922.

173 Vgl. Nelles, 1996, S. 218.

meine Persönlichkeitsrecht des Art. 2 Abs. 1 GG i.V.m. Art. 1 Abs. 1 GG geschützt werden. Bei der Auslegung des allgemeinen Persönlichkeitsrechts ist auch die völkerrechtliche Staatenverpflichtung des am 06.03.1992 von der Bundesrepublik ratifizierten und am 05.04.1992 in Kraft getretenen „Übereinkommen der Vereinten Nationen über die Rechte des Kindes" zu berücksichtigen.[174] Aus ihr ergibt sich die Aufgabe des Staates, kindliche Belange im Strafverfahren besonders zu berücksichtigen und insbesondere Kinder, die Opfer von sexuellem Mißbrauch wurden, zu schützen.[175] Aus dem allgemeinen Persönlichkeitsrecht i.V.m. den genannten Grundsätzen ergibt sich somit die Aufgabe des Staates, die Belange der kindlichen Zeugen besonders zu schützen.

d) Effektive Strafrechtspflege

Aus der Konsequenz des Rechtsstaates, die Friedenssicherung in der Hand des Staates zu monopolisieren und damit die Selbsthilfe auf ein Minimum zu reduzieren, folgt, dass die in der Rechtsgemeinschaft übertragene Strafverfolgungsaufgabe auch dem individuellen Verletzten gegenüber ein Minimum an Wirksamkeit enthalten muss. Diese aus dem Rechtsstaatsprinzip abgeleitete Notwendigkeit einer effektiven Strafrechtspflege ist deshalb auch mit Rücksicht auf den Verletzten zu bejahen.[176] Dabei darf die so verstandene Ordnung im Rechtsstaat nicht Selbstzweck sein und es sind natürlich die Interessen des Beschuldigten zu wahren, jedoch darf Art. 19 Abs. 4 nicht nur in bezug auf seine Interessen gesehen werden. Eine Begründung von Verletzteninteressen über Art. 19 Abs. 4 GG wurde bisher mit dem Argument abgelehnt, dass dies einer Reprivatisierung des Strafrechts gleichkomme und der Verletzte nicht in seinen Rechten verletzt sei, wenn der staatliche Strafanspruch aus seiner Sicht nicht ausreichend energisch verfolgt wird. Dies trifft zu. Ebenso besteht eine Justizgewährungspflicht der Staatsan-

174 Völkerrechtliche Verträge sind vom Bundesverfassungsgericht voll überprüfbar und stehen insofern nicht auf Verfassungsebene, sondern auf einer Stufe mit dem Bundesrecht, vgl. Schmidt/Bleibtreu Art 59 Rn. 13.

175 Dieses Übereinkommen (BGBl I, S. 121 f.) regelt u.a. in Art. 40 die Behandlung des Kindes im Straf- und Strafverfahrensrecht. Gem. § 40 Abs. 2 (b) (iv) dürfen Kinder nicht dazu gezwungen werden, als Zeugen auszusagen. Überdies sollen alle Kinder vor Gewalt geschützt werden, nicht nur vor Gewalt im körperlichen Sinne, sondern auch vor seelischer Gewalt, Ausbeutung, Verwahrlosung, Vernachlässigung und sexuellen Mißbrauch (vgl. BT-Druck 12/1535, S. 6); die Bundesrepublik will diese völkerrechtliche Staatenverpflichtung zum Anlaß für Reformen des innerstaatlichen Rechts nehmen (vgl. BT-Druck 12/1535, S. 4).

176 Vgl. „Recht" 6/1987, Information des Bundesministers der Justiz, S. 85 ff.

waltschaft der Rechtsgemeinschaft und nicht dem Verletzten gegenüber.[177] Darum geht es aber nicht. Gerade die Monopolisierung der Strafgewalt durch den Staat erfordert ein wirksames Strafrecht, da dies die Anerkennung eines vernünftigen Genugtuungsbedürfnisses des Verletzten[178] sowie eine „Personalisierung" der Justizgewährung miteinbezieht. Die Legitimation des Verletzten stützt sich also auf den Rechtsstaatsbegriff, insbesondere auf das aus ihm abzuleitende Element der Notwendigkeit einer Funktionstüchtigkeit der Strafrechtspflege. Diese Funktionstüchtigkeit des Strafverfolgungsapparates wird dadurch bekräftigt, dass das – skizzierte – Recht auf ein „faires Verfahren" zu den wesentlichen Grundsätzen eines rechtsstaatlichen Verfahrens zählt.[179] Aus diesem Recht ergibt sich, dass der von dem Verfahren irgendwie Betroffene in der Lage sein muss, „prozessuale Rechte und Möglichkeiten mit der erforderlichen Sachkunde selbständig wahrzunehmen und Übergriffe der rechtsstaatlichen begrenzten Rechtsausübung staatlicher Stellen oder anderer Verfahrensbeteiligter angemessen abzuwehren."[180]

2.2. Konzeptionelle Aufwertungsversuche: Schutz- und Subjektkonzeption

Bei der Frage, inwieweit diese verfassungsrechtlichen Opferzeugenrechte die Zeugenpflicht einschränken können, werden vorrangig zwei Ansätze – die Schutz- und die Subjektkonzeption – vertreten. Auf den ersten Blick unterscheiden sie sich in einem wesentlichen Punkt. So lehnt die Subjektkonzeption die Zeugenpflicht ab, während die Schutzkonzeption an ihr festhält. Bei näherer Betrachtung zeigt sich aber, dass beide Ansichten im Ergebnis bei der Vernehmung von kindlichen Zeugen zum selben Ergebnis führen und sich daher letztendlich in ihrer Anwendung nicht groß unterscheiden:

Die Befürworter einer *Subjektkonzeption* stellen die Zeugenpflicht in Frage und fordern de lege ferenda konkrete Nachbesserungen bzw. sie befürworten einen subjektiven Abwehranspruch für Zeugen gegenüber allen mit der Zeugenpflicht verbundenen Grundrechtseingriffen. Aus dem Grundsatz und dem das Recht auf ein „faires Verfahren"[181] wird die aktive Forderung nach „Waffengleichheit" vor Eingriffen des Staates – wie sie ebenso für den Beschuldigten gilt[182] – abgeleitet,

177 Peters, Strafprozeß, 4. Aufl. 1985, S. 21.

178 Explizit ausgenommen ist allerdings ein übersteigertes Rechtsbedürfnis, vgl. dazu Weigend, 1989, S. 408.

179 BVerfGE 26, 66, 71 = NJW 1969, 1423; NJW 1975, 103, 1579; BGHSt 24, 131; BVerfGE 30, 1,27 = NJW 1971, 275.

180 BVerfGE NJW 1975, 103.

181 Vgl. BVerfGE 7, 198, 206; 30, 292, 316.

182 Siehe dazu unter II, 2.

und der Zeuge damit zum (gleichwertigen) „Prozesssubjekt postuliert.[183] Die Vertreter der Subjektkonzeption erkennen dem Zeugen damit aus allgemeinen verfassungsrechtlichen Erwägungen heraus Aktivrechte zu, die bis zu einer Ablehnung der Zeugenrolle gehen kann.[184] Die Vertreter der *Schutzkonzeption*[185] hingegen gehen nicht so weit. Sie halten an der Zeugenpflicht fest und befürworten ihre Einschränkung nur im Einzelfall, wobei auch hier die Kriterien noch de lege ferenda festzulegen seien.

Trotz einer Reihe von Nuancen und Differenzierungen sind beide Ansätze nicht immer klar voneinander zu trennen, da die Übergänge fließend sind und letztendlich in ihrer dogmatischen Begründung zum gleichen Ergebnis führen: Auch über die Aufwertung der Persönlichkeitsrechte und der Subjektstellung des Zeugen kann ein Schutz des Zeugen erreicht werden und umgekehrt. Einziger Unterschied: während die Schutzkonzeption an der Zeugenpflicht festhält und die Persönlichkeitsrechte der Kinder mit staatlichen Rechts- und Schutzpflichten abwägt, stellt die Subjektkonzeption die Zeugenpflicht für minderjährige Opferzeugen grundsätzlich in Frage und bewertet Persönlichkeitsrechte und Persönlichkeitsinteressen der Opferzeugen damit nicht nur als materiell schützende Rechte, sondern als durchsetzbare Verfahrensrechte und kommt daher letztendlich – wenn auch nicht im Ergebnis, so in der Begründung – zu einer unterschiedlichen Stellung und Bewertung von Opferzeugenrechten im Verfahren.

Dabei ist zu berücksichtigen, dass die Konzeptionen, die eine Aufwertung des Opferzeugen über stärkere subjektive Rechte vorsehen und die Zeugenpflicht einschränken wollen, insgesamt sehr vage Konzepte sind, die m.E. nur als „Notbehelfe" dienen können. Weder der Begriff des Prozesssubjekts noch das notorisch vage Konzept des Rechts auf ein „faires Verfahren" vermag die entscheidende Frage zu beantworten, welche eigenen konkreten Rechtspositionen den Kindern als Zeugen eingeräumt werden müssen, damit ihre Autonomie und ihre

183 Vgl. SK-Rogall vor § 48 und vor § 133 Rn. 106 ff.

184 Im Einzelnen bestehen aber unterschiedliche Ansätze, wie weitreichend dieser Prozesssubjektstatus und die damit einhergehenden Aktivrechte zur Begründung oder Ablehnung von Zeugenrechten im Verfahren sein sollen: Einige befürworten eine Normierung der Zeugenpflicht, (vgl. den entsprechenden Vorschlag des AE-ZVR, in einem neu zu schaffenden Absatz 2 zu § 48 StPO, ferner Rössner auf dem 62. DJT, Band I, L 15). Andere Vertreter der Subjektkonzeption wollen nur den Eltern eine Dispositionsbefugnis über den Umfang der Zeugenpflicht zugestehen (vgl. Keiser, 1997, S. 91) und eine weitere Ansicht lehnt eine Zeugenpflicht für Kinder kategorisch ab (Nelles. 1996, S. 218; dies., NJ 1998, S. 449).

185 K/Meyer-Goßner, Vor § 48, Rn. 5; KMR-Paulus, Vorbem. § 48, Rn. 26; BVerfGE 49, 280 (284); BVerfG NJW 1988, S. 897 (898).

Persönlichkeitsrechte gewahrt werden. Auch die – zugegeben – bereits konkreteren Ansätze der Vertreter der Subjektkonzeption Rössner[186], Nelles und Oberlies[187] mit dem Hinweis auf den Grundrechtseingriff bei Kindern bzw. deren mangelnde staatsbürgerliche Rechte, einen Wegfall der Zeugnispflicht zu begründen, überzeugen letztendlich nicht. Ihnen ist entgegenzuhalten, dass ohne die Verpflichtung zur Aussage die Verfahren möglicherweise überhaupt nicht mehr durchführbar und damit ein so wichtiger rechtsstaatlicher Grundsatz wie die Funktionsfähigkeit der Strafrechtspflege gefährdet ist, was auch durch eine noch so gute opferzeugengerechte Strafrechtspflege nicht aufgefangen werden kann, da mit der Disposition der Zeugenpflicht diese Weichen bereits vorab so gestellt sind. Zwar ist – zu Recht – zu bedenken, dass ohne eine Berücksichtigung von Opferzeugeninteressen dieser sowieso gefährdet ist, jedoch ist dem zu entgegnen, dass es auch ein „dazwischen" gibt, d.h. die Funktionsfähigkeit der Strafrechtspflege auch durch Grenzen der Zeugenpflicht unter Berücksichtigung des Verhältnismäßigkeitsgrundsatzes und der Erforderlichkeit, wie Weigend[188] sie vorschlägt, neu austariert werden kann. Es dürfte daher kein Weg an der Notwendigkeit vorbeiführen, die Elemente einer Rechtsposition des Zeugen aus dessen Grundrechten und den Möglichkeiten zu ihrer Beschränkung, wie Weigend sie vorgeschlagen hat, zu entwickeln.[189] Im Ergebnis ist daher an der Zeugenpflicht für Kinder festzuhalten.

186 *Rössner*, einer der Hauptvertreter des Subjektansatzes, sieht den Grund für die Geringschätzung des Opferzeugen im Verfahren gerade in der „rechtsfreien Begründung einer Staatsbürgerpflicht wie die der Zeugenpflicht" und fordert daher deren Normierung ein. Dabei weist er darauf hin, dass die Zeugenpflicht einen Grundrechtseingriff durch das Verfahrensrecht darstelle und bisher jenseits einer solchen Regelung keine überzeugende Begründung für einen solchen Eingriff vorliege. Er fordert daher eine entsprechende Klarstellung in *§ 48 StPO,* der ein abgestuftes Prinzip des Zeugenschutzes vorsehen soll. Als Prämisse sollen Opferzeugen dabei als Person, d.h. als Rechtssubjekte ernst genommen, rücksichtsvoll behandelt und ausreichend informiert werden..

187 *Nelles* und *Oberlies* lehnen die Zeugenpflicht für Opferzeugen unter 16 Jahren generell ab (Nelles/Oberlies, Reform der Nebenklage und anderer Verletztenrechte, S. 17,40). Sie gehen davon aus, dass erst dann, wenn Kinder nicht aussagen müssen, sondern sich jederzeit dem Verfahren entziehen können, ihre Bedürfnisse zwingend mehr beachtet werden müssen, um eben diesen Rückzug zu vermeiden und das Verfahren überhaupt führen zu können. Beide schlagen daher den Ausbau von Aktivrechten für Kinder als Opferzeugen vor.

188 Vgl. Weigend, Gutachten Gutachten, C 19.

189 So im Ansatz auch BVerfGE 38, 105, 114.

Der Ansatz von Hassemer[190], der die Begrenzung der Zeugenpflicht aus der Übertragung des Grundsatzes der positiven Generalprävention und den Grundsätzen der Strafzwecklehre neu bestimmen wollte, ist dabei aber abzulehnen, da sich die Strafzwecklehre insgesamt zur Begründung von restitutiven Ansätzen als ungeeignet erwiesen hat.[191] Insgesamt reichen sie für eine Begründung von Opferzeugenrechten im Verfahren nicht aus, da bei ihnen nach wie vor die Missbilligung des Normbruches und nicht der Schaden des Opfers im Zentrum steht und beide auf Prävention gerichtet auf die positive Verbrechensverhütung für die Zukunft vertrauen vermögen. Sie können nicht die Berücksichtigung und Vertretung eigener, konkreter Interessen im jeweiligen Verfahren begründen und verbessern daher die Stellung des Opfers nicht.[192] Aus Sicht des Opfers ist es deshalb gleich, ob aufgrund vergeltender oder (spezial-)präventiver Aspekte gestraft wird, denn nach wie vor tritt der Staat mit seinem Strafanspruch an die Stelle der Interessen des Opfers. Er verfügt Sanktionsregelungen im eigenen Interesse primär zur Aufrechterhaltung der staatlichen Ordnung und der Funktionsfähigkeit eines friedlichen Gesellschaftssystems, nicht aber im Interesse des Opfers. Der BGH[193] hat dies in einer neueren Entscheidung erneut klargestellt. Er konstatierte, dass ein Schmerzensgeldanspruch des Opfers nicht wegen der strafrechtlichen Verfolgung der Tat gemindert werden darf, da allein das Schmerzensgeld die Genugtuungsfunktion des Opfers übernimmt, der Strafprozess jedoch den Interessen der Allgemeinheit dient. Hier ist der Ansatz von Weigend überzeugender, der darauf abstellt, dass die als Zielsetzung formulierte Wahrung des Rechtsfriedens nur über eine Sachaufklärung erfolgen kann, die „klientenzentriert" erfolgt, so dass sich auch die Wahrheitsermittlung und Gerechtigkeit als Zielsetzung im Verfahren daran zu orientieren haben. Rössner geht hierbei noch weiter und fordert gar den Grundsatz der Opfergerechtigkeit als ein Verfahrensziel. Ihm ist aber entgegenzuhalten, dass sein Vorschlag zur Erreichung dieses Ziels nur „ultima

190 Vgl. Hassemer, StV 1997, S. 318. Er fordert eine neue Kultur der Strafrechtspraxis, die auch die Opferzeugeninteressen mehr berücksichtigen müsse und begründet sie ebenfalls aus einer neuen Sicht auf die Strafzwecklehren heraus. Seiner Ansicht nach ist von einer angemessenen Reaktion im Sinne einer positiven Generalprävention auch das Verfahrensrecht erfasst. Er möchte den Gedanken der positiven Generalprävention auch im Verfahrensrecht verankern und leitet dies aus der Prämisse ab, dass nicht nur Täter und Opfer, sondern die Allgemeinheit von der Straftat betroffen ist und daher auch die Regelungen des Verfahrensrechts und des strafrechtlichen Verfassungsrechts im Sinne einer positiven Generalprävention anzuwenden und auszulegen sei.

191 Vgl. dazu Weigend, ZStW 104(1992), S. 502.

192 Vgl. Freund, GA 1995, S. 4 ff.; Frommel, 1993, S. 270; Frehsee, 1987, S. 94; Hassemer, 1983, S. 55; Frehsee, StV 1996, S. 224; Bock, JUS 1994, S. 99.

193 BGH VI *ZR* 109/95 SZ v. 17.01.196

ratio"-Möglichkeiten enthält. Belastungen sind „soweit als möglich zu vermeiden" und er benennt auch – bis auf die Hinweispflichten auf Hilfsmöglichkeiten – keine Kriterien, wie opferzeugenschützende Maßnahmen auszusehen und woran sie sich zu orientieren haben.

Zu berücksichtigen ist ferner, dass das Interesse des Staates an der Strafverfolgung und der Wahrheitsfindung letztendlich die Möglichkeiten und Grenzen für die Berücksichtigung von Opferzeuginteressen und damit auch die Vernehmungsreduzierungen festlegt und gestatten – und Eingriffe in Opferzeugenrechte nicht über das „unerläßliche Maß hinaus"[194] gehen dürfen. Der Maßstab für eine Berücksichtigung von Opferzeugeninteressen ist daher aus grundrechtsdogmatischer Sicht zu treffen und eine Einschränkung der Zeugenpflicht läßt sich daraus legitimieren. Auch die Überlegungen von Keiser[195], die hier den Begriff des Kindeswohls anführt gehen in diese Richtung. Als Konsequenz daraus unterliegt die erneute Vernehmung als Eingriff in die Grundrechtseingriffe immer den Schranken der Verhältnismäßigkeit. Welche Kriterien hierfür im einzelnen gelten und konkret anzulegen sind, wird noch näher bei der konkreten Anwendung der Neuregelung zu untersuchen sein. Festzuhalten bleibt, dass grundsätzlich eine erneute Vernehmung – gegen den Willen der Opferzeugen – dann nicht durchsetzbar ist, wenn sie als unverhältnismäßig anzusehen ist. Dabei gilt folgender Maßstab:[196]

- Die Vernehmung eines Zeugen muß zur Aufklärung des Sachverhalts erforderlich sein
- Sie darf nicht zu einer Lebens- oder Gesundheitsgefahr für den Zeugen führen
- Sie muß zumutbar sein
- Der Zeuge kann beanspruchen, mit einem rechtskundigen Beistand zu erscheinen
- Der Zeuge und er kann eine angemessene Entschädigung für erlittene wirtschaftliche Nachteile verlangen.

Im Ergebnis bleibt festzuhalten: eine Einschränkung der Zeugenpflicht läßt sich dann rechtfertigen, wenn der Grundrechtseingriff folglich als unverhältnismäßig anzusehen ist.[197] Bezogen auf die Möglichkeiten der Vernehmungsreduzierung bedeutet dies, dass eine ergänzende Vernehmung in der Hauptverhandlung dann abgelehnt werden kann, wenn sie zur weiteren Sachverhaltsaufklärung nicht er-

194 Vgl. Beschluß 62. DJT, L 211, I, 2. d.

195 Daran anknüpfend hat Keiser ein weiteres Kriterium zur Konkretisierung des Schutzes von kindlichen Opferzeugen, bzw. eine Grenzziehung für Eingriffe in deren Rechte in die Diskussion gebracht: das *Kindeswohl.* Abgeleitet aus dem Übereinkommen über die „Rechte des Kindes" der Vereinten Nationen vom 20. November 1989, in der das Kindeswohl zum Leitprinzip aller Maßnahmen und Entscheidungen erhoben wurde, von denen Kinder betroffen sind.

196 Vgl. Weigend, Gutachten C 19.

197 Vgl. dazu ausführlich 2. Kapitel, Zweiter Schritt, II, 2.5.2.

forderlich ist, wenn sie eine Gefahr für Leib oder Gesundheit birgt und wenn sie unzumutbar ist, d.h. wenn sie insgesamt außer Verhältnis zu den Beeinträchtigungen steht. Die genannten Kriterien sind hierbei in der Gesamtschau zu betrachten: Es ist im Einzelfall zu prüfen, ob erstens eine erneute Vernehmung ihren Zweck noch erfüllt, zweitens keine Gesundheitsgefahr birgt und drittens diese nicht außer Verhältnis zum angestrebten Zweck der Sachaufklärung steht. Den Maßstab für die Abwägung legt das betroffene Grundrecht, in den überwiegenden Fällen folglich der weite Schutzbereich des Art.2 Abs.2 Satz 1 GG fest, der vor geistig-seelischen Beeinträchtigungen schützen soll.[198] Der Schutzbereich des betroffenen Grundrechts ist damit deckungsgleich mit dem von der Schutzkonzeption aufgestellten Abwägungskriterium[199], sodass daraus letztendlich in den meisten Fällen das Ergebnis vorwegzunehmen ist. Mit der Begründung, dass die seelisch-geistige Gesundheit der Kinder im Vordergrund steht, kann sie eine Ablehnung einer erneuten Vernehmung begründen, da sie den Schutzzweck und die Abwägung zusammengenommen in den meisten Fällen auch außer Verhältnis zur Sachaufklärung steht. Eine erneute Vernehmung wäre unverhältnismäßig und die Zeugenpflicht damit letztendlich nicht durchsetzbar.[200]

Einigen Vertreter der Schutzkonzeption ist diese Abwägung, solange de lege ferenda keine Kriterien formuliert sind, sondern lediglich die Fürsorgepflicht bzw. die Schutzpflicht des Staates Grundrechtseingriffen zugrunde liegt, als Durchsetzungsanspruch zu schwach, da sie den Schutz von Opferzeugen allein in die Dispositionsmacht des Staates stelle und den Betroffenen den grundrechtlichen Abwehranspruch gegen die Eingriffe nicht ausreichend garantiere, sondern nur ein passives Recht auf Prüfung der Verhältnismäßigkeitsgrundsätze gewähre.[201] Sie favorisieren einen aktiven grundrechtlichen Abwehranspruch und genau dadurch entsteht die zwar auf den ersten Blick nicht dogmatische, aber im praktischen Ergebnis auf den zweiten Blick doch vorhandene Schnittstelle zur Subjekt-

198 BVerfGE 55, 171 (179),

199 Dies ergibt sich daraus, dass erstens auch geistig seelische Krankheiten unter den Krankheitsbegriff selbst fallen, zweitens die körperlichen Unversehrtheit auch das seelische Wohlbefinden mitumfaßt und drittens zeigt Art 104 Abs. 1 Satz 2 GG, dass seelische Mißhandlungen einem gesonderten Verbot unterliegen und die Verfahrensgarantien damit ausdrücklich auch die seelischen und körperlich-seelischen Belastungen der kindlichen Zeuge erfasst, so dass nicht nur organische, sondern auch physisch-psychische Beeinträchtigungen zu berücksichtigen sind. Mit Blick auf die Beachtlichkeit der Suizidgefahr bei einer Zwangsräumung, vgl. BVerfGEn 52, 214 (219 ff.). Umfassend dazu mit zahlreichen Nachweisen Seewald, 1981, S. 44–46.

200 Zur Problematik der Durchsetzbarkeit der Zeugenpflicht durch Zwangsmaßnahmen, die hier nicht im Vordergrund stehen, aber nach überwiegender Ansicht auch zur Undurchsetzbarkeit führen, vgl. ausführlich Keiser, 1997, S. 91–99 und Maier, 1997, S. 69 ff.

201 Vgl. Weigend, Gutachten C 17, C 24, C 46.

konzeption, die im Ergebnis den Betroffenen auch stärkere Aktivrechte gegen Eingriffe, die mit der Zeugenrolle verbunden sind, gewähren will. Beide führen aber letztendlich zum gleichen skizzierten Ergebnis: Es gilt die entsprechenden Kriterien für die Verhältnismäßigkeitsprüfung bei der Umsetzung der Regelung konsequent so anzuwenden, dass sie auch Beweiserhebungsverbote begründen können und diese dann langfristig – de lege lata – festzulegen.[202]

Mit dieser opferorientierten grundrechtlichen Prämisse soll nun im folgenden Kapitel die konkrete Umsetzung der verfahrensrechtlichen Vernehmungsreduzierung erfolgen. Als Zielsetzung formuliert soll dabei aufgezeigt werden, wie künftig eine Vernehmung im Ermittlungsverfahren die weiteren Vernehmungen im Regelfall ersetzen und ergänzende persönliche Vernehmungen der absolute Ausnahmefall – da unverhältnismäßig – werden können (Regel-, Ausnahmemodell).[203] Dass sich aus dieser „quasi-Präklusionswirkung" der ersten Vernehmung neue verfahrens- und beweisrechtliche Fragestellungen ergeben, liegt auf der Hand, denn sie verlagert erstens den Schwerpunkt der Beweisführung in das Ermittlungsverfahren[204] und stellt darüber hinaus neue Anforderungen an die Beweiswürdigung von Aussagen: Zwei Aspekte, die dann im dritten und vierten Kapitel der Arbeit näher zu untersuchen sein werden.

202 Entsprechend auch der Vorschlag des AE-ZVR, S. 34 und S. 114 im Rahmen von § 244 Abs. 3 zur erneuten Vernehmung.

203 Vgl. auch Vorschlag von Rössner zum ultima-ratio-Prinzip der Vernehmung, Referat 62. DJT und Beschlußfassung abgelehnt II.1.b. 6:57:1. Vgl. zum Erfordernis der Beschränkung der Vernehmungszahl vor der Hauptverhandlung auch RiStBV Nr. 19 Abs. 1; Zu entsprechenden Modellprojekten vgl. das Projekt zur Einsparung von Vernehmungen in Hessen (Gebhardt, FuR 1995, S. 158 StPO ff. und Eckhardt, S. 95 ff.); vgl. auch das Göttinger Modell (unveröffentlichtes Manuskript; Kurzdarstellung auch bei Freudenberg, Strafverfahrensrechtliche Aspekte des kindlichen Zeugenschutzes, Tagung vom 11.05.1995 in Hannover, unveröffentlichte Summary zu dem in der Tagungsdokumentation enthaltenen Vortrag, S. 2); Freudenberg, Tagungsdokumentation, S. 15, fordert, de lege ferenda einen neuen „§ 50a" in die StPO einzuführen, „der die Konzentration der Vernehmungen von Opferzeugen auf möglichst eine richterliche Vernehmung vorschreibt". Für entsprechende kriminalpolitische Forderungen siehe aber schon seit Beginn des Jahrhunderts Stern, DJZ 1910, S. 1004. Für das Bemühen um eine Beschränkung der Vernehmungszahl, aber gegen eine gesetzliche „Höchstzahl" Schimmack, JW 1924, S. 1670; vgl. sodann Riedel, RdJ 1955, S. 159; Römer, RdJ 1971, S. 208; ferner Rat für Kriminalitätsverhütung in Schleswig-Holstein, Abschlußbericht der Arbeitsgruppe 4.1., 1994, S. 13; die Diskussionsgrundlage, S. 11 f.; für den DJB, STREIT 1995, S. 110 sowie die Begründung zu den Änderungsvorschlägen betreffend § 244 Abs. 3 und § 251 Abs. 1 AE-ZVR., ebenda S. 115. Zuletzt gefordert von Seiten des DJB, 1998, S. 13, 23; vgl. auch Vorschlag Nelles, 62. DJT L 211 I, 2 d), L 214 IV, 4. 1. Alternative.

204 Diese Entwicklung forcieren auch die Vorschläge des Diskussionspapier der Bundesregierung vom 6.4.2001 zur Reform des Strafverfahrens, abgedruckt in StV 2001, 314ff.

Zweites Kapitel
Umsetzung eines Regel-Ausnahme Vernehmungsmodells

Die Umsetzung eines Regel-Ausnahme Vernehmungsmodells, kann sich nur in mehreren aufeinanderfolgenden Schritten vollziehen: Erste Voraussetzung ist, dass im Ermittlungsverfahren tatsächlich nur eine einzige Vernehmung durchgeführt und diese aufgezeichnet wird. Zweitens muss die Dokumentation im Verfahren weiterverwendet werden und als *Surrogat weitere Vernehmungen ersetzen* und drittens müssen – beweisrechtlich abgesichert – weitere Nachvernehmungen damit in der Regel entfallen. Diese drei Punkte sind die Eckpfeiler, die einem Regel-Ausnahmemodell zugrunde liegen.

Konzeptionell ist hierbei davon auszugehen, dass sprachlich-rechtlich korrekt sowohl Explorationen des Sachverständigen[205] als auch eventuelle Spontanbekundungen[206] aus dem Begriff der Vernehmung ausscheiden.[207] Dennoch soll untersucht werden, welche Möglichkeiten bestehen, auch die Exploration des Sachverständigen, die de facto aus Sicht der Kinder einer „Vernehmung" gleichkommt, künftig nur noch im Ausnahme- – und nicht wie in der bisherigen Praxis – im Regelfall zuzulassen. Welche Auswirkungen diese Verfahrensweise auf die Beweiswürdigung und die Beurteilung der Glaubwürdigkeit der Aussage des Kindes hat, die damit wieder verstärkt zur „ureigenen Aufgabe des Tatrichters"[208] wird, wird noch an anderer Stelle zu untersuchen sein.[209]

205 An dieser Stelle ist mit der überwiegenden Meinung davon auszugehen, dass es sich bei diesen Explorationen des Sachverständigen nicht um Vernehmungen handelt, vgl. K/Meyer-Goßner, § 80 Rn. 2; KK-Pelchen, § 80 Rn. 4. Näher zu dieser freilich umstrittenen Frage und den Überlegungen zum Vernehmungsverbot contra Vernehmungsrecht für psychologische Sachverständige, vgl. ausführlich im 4. Kapitel.

206 Vgl. auch K/Meyer-Goßner, Einl. Rn. 79.

207 Auf dieser Grundlagen haben Freudenberg und der Deutsche Juristinnenbund, vertreten durch Oberlies/Nelles, vorgeschlagen – de lege ferenda – die Konzentration der Vernehmung von Opferzeugen auf möglichst eine richterliche Vernehmung mittels eines neu einzufügenden § 50 a StPO festzuschreiben, vgl. Freudenberg, 1995, S. 15; DJB, Streit 1995, S. 111; Oberlies/Nelles, 1998, S. 23. Demgegenüber beschränkten sich andere Reformentwürfe darauf, lediglich de lege late, in die freie Gestaltung des Ermittlungsverfahrens einzugreifen. Zu den verschiedenen Ansätze, vgl. die Synopse bei Keiser, 1997, S. 266 ff.

208 Vgl. LR-Gollwitzer § 261 Rnr. 13.

209 Siehe dazu ausführlich im 4. Kapitel.

Bei der hier interessierenden Fragestellung, wie mit einer konservierten Erstvernehmung aus dem Ermittlungsverfahren weitere Vernehmungen im Hauptverfahren entbehrlich werden können, ist davon auszugehen, dass die *Ersetzbarkeit der Vernehmung*, zugleich auch die notwendige *Bedingung der Verzichtbarkeit* auf die Wiederholung der Vernehmung ist. Dies setzt voraus, dass auch immer die Möglichkeit besteht, den Inhalt der Aussage im weiteren Verfahren verwerten zu können und kein rechtliches Vernehmungshindernis wie bspw. ein Zeugnisverweigerungsrecht besteht.[210] Damit ist mit der „Verzichtbarkeit" auf die Vernehmung genau genommen immer nur die Verzichtbarkeit auf die Wiederholung der Vernehmung in Form der erneuten Beweisaufnahme in der Hauptverhandlung gemeint. Vor diesem Hintergrund kann die so umschriebene Verzichtbarkeit immer und zugleich nur über die Ersetzbarkeit durch ein Beweissurrogat – der konservierten Erstvernehmung – bewirkt werden.

Diese gegenseitige Abhängigkeit zwischen der Verzichtbarkeit der Vernehmung und ihrer Ersetzbarkeit wird für die folgenden Untersuchungsabschnitte sowohl in rechtlicher als auch in methodischer Hinsicht von entscheidender Bedeutung sein. Bislang war vom Ablauf des Strafprozesses stets ein Bild gezeichnet bzw. als vorgegeben vorausgesetzt worden, das den Anschein erweckte, als seien seine verschiedenen Stadien nicht nur chronologisch, sondern auch rechtlich voneinander abgrenzbar. Doch wird hier mit der unlösbaren Verbindung, die zwischen der Verzichtbarkeit der Vernehmung und ihrer Ersetzbarkeit besteht, zugleich auch eine wechselseitige Beziehung zwischen der Ebene des Ermittlungsverfahrens und des Hauptverfahrens hergestellt. Die ergibt sich daraus, dass sich die Verzichtbarkeit auf die gesamte Dauer der Hauptverhandlung bezieht und demzufolge die „Ersetzbarkeit" nur durch den Rückgriff auf die davor im Ermittlungsverfahren durchgeführte Vernehmung erreicht werden kann.[211]

210 Näher zum Zeugnisverweigerungsrecht und seiner möglichen Eignung als Verzichtbarkeitsgrund, ausführlich unter 2. Kapitel, Zweiter Schritt, II, 2.4.

211 Anhand eines ersten Blicks auf die Regelung des § 255a StPO läßt sich dies bereits an dieser Stelle veranschaulichen: „(1) Für die Vorführung der Bild-Tonaufzeichnung einer Zeugenvernehmung gelten die Vorschriften zur Verlesung einer Niederschrift über eine Vernehmung gemäß §§ 251, 252 und 253 entsprechend. (2) In Verfahren wegen Straftaten gegen die sexuelle Selbstbestimmung (174 bis 184c des Strafgesetzbuches) oder gegen das Leben (§ 211 bis 222 des Strafgesetzbuches) oder wegen Mißhandlung von Schutzbefohlenen (§ 225 des Strafgesetzbuches) kann die Vernehmung eines Zeugen unter 16 Jahren durch die Vorführung der Bild-Ton-Aufzeichnung seiner früheren richterlichen Vernehmung ersetzt werden, wenn der Angeklagte und sein Verteidiger Gelegenheit hatten an dieser mitzuwirken. Eine ergänzende Vernehmung ist zulässig". Die Absätze 1 und 2 benennen Gründe, deren Vorliegen es erlaubt, ausnahmsweise auf die unmittelbare Vernehmung des Zeugen

Zwangsläufig verschiebt bzw. erweitert sich infolgedessen nun auch der Blickwinkel, aus dem heraus die Problematik der Mehrfachvernehmungen zu betrachten ist: es genügt nicht allein ausschließlich, weitere Vernehmungen in der Hauptverhandlung in Augenschein zu nehmen und statisch danach zu beurteilen, welche derjenigen Voraussetzungen, die vorliegen müssen, damit auf die Zeugenvernehmung verzichtet werden kann, zu diesem fiktiven Zeitpunkt tatsächlich erfüllt sind. Vielmehr ist darüber hinaus ein Perspektivenwechsel auf der Ebene des Ermittlungsverfahrens erforderlich, weil sich ja bereits dort entscheidet, ob die Vernehmung des Kindes später verzichtbar ist. Dies macht es im Weiteren erforderlich auch zu ermitteln, welche Kriterien die Durchführung und Dokumentation einer Zeugenvernehmung bereits im Ermittlungsverfahren erfüllen muss, damit sie später die Vernehmung auch tatsächlich ersetzen kann.

Erster Schritt: Beschränkung auf nur eine konservierte Vernehmung im Ermittlungsverfahren nach §§ 58 StPO, 168e StPO

Die erste und wichtigste Voraussetzung für eine entsprechende Regel-Ausnahme-Dispositionabilität von künftigen Vernehmungen ist das Vorliegen nur einer frühzeitigen, konservierten und weitgehend belastungsfreien Erstvernehmung.[212] Dass es sich bei dieser Vernehmung zweckmäßigerweise um eine richterliche Vernehmung handeln sollte, wurde daraus abgeleitet, dass – nach überwiegender Ansicht – nur solche Vernehmungen im Falle der Geltendmachung eines Zeug-

zu verzichten und sie durch die Bild-Tonbandaufzeichnung zu ersetzten. Betrachtet man hierbei allein die Aspekte der Verzichtbarkeit und Ersetzbarkeit, tritt dabei folgendes Bild zutage: Es kann, anders als wenn ein Zeugnisverweigerungsrecht besteht, offenbar nicht auf die Aussage im ganzen, sondern nur auf die Form der unmittelbar-mündlichen Zeugenvernehmung verzichtet werden. Demnach ist die Ersetzbarkeit (hier in Form des Vorspielens der Videoaufzeichnung) nicht nur die Rechtsfolge, die beim Vorliegen eines in § 255a StPO Abs. 1 und 2 bezeichneten Grundes eingreifen kann, sondern zugleich handelt es sich um die Voraussetzung dieses Formverzichts. Zwar wird erst in der Hauptverhandlung im Rahmen der Vorführung über die der Anwendbarkeit des § 255a StPO durch das Gericht entschieden, ob die Videoaufzeichnung die erforderlichen rechtlichen Qualitäten aufweist, doch werden die Weichen hierfür unweigerlich schon während der Durchführung der früheren Vernehmung und ihrer Dokumentation gestellt. Zur Verwertung vgl. ausführlich 2. Kapitel, Zweiter Schritt.

212 Zu weitergehenden Vorschlägen im Gesetzgebungsverfahren, vgl. die Synopse bei Keiser, 1997, S. 267.

nisverweigerungsrechts durch eine Vernehmung der richterlichen Verhörperson weiter verwertbar sind[213], folglich nur sie den Fortgang des Verfahrens garantieren können. Die einzelnen zu beachtenden Durchführungsvoraussetzungen einer solchen konservierten richterlichen Vernehmung sind in §§ 58 a StPO, § 168 e StPO geregelt.

I. Kooperation der beteiligten Instanzen

Vorab ist zu berücksichtigen, dass die Durchführung nur einer frühzeitigen richterlichen Erstvernehmung im Ermittlungsverfahren – wie in Modellprojekten bereits erfolgreich erprobt[214] – eine gute Kooperation aller beteiligten Instanzen voraussetzt. Es sind Absprachen zwischen Polizei und Staatsanwaltschaften zu treffen, dass nicht beide Behörden eine eigene Vernehmung des Kindes durchführen, sondern erst lediglich die Anzeige aufgenommen, dann das weitere Vorgehen in der Ermittlungsarbeit abgestimmt und in jedem Fall eine richterliche Vernehmung beantragt wird. Durch eine umfassende Ermittlungsarbeit, die stärker auch das Umfeld des Kindes und des Beschuldigten mit einbezieht, ist diese Vernehmung optimal vorzubereiten.[215]

213 Vgl. dazu ausführlich unter 2. Kapitel, Zweiter Schritt, II, 2.4.

214 Für eine Konzentration der Vernehmung speziell bei der Staatsanwaltschaft sprach sich Denger, ZRP 1991, S. 50, aus. In Fn. 19 begründet er dies damit, dass sich der Staatsanwalt ein umfassendes Bild von dem Kind machen können muß, da es in der Hauptverhandlung dessen wichtigster Zeuge sei. Dieses Argument kommt aber nur dann zum Tragen, wenn auch die Zuständigkeiten so verteilt sind, dass der sachbearbeitende Staatsanwalt des Ermittlungsverfahrens in der Hauptverhandlung selbst die Anklage vertritt, so wie dies beim Hanauer und Wetzlarer Modellprojekt der Fall war, vgl. Berichte der hessischen Modellprojekte in Gebhardt, Betrifft: Justiz 33, 1993, S. 6. Zum entsprechenden Göttinger Modellprojekt, vgl. Freudenberg, 1995, S. 15 und DJB Streit 1995, 111.

215 Vgl. § 162a Abs. 1 *AE-ZVR:* „Die richterliche Vernehmung eines Zeugen unter sechzehn Jahren, der Opfer einer Straftat gegen die sexuelle Selbstbestimmung oder einer körperlichen Mißhandlung geworden ist, *ist unverzüglich zu beantragen* (...) und § 162b Abs. 1 *AE-ZVR*: „Die richterliche Vernehmung eines Zeugen, der nach § 52 zur Verweigerung des Zeugnisses berechtigt ist, *soll unverzüglich beantragt werden,* wenn zu erwarten ist, dass seine Aussage beim Verdacht erheblicher Straftaten von ausschlaggebender Bedeutung ist. Vgl. ferner Vorschlag des Bundesrates (BT-Drs. 13/4983), 168e StPO : „In Verfahren wegen Straftaten gegen die sexuelle Selbstbestimmung oder gegen das Leben oder wegen einer Körperverletzung nach § 223b des Strafgesetzbuches *soll* die richterliche Vernehmung eines Zeugen unter 16 Jahren, der der Verletzte ist, in Bild und Ton aufgezeichnet werden; dies gilt auch, wenn nach § 168 c StPO StPO Abs. 2 Satz 2 bis 4 verfahren wird (...)". Alle kursiven Hervorhebungen nicht in den Originalen. Vgl. ferner § 162 a Ö-StPO. Zum Überblick siehe auch die Synopse 4 bei Keiser, 1997, S. 436.

II. Getrennte richterliche Erstvernehmung (CCTV Verfahren): § 168 e StPO

Um das Kind vor den Belastungen einer Konfrontation mit dem Beschuldigten und weiteren Verfahrensbeteiligten zu schützen[216], kann die Erstvernehmung nach § 168e StPO getrennt von diesen durchgeführt werden (sog. englisches Modell oder CCTV-Verfahren).[217] Dabei wird das Kind in einem Raum durch einen Richter vernommen und diese Vernehmung wird den übrigen Verfahrensbeteiligten per Videoschaltung in ein Nebenzimmer übertragen. Dadurch soll das Kind die Möglichkeit erhalten, sich während der Vernehmung durch die weniger belastende Vernehmungssituation unbefangener verhalten zu können und sich damit besser auf die Vernehmungsperson und deren Fragen einzustellen und zu konzentrieren.

Eine solche Verfahrensweise setzt aber voraus, dass erstens die dringende Gefahr eines schwerwiegenden Nachteils für das Kind besteht und (kumulativ !) dieser Nachteil nicht auf andere Weise abgewendet werden kann.[218] Bereits diese Kriterien zeigen, dass eine getrennte Vernehmung nicht als Regelfall vorgesehen ist.

1. vorherige Anhörung der Beteiligten?

Grundsätzlich läßt sich das Vorliegen dieser Voraussetzungen nach Aktenlage beurteilen und eine Anhörung ist nicht zwingend erforderlich.[219] Eine solche Anhörung kann zwar angeordnet werden, um die Beschlussfassung zu erleichtern. Im Regelfall sollte aber davon abgesehen werden. Sie stellt aus Sicht des Zeugen eine zusätzliche „Vernehmung" dar, da er Informationen über seine Situation einer ihm fremden Person gegenüber abgeben muss, die für ihn unweigerlich auch mit dem Tatgeschehen zusammenhängen. Die Unterschiede zwischen einer Anhörung und einer Vernehmung sind folglich im Einzelnen an den Zeugen schwer vermittelbar. Erschwerend kommt noch hinzu, dass auch die Grenzen zwischen einer Anhörung und Vernehmung in der Praxis fließend sind. Lediglich in den Fällen, in denen ein entsprechender Antrag auf getrennte Vernehmung abgelehnt und Beschwerde erhoben wurde, kann eine Anhörung zur Wahrung des rechtli-

216 Vgl. Volbert/Busse, 1996, S. 43.

217 Zu den ausländischen Erfahrungen mit diesem Vernehmungsmodell, vgl. Köhnken, StV 1995, S. 376 ff.

218 Zu den Vorschlägen im Vorfeld, vgl. die Darstellung in Kapitel 1, sowie ausführlich im Anhang bei Keiser, 1997, S. 412 ff.

219 A.A. HK-Julius § 168e StPO Rn. 6, der regelmäßig eine Anhörung der Verfahrensbeteiligten befürwortet.

chen Gehörs erforderlich sein.[220] Diese Anhörung sollte dann aber getrennt durchgeführt werden, da ansonsten der von einer späteren getrennt durchgeführten Vernehmung erhoffte positive Effekt, die geringere Belastung und dadurch größere Unbefangenheit des Kindes weg sind.[221]

2. *dringende Gefahr eines schwerwiegenden Nachteils*

Eine getrennte Vernehmung setzt voraus, dass eine dringende Gefahr eines schwerwiegenden Nachteils für das Wohl des Zeugen besteht.[222] Damit gelten – per Definition – dieselben Kriterien wie für Durchführung der Vernehmung in der Hauptverhandlung aus § 247 a StPO, jedoch andere Kriterien wie für die Entfernung des Angeklagten aus § 247 StPO, denn dort reicht für Zeugen unter 16 Jahren bereits ein erheblicher Nachteil für das Wohl aus. Im Gesetzgebungsverfahren wurde diese Unterscheidung damit begründet, dass bei einer getrennten Vernehmung die Verteidigungsrechte stärker tangiert sind und daher die Schwelle höher anzusetzen wäre.[223] Der Vorschlag, sowohl für den Ausschluss des Angeklagten als auch eine getrennte Vernehmung bereits einen erheblichen Nachteil ausreichen zu lassen, konnte sich damit nicht durchsetzen. Insgesamt wurde damit die Schwelle höher als bei der Entfernung des Angeklagten angesetzt und in die Nähe der Kriterien gerückt, die für den Schutz von erwachsenen Zeugen gelten, denn dort muss die dringende Gefahr eines schwerwiegenden Nachteils für die Gesundheit bestehen.[224] Im Folgenden ist daher zu untersuchen, wie das Kriterium der „dringenden Gefahr eines schwerwiegenden Nachteils für das Wohl des Zeugen" zwischen den Prämissen – des „erheblichen Nachteils für das Wohl des Zeugen" und einem „schwerwiegenden Nachteil für die Gesundheit" – letztendlich einzuordnen ist.

220 Für den umgekehrten Fall, dass gegen die Entscheidung eine getrennte Vernehmung durchzuführen Beschwerde eingelegt wird, gilt das Erfordernis einer Anhörung aber nicht, denn diese Entscheidung ist nach § 168e StPO S. 5 unanfechtbar.

221 Zum Teil wird vorgeschlagen erst alle Beteiligten zusammen anzuhören und dann erst den Angeklagten hinauszuführen, vgl. Strate, 1997, S. 202. Dies stellt aber eine völlig kontraproduktive Verfahrensweise dar, denn es besteht die Gefahr besteht, dass der Zeuge aus Angst vor der Konfrontation mit dem Beschuldigten, die Aussage verweigert.

222 Per Definition umfaßt das Wohl des Zeugen dessen körperliche, geistige aber auch seelische Gesundheit, so dass – theoretisch – auch bei lediglich psychischen Beeinträchtigungen eine getrennte Vernehmung durchgeführt werden könnte, vgl. Keiser, 1997, S. 225.

223 Vgl. BT-Drs. 13/7165, S. 9/10.

224 So muß etwa ein Nervenzusammenbruch drohen, vgl. LR-Gollwitzer § 247 StPO Rn. 17; HK-Julius § 247 StPO Rn. 3; RGSt 73, 355; BGHSt 22, 296; GA 1970, 111; OLG Hamburg NJW 1975, 1573.

Per Definition umfasst das Wohl des Zeugen dessen körperliche, geistige, aber auch seelische Gesundheit, so dass – theoretisch – auch bei lediglich psychischen Beeinträchtigungen eine getrennte Vernehmung durchgeführt werden könnte. Jedoch läßt § 247 S. 2 StPO gerade „gewöhnliche", mit einer Zeugenvernehmung in Anwesenheit des Beschuldigten oder übrigen Verfahrensbeteiligten verbundene körperliche, geistige oder seelische Unannehmlichkeiten nicht ausreichen[225], sondern erfordert vielmehr Beeinträchtigungen von einem „erheblichen" Gewicht. Sie können zwar nur zeitlich beschränkt sein, müssen aber durch tatsächliche konkrete Anhaltspunkte nachweisbar sein, d.h. es muss eine hohe Wahrscheinlichkeit für eine derartigen Gesundheitsbeeinträchtigung vorliegen. Die bloße Möglichkeit und eine allgemeine Lebenserfahrung oder allgemeine forensische Forschungsergebnisse an sich reichen nicht aus. Bei Kindern wird daher trotz der gegenüber erwachsenen Zeugen niedrigeren Belastungsschwelle in den überwiegenden Fällen ein konkretes Sachverständigengutachten oder ein ärztliches Attest gefordert, um eine solche Gesundheitsbeeinträchtigung und damit die dringende Gefahr eines schwerwiegenden Nachteils für das Wohl zu belegen.[226] Damit wäre –unter entsprechender Anwendung dieser Grundsätze – bereits für die Frage, ob eine getrennte Durchführung der Vernehmung anzuordnen ist, immer eine Begutachtung des Kindes zwingend erforderlich. Bestrebungen, auch eine zwingende Exploration aufgrund der aus Sicht des Kindes nicht bestimmbaren Grenzen zur Vernehmung zu vermeiden, wären damit konterkariert.

Folglich sind an dieser Stelle die für die Annahme eines schwerwiegenden Nachteils geltenden Kriterien zu hinterfragen. Welchen Sinn und Zweck soll diese Begutachtung noch haben, wenn bereits nach allgemeinen Lebenserfahrungen und aus forensischen Forschungsergebnissen die Gefahr einer psychischen Beeinträchtigung belegt ist? – Intendiert ist der konkrete und unabhängige Nachweis einer drohenden psychischen Beeinträchtigung für den jeweiligen Einzelfall. Ein gesundheitliches Attest reicht an dieser Stelle aber aus, so dass prinzipiell ein zusätzliches psychologisches Sachverständigengutachten nicht erforderlich ist. Hat die Praxis also folglich ihre Nachweispflicht über das erforderliche Maß hinaus erfüllt, zieht sie einen Sachverständigen hinzu. Zu fragen ist an dieser Stelle aber auch, ob ein Sachverständiger die drohenden psychischen Beeinträchtigungen für das Kind im Einzelfall wirklich besser beurteilen kann als bspw. eine Bezugsperson des Kindes. Sie könnten ebenso durch eine eidesstattliche Versicherung den

225 Ein entsprechender Vorschlag, solche Kriterien als erheblich ausreichen zu lassen, konnte sich im Gesetzgebungsverfahren nicht durchsetzten, vgl. den Vorschlag aus BT-Drs. 933/97.

226 Vgl. Marquardt, 1993, S. 45.

Nachweis drohender Beeinträchtigungen des Kindes anbieten. Zwar wäre diesbezüglich die geforderte Unabhängigkeit nicht gewahrt. An dieser Stelle kann aber auf die Rechtsprechung des OLG Saarbrücken[227] verwiesen werden. Dort sprachen die Eltern eine Weigerung aus, das Kind vor Gericht erscheinen zu lassen und begründeten dies damit, dass sie einen Nachteil für das Wohl des Kindes befürchteten. Die Streitfrage, ob es sich bei dieser Form der Weigerung um ein tatsächliches oder rechtliches Hindernis handelt, sei an dieser Stelle dahingestellt.[228] Zu berücksichtigen ist lediglich, dass in dieser Entscheidung die Eltern ihre Weigerung mit einem Nachteil des Kindes begründen konnten und diese Weigerung auch vor Gericht Bestand hatte. Es reichte aus, dass sie die drohenden Gefahren glaubhaft machten.[229] Im Ergebnis hatte die so begründete Weigerung eine absolute Wirkung. Entsprechend kann auch eine eidesstattliche Versicherung, dass dem Kind ein solcher Nachteil drohen könnte, ausreichen. Zu berücksichtigen ist ferner, dass die Eltern auch ihr Sorgerecht durch die Abgabe einer entsprechenden Erklärung ausüben, da Maßstab dieser Handlungen auch immer das Wohl des Kindes sein muss.[230]

227 OLG Saarbrücken, NJW 1974, S. 1959, vgl. auch LG Bonn, Streit 1995, S. 113 ff.; LR-Gollwitzer § 223 Rn. 12; KK-Treier § 223 Rn. 7; KMR-Paulus § 223 Rn. 13.

228 Die Frage, ob es sich hierbei um ein rechtliches Hindernis handelt oder nicht ist an dieser Stelle nicht von Bedeutung, vgl. zum Streitstand bei Mildenberger, 1995, S. 283 und Keiser, 1997, S. 201 ff., sowie Meier, JZ 1991, S. 641; LR-Gollwitzer § 251 Rn. 39; SK-StPO-Schlüchter § 251 Rn. 57. Mildenberger stellt diesbezüglich nicht auf einen rechtlichen Hinderungsgrund ab, sondern betrachtet als Anknüpfungspunkt die „relative Vernehmungsunfähigkeit" des Kindes, die vorliege, wenn die Vernehmung des Kindes zwar nicht unmöglich, aber unverantwortbar sei, vgl. Mildenberger, S. 238. Demgegenüber differenziert Keiser. Sie ist der Ansicht, dass zwar das Kindeswohl der Prüfungsmaßstab für die zivilrechtliche Frage, ob die Weigerung der Eltern, es vernehmen zu lassen, zulässig ist oder nicht Doch bildet ihrer Ansicht nach nicht das Kindeswohl selbst oder die von Mildenberger nicht näher bezeichnete „relative Vernehmungsunfähigkeit" des Kindes den unmittelbaren Entscheidungsmaßstab für die strafverfahrensrechtliche Frage, ob seine Vernehmung verzicht- und ersetzbar ist oder nicht. Vielmehr bleibe ihrer Ansicht nach das in den §§1626, 1627 BGB begründete Sorgerecht der Eltern der alleiniger Anknüpfungspunkt, vgl. Keiser, S. 20. Vgl. dazu ausführlich, 2. Kapitel, Zweiter Schritt, II, 2.2.

229 JZ Meier 1991, S. 641; OLG Saarbrücken, NJW 1974, S. 1959 ff.; LR-Gollwitzer, § 223 Rn. 12; KK-Treier § 223 Rn. 7; KMR-Paulus § 223, Rn. 13.

230 Dies stellt eindeutig keine Mißbrauchs des Sorgerechts dar, vgl. dazu ausführlich Keiser, 1997, S. 202. Eine ganz andere Frage ist es hingegen, ob das Gericht auch ohne eine solche Weigerung der Eltern das Kindeswohl oder – mit den Worten Mildenbergers – diese „relative Vernehmungsunfähigkeit" berücksichtigen könnte (vgl. Mildenberger, S. 283). Dies löst Keiser über die Grundsätzen des „akzessorisch-subsidiären" Wächteramtes zum Elternrecht. Eine solche Berücksichtigung wäre nach Keiser jedenfalls dann möglich, wenn der Umstand, dass die Eltern sich nicht der Vernehmung ihres Kindes entgegenstellen, einen

Kumulativ darf die Gefahr eines schwerwiegenden Nachteils nicht auf andere Weise abwendbar sein. Fraglich ist in diesem Zusammenhang, ob es ausreichen würde, nur den Angeklagten von der Vernehmung auszuschließen (§ 168 c StPO). Diese Frage läßt sich im Vorfeld nur schwer beurteilen, denn natürlich darf das Kind nicht als quasi-„Versuchskaninchen" benutzt und erst verschiedenen Belastungsstufen ausgesetzt werden, bevor die getrennte Videovernehmung angewendet wird. Dies konterkariert den mit der getrennten Vernehmung angestrebten, entlastenden Effekt.

Nelles schlägt vor, das Kind immer getrennt zu befragen, wenn es dies wünscht.[231] Die andere Alternative – das Kind erst unter Ausschluss des Angeklagten und beim Auftreten von Schwierigkeiten dann doch mit der Videosimultanschaltung zu vernehmen[232] – scheint in diesem Zusammenhang eher unpraktikabel, da der Wechsel von § 168 c StPO auf § 168 e StPO einen Beschluss erfordert, was immer auch Zeitverzögerungen bedeutet und darüber hinaus auch sehr revisionsanfällig ist. Ferner birgt diese Verfahrensweise die Gefahr, dass sich bei den Kindern der Eindruck verfestigt, etwas falsch gemacht, nicht dem Anspruch und Erwartungen genügt zu haben und Schuld am Abbruch der Vernehmung und Änderung der Vernehmungssituation zu sein.

Zu berücksichtigen ist ferner, dass § 168 e StPO gegenüber dem alleinigen Ausschluss des Angeklagten und der Anwesenheit der übrigen Verfahrensbeteiligten immer den Vorteil bietet, dass sich dort das Kind nur auf eine Person – den Richter – konzentrieren muss und zu einer Person in der Regel leichter ein gutes Kommunikationsverhältnis aufbaubar ist. Aus diesem Grund sollte auch kein Protokollführer hinzugezogen werden, dessen Aufzeichnung gerade eine Ablenkungsmöglichkeit und Gefahr für die unbefangene Vernehmung und Kommunikationsstruktur darstellen kann. Vielmehr sollte das Protokoll erst anschließend mithilfe der Aufzeichnung erstellt werden.

Mißbrauch des elterlichen Sorgerechts darstellte und nunmehr der Staat berufen wäre, zum Wohle des Kindes zu handeln, bzw. die Vernehmung zu unterlassen. Sie verweist hierbei auf das vormundschaftsgerichtliche Verfahren die Regelung des § 50a Abs. 3 Satz 1 FGG – absehen von der Anhörung des Kindes, sowie BayObLO FamRZ 1987, S. 87 ff. und den dort entschiedenen Fall, in dem es u.a. auch um die Frage ging, ob die Begutachtung durch eine psychologische Sachverständige das seelische Wohl des Kindes gefährde und dementsprechend die elterliche Zustimmung zu dieser Begutachtung einen Sorgerechtsmißbrauch darstelle, vgl. Keiser, 1997, S. 194 ff. (197).

231 Vgl. Nelles, 1996, S. 230.

232 Vgl. HK-Julius § 168 e StPO Rn. 6/7.

Wenn es das Kind wünscht, kann auch eine Vertrauenspersonen anwesend sein.[233] Die übrigen Verfahrensbeteiligten befinden sich in einem anderen Raum, in den die Vernehmung übertragen wird, dabei ist darauf zu achten, dass die Videokamera möglichst den Richter und den Zeugen erfasst und so die Vernehmungssituation optimal dokumentiert ist.[234] Von Verteidigerseite wurde im Mainzer Verfahren eingewendet, dass nicht jederzeit das Gesicht des Richters und des Zeugen gleichzeitig erfasst wurde[235]: Eine völlig überhöhte Anforderung, denn auch in der Verhandlung selbst ist es nicht immer möglich, gleichzeitig die Regungen von beiden Vernehmungsteilnehmern zu verfolgen, auch dort ist die Wahrnehmung selektiv.[236] Daher sind die Bedenken, dass die Vernehmungssituation durch die Aufzeichnung nicht umfassend nachvollziehbar ist, reine Makulatur und postulieren nur den (engen) revisionsrechtlichen Blickwinkel der Verteidigung.

Darüber hinaus übersieht diese Sichtweise (bewußt ?) den positiven Effekt einer Videoaufzeichnung, denn die Möglichkeit, sich die Vernehmung später erneut betrachten zu können, verhindert eine selektive Wahrnehmung und ermöglicht es, das Augenmerk immer wieder zu wechseln und auf neue Aspekte zu richten. Während der Vernehmung sind die Verfahrensbeteiligten mit einer Ohrknopfschaltung mit dem vernehmenden Richter verbunden und können so ihr Fragerecht ausüben und jederzeit auf den Gang der Vernehmung einwirken. Ihre Mitwirkungsbefugnisse sind damit gewährleistet, denn das Fragerecht kann bei Kindern nach § 241 StPO a StPO, der entsprechend anwendbar ist, allein vom vernehmenden Richter ausgeübt werden. Eine eigene Sprechverbindung der Beteiligten in das Vernehmungszimmer ist daher nur bei Zeugen über 16 Jahren erforderlich. Zu beachten ist, dass der Beschuldigte auch aus dem Nebenzimmer, in das die Aufzeichnung übertragen wird, nach 168 c Abs. 3 StPO ausgeschlossen werden kann, nämlich dann, wenn zu befürchten ist, dass der Zeuge nicht wahrheitsgemäß aussagen wird, da er weiß, dass sich der Beschuldigte dort befindet.

233 Eine Aussagepsychologin sollte aber nicht unmittelbar zur Vernehmung hinzugezogen werden. Ist das Kind allerdings damit einverstanden, so ist einer Aussagepsychologin, bzw. einer anderen möglichen Vertrauensperson die Anwesenheit im gleichen Raum zu gestatten (vgl. auch § 406f Abs. 3).

234 Siehe zu den Einwänden gegen das Mainzer Verfahren bei Janssen, StV 1996, S. 123; ferner, Strate, 1997, S. 204 ff. Vgl. dazu ausführlich 2. Kapitel, Zweiter Schritt, 2.4.aa)

235 Vgl. Janssen, StV 1996, S. 124 und Strate, StraFO, S. 3.

236 Zu berücksichtigen ist, dass gerade wenn während der Verhandlung noch eigene Mitschriften gefertigt werden, dies ablenkt. Darüber hinaus erschwert es die jederzeitige Erfassung der Regungen aller Beteiligten.

III. Nur für richterliche Vernehmung?

Die skizzierte getrennte Vernehmungsweise soll nur für die richterliche Vernehmung gelten, da – so die Begründung – ein Anwesenheitsrecht des Beschuldigten und des Verteidigers weder bei der polizeilichen noch bei der staatsanwaltlichen Vernehmung bestehe und sich somit dort die Frage nach einer getrennten Vernehmung nicht stelle. Zur Klarstellung, dass nur eine richterliche Vernehmung getrennt von den übrigen Verfahrensbeteiligten vorgenommen werden kann, verweist § 168 e StPO auch explizit auf § 241 StPO, der die richterliche Vernehmung des Zeugen in der Hauptverhandlung ermöglicht. Da ein Anwesenheitsrecht des Beschuldigten bei polizeilichen und staatsanwaltlichen Vernehmungen durchaus begründbar ist, sind auch hier getrennte Vernehmungsmöglichkeiten zu schaffen.

Zu berücksichtigen ist auch, dass die Konzeption den – unter zeugenschützenden Aspekten – Idealfall voraussetzt, dass Ermittlungsrichter erreichbar und ausreichend verfügbar sind. Dies ist nicht immer gewährleistet. Um daher ohne Beweisverluste eine sofortige tatnahe und opferzeugenschützende Vernehmung durchführen zu können, muss die Regelung daher analog auch auf polizeiliche Vernehmungen anwendbar sein. Dies ist auch unbeschadet des Verweises auf § 241 StPO möglich, da polizeiliche Vernehmungen der Zielsetzung des § 241 StPO entsprechen, wenn ebenso wie bei § 241 StPO die Fragen lediglich durch einen polizeilichen Vernehmungsbeamten gestellt werden und dadurch eine Entlastung für die Kinder erfolgt.

IV. Mitwirkungsrechte

Da die Aufzeichnung spätere Vernehmung des Kindes auch ersetzen kann[237], sind bei der Erstellung weitere Verfahrensvorschriften genau einzuhalten, um dies revisionssicher zu ermöglichen. Dem Angeklagten und seinem Verteidiger musste die Gelegenheit gegeben werden, an der früheren Vernehmung teilzunehmen, d.h. sie sind rechtzeitig über den Termin zu benachrichtigen und der Termin muss – bei begründeten Anträgen – auch verlegt werden. Hatte der Beschuldigte zu diesem Zeitpunkt überhaupt keinen Verteidiger, ist die Videoaufzeichnung zwar zulässig, aber nicht verwertbar, da sowohl dem Verteidiger als auch dem Beschuldigten die Gelegenheit zur Mitwirkung gegeben werden muss. Es ist daher darauf zu achten, dass dem Beschuldigte zum Zeitpunkt der Ladung auf jeden Fall

237 Vgl. § 255a StPO).

ein Pflichtverteidiger beigeordnet wurde.[238] In Fällen, in denen der Richter von einer Mitteilung absieht, kann die erneute Vernehmung in der Hauptverhandlung auch nicht mehr ersetzt werden.

V. Aufzeichnung

1. Regel- oder Ausnahmefall?

Im Ermittlungsverfahren soll die Vernehmung aufgezeichnet werden, wenn die zu vernehmende Person als Zeuge oder Zeugin durch die Straftat verletzt worden und unter 16 Jahre alt ist (§ 58 a Abs. 1 Nr. 1 StPO).[239] Weiter verwendet werden darf die konservierte Erstvernehmung nur, wenn sie „für Zwecke der Strafverfolgung" eingesetzt und dabei zur „Erforschung der Wahrheit erforderlich" ist (§ 58 Abs.2 stPO).[240] Fraglich ist, ob die Aufzeichnung möglicherweise auch nur in diesen Fällen zulässig sein soll, da die Frage der weiteren (Beweis)-Verwertbarkeit immer eng mit der Frage der Beweiserhebung verknüpft ist (und umgekehrt). In diesem Fall wäre auch die Aufzeichnung der Erstaussage von Kindern nur zulässig, wenn es zur Erforschung der Wahrheit erforderlich wäre. Nach dieser Interpretation hätte § 58 Abs. 2 StPO nicht nur eine klarstellende Funktion – denn auch bisher war eine Aufzeichnung nach den Regelungen §§ 168 a Abs. 2 StPO, 168 b Abs. 2 StPO möglich – sondern § 58 Abs. 2 StPO würde konkrete Voraussetzungen schaffen, die eine Aufzeichnung nur im Ausnahmefall und nicht

238 Siehe zur Vereinbarkeit mit den Beschuldigtenrechten ausführlich in Kapitel 4.

239 Vgl. § 58 StPOa) Abs. 1: „Die Vernehmung eines Zeugen kann auf Bild-Ton-Träger aufgezeichnet werden. Sie soll aufgezeichnet werden 1. Bei Personen unter sechzehn Jahren, die durch die Straftat verletzt worden sind, oder 2. Wenn zu besorgen ist, dass der Zeuge in der Hauptverhandlung nicht vernommen werden kann und die Aufzeichnung zur Erforschung der Wahrheit erforderlich ist." – Der Gesetzgeber hat auf einen Straftatenkatalog nach langwierigen Diskussionen in dieser Frage verzichtet. Dennoch dürfte die Regelung meist körperliche Mißhandlung und sexuellen Mißbrauch von Kindern und Jugendlichen betreffen. Die neue Regelung soll nach Ansicht Griesbaums, NStZ 1998, 439 allein eine klarstellende Funktion haben, da bereits nach altem Recht eine Videoaufzeichnung nach § 168 a Abs. 2, 168 b möglich war. Er beläßt es dabei und stellt nicht die interessante Frage, warum sie denn bisher nie angewendet wurde, noch thematisiert er, ob denn allein eine Klarstellung für eine künftige Anwendung ausreicht.

240 Vgl. § 58 Abs. 2 StPO: „Die Verwendung der Bild-Ton-Aufzeichnung ist nur für Zwecke der Strafverfolgung und nur insoweit zulässig, als dies zur Erforschung der Wahrheit erforderlich ist. § 100b Abs. 6, §§ 147 und 406e finden entsprechende Anwendung."

als Regelfall vorsehen.[241] Es stellt sich daher die Frage, wie die Regelung der Aufzeichnung nun anzuwenden ist? Ein Blick in die Begründung zeigt, dass nur ausnahmsweise eine Anwendung vorgesehen ist.[242] Hier zeigt sich ein Widerspruch zu der oben skizzierten Begründung, dass die erste Vernehmung deshalb eine richterliche sein muss, da nur richterliche bei bestehenden Zeugnisverweigerungsrechten verwertbar sind. Diese Begründung für § 168 e StPO und die Verwertung nach § 255a Abs. 2 StPO liefen leer, wenn letztendlich nicht in jedem Fall eine Aufzeichnung vorhanden wäre.[243] Darüber hinaus sollen auch mit der Neuregelung gerade Videoaufzeichnungen den Urkunden gleichgestellt werden, was für den gleichen Dokumentationswert gerade auch eine Aufzeichnung im Regelfall erfordert. Für die Frage, inwieweit nun eine konkrete Regelfall-Aufzeichnung zu rechtfertigen ist, soll im Folgenden eine Auslegung des 58 Abs. 2 StPO dem Wortlaut, Sinn und Zweck und systematischer Stellung der Vorschrift vorgenommen werden.

1.1.Wortlaut

§ 58 Abs. 2 StPO spricht ausdrücklich nur von einer „insoweit weiteren zulässigen Verwendung" und nicht von der Zulässigkeit der Konservierung an sich. Die Beweiserhebung ist zwar auch hier von der Beweisverwertung nicht abgekoppelt, aber auch nicht explizit nur unter deren Voraussetzung festgeschrieben. Damit muss bei der Erstellung der Aufzeichnung in den Verfahren wegen sexuellen Missbrauchs für Kinder an sich nicht geprüft werden, ob sie zur Erforschung der Wahrheit erforderlich ist. Sie ist folglich nicht ausnahmsweise nur unter dieser Voraussetzung anzufertigen, sondern regelmäßig vorzunehmen.[244] Im übrigen ist § 58 Abs. 1 StPO gerade als soll – und nicht explizit als kann-Regelung ausgestaltet, was dies noch unterstreicht. Dies kann nicht durch eine Lesart, welche die Voraussetzungen aus § 58 Abs. 2 StPO in § 58 Abs. 1 StPO hineinliest und damit über die Hintertür eine „quasi kann Regelung" daraus macht, wieder ausgehebelt werden.

241 Zu berücksichtigen ist in diesem Zusammenhang, dass auch die Tatsache dass auch vor der Neuregelung die Videovernehmung – theoretisch möglich war – was aber nicht dazu führte, dass sie eingesetzt wurde, vgl. zu den damaligen Möglichkeiten de lege lata Wegner, ZRP 1997, S. 406 ff.

242 Vgl. BT-Drs. 13/1265, S. 8.

243 Vgl. auch Seitz JR 1998, S. 312.

244 Nur in Ausnahmefällen wenn bspw. offensichtlich ist, dass das Kind es nicht wünscht, davon abzusehen ist.

1.2. Sinn und Zweck der frühzeitigen Aufzeichnung

Zum gleichen Ergebnis führt die teleologische Interpretation. Durch eine frühzeitige Konservierung sollen quasi Beweismittel gesichert und Möglichkeiten geschaffen werden, dass dann, wenn Kinder aus Angst die weiteren Aussagen verweigern oder bei ihnen durch die lange Dauer bis zur Hauptverhandlung Verdrängungsmechanismen greifen und die Aussage verfälschen, dennoch ein möglichst tatnahes Beweismittel existiert, aus dem ein unmittelbarer Eindruck – auch über die Glaubwürdigkeit des Kindes – gewonnen werden kann. Ferner soll so auch zumindest die Möglichkeit bestehen, dem Kind eine Vernehmung in der Hauptverhandlung zu ersparen und sie – unter engen Voraussetzungen – durch die Aufzeichnung zu ersetzen.

1.3. Systematische Stellung

Das Kriterium des § 58 Abs. 2 StPO würde zusammengelesen mit den Voraussetzungen der Aufzeichnung aus § 58 Abs. 1 StPO auch bei Kindern über die Hintertür eine erneute Hürde – die Prüfung, ob zur Wahrheit erforderlich – einbauen, was neben der wörtlichen und teleologischen Auslegung auch der systematischen Betrachtungsweise widerspricht. § 58 Abs. 2 StPO trennt deutlich gerade die Fragen der Beweiserhebung von denen der Beweisverwendung. Ansonsten hätte man bereits in Abs. 1 das zusätzliche einschränkende Beweiserhebungskriterium eingeführt. Es wäre systemwidrig und unlogisch, dies erst einen Absatz später bei der Beweisverwertung zu tun und damit den angestrebten Regelfall wieder zum Ausnahmefall werden zu lassen. Die Regelung des Abs. 2 ist daher nicht restriktiv für die Frage der Zulässigkeit aus Abs. 1 heranzuziehen, sondern bezieht sich systematisch nur auf die weitere Verwendung, auf die sie im übrigen auch mit den Vorschriften der § 100b Abs. 6 StPO, §§ 147 StPO und 406e StPO verweist.

1.4. Zwischenergebnis

Betrachtet man aber den Wortlaut, teleologische Überlegungen und die systematische Stellung des § 58 Abs. 2 StPO, so wird deutlich, dass hier die Frage der weiteren Verwendung von der grundsätzlichen Zulässigkeit der Konservierung im Ermittlungsverfahren zu trennen ist und die Aufzeichnung bei Kindern als Regelfall vorgesehen ist. Im Ergebnis ist daher in Verfahren wegen sexuellen Missbrauchs bei Zeugen unter 16 Jahren immer eine Aufzeichnung anzufertigen. Fraglich ist jedoch, ob dies für polizeiliche und richterliche Vernehmungen gleichermaßen gilt.

2. Aufzeichnung auch bei polizeilichen Vernehmungen ?

Für die Anfertigung der Bild-Tonaufzeichnung selbst stellt § 58 Abs. 1 S. 1 StPO nur pauschal fest, dass die Vernehmung aufgezeichnet werden kann. Da keine besonderen Regelungen getroffen wurden, gilt dies auf den ersten Blick sowohl für richterliche, staatsanwaltliche als auch polizeiliche Vernehmungen. Ferner handelt es sich um eine kann-Regelung, die so auch unabhängig von ihrer Verwertbarkeit erst einmal die Möglichkeit eröffnet, sowohl richterliche als auch nichtrichterliche Vernehmungen aufzuzeichnen[245]. Problematisch wird dies aber im Hinblick auf die getrennt von den übrigen Beteiligten durchführbare richterliche Vernehmung in § 168 e StPO. Da § 168 e StPO nur von der richterlichen Aufzeichnung spricht und auf § 58 a StPO verweist, ist sie eindeutig davon erfasst. Staatsanwaltliche und polizeiliche Vernehmungen sind jedoch nicht genannt. Fraglich ist, ob daraus der Umkehrschluss gezogen werden kann, dass – da sie nicht ausgenommen sind – automatisch eine Aufzeichnung auch für diese Vernehmungen gelten.[246] Die Konzeption der Neuregelung ging grundsätzlich nur von ermittlungsrichterlichen Vernehmungen aus, jedoch hätte dann auch – konsequenterweise – nur eine Aufzeichnung ermittlungsrichterlicher Vernehmungen in § 58 a StPO festgelegt werden müssen. Da dies nicht geschah, läßt dies auf den ersten Blick den Umkehrschluss zu, dass auch staatsanwaltliche und polizeiliche Vernehmungen regelmäßig aufzuzeichnen sind.

Dies ist aber im Hinblick auf § 251 StPO, 252 StPO, 253 StPO, die nach § 255a StPO für die Verwertung der Aufzeichnung gelten, problematisch. Dort sind staatsanwaltliche und polizeiliche Vernehmungen von der Verwertbarkeit teilweise ausgenommen. Zwar ist eine Aufzeichnung, wie bereits dargelegt, zulässig, doch welchen Sinn macht eine Aufzeichnung, wenn sie im weiteren Verfahren nicht verwertet werden kann ?

Es ist daher zu untersuchen, inwieweit die Regelung zur Verwertbarkeit die tatsächliche Aufzeichnung von polizeilichen Vernehmungen einschränkt. Zur Klärung dieser Frage sind die Regeln zur Verwertbarkeit im Hinblick auf ihre Unterscheidung in richterlichen und nichtrichterlichen Vernehmungsprotokollen zu untersuchen.

245 Vgl. auch Seitz JR 1998, S. 312.

246 So aber Seitz, 1998, S. 312.

2.1. Verwertbarkeit von polizeilichen und richterlichen Vernehmungen

Richterliche konservierte Erstvernehmungen sind in Verfahren wegen sexuellen Missbrauchs nach § 255a Abs. 2 StPO in der Hauptverhandlung verwertbar und können eine erneute Vernehmung des Kindes sogar ersetzen, wenn der Angeklagte und sein Verteidiger Gelegenheit hatten, an dieser mitzuwirken. In Fällen des sexuellen Missbrauchs sind damit konservierte richterliche Erstvernehmungen leichter zu verwerten und können eine erneute Vernehmung leichter ersetzen, da für sie die engen Voraussetzungen der Vernehmungshindernisse des § 251 StPO nicht gelten.[247] Soll die konservierte richterliche Erstvernehmung eine erneute Vernehmung dagegen nicht ersetzen, sondern nur vorgeführt werden, verweist § 255a Abs. 1 StPO für die richterliche und nichtrichterliche Vernehmung auf die jeweiligen Kriterien aus §§ 251, 252, 253 StPO, die entsprechend gelten sollten.

2.1.1. § 251 Abs. 1 und 2 StPO: Vernehmungshindernisse[248]

Dies bedeutet: eine richterlichen Vernehmung kann nach § 251 Abs. 1 StPO vorgeführt werden, wenn der Zeuge verstorben oder in Geisteskrankheit verfallen oder sein Aufenthalt nicht zu ermitteln ist (§ 251 Abs. 1 Nr. 1 StPO), dem Erscheinen des Zeugen in der Hauptverhandlung für eine längere oder ungewisse Zeit Krankheit, Gebrechlichkeit oder andere nicht zu beseitigende Hindernisse entgegenstehen (§ 251 Abs. 1 Nr. 2 StPO), dem Zeugen das Erscheinen in der Hauptverhandlung wegen großer Entfernung unter Berücksichtigung der Bedeutung seiner Aussage nicht zugemutet werden kann (§ 251 Abs. 1 Nr. 3 StPO) oder der Staatsanwalt, der Verteidiger und der Angeklagte mit der Vorführung einverstanden sind. Nichtrichterliche Vernehmungen können nach § 251 Abs. 2 StPO nur verwertet vorgeführt werden, wenn der Staatsanwalt, der Verteidiger und der Angeklagte damit einverstanden sind (§ 251 Abs. 2 S. 1 StPO) oder wenn der Zeuge verstorben ist oder aus anderen Gründen in absehbarer Zeit nicht gerichtlich vernommen werden kann. (§ 251 Abs. 2 S. 2 StPO)

247 Vgl. die Voraussetzungen aus § 251 für die Verwertung: Krankheit, Gebrechlichkeit, Unerreichbarkeit des Zeugen, andere nicht zu beseitigende Hindernisse, Zustimmung der Staatsanwaltschaft, der Verteidigung und des Angeklagten.

248 Zu den Kriterien der Vernehmungshindernisse und ihre Anwendbarkeit auf die Vernehmung von Kindern vgl. ausführlich 2. Kapitel, Zweiter Schritt, II, 2.2. Die Frage der konkreten Verwertbarkeit stellt sich hier noch nicht, da hier nur die Grundzüge, im Zusammenhang mit den Möglichkeiten der Aufzeichnung der polizeilichen Vernehmungen untersucht werden sollen.

§ 251 StPO unterscheidet damit in der Person des Zeugen liegende Gründe und faktische Gründe, die eine Verwertung der Aufzeichnung ermöglichen.[249] Betrachtet man diese Kriterien für die Verwertung der Aufzeichnung, gelten für die Frage der Vorführung an sich bei richterlichen und nichtrichterlichen Vernehmungen ähnliche Kriterien. Nur wenn eine Aufzeichnung die Vernehmung ersetzen soll, gelten bei nichtrichterlichen Vernehmungen höhere Anforderungen: Sie können nur dann die Vernehmung ersetzen, wenn die Staatsanwaltschaft, die Verteidigung und der Angeklagte zustimmen.[250]

Folglich spielt die Unterscheidung zwischen richterlichen und nichtrichterlichen Protokollen allein bei der Frage, ob die Aufzeichnung die Vernehmung ersetzen soll, eine wichtige Rolle. Umgekehrt formuliert bedeutet dies, dass richterliche Vernehmungen beweisrechtlich höher bewertet werden, da sie eine Vernehmung leichter ersetzen können. Dies wird damit begründet, dass bei einer Ersetzung der unmittelbaren Vernehmung das nächste, bestmögliche Beweismittel herangezogen werden soll und Richtern aufgrund ihrer richterlichen Unabhängigkeit eher als Staatsanwälten und Polizeibeamten eine professionellere und mehr an Tatbestandsmerkmalen orientiertere Vernehmungspraxis zugetraut wird[251]. Es ist aber nicht ausgeschlossen, dass die richterliche Vernehmung die polizeiliche nun ganz ersetzt, sondern die polizeiliche kann daneben noch jederzeit vorgeführt werden[252].

2.1.2. § 252 StPO: Zeuge vom Hörensagen

Eine weitere Möglichkeit, die Aufzeichnung in der Hauptverhandlung zu verwerten, regelt § 252 StPO.[253] Macht der Zeuge ein Zeugnisverweigerungsrecht geltend, können über die Vernehmung des Richters/der Richterin, der/die Vernehmung durchführte, die Ergebnisse der Aufzeichnung eingeführt werden. Dieser Beweis des Zeugen vom Hörensagen ist für richterliche Vernehmungen anerkannt. Für nichtrichterliche Vernehmungen soll er nicht gelten.[254] Staatsanwälte

249 Ähnlich auch die von Julius getroffene Entscheidung, vgl. Julius, 1988, S. 39.

250 Eine Alternative, die in Fällen des sexuellen Mißbrauchs auszuschließen ist, da Verteidiger und der Angeklagte zur Überprüfung der Glaubwürdigkeit der Kinder immer auf eine erneute Vernehmung bestehen und aus ihrer Sicht eine konservierte Erstvernehmung nicht ausreicht, vgl. Strate, StraFo 1996, S. 2 ff.; Strate, 1997, S. 204.

251 BGHSt 19, 354; 27, 139.

252 BGH. St. Rspr., zuletzt 32, 25, 29; 36, 384, 385; NStZ 85, 36; NJW 96,1501, 1503.

253 BGHSt 21, 218 m. Anmerkungen von Michaelis, NJW 1968, 58 StPO; zust. Pelchen LM Nr. 22 = JR 1967, 467.

254 BGHSt 2, 99, 110; 7, 195; 10, 77; 11, 97, 338; 13, 394; 18, 146, 20, 284; 22, 219; 26, 284; 27, 231; 32, 29, BGH NJW 1954, 204; 1955, 1289; 1956, 1886; 1973, 1139; 1979, 1722.

und Polizeibeamte können daher nicht befragt und auf diese Art und Weise die Ergebnisse der Aufzeichnung in die Hauptverhandlung eingeführt werden. Begründet wird dies mit zeugenschützenden Erwägungen: § 252 StPO habe auf die schutzwürdigen Belange des weigerungsberechtigten Zeugen Rücksicht zu nehmen und diese müßten dem Grundsatz der Wahrheitserforschung weichen.[255] Dies bedeutet eine erneute Unterscheidung zwischen richterlichen und nichtrichterlichen Vernehmungen, die auch zusätzlich mit dem höheren Beweiswert von richterlichen Vernehmungen begründet wird: Der BGH geht davon aus, dass nur der vernehmenden Richter Zuverlässiges über die Glaubwürdigkeit des Zeugen aussagen könne.

2.1.3. § 253 StPO: Vorhalte

Treten im Laufe des Verfahrens Widersprüche oder Gedächtnislücken beim Zeugen auf, können Vorhalte nach § 253 StPO gemacht und darüber auch die Aufzeichnungen in die Hauptverhandlung vorgeführt werden.[256] Diese Möglichkeit besteht sowohl bei polizeilichen als auch bei richterlichen Vernehmungen.[257]

255 LR-Gollwitzer § 253 Rn. 14, BayObLGSt 1953, 215= NJW 1954, 363.

256 Zwar herrschte über lange Zeit hinweg über die Frage der Zulässigkeit der Vernehmung des Zeugen vom Hörensagen Streit, doch sind in der Zwischenzeit alle Argumente ausgetauscht (Nachweise bei Geppert, 1978, S. 217 ff. und SK-StPO-Schlüchter § 250 Rn. 22; aus dem neueren Schrifttum, vgl. Joachim, 1990, S. 76 ff.) Heute ist der Beweis vom Hörensagen nach überwiegender Meinung zulässig und steht § 250 prinzipiell nicht entgegen, vgl. BVerfGE 57, 250 LS Nr. 3; 292; LR-Gollwitzer § 250 Rn. 24; K/Meyer-Goßner § 250 Rn. 3 ff.; ANM, S. 461; Geppert, 1978, S. 249 ff. für „normale" Zeugen vom Hörensagen und Sachverständige im Hinblick auf sog. Zusatztatsachen, d.h. solcher Tatsachen, die sich ihnen nicht aufgrund ihrer besonderen Sachkunde erschlossen haben, sondern die auch dem Gericht zugänglich gewesen wären, und S. 280 für die sog. Verhörspersonen. A.A. nur noch Heissler, 1973, S. 165 ff. und 272, der aber immerhin eine ergänzende Vernehmung des Zeugen vom Hörensagen für zulässig hält, aaO, S. 219; ebenso OLG Oldenburg, JR 1951, S. 90 (91); Sydow, S. 27 ff.: anders jedoch grundsätzlich zahlreiche Regelungen im Ausland, namentlich im anglo-amerikanischen Rechtskreis, aufgrund der dogmatischen Hersay-rule, die dann aber in aller Regel für die Verhandlung von Taten, denen Minderjährige um Opfer gefallen sind, Ausnahmen zuläßt (vgl. dazu auch Albrecht, 1993, S. 21 ff.). Vgl. ausführlich zu der sich daran anschließenden beweisrechtlichen Problematik und dem Ausreichenlassen der konservierten Erstvernehmung, 2. Kapitel, Zweiter Schritt, II, 2.3.

257 So auch LR-Gollwitzer § 252 Rn. 7.

2.1.4. Zwischenergebnis

Betrachtet man die Kriterien, so wird deutlich, dass nur bei einer Ersetzung der Vernehmung und beim Beweis des Zeugen vom Hörensagen eine Unterscheidung zwischen richterlichen und nichtrichterlichen Vernehmungen getroffen wird. Diese Differenzierung wird mit einem unterschiedlichen Beweiswert der beiden Vernehmungen begründet, der wiederum als Gradmesser für ihre Verwertbarkeit dient und über die Aufzeichnung entscheidet. In diesem Zusammenhang stellt sich daher die Frage, inwieweit ein solcher unterschiedlicher Beweiswert der Regelungen wirklich besteht und die richterliche Vernehmung der polizeilichen vorgeht. Nicht zu vergessen ist ferner, dass die Neuregelung grundsätzlich von einer ermittlungsrichterlichen Konzeption ausgeht, d.h. vom konstruierten Idealfall, dass ein Ermittlungsrichter die erste Vernehmung durchführt, die dann zu verwerten ist. Damit verbliebe für die Aufzeichnung polizeilicher Vernehmungen nur ein sehr eingeschränkter Anwendungsbereich, denn Sinn und Zweck der Regelung war es, die Mehrfachvernehmungen zu reduzieren und nach der derzeitigen Verwertungskonzeption auch keine polizeiliche Vernehmung mehr durchzuführen. Hier stellt sich aber die Frage, warum dann bei Kindern nicht explizit geregelt wurde, dass nur die richterliche Vernehmung im Ermittlungsverfahren aufzuzeichnen ist, um diesen Aspekt zu betonen. Da es offengelassen wurde, besteht hier eine Regelungslücke, die durch eine Gleichstellung von richterlichen und nichtrichterlichen Protokollen geschlossen werden kann. Im Folgenden sollen die Möglichkeiten dazu ausgelotet werden:

2.2. Gleichstellung richterlicher und nichtrichterlicher Protokolle

2.2.1. Erfahrungstatsachen

Die geht davon aus, dass Niederschriften über eine richterliche Vernehmung in der Regel mehr als andere Vernehmungsniederschriften oder schriftliche Erklärungen Vertrauen verdienen, da sie die „Bekundungen von erheblichen Tatsachen erschöpfend und zutreffend wiedergeben".[258] Bereits diese Formulierung macht deutlich, dass (Ermittlungs-)Richtern eine größere Fähigkeit zugetraut wird, wichtiges von unwichtigem zu unterscheiden, richtig einzuordnen und tatbestandlich auf den Punkt zu bringen. Indirekt wird ihnen so auch eine vorweggenommene Beweiswürdigung zugestanden: Sie sind es, die später die Würdigung der Aussage vornehmen und entscheiden, ob Anklage erhoben wird, ob die Aussage

258 BGHSt 13, 394; 14, 221.

glaubhaft ist und ob es zu einer Verurteilung kommt. Gleichzeitig wird ihnen bereits bei der Erhebung der Beweismittel eine größere Sachkompetenz zugetraut und sie gelten als befähigter, die Zeugen entsprechend zu befragen.

Diese Argumentation, die angeblich auf „Erfahrungstatsachen" basiert, überzeugt nicht. Polizeibeamte sind näher an der Ermittlungsarbeit und haben meist eine größere Detailkenntnis, sie können gezielter nachfragen. Ihre Vernehmungen haben daher in den meisten Fällen dieselbe, wenn nicht sogar die höhere Beweisqualität für den Tatnachweis. Darüber hinaus kennen sie meist das Umfeld des Zeugen besser, da sie auch dort Befragungen durchführten. Zudem können sie meist atmosphärischer und einfühlsamer fragen. Ferner basierten in der Praxis die richterlichen Vernehmungen auch meist auf den polizeilichen Vernehmungsprotokollen und es wurden häufig nur dieselben Fragen erneut gestellt[259]: Eine Vernehmungssituation, die für den Zeugen sehr unbefriedigend und belastend ist, denn es ist nicht vermittelbar, warum er die gleiche Aussage erneut machen muss. Die Antwort, dass es verfahrenstechnisch bedingt sei, ist gerade in Verfahren gegen die sexuelle Selbstbestimmung für Kinder sehr belastend und berücksichtigt nicht die Interessen der Zeugen. Dementsprechend sind auch die Reaktionen der Zeugen: Wenn ihnen in der richterlichen Vernehmung Vorhalte aus den polizeilichen Vernehmungen gemacht werden, reagieren sie meist gereizt oder verunsichert. Die so richterlich gewonnen Aussagen haben daher keinen höheren Beweiswert als die polizeilichen. Zu berücksichtigen ist auch, dass das entscheidende Kriterium die Tatnähe der Vernehmung sein sollte und dies bei polizeilichen Vernehmungen ebenso gegeben sein kann – wenn nicht sogar eher – als bei ermittlungsrichterlichen.

2.2.2. Reduzierung der Mehrfachvernehmungen

Auch unter dem Aspekt, dass mit der Neuregelung Mehrfachvernehmungen verhindert werden sollten, sollte eine Gleichstellung der Verwertbarkeit von polizeilichen und richterlichen Protokollen angestrebt werden. Es sollte von vornherein festgelegt werden, ob nun die Polizei oder die Ermittlungsrichterin die Vernehmung durchführt und sie sollte auch die einzige konservierte Erstvernehmung bleiben. Die derzeitige Konzeption geht davon aus, dass die erste Vernehmung durch eine Ermittlungsrichterin durchgeführt werden sollte ohne Festlegungen zu treffen, dass dies in Fällen von Sexualstraftaten immer zu erfolgen hat[260]. Nur die Regelung der getrennten Vernehmung, die nur die richterliche Vernehmun-

259 Vgl. Geerds, FS Blau, S. 72; Kohlhaas NJW 1965, 1255; DriZ 1966, 286, Schlüchter, 1985, Rn. 497.3.

260 Vgl. § 163 a.

gen erwähnt sowie die Möglichkeit, durch eine richterliche Vernehmung die Vernehmung in der Hauptverhandlung zu ersetzen, ist noch nicht automatisch eine konservierte Erstvernehmung garantiert[261]. Nach wie vor kann eine polizeiliche Vernehmung vorher durchgeführt und ebenfalls nach § 58 a Abs. 1 StPO aufgezeichnet werden. Es mag zwar sinnvoll sein, der Praxis diesen Spielraum – ob ermittlungsrichterlicher oder polizeilicher – zu belassen, da so individuell auf die Gegebenheiten des Falls und besser auf die Bedürfnisse des Kindes eingegangen werden kann. Denn vielleicht hat das Kind bereits mehr Vertrauen zur Polizeibeamtin gefasst oder möglicherweise verfügt die Ermittlungsrichterin über mehr Erfahrung als die Polizeibeamtin. Jedoch sollte, wenn die Entscheidung – ob polizeilich oder richterliche Vernehmung – getroffen wurde, sie die alleinige Erstvernehmung bleiben, d.h. die Möglichkeit der getrennten Vernehmung muss auch für sie gelten und sie muss verwertbar sein, anders lassen sich die Mehrfachvernehmungen im Ermittlungsverfahren nicht reduzieren[262].

2.2.3. Zeuge vom Hörensagen

Auch bei der Regelung zum Zeugen vom Hörensagen ist die Unterscheidung nicht einsehbar. Sie wird dort als kriminalpolitische Zweckmäßigkeitsentscheidung postuliert, die aber weder im Wortlaut noch im Regelungszweck des § 252 StPO eine überzeugende Stütze findet.[263] Die Abgrenzung wird von einzelnen Autoren auch als Kompromiss gedeutet: Der Schutz des Einzelnen, der sein Zeugnisverweigerungsrecht ausübt, sollte mit den Interessen der Allgemeinheit abgewogen werden.[264] Dieser Kompromiss läßt keine Abwägungskriterien erkennen, sondern postuliert nur die Möglichkeit, mit einer richterlichen Vernehmung das Zeugnisverweigerungsrecht zu unterlaufen. Nicht einsehbar bleibt weiter, warum denn nur bei einer richterlichen und nicht auch bei einer polizeilichen Vernehmung anschließend die Verhörsperson vernommen werden kann. Die Begründung des BGH, nur der Richter könne Zuverlässiges über die Glaubwürdigkeit des Zeugen sagen[265], greift zu kurz. Schließlich soll der Zeuge vom Hörensagen nicht die Glaub-

261 Und ohne Revisionsrisiko, bzw. mögliche erneut notwendige Verhandlungen damit keine weiteren Belastungen für das Kind entstehen sollen, vgl. BT-Drs. 13/ 7165, S. 9.

262 Vgl. § 168b Abs. 2 S. 2 Danach ist ein Protokoll nur anzufertigen wenn es ohne erhebliche Störung der Ermittlungen möglich ist. Dies unterstreicht noch einmal, dass das Protokoll nicht während der Aufzeichnung angefertigt werden sollte, da dadurch die Vernehmung des Kindes, dessen Unbefangenheit gebremst und gestört.

263 Vgl. BT-Drs. 13/7165, S. 8.

264 So auch Seitz JR 1998, S. 311.

265 Vgl. Bericht von Schaaber, Streit 1993, 143 ff.

würdigkeit beurteilen, dies ist Aufgabe des Gerichts, sondern nur die Angaben des Zeugen wiedergeben. Dies können Richter ebenso wie Polizeibeamte. Zu berücksichtigen ist auch, dass zur Auffrischung des Gedächtnisses auch dem Zeugen vom Hörensagen jederzeit Vorhalte gemacht werden können, d.h. sowohl dem Richter als auch dem Polizeibeamten können Auszüge aus der Aufzeichnung vorgeführt werden, da § 253 StPO auch für die Videovernehmung gilt. Das Argument, nur der Richter als Zeuge vom Hörensagen könne Zuverlässiges zur Beurteilung der Glaubwürdigkeit aussagen, greift damit nicht mehr, denn das Gericht kann sich über die Vorhalt-Aufzeichnung selbst einen zuverlässigen Eindruck von der Vernehmung und der Glaubwürdigkeit des Zeugen verschaffen und ist nicht auf die Wiedergabe des Zeugen vom Hörensagen angewiesen. Ferner wird dem Zeugen vom Hörensagen durch die Möglichkeit des Aufzeichnungs-Vorhalts eine Unterstützung zuteil, unabhängig davon ob es sich um einen Richter oder einen Polizeibeamten handelt. Mit diesem Instrumentarium können daher nicht nur der Richter, sondern auch der Polizeibeamte zuverlässig die Vernehmung wiedergeben.

2.2.4. Nivellierung

Insgesamt verschafft die Aufzeichnung bessere Kontrollmöglichkeiten und die Entstehung und der Ablauf der Vernehmung wird besser nachvollziehbar, so dass es für die Beweiskraft immer weniger darauf ankommen kann, ob nun ein Richter oder ein Polizeibeamter die Vernehmung durchführte. In der anschließenden Beurteilung durch das Gericht können die Fehler der Vernehmungsperson bei der Vernehmung besser herausgefiltert und relativiert werden. Unterschiede der Vernehmungsperson werden damit nivelliert und spielen eine geringere Rolle. Ferner kommt es bei Vernehmungen von Kindern entscheidend auf die Persönlichkeit des Vernehmenden an und seine Fähigkeit, einfühlsam zu fragen und einen Vertrauenskontakt zum Kind aufzubauen. Allein davon hängt der Erfolg und die spätere Beweisqualität ab und nicht von der Differenzierung nach der Funktion, ob nun Richter – oder Polizeibeamter. Sie allein ist kein Garant für eine bessere Beweisqualität.

2.2.5. Belehrungspflichten

Ein weiteres Argument für die Gleichstellung der beiden Vernehmungen ergibt sich aus den Regelungen zur Belehrungspflicht. Sie gelten für beide gleich und haben auch dieselben Konsequenzen. Daran wird deutlich, dass kein Unterschied mehr zwischen den Vernehmungsarten besteht.[266]

266 Vgl. § 100b Abs. 6.

2.3. Zwischenergebnis

Polizeiliche Aufzeichnungen sind daher richterlichen Aufzeichnungen gleichzustellen, sie sind damit von der Regelung des § 168 e StPO und § 255a Abs. 2 StPO nicht ausgenommen und können daher ebenso verwertet werden. Die Subsidiaritätsklausel greift nicht ein. Damit sind beide gleichermaßen aufzuzeichnen.

VI. Protokollierung, Aufbewahrung und Vernichtung

Nach der Aufzeichnung ist von der Vernehmung ein Protokoll zu fertigen.[267] Im übrigen ist die einmal angeordnete getrennte Durchführung der Vernehmung[268] nach § 168 e S. 5 nicht mehr anfechtbar. So soll gewährleistet sein, dass das Verfahren zügig und ohne mit prozessualen Unsicherheiten belastet zu sein durchgeführt werden kann.[269]

1. Protokoll: § 168 a StPO

Zusätzlich zur Aufzeichnung muss die Vernehmung nicht auch noch wortwörtlich schriftlich niedergelegt werden. Allerdings ist sowohl bei der richterlichen als auch der staatsanwaltlichen und polizeilichen Vernehmung nachträglich ein Protokoll nach den Anforderungen des § 168 a StPO anzufertigen. Die mitwirkenden und beteiligten Personen, die wesentlichen Förmlichkeiten des Verfahrens sowie der wesentliche Inhalt der Vernehmung sind demnach dort wiederzugeben. Es sollte auf jeden Fall nach und nicht während der Aufzeichnung angefertigt werden, da es das Kind ansonsten stören und verunsichern könnte.[270] Zusammen mit der Aufzeichnung wird es dann Bestandteil der Akten.

267 Vgl. § 168b Abs. 2 S. 2. Danach ist ein Protokoll nur anzufertigen wenn es ohne erhebliche Störung der Ermittlungen möglich ist. Dies unterstreicht noch einmal, dass das Protokoll nicht während der Aufzeichnung angefertigt werden sollte, da dadurch die Vernehmung des Kindes, dessen Unbefangenheit gebremst und gestört.

268 Nicht auszudenken, welche Gefahr einer Verwechslung drohte, denn die Videoaufzeichnungen werden rein technisch nicht direkt bei den Akten, sondern gesondert verwahrt und müssen immer neu zugeordnet werden. Die Verwechslungsgefahr nimmt mit der Anzahl der zu verwahrenden Videokassetten natürlich zu.

269 Und ohne Revisionsrisiko bzw. erneut notwendige Verhandlung, vgl. BT-Drs. 13/ 7165, S. 9.

270 Vgl. § 168b Abs. 2 S. 2.

2. *Aufbewahrung und Akteneinsichtsrecht: § 58 StPO a Abs. 2 iVm § 147 StPO und 406e StPO*

Da die Regelungen des Akteneinsichtsrecht aus § 147 StPO entsprechend anzuwenden sind, kann die Aufzeichnung kopiert und dem Verteidiger überlassen werden. Dieses Doppel darf der Verteidiger seinem Mandanten nicht überlassen, was mit den schutzwürdigen Interessen des Zeugen und der Gefahr, dass es damit an Dritte (mißbräuchlich) weitergegeben werden könnte, begründet wird. Tatsächlich ist es natürlich nicht kontrollierbar. Der Anwalt macht sich im übrigen auch nicht strafbar, wenn er sie seinem Mandanten übergibt. Die Belange des Beschuldigten sollen gewahrt bleiben, indem ihm die Aufzeichnung in Anwesenheit des Verteidigers zur Einsichtnahme zur Verfügung gestellt wird.[271] Da sie ihm nur zur Einsichtnahme übergeben wird, bedeutet dies im praktischen Ablauf, dass er sie zusammen mit seinem Verteidiger bei der Polizeidienststelle oder der Staatsanwaltschaft einsehen kann. Von dieser Möglichkeit, die Aufzeichnung im Ermittlungsverfahren einzusehen, gibt es aber eine wichtige Ausnahme: sie gilt nicht in den Fällen, in denen Zeugen durch den Beschuldigten bedroht wurden, sie Opfer einer Gewalttat des Beschuldigten waren und Racheakte zu befürchten sind. In diesen Fällen kann die Videoaufzeichnung erst in der Hauptverhandlung und dort auch unter Ausschluss des Angeklagten abgespielt werden. Alle für diese Verfahren notwendigen Kriterien sind häufig auch auf die Fälle des sexuellen Missbrauchs übertragbar: Die Kinder werden meist unter Drohungen seitens der Beschuldigten zur Geheimhaltung gezwungen, ihnen wurden von ihnen schlimme Sanktionen angedroht, falls sie etwas sagen und solange sich die Kinder nach der Anzeige noch in der Nähe des Beschuldigten aufhalten, sind immer Racheakte zu befürchten. Sie sind auch Opfer einer Gewalttat. Problematisch ist, dass die Bejahung dieser Kriterien aber eine Beweisantizipation im Anschluss an die Videoaufzeichnung voraussetzt und sich Ermittlungsbeamte und Staatsanwaltschaften gleichermaßen davor scheuen sie durchzuführen: Zusätzlich eingeschüchtert durch den – vorhersehbaren – Vorwurf der Vorverurteilung, der von seiten der Verteidiger in diesen Fällen geäußert wird. Im übrigen ist auch der Nebenklagevertreterin nach § 406 e StPO eine Kopie der Aufzeichnung zur Verfügung zu stellen,[272] was mit der Vorschrift des § 58 Abs. 2 StPO, der eine Verwendung nur für Zwecke der Strafverfolgung vorsieht, vereinbar ist. Allerdings darf die Nebenklägerin sie nicht kopieren, um damit Schadensersatz oder Unterhaltsprozesse besser zu führen, da dies nicht mehr den Zwecken der Strafverfolgung dient.

271 Vgl. BT-Drs. 13 / 7165, S. 8.
272 Vgl. Seitz JR 1998, S. 311.

3. Löschung der Aufzeichnung: § 58 Abs. 2 StPO iVm § 100 Abs. 6 StPO

Für die Löschung der Aufzeichnung gilt § 100 Abs. 6 StPO. Die Aufzeichnungen sind unverzüglich zu vernichten, wenn sie weder für das laufende noch für ein anderes Strafverfahren benötigt werden, da § 58 Abs. 2 StPO, der auf § 100 Abs. 6 StPO verweist, nur eine Verwendung für die Strafverfolgung gestattet. Dies bedeutet zum einen, dass erst nach dem rechtskräftigen Abschluss des anhängigen oder eines anderen Strafverfahrens die Aufzeichnung vernichtet werden kann bzw. unverzüglich zu vernichten ist und andererseits damit eine parallel oder im Anschluss an das Strafverfahren mögliche Verwertung vor den Zivil- und Familiengerichten für Schadensersatz oder Sorgerechtsverfahren ausgeschlossen ist: Eine nicht nachvollziehbare Einschränkung, denn gerade in Verfahren wegen sexuellen Missbrauchs sind parallel häufig noch sorgerechtliche Entscheidungen zu treffen, Wohnungszuweisungsverfahren einzuleiten, zivilrechtliche Verfügungen zu beantragen und später noch Schmerzensgeldverfahren anhängig zu machen.[273] Leider müssen die Kinder in diesen Verfahren – nach oft noch längeren Zeiträumen – dann erneut aussagen. Im Ermittlungsverfahren entscheidet die Staatsanwaltschaft über die Vernichtung, zu einem späteren Zeitpunkt dann das mit der Sache befasste Gericht. Die Entscheidungen sind unanfechtbar[274] und die Vernichtung wird von der Polizei unter Aufsicht der Staatsanwaltschaft vorgenommen. Anschließend ist eine Niederschrift anzufertigen, die genaue Angaben der vernichteten Unterlagen, jedoch nichts über ihren Inhalt enthält.[275] So sind nur die an der Vernehmung beteiligten Personen anzuführen, der Vernehmungsgegenstand, Ort, Zeit, Dauer. Folglich sind die Videoaufzeichnungen ausdrücklich von der Aktenordnung ausgenommen, die eine Verwahrung von fünf Jahren vorsieht Diese unverzügliche Vernichtung wird datenschutzrechtlich begründet, wobei dies nicht ganz einleuchtet, da gleichzeitig das angefertigte Protokoll über die Aufzeichnung, die auch Angaben zu den Inhalten der Vernehmung enthält, eben nicht unverzüglich zu vernichten ist: Ein Widerspruch, der zeigt, dass weniger der Datenschutz, sondern mehr die Angst vor einer missbräuchlichen Verwendung und das Schreckgespenst einer neu zu organisierenden Aktenverwaltung bei dieser Regelung im Vordergrund standen.[276]

273 Schaaber, Streit 1993, 143 ff.

274 Vgl. § 100b Abs. 6.

275 Siehe § 100b Abs. 6.

276 Zu bedenken ist, dass die Verwechslungsgefahr mit der Anzahl der zu verwahrenden Videokassetten und Verfahren zunimmt.

Zweiter Schritt: Fortfall des zwingenden Erfordernisses einer erneuten Vernehmung in der Hauptverhandlung

Bei der Frage, wie das zwingende Erfordernis einer erneuten Vernehmung in der Hauptverhandlung entfallen und die angefertigte konservierte Erstvernehmung an ihre Stelle treten kann, sind die Voraussetzungen der §§ 58 a Abs. 2 StPO sowie § 247 a StPO und § 255 a StPO im Einzelnen näher zu betrachten. Die erste Hürde ist, dass die weitere Verwendung der konservierten Erstvernehmung nur zulässig sein soll, wenn sie „zur Erforschung der Wahrheit erforderlich ist" (§ 58 a Abs. 2 StPO). Inwieweit das Gericht damit die weitere Verwendung bejaht, steht im tatrichterlichen Ermessen. Im vorigen Kapitel wurde aber aufgezeigt, dass eine Aufzeichnung der Erstvernehmung nach dem Wortlaut im Regelfall erfolgen soll. Es würde daher wenig Sinn machen, die Anfertigung einer Aufzeichnung im Ermittlungsverfahren als Regelfall festzuschreiben, wenn nicht ebenso ihre weitere Verwendung im Regelfall vorgesehen ist. Von der Zulässigkeit einer weiteren Verwendung der Vernehmung ist daher auszugehen. Weitaus schwieriger als die Frage ihrer zulässigen Verwendung ist aber der Umfang ihrer Verwertbarkeit zu beantworten: Hier stellt sich die konkrete Frage, inwieweit die konservierte Erstvernehmung die erneute Vernehmung des Kindes in der Hauptverhandlung ersetzen kann.[277] Dreh- und Angelpunkt sind hierbei die Auslegungs- und Anwendungsmöglichkeiten der Regelungen § 255 a StPO[278] iVm § 247 a StPO[279].

277 Vgl. dazu die Einleitung in Kapitel drei. Es wird davon ausgegangen, dass die Ersetzung gleichzeitig auch den Verzicht auf die erneute Vernehmung umfaßt, siehe unten.

278 § 255a StPO:
(1)Für die Vorführung der Bild-Tonaufzeichnung einer Zeugenvernehmung gelten die Vorschriften zur Verlesung einer Niederschrift über eine Vernehmung gemäß §§ 251, 252 und 253 entsprechend.
(2)In Verfahren wegen Straftaten gegen die sexuelle Selbstbestimmung (174 bis 184c des Strafgesetzbuches) oder gegen das Leben (§ 211 bis 222 des Strafgesetzbuches) oder wegen Misshandlung von Schutzbefohlenen (§ 225 des Strafgesetzbuches) kann die Vernehmung eines Zeugen unter 16 Jahren durch die Vorführung der Bild-Ton-Aufzeichnung seiner früheren richterlichen Vernehmung ersetzt werden, wenn der Angeklagte und sein Verteidiger Gelegenheit hatten, an dieser mitzuwirken. Eine ergänzende Vernehmung ist zulässig.

279 § 247 a StPO:
Besteht die dringende Gefahr eines schwerwiegenden Nachteils für das Wohl des Zeugen, wenn er in Gegenwart der Hauptverhandlung vernommen wird und kann sie nicht in anderer Weise, namentlich durch eine Entfernung des Angeklagten sowie den Ausschluss der Öffentlichkeit abgewendet werden, so kann das Gericht anordnen, dass der Zeuge sich während der Vernehmung an einem anderen Ort aufhält. Eine solche Anordnung ist auch unter den Voraussetzungen des § 251 Abs. 1 Nr. 2, 3 oder 4 zulässig, soweit dies zur Erforschung der Wahrheit erforderlich ist. Die Entscheidung ist unanfechtbar. Die Aussage wird zeit-

Für die hier zu untersuchende Fragestellung von entscheidender Bedeutung ist die konstitutive Regelung des § 255a Abs. 2 StPO, die – als kann-Regelung – die Möglichkeit eröffnet, mit der Bild-Tonaufzeichnung der Erstvernehmung grundsätzlich die erneute Vernehmungen in der Hauptverhandlung zu ersetzen (§ 255a Abs. 2 S. 1 StPO), wenn – so einzige Bedingung – der Angeklagte und sein Verteidiger die Gelegenheit hatten, an der konservierten Erstvernehmung mitzuwirken. Daneben bleibt aber die ergänzende Vernehmung zulässig (§ 255a Abs. 2 S. 2 StPO).[280] Bereits der Wortlaut und die Systematik der beiden Sätze des § 255a Abs. 2 StPO zeigen deutlich, dass letztendlich für die Hauptverhandlung noch keine „Ersetzung" i.S. eines Verzichts der weiteren Vernehmung im Regelfall vorgesehen ist und der Gesetzgeber diesbezüglich zweideutig blieb: So ist die Ersetzungsmöglichkeit zwar als kann-Regelung normiert und steht damit im richterlichen Ermessen, andererseits bleibt eine „ergänzende Vernehmung" zulässig, ohne dass für sie Kriterien formuliert wären. Einziger Anhaltspunkt: Lediglich Fragen, die durch den Inhalt der Videoaufzeichnung nicht beantwortet sind, sollen eine ergänzende Vernehmung rechtfertigen können. Folglich müssen neue Gesichtspunkte hervortreten, die noch weiter aufzuklären sind, wobei Gewicht und Entscheidungsrelevanz der neuen Tatsachen mit den Nachteilen, die dem Zeugen durch eine erneute Vernehmung drohen, abzuwägen sind.[281] Neben der Ersetzung der erneuten Vernehmung nach § 255 a Abs. 2 S. 1 StPO steht damit auch die ergänzende Vernehmung im tatrichterlichen Ermessen. Im Folgenden gilt es, diesen Ermessensspielraum im Hinblick auf die Möglichkeiten des opferschützenden Verzichts auf eine erneute Vernehmung in der Hauptverhandlung auszuloten bzw. zu konkretisieren.

I. Ersetzung im Kontext von § 255a Abs. 2 S. 1 StPO zu § 255 a Abs. 2 S. 2 StPO und § 247 a StPO

Begrifflich soll zwar „die Vernehmung" in der Hauptverhandlung durch die „frühere richterliche Vernehmung" ersetzt werden, jedoch sind damit nicht zwingend alle Vernehmungen in der Hauptverhandlung gemeint. Zwar läßt die Formulie-

gleich in Bild und Ton in das Sitzungszimmer übertragen. Sie soll aufgezeichnet werden, wenn zu besorgen ist, dass der Zeuge in einer weiteren Hauptverhandlung nicht vernommen werden kann und die Aufzeichnung zur Erforschung der Wahrheit erforderlich ist. § 58 a Abs. 2 findet entsprechende Anwendung.

280 Die Vorschrift geht zurück auf einen Vorschlag des Bundesrats (BT-Drs. 13/4983). Zur Entstehungsgeschichte bereits ausführlich im 1. Kapitel.

281 KK-Diemer § 255a StPO) Rn. 13; vgl. auch BT-Drs. 13/4983, S. 8.

rung „die Vernehmung“ durchaus den Schluss zu, dass damit „die Vernehmung in der Hauptverhandlung“ gemeint ist, die alle Vernehmungen dort miteinschließt. Andererseits wird aber explizit zwischen „Vernehmungen“ und „ergänzenden Vernehmungen“ unterschieden. Damit läßt die teleologische Auslegung auf den ersten Blick nur den Schluss zu, dass lediglich die Vernehmungen ersetzbar sind, die nicht als ergänzend eingestuft werden und folglich vor der Vorführung der konservierten Erstvernehmung liegen. Andererseits stellt sich hier das Problem, dass auch eine in der Hauptverhandlung getrennt von den übrigen Verfahrensbeteiligten durchgeführte Vernehmung „die Vernehmung“ ersetzen kann, so dass logischerweise eine solche auch vor dem Vorspielen der konservierten richterlichen Erstvernehmung liegen kann. Sinn und Zweck der Ersetzungsregelungen war es aber, möglichst die Vernehmungen zu reduzieren, so dass es kontraproduktiv wäre, vor dem Vorspielen der ermittlungsrichterlichen Vernehmung eine Vernehmung in der Hauptverhandlung nach § 247 a StPO, getrennt von den übrigen Verfahrensbeteiligten, durchzuführen. Somit ist davon auszugehen, dass sie erst nach dem Vorspielen der konservierten Erstvernehmung liegt und damit aber auch – systematisch – eine ergänzende Vernehmung wäre.[282]

Da eine solche „ergänzende“ Vernehmung zur konservierten Erstvernehmung in § 255a Abs. 2 S. 2 StPO explizit für zulässig erklärt wird, ist bei der Frage nach den umfassenden Ersetzungsmöglichkeiten einer erneuten Vernehmung eine Gesamtbetrachtung innerhalb von § 255a Abs. 2 StPO anzustellen, d.h. systematisch sind die Ersetzungsmöglichkeiten aus § 255a Abs. 2 S. 1 StPO im Kontext der Kriterien für eine ergänzende Vernehmung aus § 255a Abs. 2 S. 2 StPO zu sehen. Damit schließt die Betrachtung der Ersetzungsmöglichkeiten die Möglichkeiten, auf die erneute Vernehmung zu verzichten, mit ein. Die Regelung geht durch die Unterscheidung in Vernehmungen und ergänzende Vernehmungen ebenfalls davon aus, dass alle Vernehmungen vor der Vorführung der konservierten Erstvernehmung durch sie ersetzt werden sollten und erst nach Vorführung der konservierten Erstvernehmung entschieden werden kann, ob eine weitere Vernehmung erforderlich ist. Damit kann die konservierte Erstvernehmung logischer-

282 Zwar erfassen die Ersetzungsmöglichkeiten aus § 255a StPO) Abs. 2 begrifflich auch eine bereits nach 247 StPOa StPO getrennt von den übrigen Verfahrensbeteiligten durchgeführte und aufgezeichnete Vernehmung aus der Hauptverhandlung erfaßt, da dort nur von einer *„frühere konservierte richterliche Vernehmungen* regelt“ die Rede ist. Innerhalb der Ersetzungsregelungen geht aber nach dem hier gewählten Ansatz, die Ersetzung weiterer Vernehmungen in der Hauptverhandlung der Durchführung weiterer Vernehmungen vor, so dass diese Alternative, der Ersetzung weiterer Vernehmungen durch eine Vernehmung nach § 247 StPOa StPO hier vernachlässigbar ist. Vgl. dazu auch HK-Julius § 255a StPO) Rn. 9.

weise nur eine Vernehmung ersetzen, die keine ergänzende Vernehmung wäre. Dies zeigt, dass es irreführend ist, in diesem Zusammenhang von einer „Ersetzung" der Vernehmung innerhalb von § 255a Abs. 1 S. 1 StPO zu sprechen, da der Begriff die Ersetzung aller Vernehmungen impliziert. Konsequenter wäre es deshalb gewesen, innerhalb von § 255a Abs. 2 S. 1 StPO nicht von „Ersetzung" zu sprechen, sondern bspw. klarstellend zu formulieren, dass an Stelle einer Vernehmung in der Hauptverhandlung die Bild-Tonaufzeichnung einer früheren ermittlungsrichterlichen Vernehmung vorgeführt werden darf.

Dass eine solche Klarstellung nicht vorgenommen wurde, eröffnet aber auch neue Spielräume für die Umsetzung des Regel-Ausnahmemodells, die nach den Möglichkeiten der weitgehendsten Ersetzung sucht: Da nicht explizit von der Ersetzung nur einer Vernehmung im Wortlaut die Rede ist, soll davon ausgegangen werden, dass der konservierten Erstvernehmung in § 255a Abs. 2 S. 1 StPO grundsätzlich eine präkludierende Wirkung bezüglich mindestens einer Vernehmung in der Hauptverhandlung zugestanden wird. Daraus ist die Prämisse ableitbar, dass die konservierte Erstvernehmung nicht nur eine, sondern damit auch mehrere Vernehmungen präkludieren und folglich auch die ergänzenden Vernehmungen – auch die nach § 247 a StPO – ersetzen kann, Unter Zugrundelegung dieser Prämisse lautet die Fragestellung innerhalb von § 255a StPO folglich: wie kann die konservierte Erstvernehmung die weiteren Vernehmungen in der Hauptverhandlung so ersetzen, dass auch ergänzende Vernehmungen nicht zum Regelfall werden und auf die erneute Vernehmung verzichtet werden kann?

Die tatbestandlichen Kriterien für eine solche Ersetzung liegen im Regelfall unproblematisch vor: Es ist lediglich darauf zu achten, dass eine Ersetzung nur möglich ist, wenn die Kinder zum Zeitpunkt der Hauptverhandlung die Altersgrenze von 16 Jahren noch nicht erreicht haben.[283] Ferner müssen die Mitwirkungsrechte des Beschuldigten und seines Verteidigers gewahrt sein, was nach der im letzten Kapitel aufgezeigten Vorgehensweise gesichert ist.[284] Zu achten ist lediglich darauf, dass die Benachrichtigung von den Erstvernehmungen an den Beschuldigten und seinen Verteidiger ging, da beiden die Gelegenheit gewährt werden muss, an der Vernehmung teilzunehmen.[285] Weitaus schwieriger als die Prü-

283 Zu berücksichtigen ist, dass der maßgebliche Zeitpunkt das Alter des Kindes zum Zeitpunkt der Vernehmung in der Hauptverhandlung ist, vgl. HK-Julius § 255a StPO. Zur Altersgrenze siehe auch §§ 241 StPO a, 247 StPO, und § 172 Nr. 4 GVG.

284 Wurden die Mitwirkungsrechte verletzt, so kann dennoch eine Verwertung der konservierten Erstvernehmung nach den Kriterien des § 251 Abs. 2 in Betracht gezogen werden, vgl. HK-Julius § 255a StPO Rn. 9. Zur Verlesung fehlerhafter richterlicher Verlesungsprotokolle nach § 251 II, vgl. HK-Julius § 251 Rn. 9.

285 Siehe dazu ausführlich im 4. Kapitel.

fung, ob diese Kriterien vorliegen, ist die Frage zu beantworten, welcher Maßstab konkret für die Ersetzung gelten soll, da sie lediglich als „kann-Regelung" ausgestaltet ist und damit auf den ersten Blick im tatrichterlichen Ermessen liegt.

Da im Folgenden aber die Möglichkeiten einer Ersetzung ausgelotet werden sollen, der ein Verzicht auf die erneute Vernehmung immanent ist, kann die Ersetzung nur in der Gesamtschau der Sätze 1 und 2 des § 255a Abs. 2 StPO bewertet werden. Als Konsequenz daraus ergeben sich innerhalb von § 255a StPO zwei unterschiedliche Maßstäbe für die Ermessensausübung: So richtet sich die Frage der Ersetzung einerseits nach dem eingeräumten tatrichterlichen Ermessensspielraum aus § 255a Abs. 2 S. 1 StPO iVm § 244 Abs. 2 StPO (kann-Regelung); andererseits gilt für die vollständige Ersetzung und damit den Verzicht auf die ergänzende Vernehmung nur dann ebenfalls der Maßstab der Amtsaufklärungspflicht (§ 244 Abs. 2 StPO), wenn kein Beweisantrag auf eine ergänzende Vernehmung gestellt wurde. Wurde hingegen ein solcher Antrag gestellt, greifen die Kriterien der Beweiserhebung aus § 244 Abs. 3 StPO und schränken im Einzelnen die Amtsaufklärungspflicht ein. Folglich stellt allein der Beweisantrag die Weichen dafür, welcher Maßstab an die Ersetzung anzulegen ist. Bei der Untersuchung der Ersetzungsmöglichkeiten i.S. des Regel-Ausnahmemodells ist daher zwischen der Vernehmungssituation mit und ohne Beweisantrag zu unterscheiden.

II. Ersetzungsmöglichkeiten ohne Beweisantrag

1. Inhalt des Aufklärungsgebots: umfassende Sachverhaltsaufklärung durch bestmöglichen Beweis

Im Interesse der Wahrheitsfindung und der Gerechtigkeit gebietet die Aufklärungspflicht dem Gericht eine „allumfassende Wahrheitserforschung"[286] Um dieser Anforderung gerecht zu werden, hat sich das erkennende Gericht um die im Einzelfall „bestmögliche Sachverhaltsaufklärung" zu bemühen.[287] Bei der Frage, inwieweit das Ausreichenlassen der konservierten Erstvernehmung diesen Anforderungen genügt, ist darauf abzustellen, inwieweit eine solche Surrogatsverwendung sich ebensogut zur Aufklärung eignet wie die Verwendung des Zeugen selbst.[288] Dies folgt aus dem Postulat der Aufklärungspflicht, derzufolge nur eine vollständige Ersetzung des Beweismittels, nicht aber eine Reduzierung des

286 Wessels, JuS 1969, S. 4.

287 Vgl. Geppert, 1978, S. 184; LR-Gollwitzer § 244 Rn. 49.

288 LR-Gollwitzer § 251 Rn. 2.

Beweises selbst in Kauf genommene werden kann.[289] In praktischer Hinsicht hilft dieses Kriterium freilich nicht weiter. Es wird sich niemals mit Sicherheit feststellen lassen, ob der ersatzweise Rückgriff auf die frühere Vernehmung ebensogut ist wie die nochmalige Zeugeneinvernahme in der Hauptverhandlung, denn infolge der Ersetzung fehlt gerade die Möglichkeit eines genauen gegenüberstellenden Vergleichs. Aufgrund dieser immer vorhandenen letzten Unsicherheit läge in all den Fällen, in denen das Gericht auf den originären Zeugen verzichtet, keine pflichtgemäße Ermessensausübung vor.[290] Das Ermessen wäre damit – wie im Verwaltungsrecht – auf Null reduziert[291], für eine wirklich freie Ermessensausübung durch das erkennende Gericht bliebe kein Raum.[292] Eine solche weitgehende Einschränkung der Freiheit des Richters in der Würdigung der Beweismittel geht aber zu weit. Vielmehr muss gerade umgekehrt aus der Freiheit des Richters, die Beweismittel zu würdigen, auch die Freiheit ihrer Wahl zur Beweisführung folgen. Schon daraus folgt, dass die postulierte Rangfolge, dass immer der originäre Beweis gegenüber dem mittelbaren vorzuziehen wäre, mit dem der in der richterlichen Forschungsfreiheit enthaltene Grundsatz der allumfassenden gerichtlichen Aufklärungspflicht des § 244 Abs. 2 StPO nicht vereinbar wäre.[293]

Obwohl der Beschluss des Gerichts, die konservierte Erstvernehmung ausreichen zu lassen, der Beschwerde nach § 305 StPO entzogen ist, könnte dennoch darin ein revisionsrechtlich relevanter Verstoß gegen die Aufklärungspflicht (§§ 244 Abs. 2 StPO, § 337 StPO) gesehen werden.[294]

1.1. Rangfolge der Beweismittel ?

Um daher in dieser Frage weiterzukommen, bedarf es der ergänzenden Heranziehung der vom Gesetzgeber selbst niedergelegten Hypothesen über die einzelnen Beweismittel. Hinter dem Prinzip des bestmöglichen Beweises, das sich schlagwortartig auch als „Vorrang des Personalbeweises vor dem Sachbeweis" bezeichnen läßt, verbirgt sich die Forderung, für die bestmögliche Sachaufklärung

289 LR-Gollwitzer § 244 Rn. 48; Wessels JuS 1969, S. 2; Sarstedt/Hamm, Revision, S. 203.

290 Vgl. BayOLG StV 1982, 412 (413)

291 Siehe dazu Erichsen/Martens, Allgemeines Verwaltungsrecht, 1997, S. 212 ff.

292 So wohl auch Geppert, 1978, S. 184; anders jedoch Löhr, 1972, S. 79 die die Erreichung umfassender Sachverhaltsaufklärung ausschließlich in das pflichtgemäße Ermessen des Richters stellen will.

293 Vgl. dazu auch am Beispiel des Beweis vom Hörensagen, Löhr, 1972, S. 79.

294 Vgl. Basdorf, StV 1996, S. 345, der konstatiert, dass nur 2% der Aufklärungsrügen erfolgreich sind und die Richter dennoch das stumpfe Damoklesschwert der Revision fürchten. Vgl. dazu ausführlich im 4. Kapitel.

das tat-[295] bzw. beweisthemanächste Beweismittel heranziehen zu müssen. Wenn sich das Gericht naturgemäß schon von der Tat selbst kein eigenes Bild machen kann, so dürfen zwischen Tat und Beweiserhebung keine weiteren als die unbedingt unerläßlichen Mittler geschaltet werden, die den Weg von dem Ausgangsgeschehen zur Wahrheitserforschung noch verlängern. Stets sind daher die originären Beweismittel zu verwenden.[296] Das sind im Hinblick auf die Erforschung des fraglichen Tatgeschehens ausschließlich die unmittelbaren Tatzeugen, niemals die jeweiligen Surrogate. Letztere leiten ihre Beweiskraft erst aus der Reproduktion des Ursprünglichen her und sind daher nur mittelbare, nicht im geforderten Sinne unmittelbare Beweismittel.[297] Gleichsam um den Mangel an eigener, unmittelbarer Wahrnehmung zu kompensieren, muss das Gericht also versuchen, buchstäblich nahe über das originäre Beweismittel, hier also den unmittelbaren (kindlichen) Tatzeugen, an das Beweisthema, hier das Tatgeschehen, heranzukommen. Dies ist der Grund dafür, warum das Tatgericht in die Lage versetzt werden soll, sich durch die eigene sinnliche Wahrnehmung von der jeweiligen Beweisperson und ihrem beobachtbaren Aussageverhalten einen umfassenden und persönlichen Eindruck machen zu können. Wenn es aber schon in Einzelfällen unvermeidlich ist, auf ein Beweissurrogat zurückgreifen zu müssen, so liegt auf der Hand, dass bei dem gewählten Vorgehen gewährleistet sein muss, dass es dem Gericht unbenommen bleibt, sich selbst von der sich sozusagen hinter dem Surrogat befindlichen Beweisperson einen eben solchen Eindruck machen zu können. Salopp formuliert könnte man bezogen auf die in der vorliegenden Untersuchung zum Schutz der Kinder anzustrebende Ersetzbarkeit der Vernehmung von Kindern sagen, dass gilt: So viel Ersetzbarkeit wie zum Schutz der Kinder nötig und so wenig Verlust an Unmittelbarkeit wie möglich. Fraglich ist, ob sich ein derartiger, in der Praxis infolge der Aufklärungspflicht immer an dem Konkreten

295 So die Formulierung von Löhr, 1972, S. 24, die sie im Weiteren ihrer eigenen Untersuchung zugrundelegt.

296 So die differenziertere Formulierung von *Geppert, 1978*, S. 166, die zugleich die korrektere ist, weil es nicht bei jeder Zeugen- oder auch Sachverständigeneinvernahme ausnahmslos um Beweiserhebungen zum unmittelbaren Tatgeschehen geht. Gleichwohl kann und soll diese Differenzierung zum besseren sprachlichen Verständnis im folgenden nicht zwingend eingehalten werden. Dessen bedarf es vorliegend auch aus inhaltlichen Gründen nicht. Die hier zugrundegelegte Beweissituation bezieht sich gerade darauf, dass die kindlichen Zeugen in ihrer Eigenschaft als unmittelbare Tatzeugen vernommen werden. Beweisthema ist somit die Tat selbst.

297 Geppert, 1978, S. 166; vgl. auch SK-StPO-Schlüchter, § 250, Rn. 1; LR-Gollwitzer, § 250, Rn. 1; KMR-Paulus, § 244, Rn. 187.

orientierter Programmsatz nicht auch derart verallgemeinern läßt, dass zwischen den einzelnen denkbaren Beweissurrogaten im Hinblick auf ihre abstrakte, jeweils bestmögliche Beweiseignung eine Rangordnung hergestellt wird.

Jedenfalls der Gesetzgeber scheint von einer Stufung der Beweissurrogate auszugehen. Dies zeigt sich darin, dass er die ersatzweise Verwendung von richterlichen Niederschriften an weniger strenge Voraussetzungen knüpft, als dies für alle übrigen Vernehmungsniederschriften, also namentlich solche von Polizei oder Staatsanwaltschaft bzw. Urkunden oder sonstigen schriftlichen Erklärungen des Zeugen der Fall ist, die nur nach § 251 Abs.2 StPO verlesbar sind. Noch weiter geht er sogar bei der richterlichen Bild-Tonaufzeichnung, deren Verwendung nach § 255a Abs. 2 S. 2 StPO gegenüber der Verwendung richterlicher Niederschriften noch weiter erleichtert wird. Gleichwohl findet sich darin noch keine direkte Bestätigung für ein gesetzliches Rangverhältnis im Hinblick auf die potentielle Beweiseignung bestimmter Beweismittelarten und deren Beweisqualität. Zwar wird auf den ersten Blick in § 255a Abs. 2 StPO eine Präferenz der Bild-Tonaufzeichnung gegenüber den Urkundenbeweisregelungen formuliert. Sie relativiert sich aber sofort in Anbetracht der Möglichkeit, dass eine ergänzende Vernehmung daneben zulässig ist, die darüber hinaus nicht zwingend per Bild-Tonübertragung nach § 247 a StPO erfolgen soll. Bild-Tonaufzeichnungen sind damit – als Ausnahme vom Verwertungsverbot § 250 StPO – nach § 255a StPO) zwar grundsätzlich als Beweissurrogate anerkannt, ihr beweisrechtlicher Stellenwert innerhalb der Rangordnung der Beweismittel aber weiter unklar. Dass der Gesetzgeber überhaupt eine solche Rangordnung formulieren wollte, scheint angesichts der gewählten Systematik aber zweifelhaft. Zwar läßt sich aus der erleichterten Verwertungsmöglichkeit auf den ersten Blick der Schluss ziehen, dass ihr damit ein hoher Beweiswert zuerkannt wird, andererseits zeigt aber § 255 a Abs. 1, dass die Bild-Tonaufzeichnung lediglich den Urkundenbeweisregelungen gleichgestellt werden sollte[298], diese Erleichterung aber nur ausnahmsweise eine darüber hinausgehende erleichterte Verwertungsmöglichkeit gegenüber den Urkundenregelungen für eine kleine Zeugengruppe – zu deren Schutz – darstellt. Werden die Verwertungskriterien im übrigen verletzt, so kann die Bild-Tonaufzeichnung dennoch nach den Urkundenbeweisregelungen erfolgen.[299] Daraus folgt, dass es für die vom Gesetzgeber vorgenommene Stufung der Beweismittel nicht darauf ankommen kann, auf welche Art und Weise die Aussage dokumentiert wird, diese also nicht der Grund für die Stufung der Beweismittel sein kann.

298 BT-Drs. 13/4983, S. 4, 10.

299 Vgl. HK-Julius § 255a StPO) Rn. 9.

Gleichwohl kann dennoch eine Rangfolge der Beweismittel bestehen. So wird nach einhelliger Auffassung richterlichen Protokollen ein besonderes Vertrauen entgegengebracht[300] Inwieweit dies angebracht und namentlich die Unterscheidung zu solchen staatsanwaltlichen Protokollen, die den Anforderungen der §§ 168 StPO ff. genügen, auch gerechtfertigt ist, bedarf hier keiner näheren Erörterung. Nur dies sei dazu festgestellt: Sinnvoll wäre eine derartige Unterscheidung mit Blick auf den Sinn und Zweck der Ersetzbarkeit nur dann, wenn der Anwendungsbereich des § 255a StPO) auf diejenigen richterlichen Bild-Tonaufzeichnungen begrenzt wäre, die in dem konkret anstehenden Strafverfahren aufgenommen worden sind. Denn dann ließe sich diese Differenzierung unmittelbar aus dem Zweck der jeweils zugrundeliegenden Vernehmung herleiten.[301]

Ein Blick auf § 255a) StPO zeigt, dass der Gesetzgeber mit der unterschiedlichen Fassung der §255a Abs. 1 und Abs. 2 StPO eine abstrakte Wertung bezüglich der inhaltlichen Beweiseignung der verschiedenen Surrogate vorgenommen hat, die aber durch die Möglichkeit der ergänzenden Vernehmung stark relativiert wird und damit nicht klar das Surrogat der Vernehmung über die erneute Vernehmung stellt. Ferner scheinen durch die Festlegung der richterlichen Bild-Tonaufzeichnung als Surrogat den Richtern generell größere vernehmungspsychologische Fähigkeiten zugesprochen zu werden als etwa den Staatsanwälten oder Polizeibeamten.[302]. Es handelt sich bei der erleichterten Verwertbarkeit von richterlichen Bild-Tonaufzeichnungen offenbar allein um die „institutionell gerechtfertigte"[303] Zuerkennung eines – hier noch gar nicht interessierenden – höheren Beweiswertes richterlicher Protokolle. In jedem Falle bleibt es dabei, dass sich die Frage, ob und inwieweit sich das jeweils zur Verfügung stehende Beweismittel für die Ersetzung der Zeugenaussage eignet, nur für den Einzelfall beantworten läßt, indem das Tatgericht seiner Aufklärungspflicht nachkommt und eben dies überprüft. Damit ist über die Tragfähigkeit der These von der Existenz einer Rangordnung der Beweissurrogate natürlich immer noch gar nichts besagt. Sie steht nach wie vor weder falsifiziert noch verifiziert im Raume.

300 LR-Gollwitzer § 251 Rn. 6.

301 Die Verwertung von anderen richterlichen Bild-Ton-Aufzeichnung aus anderen Verfahren ist nicht explizit ausgeschlossen. § 58 Abs. 2 StPO betrifft nur die Kriterien für eine weitere Verwendung zum Zwecke der Strafverfolgung allgemein.

302 Gegen die Annahme eine Qualitätsunterschieds der Protokolle wegen sprachlicher Gründe auch Geppert, 1978, S. 170; vgl. auch BVerfGE 51, 250 (281) – im Zusammenhang mit der Überprüfung der Verfassungsgemäßheit des § 251 Abs. 2 StPO: „Ein generelles Mißtrauen gegenüber dem Beweiswert von Polizeiprotokollen ist im Staat des Grundgesetzes nicht gerechtfertigt". Vgl. dazu bereits 2. Kapitel 1. Schritt.

303 Eisenberg, NStZ 1988, S. 488.

1.2. Ermittlungsrichterliche Bild-Tonaufzeichnungen als qualitativ beste Surrogate

Es sei nochmals darauf hingewiesen, dass die tatsächlich bessere Beweiseignung von Bild-Tonaufzeichnungen ganz entscheidend von der äußerst variablen Vorgehensweise der jeweiligen Verhörsperson abhängt.[304] Wird die Vernehmung entsprechend einfühlsam und professionell nach den im vorigen Abschnitt aufgestellten Kriterien getrennt von den übrigen Verfahrensbeteiligten durchgeführt, sind äußere Belastungsfaktoren bei der Vernehmung weitestgehend ausgeschaltet und die Aussage gewinnt an Beweiswert hinzu, da die Belastungsfaktoren bei der Würdigung nicht mehr herauszufiltern sind. Führt man sich vor Augen, dass solche Aufzeichnungen, immer unter der Voraussetzung, dass sie sich auf die gesamte Vernehmungsdauer erstrecken, ein originalgetreues akustisches, bei Videos darüber hinaus auch optisches Abbild von der Aussage des Zeugen vermitteln (und zwar nicht nur ihrem wortgetreuen Inhalt nach, sondern auch in bezug auf die Sprechweise im Hinblick auf Lautstärke, Tonfall, Pausen, Zögern und gegebenenfalls sogar der Mimik und Gestik), sind sie einem normalen Vernehmungsprotokoll in jeder Hinsicht überlegen.[305]

304 Daneben darf jedoch nicht in Vergessenheit geraten, dass die Verwendung einer Video- oder auch Tonbandaufzeichnung gegenüber der alleinigen Verlesung eines „normalen" Protokolls nur dann von Vorteil ist, wenn sie in ihrem Informationsgehalt über das Protokoll selbst hinausgeht. Schon das Protokoll selbst muß das Ergebnis der Untersuchung beurkunden und ein wahrheitsgetreues, vollständiges Bild von der Vernehmung abgeben. Insbesondere muß es die Äußerung des Zeugen sowie die Art und Weise ihres Zustandekommens unverfälscht wiedergeben und deutlich machen, ob etwa der Zeuge spontan oder nur zögerlich geantwortet hat. Demzufolge kann auch das Abspielen einer Videoaufnahme nur dann noch weitere, über den bloßen Inhalt eines Protokolls mitsamt der darin enthaltenen Vermerke hinausgehende Informationen vermitteln, wenn die Vernehmung in ihrer Gesamtheit aufgezeichnet worden ist und auch das „Aufwärmgespräch" miterfaßt ist. Dies ist in § 58 StPO a Abs. 2 zwar nicht explizit so benannt, nach teleologischer Auslegung erfaßt sie aber auch diese Zusatzinformationen, vgl. dazu auch Zschockelt/Wegner, NstZ 1996, S. 309.

305 Bohlander, ZStW 107 (1995), S. 92 ff.; In den Untersuchungen von Davies, 1992 und Moston, 1990, wurde auf diese Fragestellung nicht eingegangen, da im Mittelpunkt des Interesses bei der erstgenannten Untersuchung die Frage der Belastungsreduzierung, bei der letztgenannten der Einfluß auf die Glaubwürdigkeitsbeurteilung durch die Richter lag. Auch bei der von Albrecht, 1995, S. 28 zitierten Untersuchung von Tedesco et al (Child Abuse and Neglect 11 (1987), S. 267 ff.) steht der Vergleich der Videosimultanvernehmung mit der herkömmlichen, im amerikanischen Raum durch Kreuzverhör gekennzeichneten, Vernehmung im Vordergrund. – Die Kritiker der Bild-Ton-Aufzeichnung wenden hiergegen ein, dass man von einer wirklichen Eignung eines Video- oder Tonbandes, dem erkennenden Gericht einen weitestgehend „naturgetreuen" Eindruck vom Aussageverhalten des Kindes zu vermitteln, natürlich nur dann sprechen kann, wenn auszuschließen sei, dass Kinder

1.2.1. Beweiseignung und Normzweck des § 255a StPO)

Nun war die Argumentation bislang allerdings auch lediglich auf den Regelungsgehalt des § 255a StPO selbst beschränkt geblieben und zudem vergleichsweise formalistisch geführt worden. Möglicherweise lassen sich aber weitergehende Erkenntnisse gewinnen, wenn gleichsam mit einem „Blick hinter die Kulissen" nun auch der Normzweck des § 255 StPO in die Überlegungen mit einbezogen wird. Bei genauerer Betrachtungsweise enthält § 255a StPO zwei Regelungskomplexe mit unterschiedlicher Zielrichtung. In § 255 a Abs. 1 StPO werden die Bild-Tonaufzeichnungen mit Protokollen im Ermittlungsverfahren grundsätzlich gleichstellt. Bild-Tonaufzeichnungen können demnach immer dann vorgeführt werden, wenn entsprechende Niederschriften nach § 251 StPO, 253 StPO verlesen werden dürfen. Ein direkter Bezug zu Zeugenschutzmaßnahmen besteht nicht. Vielmehr stehen, wie bei den § 251, 253 StPO Gesichtspunkte der Verfahrensbeschleunigung und Beweissicherung im Vordergrund.[306] § 255 a Abs. 1 trägt gewissermaßen den technischen Möglichkeiten und dem sich daraus unter Umständen ergebenden größeren Beweiswert gegenüber der nur schriftliche Fixierung einer Aussage Rechnung.[307] Damit ist er als eine Art Ergänzung der § 251, 253 StPO zu sehen, die letztlich auf Zweckmäßigkeitserwägungen beruhen.[308] Der eigentliche Opfer- und Zeugenschutz ist Gegenstand von § 255 a Abs. 2 StPO, der unabhängig von § 255 a Abs. 1 StPO und den darin genannten Vorschriften eigenständige Voraussetzungen für die Vorführung einer Bild-Ton-Aufzeichnung enthält. Zweck des § 255 a Abs. 2 StPO ist es, kindliche Zeugen durch den Einsatz moderner Technik gegebenenfalls vor erheblichen, der Wahrheitsfindung mögli-

durch die Verwendung der Technologie in ihrem Verhalten so beeinflußt oder gehemmt werden, dass sie eben gerade kein „natürliches" Aussageverhalten mehr an den Tag legen. Andernfalls wäre zu befürchten, dass der durch die Aufnahme vermittelte Eindruck nicht ein weitestgehend originalgetreuer, sondern ein im starken Maße verzerrter und somit das Videoband ein unzuverlässiges Beweismittel sei. Die Verwendung einer solchen Tonband- oder Videoaufzeichnung wäre dann der Wahrheitsfindung nicht dienlich, sondern würde diese schlimmstenfalls sogar verhindern. Ob eine solche Gefahr allerdings tatsächlich besteht, ist soweit ersichtlich, bislang kaum empirisch überprüft worden. Vgl. zur Kritik vor allem Arntzen, ZRP 1995, S. 241 StPO, der bei der Verwendung von Videotechnologien von einer zusätzlichen Hemmung der Zeugen ausgeht. Dabei beruft er sich aber lediglich auf die von ihm als Aussagepsychologen gewonnenen Erfahrungen, ohne nähere Angaben über die Art und das Ausmaß dieser Hemmungen zu machen. Zur Frage der prinzipiell gleichen Beweiseignung von polizeilichen und richterlichen Protokollen, vgl. ferner V.2.2.

306 Vgl. KK-Mayr § 251 Rn. 1.

307 BT-Drs. 1313/4983, S. 8.

308 Vgl. auch KK-Diemer § 255a StPO) Rn. 3.

cherweise abträglichen Belastungen und Schädigungen zu bewahren, die ihnen durch mehrfache Vernehmungen in der Hauptverhandlung unter den Augen der Verfahrensbeteiligten entstehen können.[309] Wegen des von dieser Regelung erhofften Schutzes für spezielle kindliche Zeugen hat der Gesetzgeber ursprüngliche Bedenken im Hinblick auf die Verfahrensrechte letztendlich explizit zurückgestellt. Der Schutz des § 255 a Abs. 2 StPO knüpft ferner an die spezifische Auswirkung der in § 255 a Abs. 2 StPO genannten Delikte auf den Zeugen an. So soll u.a. berücksichtigt werden, dass gerade bei Straftaten gegen die sexuelle Selbstbestimmung Kinder noch Jahre danach an der Tat leiden und oftmals schwer traumatisiert sind. Die Möglichkeit der Ersetzung aus § 255a Abs. 2 StPO soll gerade dies berücksichtigen. Vor diesem Hintergrund ist es auch möglich, der konservierten Erstvernehmung zwingend einen höheren Beweiswert zuzuerkennen, denn nur die Ersetzung der Vernehmung schließt mit Sicherheit die Gefahr einer sekundären Viktimisierung aus, die gerade den Beweiswert einer erneuten Vernehmung beeinträchtigen würde. Sinn und Zweck des § 255a StPO ist es folglich, Situationen entgegentreten zu können, die bei einer starren Fortgeltung des Unmittelbarkeitsgrundsatzes für den Fortgang des Verfahrens – aus opferzeugenschützenden Erwägungen heraus – untragbar wären. Dabei erklärt es sich aus dem Charakter des § 255a StPO als einer Ausnahmevorschrift zu § 250 StPO und mithin wiederum aus dem Sinn und Zweck des § 250 StPO selbst, dass das bestgeeignete Beweissurrogat dasjenige sein muss, welches im obigen Sinne dem originären Beweis am nächsten ist und somit Gewähr für die originalgetreueste Reproduktion bietet. Dass diese Eigenschaft bei Vernehmungen von Opferzeugen unter 16 Jahren vor allem deren konservierter Erstvernehmung zugeschrieben wird, zeigt bereits die Systematik des § 255a StPO. So wird der konservierten Erstvernehmung in diesen Fällen klar ein höherer Beweiswert zuerkannt, da ihre Verwertungs- und Ersetzungsmöglichkeiten im Vergleich zu den Urkundenbeweisregelungen weiter gefasst sind. Es reicht bereits aus, dass der Verteidiger und der Angeklagte Gelegenheit hatten, an der Vernehmung mitzuwirken. Zweck dieser Höherbewertung des Beweiswerts bzw. einer klaren Stufung der Beweismittel zugunsten der Bild-Tonaufzeichnung war ihre Statusaufwertung als Beweissurrogat. Dass aus dem Normzweck aber noch keine Höherbewertung im Vergleich zur unmittelbaren Vernehmung ableitbar ist, zeigt, § 255a Abs. 2 StPO, der die erneute Vernehmung für zulässig erklärt. Hier soll ein Blick in die aussagepsychologischen Kriterien zur Bewertung des Beweiswert von konservierten Erstvernehmungen weiterhelfen.

309 Vgl. BT-Drs. 13/4983, S. 4.

1.2.2. Beweiseignung der konservierten Erstvernehmung und aussagepsychologische Kriterien

Innerhalb der aussagepsychologischen Forschung ist die Videotechnologie etwa im Rahmen der experimentellen Beobachtung statt eines Einwegspiegels oder für das Aufzeichnen von Therapiegesprächen zum Zwecke einer späteren Nachbesprechung, gegebenenfalls auch bei einer Supervision seit langem schon an der Tagesordnung. Dementsprechend liegen umfangreiche Untersuchungen vor.[310]

Sie konstatieren im Rahmen der Videoaufzeichnung auch Verhaltensmuster der Aufgenommenen, die sich negativ auf den Beweiswert auswirken können: so zeigten die Probanden beispielsweise in verstärktem Maße sozial erwünschte Verhaltensweisen, oder waren angesichts des Bewusstseins aufgenommen zu werden, gehemmt, so dass sie sich weniger umfangreich äußerten, insbesondere wenn sie aufgefordert worden waren, persönliche Details zu berichten. Auch wurde eine gesteigerte Nervosität registriert, die sich etwa in der Häufung von Verlegenheitsgesten oder Störungen im Bewegungsablauf zeigte.[311] Auf der anderen Seite handelte es sich hierbei aber um solche Störeffekte, wie sie auch immer wieder bei einer *direkten* Beobachtung festgestellt wurden – einer Situation also, die jener des unter den Augen von Verhörsperson und weiteren Prozessbeteiligten aussagenden Zeugen in vielerlei Hinsicht ähnelt. Da die genannten Störeffekte offenbar nicht größer waren als bei einer vergleichbaren direkten Beobachtung, sprechen diese Ergebnisse letzten Endes nicht gegen die bessere Beweisqualität der Bild-Tonaufzeichnung. Dies gilt um so mehr, wenn man berücksichtigt, dass schon die Vernehmungssituation als solche ihrerseits geeignet ist, derartige psychologische Effekte hervorzurufen.[312]

Gewichtiger als die Gefahr, dass solche Hemmungen hervorgerufen werden, ist aber der von *Arntzen*[313] vorgebrachte Einwand, die Kinder würden zum Teil befürchten, ihre nun dokumentierte Aussage würde so auch anderen Personen zugänglich gemacht. Wenn nämlich das Kind seine „Befürchtung" in einer Form geäußert hat, die erkennen läßt, dass es keinesfalls damit einverstanden ist, dass die Aufzeichnung jemandem zugänglich gemacht wird, kann die Möglichkeit, auch ohne das Einverständnis des Kindes die Aufzeichnung anzufertigen und zu

310 Hierzu und zum Folgenden siehe Mittenecker, 1987, hier vor allem S. 24 ff.

311 Vgl. Mittenecker, S. 24 f. mit zahlreichen Nachweisen über Untersuchungen aus dem amerikanischen Raum bereits aus den 70er Jahren.

312 Schließlich ist man gerade deshalb, weil dies in besonderem Maße für die Hauptverhandlung gilt, auch im Ausland bemüht, durch die Verwendung von Videoaufzeichnungen den Kindern die Vernehmung dort zu ersparen, vgl. den Überblick bei Spencer, Journal of Criminal law 1987, S. 450 ff. und Übersicht im Gutachten von Albrecht, 1993, S. 9 ff.

verwerten, demnach auch den Beweiswert der Videoaufzeichnung beeinträchtigen. Vor dem Hintergrund, dass die Mitwirkung an einem Glaubwürdigkeitsgutachten freiwillig ist[314], versteht sich eigentlich von selbst, dass Aufzeichnung und -verwertung nicht gegen den Willen des Zeugen erfolgen kann.[315] Dennoch ermöglicht die Neuregelung beides unabhängig von einem solchen Einwilligungsvorbehalt. Dies bedeutet aber nicht, dass sie heimlich angefertigt werden können, um die befürchteten Hemmungen des Kindes gar nicht erst auftreten zu lassen. Bei einem erwachsenen Zeugen würde ein solches Vorgehen fraglos als ein Verstoß gegen das Persönlichkeitsrecht eindeutig abzulehnen sein[316] und auch für ein Kind kann hier in seiner Eigenschaft als Träger des gleichen Rechtsguts nichts anderes gelten. Selbst wenn es sich um noch sehr junge Kinder handelt, die weder die Tragweite ihrer Aussage als solcher noch die Bedeutung der Verwendungsmöglichkeiten einer Tonband- oder Videoaufzeichnung erfassen können, rechtfertigen reine Zweckmäßigkeitserwägungen nicht das heimliche Anfertigen einer solchen. Es ist zum einen bei einem – immerhin schon vernehmungsfähigen – Kind gar nicht notwendig, darauf zu verzichten, das Gerät sichtbar aufzustellen. Kinder sind von Natur aus neugierig und wollen sich z.B. im Raum umsehen, so dass nicht einzusehen ist, warum ihnen nicht erklärt werden könnte oder sollte, was es mit einem solchen Gerät auf sich hat und was damit gemacht wird.[317] Darüber hinaus genießen aber selbstverständlich auch Kinder im vollen Umfang den Schutz des Persönlichkeitsrechtes, so dass ihre Aussage genauso wenig wie die von Erwachsenen heimlich aufgezeichnet werden darf. Die Bild-Aufzeichnung ohne Einwilligung verletzt ihr Recht auf informationelle Selbstbestimmung und das Recht eines eigenen Bilds.[318] Zwar macht dies noch nicht unbedingt ein ausdrückliches Einverständnis des Minderjährigen bzw. seines gesetzlichen Vertre-

313 Arntzen, ZRP 1995, S. 241 StPO.

314 Eisenberg, Beweisrecht 1996, Rn. 1867;

315 Die Neuregelung des § 58 StPO a) erfordert für die Aufzeichnung keine Zustimmung der Zeugen. Zur ähnlichen Problematik bei Vernehmungsprotokollen und Tonbandaufzeichnungen, vgl. AK-StPO-Achenbach, §§ 168–168b, Rn. 3. Ebenso auch der Deutsche Richterbund, Gutachten 1995, S. 24.

316 So mit allem Nachdruck schon Henkel, JZ 1957, S. 50, vgl. auch AK-StPO-Achenbach, §§ 168–168b, Rn. 3 m.w.N.

317 Vgl. auch Fegert, 1993, S. 29, 30, der ausdrücklich fordert, auch beim Einsatz dieser Technologien in der Glaubwürdigkeitsbegutachtung die Kinder über das beabsichtigte Vorgehen aufzuklären. Vgl. auch Zschockelt/ Wegner, NStZ 1996, S. 308 und Meier, RdJB 1996, II 2 S. 455 und zuletzt Oberlies/Nelles, 1998, S. 10, die im übrigen auch ein Zustimmungserfordernis des Kindes fordern. Für eine bessere Information im Ergebnis auch Mildenberger, 1995, S. 145, die allerdings die Aufzeichnung ohne den Willen des Zeugen für zulässig hält, solange sie nicht heimlich erfolgt und damit das Einverständnis auch für entbehrlich hält, aaO S. 146 f.

ters erforderlich, weil die bloße Bildaufzeichnung wohl noch unterhalb der Schwelle des § 81c Abs. 1 2.HS liegt, wonach gegebenenfalls zur Erforschung der Wahrheit auch ohne Einwilligung der betroffenen Person untersucht werden darf, ob sich an ihrem Körper eine Spur oder Folge einer Straftat findet.[319] Doch liegt der wesentliche Unterschied darin, dass § 81c den Staat zu solchen Handlungsweisen ausdrücklich ermächtigt, wohingegen sich für die Videoaufnahme von Zeugenaussagen nur sagen läßt, sie sei nicht explizit verboten. Mangels einer entsprechenden Rechts- oder genauer Ermächtigungsgrundlage wird man hier aber von einem Widerspruchsrecht[320] des Zeugen bzw. einem Zustimmungserfordernis auszugehen haben.[321]

Zudem ist auch zu berücksichtigten, dass für die Beweiseignung einer Videoaufzeichnung und erst recht für den Opferzeugenschutz nichts gewonnen wäre, wenn ein Kind gegen seinen Willen gezwungen würde, die Aufnahme zu dulden. Dass es unter solchen Vernehmungsbedingungen zu einer qualitativ besseren Aussage kommen könnte als in der Hauptverhandlung, wäre unter diesen Umständen zu bezweifeln. Demzufolge wäre es auch nicht sinnvoll, hier infolge der

318 Vgl. dazu auch Meier, RdJB 1996, S. 455 f.

319 Vgl. Deutscher Richterbund, Gutachten, 1995, S. 23. Zu berücksichtigen ist, dass auch eine nach § 80 Abs. 2 StPO zulässige Vernehmung im Beisein eines Sachverständigen, der die Glaubwürdigkeit des Zeugen beurteilt, ohne dass dieser damit einverstanden ist, einen noch stärkeren Eingriff in das Persönlichkeitsrecht des Kindes darstellen würde, da hier gleichzeitig eine Exploration erfolgt.

320 Deutscher Richterbund, Gutachten, S. 24; DJB, STREIT 1995, S. 110. Zu diesem Problem siehe Junger, STREIT 1985, S. 7 und Böttcher, FS-Kleinknecht, 1985, S. 32 f.; vgl. auch den Regelungsvorschlag des DAV der einen § 168e StPO StPO, wonach die richterliche Vernehmung von Zeugen, die die Verletzten einer Straftat gegen die sexuelle Selbstbestimmung sind, in Ton und Bild aufzuzeichnen ist, jedoch der Verletzte der Bildaufzeichnung widersprechen kann.

321 Wie hier auch Zschockelt/ Wegner, NStZ 1996, S. 308. Vgl. in diesem Zusammenhang auch die Polizeidienstverordnung PDV 382, Ziff. 3.6.12 (zit. nach Richter, der Kriminalist 1990, S. 360) wonach für eine Aufzeichnung mit Ton- und Bildaufzeichnungsgeräten die Einwilligung der betroffenen Minderjährigen und ihrer Erziehungsberechtigten erforderlich ist. – Anderer Ansicht sind jedoch Mildenberger, 1995, S 147 und Meier, RdJB 1996, S. 456 die gem. § 24 KunstUrhG die Aufzeichnung des Videobandes für zulässig halten, da seine Verwendung den im Sinne der Vorschrift den „Zwecken der Rechtspflege" diene. Dem ist jedoch nicht zu folgen. Es handelt es sich nach bei § 24 KunstUrhG keinesfalls um eine spezielle Ermächtigungsgrundlage, die dem Staat die Befugnis verleiht, Zeugenvernehmungen auf Video aufzuzeichnen. Dies ergibt sich im übrigen auch e contrario auch aus einem Vergleich zu § 81 b StPO, der die Anfertigung von Lichtbildem von dem Beschuldigten gegen seinen Willen ausdrücklich regelt. Vgl. um Ganzen auch DJB, STREIT 1995, S. 110, sowie Zschockelt/Wegner, NStZ 1996, S. 308.

den Minderjährigen fehlenden Geschäfts- und Prozessfähigkeit allein auf eine entsprechende Erklärung des gesetzlichen Vertreters abzustellen, sondern es ist gerade auch der tatsächliche Wille des Kindes, der hier zweckmäßigerweise Beachtung finden muss.[322] Sind die Beweise erst einmal (rechtmäßig) erhoben worden, so entscheidet über deren Verwertung grundsätzlich allein das Gericht. Auf eine Zustimmung des Zeugen zur Verwendung einer Tonband- oder Videoaufzeichnung kommt es daher genauso wenig an wie bei der Verlesung einer Vernehmungsniederschrift. Lediglich wenn sich der Zeuge auf ein Zeugnisverweigerungsrecht beruft, kann dies der Verwertung der Aufzeichnung in der Hauptverhandlung gem. § 252 StPO entgegenstehen. [323]

Trotz der erhobenen Bedenken bestehen daher insgesamt auch aus aussagepsychologischer Sicht an der Eignung der ersatzweisen Verwendung von Tonband- oder Videoaufzeichnungen, die von Vernehmungen im Ermittlungsverfahren gemacht worden sind, keine Zweifel. Im Ergebnis wird man insgesamt davon ausgehen können, dass Ton- und in noch stärkerem Maße Videobänder am besten geeignet sind, dem Tatgericht einen – von den Eindrücken der Verhörsperson unverfälschten – persönlichen Eindruck von dem Inhalt der Aussage und dem Aussageverhalten des Zeugen zu vermitteln.[324] Demnach liegt es besonders nahe, bevorzugt Videos und notfalls auch Tonbänder über die Vernehmung als Beweissurrogate zu verwenden.[325]

Zu berücksichtigen ist, dass bei Kindern früh die Verdrängungsmechanismen einsetzten und damit die Gefahren von retrospektiven Wahrnehmungsveränderungen und grundsätzlichen Erinnerungsverlusten zum Zeitpunkt der Hauptverhandlung sehr groß sind.[326] Hinzu kommt, dass sich Scham- und Schuldgefühle mit größerem Abstand zur Tat häufig verstärken und ebenfalls zu einer erhöhten Anfälligkeit von Suggestiveinflüssen führen.[327] Ebenso verstärken sich die Gefahren von Loyalitätskonflikten mit dem Täter, da die Kinder seinem un-

322 Vorzugswürdig wäre daher der Vorschlag des Deutschen Juristinnenbundes, 1995, Streit, S. 110 gewesen, ebenso wie bei einem Zeugnisverweigerungsrecht entsprechend dem Vorbild des § 52 Abs. 2 StPO auf die Aussagebereitschaft des Kindes und, bei noch nicht ausreichend verstandesreifen Kindern, zusätzlich auf die Zustimmung des gesetzlichen Vertreters abzustellen.

323 Vgl. dazu ausführlich unter 2. Kapitel, Zweiter Schritt, II, 2.3.

324 Vgl. vor allem Bericht von Köhnken, StV 1996, S. 376.

325 Vgl. *Bohlander,* ZStW 107 (1995), S. 109 f. und 111; *Mildenberger,* S. 195 f. und 256 f., die hier allerdings Beweisqualität und formale Beweisnähe des Surrogats nicht voneinander trennt; ganz allgemein dazu, nicht nur in bezug auf den Schutz von Kindern, auch Gössel, DJT 1994, Gutachten C, S. 59.

326 Vgl. 2. Kapitel III, 2.2.b).

327 Vgl. auch Höfer et al, in: Greuel/Fabian/Stadler (Hrsg.), 1997. S. 165–176.

mittelbaren oder mittelbaren Einfluss lange ausgesetzt waren oder noch sind.[328] Wichtigste Zielsetzung ist daher eine möglichst frühzeitige Vernehmung, die diese Gefahren der Erinnerungsverluste, Suggestionen und Verdrängungsmechanismen weitestgehend gering hält. Eine konservierte Erstvernehmung ist damit schon allein aufgrund des zeitlichen Faktors einer erneuten Vernehmung in der Hauptverhandlung im Beweiswert überlegen, da diese im Regelfall erst nach ein bis zwei Jahren erfolgt.[329] Dort sind diese den Beweiswert der Vernehmung reduzierenden Faktoren nicht mehr zu kompensieren.

Zu berücksichtigen ist ferner, dass ohne eine therapeutische Aufarbeitung diesen Gefahren nicht begegnet werden kann. Ihr steht jedoch die bisherige Rechtsprechung zur Glaubhaftigkeitsbeurteilung von Kindern entgegen[330], die darin die Gefahr von Beeinflussung sieht und in Fällen therapeutischer Aufarbeitung der Aussage einen geringeren Beweiswert beimisst. Sie stellt auch sehr hohe Anforderungen an die Entstehungsgeschichte der Aussage, d.h. das Umfeld und die Einflussnahmen auf das Kind müssen belegt werden.[331] Diese Handlungsabläufe sind nach dem langen Zeitraum, der zwischen der Tat und der erneuten Vernehmung in der Hauptverhandlung liegt, jedoch nicht mehr rekonstruierbar. Damit ergibt sich direkt aus der Rechtsprechung ein weiteres Argument für den höheren Beweiswert einer frühzeitigen konservierten Vernehmung.

1.2.3. Ergebnis

Die Bild-Tonaufzeichnung ist grundsätzlich im Beweiswert den herkömmlichen Vernehmungsprotokollen überlegen, da sie über die Verlesbarkeit hinaus das Tatgericht befähigt, den Beweis sinnlich wahrzunehmen. Ihre besondere Beweisqualität bei der Vernehmung von Opferzeugen zeigt sich in der Neuregelung des § 255a Abs. 2 S. 1 StPO, der sie innerhalb der Verwertungsmöglichkeiten nicht nur den Urkundenbeweisregelungen gleichstellt, sondern darüber hinaus auch neue Surrogatsmöglichkeiten eröffnet. Damit wird gerade in Fällen, in denen es auf die besonders sensible Wahrnehmung der Eindrücke von Zeugen ankommt, der Bild-Tonaufzeichnung ein Vorrang gegenüber einer erneuten Vernehmung eingeräumt und damit klargestellt, dass bei kindlichen Opferzeugen die konservierte Erstvernehmung das bestmögliche Beweismittel darstellt. Der Normzweck

328 siehe Greuel, in: Greuel/Fabian/Stadler (Hrsg.), 1997, S. 211–220.

329 Entspricht dem durchschnittlichen Wartezeitraum, auf die Hauptverhandlung, vgl. Volbert/Busse, 1996, S. 13.

330 Vgl. BGH Beschl. Vom 16.5.1996 in NJW 1996, S. 208.

331 Zur Dokumentation der Entstehungsgeschichte der Aussage, vgl. BGH Beschl. v. 17.2.1994-1 StR 723/93 = StV 1994, S. 227; BGH, Beschl. v. 16.5.1995-4 StR 237/95 = StV 1995, S. 451.

der Regelung, Vernehmungen durch die Bild-Tonaufzeichnung zu ersetzen, zeigt damit eine neue Stufung der Beweismittel auf, die auch bei der Frage der erneuten Vernehmung des Kindes zu berücksichtigen ist. Wie die Ergebnisse der aussagepsychologischen Forschung belegen, kommt einer getrennt durchgeführten konservierten Erstvernehmung gegenüber jeder weiteren Vernehmung ein höherer Beweiswert zu. Da sie – Idealbedingungen vorausgesetzt – möglichst tatnah und belastungsfrei erfolgt, sind die Erinnerungslücken, Verdrängungs- und Suggestivgefahren noch am geringsten, was den Beweiswert gegenüber jeder weiteren späteren Vernehmung erhöht. Inwieweit dies im Kontext der Aufklärungspflicht eine Ersetzung der erneuten Vernehmung rechtfertigen kann, ist damit aber noch nicht beantwortet.

2. *Aufklärungsermessen und Beweiserhebungsumfang: Beweiswertprüfung und rechtliche Grenzen*

Beweisrechtlich offengeblieben ist nach wie vor, ob das Gericht im Rahmen der Aufklärungspflicht aus § 244 Abs. 2 StPO den Beweisumfang so weit einschränken kann, dass es auf die Heranziehung des Kindes als präsentes Beweismittel verzichten kann.

Zunächst ist festzustellen, dass sich die Pflicht zur Heranziehung des unmittelbaren Wahrnehmungszeugen für das Gericht aus der grundlegenden Vorschrift des § 244 Abs. 2 StPO ergibt. Die darin zum Ausdruck kommende Pflicht zur Wahrheitserforschung besagt, dass das Gericht *„zwecks Gewinnung einer vollen Überzeugung alle verfügbaren und zulässigen Beweismittel auszunutzen hat, um bestehende Zweifel zu beseitigen oder um zu noch besseren und sicheren Ergebnissen zu gelangen, auch wo das bisher Ermittelte schon auszureichen scheint"*.[332] Demnach liegt der Beweiserhebung zwar das teleologisch ausgerichtete Ziel der bestmöglichen Erforschung der materiellen Wahrheit zugrunde, was aber nicht *zwangsläufig* die Heranziehung des Kindes bedeutet, sondern dass der Richter in der Erreichung dieses Ziels in der Wahl und Wertung der erkenntnisvermittelnden Objekte *frei* ist. Ebenso wie der Richter in der Würdigung der Beweise frei ist, steht im folglich auch bei der Beweiserhebung ein gewisser *Ermessensspielraum* zu. Im Folgenden ist daher zu untersuchen, wie weit das Beweiserhebungsermessen reicht, wenn der Beweiswert der erneuten Vernehmung zweifelhaft ist und der Richter daher die konservierte Erstvernehmung ausreichen lassen will, da er von deren höhe-

332 Eb. Schmidt, LK II, § 244 Rn. 7.

rem Beweiswert „überzeugt" ist. Klarstellend sei noch bemerkt, dass es im Folgenden nicht um die Prüfung der *Zulässigkeit* einer Ersetzung bzw. eines Verzichts geht, denn sie ist nach § 255a Abs. 2 S. 1 StPO ermöglicht, sondern nur um deren *Notwendigkeit* im Hinblick auf das Verhältnis der Regelung von § 255a Abs. 2 S. 1 StPO und § 255a Abs. 2 S. 1 StPO und die dort explizit eröffnete Möglichkeit, das Kind erneut heranzuziehen. Ferner ist an dieser Stelle immer davon auszugehen, dass kein Beweisantrag auf Vernehmung des Kindes gestellt wurde.[333]

Der Verzicht auf eine erneute Beweiserhebung in den Fällen, in denen ihr Beweiswert zweifelhaft ist, ist umstritten. Einerseits wird angenommen, dass auch in diesen Fällen die Entscheidung über den Verzicht im *Ermessen* des einzelnen Richter liegen soll, da er allein über den Umfang der Sachverhaltsaufklärung zu entscheiden hat.[334] Vereinzelt wird aber auch eine *Ermessensreduzierung des Richters auf Null* in diesen Fällen und eine Verpflichtung zur Beweiserhebung angenommen, da – so die Begründung – der Beweiswert eines Beweismittels erst nach dessen Erhebung beurteilt werden kann und folglich immer eine Beweiserhebung zu erfolgen habe[335] : Eine absolute Sichtweise, die allerdings den Ermessensspielraum des Richters zu sehr einschränkt. Darüber hinaus lässt sie keinen Spielraum für eine Berücksichtigung der Interessen der Opferzeugen und läßt außer Acht, dass es keine Wahrheitserforschung um jeden Preis geben darf. 336 Sie ist daher abzulehnen. Vorzugswürdig ist daher die Annahme eines Ermessensspielraums in dieser Frage, wobei das Ermessen „pflichtgemäß" auszuüben ist und die Interessen der Opferzeugen mitzuberücksichtigen sind.[337] Auch Basdorf[338] und Rüping[339] betonen in diesem Zusammenhang, dass dem Richter bei der Beweiserhebung ein weiterer Beurteilungsspielraum zusteht, der als rechtlich gebundene Entscheidungsbefugnis durchaus noch Spielraum für individuell bestimmbare Grenzen läßt. Folglich kann sich ein Verzicht auf die Vernehmung des Kindes einerseits daraus ergeben, dass rechtliche Gründe einer Vernehmung entgegenstehen (bspw. Vernehmungshindernisse oder ein Zeugnisverweigerungsrecht des Kindes oder Abwehrrechte aus einem Grundrechtseingriff), andererseits aber auch aus

333 Vgl. zu diesen Fallkonstellationen 2. Kapitel, Zweiter Schritt III.

334 Löhr, 1972, S. 84; so auch Schneidewin, JR 1951, S. 482.

335 Joachim, 1990, S. 104.

336 BGHSt 14, 365; BGHSt 31, 309; KK-Pfeiffer, Einl. Rn. 117.

337 Engisch, 1983, S. 117.

338 Basdorf, StV 1995, S. 311, 320.

339 Rüping, 1997, S. 141.

einer eigenen Beweiswertprüfung des Gerichts, die keine verbotene Beweisantizipation darstellt.[340] Diese beiden – rechtlichen und beweiswertenden – Grenzziehungen des Ermessensspielraums sind im Folgenden näher zu betrachten.

2.1. Beweiswertprüfung

Bereits die abstrakte Möglichkeit, durch die Vernehmung zu einer vollständigeren und besseren Aufklärung des Sachverhalts zu gelangen, kann keine Pflicht zur Heranziehung des Kindes begründen. Es steht vielmehr im pflichtgemäßen Ermessen des Gerichts, welchen Beweiswert sie der erneuten Aussage zuschreibt und welchen Beitrag es aus seiner Sicht zur Sachaufklärung noch zu leisten vermag. Ein Verzicht wäre unter diesen Prämissen dann möglich, wenn das Gericht von vornherein davon ausgehen kann, dass der Zeuge *völlig ungeeignet* zur Ermittlung der Tatsachen ist bzw. wenn zu erwarten ist, dass der Wert der Aussage nur gering oder gleich Null ist. Bei dieser Beweiswertprüfung muss also zu erwarten sein, dass das Kind über die in der Erstvernehmung gemachten Angaben hinaus noch zuverlässigere und umfassendere Angaben machen kann. Dies ist nicht zu erwarten, da – wie bereits dargelegt – die tatnahe konservierte Erstvernehmung die bestmögliche Beweisgrundlage ist und aufgrund der einsetzenden Verdrängungsmechanismen, Suggestionsgefahren und Erinnerungslücken keine zuverlässigeren und umfassenderen Angaben in der erneuten Vernehmung zu erwarten sind.

Problematisch ist, dass die Verteidigung – unabhängig davon – dennoch eine Vernehmung verlangen kann, indem sie lediglich ein nur ihr bekanntes Detail, das sie bei der Vernehmung im Ermittlungsverfahren nicht erfragt, sondern zurückgehalten hat, nun in der Hauptverhandlung zur Sprache bringt und es als „wesentlich" für die Sachaufklärung einstuft. Auf diese Art und Weise wäre es ein leichtes, den Richter unter Berufung auf die „vollständige Sachaufklärung", die auch dieses Detail umfassen müßte, unter Druck zu setzten. Dazu wäre nicht einmal ein Beweisantrag auf Vernehmung des Kindes erforderlich, denn es würden alle Formen der Erklärungen und Anregungen genügen, um allein aus § 244 Abs. 2 StPO den Richter zur erneuten Vernehmung des Kindes und Klärung dieses Details zu veranlassen. Zwar haben in Fällen der richterlichen Weigerung, einem Aufklärungsverlangen nachzukommen, nur weniger als 2 % der Aufklärungsrügen Erfolg.[341] Dennoch ist dieses Druckmittel in der Praxis nicht zu

340 Zur Abgrenzung zwischen zulässiger und unzulässiger Beweisantizipation, vgl. auch im 4. Kapitel bei der Frage, inwieweit Richter eine eigene Beurteilung der Glaubhaftigkeit der Aussage vornehmen dürfen.

341 Basdorf, StV 1995, S. 312.

unterschätzen. Vereinzelt wird deshalb vorgeschlagen, dass nur völlig neue und den Sachstand verändernde Punkte eine erneute Vernehmung begründen können und sie immer noch mit den Opferzeugeninteressen und den Verteidigungsinteressen abzuwägen ist.[342] Da aber jederzeit Kriterien als neu und sachstandverändernd von der Verteidigung benannt werden können und sie bestimmt, welche Dinge sie bei der konservierten Erstvernehmung nicht fragt, sind die richterlichen Möglichkeiten, die Notwendigkeit der erneuten Befragung zu überprüfen, beschränkt. Die Verteidigung verfügt diesbezüglich über die größere Sachnähe und den Kenntnisstand, um die Wesentlichkeit der Frage und deren Beitrag für die Sachaufklärung begründen zu können. Es ist folglich abzusehen, dass das Gericht der erneuten Vernehmung aus diesen Erwägungen heraus immer stattgeben wird. Einzig sinnvoll wäre es, eine „quasi Präklusionswirkung" in § 255a StPO, festzuschreiben, d.h. die Verteidigung müßte beweisen, dass sie nicht die Möglichkeit hatte bzw. nicht über das Wissen verfügte, um die Frage auch bei der konservierten Erstvernehmung zu stellen. Ferner wäre auch eine zeitliche Beschränkung der Geltendmachung dieser Details und Nachfragen auf vier Wochen nach der konservierten Erstvernehmung denkbar. Entsprechendes könnte bereits in § 168e StPO) geregelt werden.

2.2. Gesetzliche Verzichtbarkeitsgründe aus § 251 Abs. 1 und 2 StPO

In § 251 StPO finden sich – strukturell zu unterscheiden – zwei verschiedene Ursachen, die zu einer Ersetzung einer erneuten Vernehmung des Kindes in der Hauptverhandlung durch die konservierte Erstvernehmung führen können. Es sind zum einen die in der Person des Zeugen liegenden, seiner Vernehmung zum Zeitpunkt der Hauptverhandlung faktisch entgegenstehenden Gründe aus § 251 Abs. 1 Nr. 1 bis 3 StPO und § 251 Abs. 2 StPO. Zum anderen ist es das unabhängig von solchen Gründen zu erklärende Einverständnis der Beteiligten gem. § 251 Abs. 1 Nr. 4 StPO und § 251 Abs. 2 Satz 1 StPO, bei dessen Vorliegen die Vernehmung ersetzt werden kann.[343] Da im Rahmen der Untersuchung nicht vom Idealfall ausgegangen wird, dass die Verfahrensbeteiligten dieser Ersetzung zustimmen werden, sind die Möglichkeiten einer Ersetzung aus opferschützenden Erwägungen heraus zu untersuchen, d.h. inwieweit können psychische Gefährdun-

342 KK-Diemer § 255a StPO Rn. 12: HK-Julius § 255a StPO Rn. 11.

343 Vgl. zu dieser Unterscheidung auch Löhr, 1972, S. 142. Ein Unterschied besteht lediglich in der Form des jeweiligen Beweissurrogats, da aber polizeiliche Vernehmungen eine weitere Vernehmung nicht ersetzen könne, spielt diese Unterscheidung hier keine Rolle. Ebenso ist die Unterscheidung im Hinblick auf die Zeitdauer bei § 251 Abs. 1 Nr. 2 einerseits und § 251 Abs. 2 Satz 2 andererseits ist relevant.

gen durch die Vernehmung eine solche Ersetzung begründen ? Hervorgehoben sei noch, dass die Darstellung der gesetzlichen Verzicht- bzw. Ersetzungsmöglichkeiten im Folgenden auf den § 251 Abs. 1 StPO beschränkt bleiben wird, weil Absatz 1 und 2 in ihren inhaltlichen Voraussetzungen weitestgehend dekkungsgleich sind.[344]

Es ist daher zu untersuchen, ob die Verzichtsgründe aus § 251 Abs. 1 und 2 StPO – eine Krankheit oder andere „nicht zu beseitigende Hindernisse" – eine erneute Vernehmung unmöglich machen. Insgesamt sind diese Hindernisse identisch mit den Gründen, aus denen eine kommissarische Vernehmung nach § 223 StPO außerhalb der Hauptverhandlung angeordnet werden kann, so dass auf die Auslegungsmöglichkeiten dort Bezug genommen werden kann. Die Vernehmungshindernisse müssen einer Vernehmung des Kindes für eine „längere oder ungewisse Zeit", also nicht nur kurzfristig entgegenstehen.[344a] Je bedeutender die Aussage ist, desto größer sind die Anforderungen an das Vernehmungshindernis. So werden bei einer bedeutenden Aussage zwar längere Verzögerungen in Kauf genommen, was im Umkehrschluß aber gleichzeitig bedeutet, dass kurzfristige Hindernisse bei bedeutenden Vernehmungen nicht zählen und eine Videosimultanschaltung nicht rechtfertigen können.

Fällt ein Hindernis in absehbarer Zeit weg, so ist § 251 Abs. 1 Nr. 2 StPO nicht anwendbar[344b], jedoch ist offen, wann eine absehbare Zeit angenommen werden kann.[344c] Bei der Abwägung ist die Relevanz des Verfahrens, die Wichtigkeit der Aussage, das Interesse an einer reibungslosen und beschleunigten Durchführung des Verfahrens unter Berücksichtigung der Pflicht zur erschöpfenden Sachaufklärung gegeneinander abzuwägen.[344d] Die genannten Kriterien durchziehen die

344 LR-Gollwitzer § 251 Rn. 51 Fn. 163.

344a ANM, Beweisantrag, S. 261; AK-Dölling, § 251, Rn. 11; KK-Mayr, § 251, Rn. 4; SK-Schlüchter, § 251, Rn. 13.

344b ANM, Beweisantrag, S. 262 m.w.N.; LR-Gollwitzer, § 223, Rn. 14; AK-Dölling, § 251, Rn. 15; KK-Treier, § 223, Rn. 10; K/Meyer-Goßner, § 223, Rn. 7; SK-Schlüchter, § 251, Rn. 14; nach BGH bei Herlan, MDR 1955, S. 529.

344c SK-Schlüchter, § 223, Rn. 19; LR-Gollwitzer, § 223, Rn. 15.

344d Als einziger stellt besonders AK-Keller, § 223, Rn. 8 auf die Belastung des Kindes als Kriterium ab. Auf die anderen genannten Kriterien verweist BGHSt. 22, S. 118 ff.: (120). Der Fall betraf jedoch die Vernehmung einer Auslandszeugin und die Bemühungen die getätigt werden müssen um sie als unerreichbar einzuordnen. Für diese Zeugengruppe wurde inzwischen eine neue Regelung geschaffen (§ 244 Abs. 5). Dies zeigt, dass wenn Verfahrensverzögerungen oder ein großer Kostenaufwand zur Herbeischaffung der Zeugen droht und diese in keinem Verhältnis zur Bedeutung der Aussage stehen, hier vorweggenommene Beweiswürdigungen über den Beweiswert der Aussage möglich sind. Ein Gedanke, den es um Belange des Opferzeugenschutzes zu erweitern gilt.

gesamte Kommentarliteratur.[344e] Sie sind aber aus einer Entscheidung, die eine Auslandszeugin betreffen, entnommen[344f] und daher nur bedingt auf die Situation von kindlichen Zeugen, die räumlich meist nicht weit entfernt sind, übertragbar. Ihnen drohen eben durch die Vernehmung in der Hauptverhandlung Beeinträchtigungen ihrer geistigen oder seelischen Gesundheit bzw. es besteht die Gefahr sekundärer Viktimisierungen durch eine Verschlimmerung ihrer Traumata. In solchen (begründeten) Fällen ist die gesetzlich geforderte Zeitspanne zu vernachlässigen, denn das Vernehmungshindernis wird gerade durch eine unzumutbare Belastung in der Hauptverhandlung hervorgerufen.[344g] Albrecht weist in diesem Zusammenhang darauf hin, dass Ermittlungsverfahren und Hauptverhandlung und die hiermit an die Opferzeugen gesetzten Erwartungen in einen für das Tatopfer „sensiblen" Zeitraum fallen. Gerade der unmittelbar bzw. mittelfristig nach der Tat liegende Zeitraum sei für eine adäquate Rehabilitation des Opfers von besonderem Gewicht. In diesen Zeitraum falle insbesondere für kindliche Tatopfer die Risiken chronischer Fehlentwicklungen und drastischer Lebenschancenreduzierung. Daraus ergibt sich, dass in allen Fällen, in denen nicht absehbar ist, wann das Kind fähig sein wird, in einer Hauptverhandlung ohne erhebliche Beeinträchtigung seines psychischen Befindens auszusagen, ein Vernehmungshindernis besteht und es für eine „längere oder ungewisse Zeit" i.S. § 251 Abs. 1 Nr. 2 StPO am Erscheinen verhindert ist. Mildenberger betont, dass eine andere Sichtweise dem Grundsatz der Verfahrensbeschleunigung und dem Schutzbedürfnis des Kindes widersprechen würde. Albrecht schließt sich dem an und weist ferner daraufhin, dass eine Unterbrechung bzw. ein Hinausschieben der Hauptverhandlung zwecklos und außerdem nur eine ungewisse Zeit möglich wäre, da eine psychotherapeutische Aufarbeitung und Verarbeitung des Geschehens in der Regel längere Zeit in Anspruch nimmt. Aus den Motiven zur Strafprozessordnung geht hervor, dass dieser Begriff der „Hindernisse" nur als Sammelbegriff gemeint ist. Nicht abschließend sind daher in § 251 Nr. 2 StPO zwei Alternativen genannt, die eine Videosimultanübertragung rechtfertigen können: die Gebrechlichkeit oder die Krankheit des Zeugen. Die Alternative der Ge-

344e Siehe K/Meyer-Goßner, § 251, Rn. 8; AK-Dölling, § 251, Rn. 15, wonach generell (unter Hinweis auf BGHSt. 22, 118, 120) die Entscheidung über das Zeitmoment „unter Berücksichtigung der Bedeutung der Sache, der Wichtigkeit der Aussage und des Beschleunigungsgrundsatzes" zu treffen sei; ebenso KK-Mayr, § 251, Rn. 7; KMR-Paulus, § 223, Rn. 8; zutreffender SK-Schlüchter, § 251, Rn. 14, mit Hinweis auf solche Fälle, in denen die Herbeischaffung des Zeugen geraumer Zeit bedürfe.

344f Dabei handelt es sich um einen eindeutigen Fall der Unerreichbarkeit so ter Veen, StV 1985, S. 295 ff.

344g Albrecht, 1993, S. 15

brechlichkeit des Zeugen scheidet bei Kindern offensichtlich aus, da sie nur bestehende oder drohende Verminderungen der körperlichen oder geistigen Leistungsfähigkeit (körperliche Leiden und Beeinträchtigungen, die keine Krankheit im eigentlichen Sinne darstellen) erfasst und meistens die Altersgebrechlichkeit damit gemeint ist. Daher ist im Folgenden nur zu prüfen, ob die Kinder infolge einer Krankheit per Videosimultanschaltung vernommen werden können.

a) Krankheit für längere oder ungewisse Dauer § 251 Abs. 1 Nr. 2 1. Alt StPO

Krankheit ist zu verstehen als ein pathologischer Zustand, d.h. eine Abweichung von bzw. Störung der „normalen" physischen oder psychischen Leistungsfähigkeit, die der Wahrnehmung des Verhandlungstermins entgegensteht.[345] Unter den Krankheitsbegriff fallen also auch psychische Erkrankungen.[346] Auch wenn der Krankheitszustand eines Zeugen sein Erscheinen vor dem erkennenden Gericht nicht schlechthin unmöglich macht, kann Krankheitserfordernis in § 251 Abs. 1 Nr. 2 StPO erfüllt sein: Es genügt die voraussichtlich „erhebliche Verschlimmerung eines ernsthaften Leidens", falls der Zeuge persönlich erscheint.[347] Mit Schmidt[348] ist jedoch davon auszugehen, dass ein Hindernis im Sinne der Vorschrift auch diejenige Krankheit darstellt, deren Vorliegen für die (kindliche) Beweisperson bedeutet, die mit der Aussage im Gerichtssaal verbundene körperliche und geistige Inanspruchnahme werde ihr Befinden erheblich beeinträchtigen. Allerdings ist nicht der Zustand der Beweisperson an sich maßgeblich, sondern die Frage, ob sie gerade wegen dieses (körperlichen oder geistigen) Zustandes nicht persönlich vernommen werden *kann*.[349] Zwar ist in § 251 Abs. 1 Nr. 2 StPO die Rede vom Erscheinen des Zeugen, die Vorschrift kann ihrem Sinn und

345 Siehe SK-Schlüchter § 223, Rn. 9.

346 LR-Gollwitzer, § 223, Rn. 9; KK-Treier, § 223, Rn. 4; KMR-Paulus, § 223, Rn. 10; Eb. Schmidt, LK II, § 223, Rn. 8; offensichtlich a.A. K/Meyer-Goßner, § 223, Rn. 4 u. ANM, Beweisantrag, S. 261, die Krankheit als „krankhaften körperlichen Zustand" definieren.

347 BGHSt. 9, S. 297 f. (LS), 300 f: die mögliche Verschlechterung des Krankheitszustandes wurde in diesem Fall aufgrund eines erneuten amtsärztlichen Attestes, das während der Hauptverhandlung eingeholt wurde, angenommen, da die Zeugin unerwarteterweise im Gerichtssaal präsent war; vgl. ferner RG JW 33, S. 852 f. (852); ANM, Beweisantrag, S, 261; K/Meyer-Goßner, § 223, Rn. 4 u. § 251, Rn. 6; AK-Dölling, § 251, Rn. 11 u. § 223, Rn. 4; KMR-Paulus, § 223, Rn. 10; KK-Mayr, § 251, Rn. 5 u. §223, Rn. 4; LR-Gollwitzer, § 223, Rn. 9; SK-Schlüchter, § 251, Rn. 13.

348 Vgl. LK II, § 223, Rn. 6.

349 BGHST 9, 297 (300); zustimmend K/Meyer-Goßner § 251 Rn. 6, der ausdrücklich auf die Gefahr für den Gesundheitszustand abstellt; KK-Mayr § 251 Rn. 5.

Zweck nach jedoch nur so verstanden werden, dass es nicht darauf ankommt, dass der Zeuge zumindest körperlich im Gerichtssaal anwesend ist, sondern dass er tatsächlich vernommen werden kann, denn der Zeuge soll ja durch seine Bekundungen (und nicht durch sein Erscheinungsbild) zur Wahrheitsfindung beitragen.[350] Demzufolge ist hier auf die nicht rein faktisch zu verstehende Vernehmungsfähigkeit der (kindlichen) Beweisperson abzustellen.[351] Sie fehlt folglich nicht nur bei einer aufgrund ihres Zustandes *unmöglichen*, sondern auch bei einer deshalb *nicht zu verantwortenden* unmittelbaren Befragung, wenn die mit der Zeugenvernehmung in der Hauptverhandlung verbundenen Aufregungen den Gesundheitszustand des aussagenden Kindes erheblich verschlechtern könnten.[352] In der Literatur wird richtigerweise auch „hochgradige Nervosität" als eine die Vernehmungsunfähigkeit begründende Krankheit akzeptiert.[353]

Hieraus ergibt sich, dass ein Vernehmungshindernis dann besteht, wenn per ärztlicher oder auch psychologischer Diagnose dieser Zustand der „hochgradigen Nervosität"[354] oder eine schwere psychische Erkrankung" des Kindes als Folge des Geschehens festgestellt ist und dieser die Vernehmung auf ungewisse Zeit blockiert.[355] Der Gesundheitszustand bzw. das psychische Befinden des Kindes muss demnach bereits erheblich gestört sein und die Anhörung des Kindes in der Hauptverhandlung eine derartige Verschlechterung dieses Zustands befürchten lassen, sodass von einer Aussagetüchtigkeit des Kindes nicht mehr ausgegangen werden kann. Die mit der Involvierung in das Strafverfahren häufig verbundenen Symptome wie Aufregung, Angst, Unsicherheit, Schlaf- und Appetitstörungen oder depressive Verstimmungen, sofern nicht eine dauernde Vernehmungsunfähigkeit bescheinigt wird, sollen demnach nicht ausreichen. Hingegen können psychosomatische Symptome wie Erbrechen, Durchfall oder Fieber als Folge von vor der Gerichtsverhandlung auftretenden Angstzuständen sehr wohl ein Nichterscheinen infolge einer Krankheit rechtfertigen, führen derzeit aber – wenn überhaupt – nur zu einem Aussetzen der Verhandlung und Terminverschiebungen.

350 BGHSt 9, 300 (Es komme darauf an, ob der Zeuge in der Hauptverhandlung vernommen werden könne); SK-Schlüchter § 223 Rn. 9, wo sie ausdrücklich hervorhebt, an der Vernehmungsfähigkeit fehle es nicht nur bei einer faktisch unmöglichen, sondern auch bei einer „nicht zu verantwortenden Anhörung" (Hervorhebung im Original)

351 BGHSt 9, S. 300; SK-Schlüchter, § 223 Rn. 9; LR-Gollwitzer § 223 Rn. 9.

352 BGHSt 9, S. 300; K/Meyer-Goßner § 251 Rn. 6; KK-Mayr, § 251 Rn. 5; SK-Schlüchter § 251 Rn. 134.

353 LR-Gollwitzer, § 223 Rn. 9; KK-Treier, § 223 Rn. 4.

354 Nur geringfügige Herabminderungen des Gesundheitszustandes sollen demnach nicht ausreichen, vgl. Eb. Schmidt, LK II § 223 Rn. 6.

355 Vgl. Richter, der Kriminalist 1990, S. 360.

Die Belastungen des Kindes durch das Strafverfahren werden hinsichtlich des Krankheitserfordernisses mithin nur dann relevant, wenn absolute Vernehmungsunfähigkeit prognostiziert wird: Eine Prognose, die außer in medizinisch schwerwiegenden Fällen schwierig abzugeben ist. Der BGH hat in diesem Zusammenhang daher auch eine relative Vernehmungsunfähigkeit ausreichen lassen, d.h. es genügt, wenn die Vernehmung in der Hauptverhandlung aller Voraussicht nach eine erhebliche sonst vermeidbare Verschlimmerung eines ernstlichen Leidens zufügen würde.[356] Demnach gilt es hier, den Krankheitsbegriff entsprechend zu modifizieren und zu erweitern. Die in der Arbeit bereits mehrfach zitierten Studien zum Belastungserleben von Kindern in der Hauptverhandlung sind bei der Auslegung der Vernehmungsunfähigkeit und des Krankheitsbegriffs in diesem Sinne mehr zu berücksichtigen. Als Konsequenz daraus sind psychosomatische Beschwerden und Traumatisierungsgefahren in die Prognose bezüglich der Vernehmungsfähigkeit miteinzubeziehen und die Schwelle ist niedriger anzusetzen.[357]

b) Andere nicht zu beseitigende Hindernisse: Weigerung der Eltern, das Kind aussagen zu lassen § 251 Abs. 1 Nr. 2 StPO?

Als andere zu beseitigende Hindernisse kommen alle sonstigen Umstände in Betracht, die das Erscheinen der Beweisperson für längere oder ungewisse Zeit unmöglich machen.[358] Da das „nicht zu beseitigende Hindernis" Oberbegriff der § 251 Abs. 1 Nr. 2 StPO ist[359], kommt es hier gleichfalls auf die Vernehmungs-

356 BGHSt 9, 297 (300).

357 Mildenberger, 1995, S. 283 ff., behilft sich damit, dass sie den Begriff des Vernehmungshindernisses nicht als abschließend ansieht und damit auch aus Gründen des Persönlichkeitsrechtes des Kindes und der Gefahr von Traumatisierungen des Kindes durch eine Vernehmung ein Vernehmungshindernis begründet. Auch Keller stellt in AK-Keller, § 251 Rn. 5 als einziger in der Kommentarliteratur auf die Belastungen des Kindes *durch* die Vernehmung ab und fordert in diesen Fällen eine stärkere Berücksichtigung der Interessen der Zeugen bei der Abwägung und in jedem Fall eine kommissarische Vernehmung. Dieser Auffassung schließt sich auch Keiser, 1997, S. 196, an. Sie sieht in der Gefährdung des Kindeswohls durch die Vernehmung ein Vernehmungshindernis. Entsprechend spielt auch die zeitliche Unterscheidung innerhalb von § 251 Abs. 1 („Hindernis auf ungewisse Zeit") und Abs. 2 („Unmöglichkeit auf *absehbare Zeit*") keine Rolle mehr, da die zeitliche Komponente durch die Änderung der Unmöglichkeitsvoraussetzungen und Ausdehnung auf psychosomatische Beschwerden im Ergebnis keinen Unterschied mehr bedeutet. Vgl. zur ähnlichen Problematik bei der Unerreichbarkeit und der dortigen Annahme von absoluten Unerreichbarkeitsgründen unter 2. Kapitel, Zweiter Schritt, III, 2.

358 Vgl. LR-Gollwitzer § 223 Rn. 10, 14; AK-Dölling § 251 Rn. 12; ANM, Beweisantrag, S. 161.

359 Vgl. AK-Dölling § 251 Rn. 12; LR-Gollwitzer § 251 Rn. 37; KK-Mayr § 251 Rn. 4; SK-Schlüchter § 251 Rn. 13.

unfähigkeit des Kindes an: Auch in diesem Zusammenhang ist von einer *„relativen"* Vernehmungsunfähigkeit auszugehen. Dies bedeutet, dass die Ersetzung der Aussage zulässig ist, wenn aufgrund des Hindernisses eine Anhörung des Kindes in der Hauptverhandlung zwar nicht bereits unmöglich, aber jedenfalls nicht zu verantworten ist.[360] Der Begriff des Hindernisses ist als unbestimmter Gesetzesbegriff Konkretisierungen zugänglich, so dass auch hier der Gedanke des Opferzeugenschutzes bei der Auslegung des relativen Vernehmungshindernisses zum Tragen kommen kann. In diesem Zusammenhang ist die Entscheidung des OLG Saarbrücken ein wichtiger Schritt in die richtige Richtung.[361] Danach sind Eltern dazu berechtigt, das Erscheinen des Kindes als Zeuge vor Gericht zu verhindern, wenn es durch die Aussage in seiner „Erziehung oder Entwicklung gefährdet zu werden droht". [362] Das OLG führt hierzu aus, das Fernhalten des Kindes stelle sich zunächst als tatsächliches Hindernis da, da es einem Kind im Alter von 8 Jahren nicht möglich sei, gegen den Willen seiner Eltern von einem Ort zur Gerichtsverhandlung an einen anderen Ort zu kommen. Dieses tatsächliche Hindernis sei ein nicht zu beseitigendes, wenn es aus rechtlichen Gründen nicht möglich sei, das Kind auch gegen den Willen seiner Eltern als Zeugen vor das Gericht zu bringen. Dies wiederum hänge davon ab, ob die Eltern berechtigt seien, die Ladung des Kindes zu missachten und sein Erscheinen vor Gericht zu verhindern. Eine solche Berechtigung sei zu bejahen, wenn das Erscheinen des Kindes in Verbindung mit der zu erwartenden Aussage die *Gefahr* eines drohenden Erziehungs- und Entwicklungsschadens begründe. Dies lasse sich jedoch nicht allgemein, sondern nur nach der jeweiligen Gestaltung des Falles beurteilen und es müßten tatsächliche Anhaltspunkte für die geltend gemachten Schädigungen vorliegen.[363]

360 Siehe SK-Schlüchter § 251 Rn. 134 und § 223 Rn. 9.

361 Abgedruckt in NJW1974, S. 1959 ff.

362 LR-Gollwitzer § 251 Rn. 39, nimmt hier das Vorliegen eines rechtlichen Hindernisses an, ebenso auch Keiser, 1997, S. 202; Bölter, DRiZ 1996, S. 278.

363 Siehe auch Meier, JZ 1991, S. 638, der einen ähnlichen Fall bespricht: Hier weigerten sich die Eltern eines 10-jährigen Kindes, ihre Tochter unter Hinweis auf deren langandauernden Schlafstörungen und ihre Persönlichkeitsveränderung als Folge sexueller Belästigung sowie die Befürchtung, sie werde durch die gerichtliche Aussage das traumatische Erlebnis noch einmal durchleben, vor Gericht erscheinen zu lassen. Das Gericht bestand jedoch auf einer Vernehmung und drohte für den Fall einer weiteren Weigerung die zwangsweise Vorführung an. Meier kritisiert die Entscheidung unter Hinweis darauf, die Weigerung der Eltern müsse – sofern sie nicht mißbräuchlich erfolge – als „nicht zu beseitigendes Hindernis" verstanden werden. Erforderlich sei lediglich die Glaubhaftmachung (ggf. durch ärztliches Attest) der dem Kind durch sein Erscheinen in der Hauptverhandlung drohenden Erziehungs- und Entwicklungsschäden (in Anlehnung an das Urteil des OLG Saarbrücken, NJW 1974, S. 1959 ff.).

Eine generelle Weigerung der Erziehungsberechtigten, dafür Sorge zu tragen, dass ihr Kind sich zur Vernehmung in der Hauptverhandlung zur Verfügung stellt, weil sie es den zusätzlichen Belastungen und potentiell sekundärschädigenden Stressarten durch den Gang in den Zeugenstand grundsätzlich nicht aussetzen wollen, ist demzufolge bisher nicht ausreichend. [364]

In der ernsthaften und endgültigen Weigerung[365] des Kindes oder der Erziehungsberechtigten bzw. der bereits allein sorgeberechtigten Person[366], in der Hauptverhandlung zu erscheinen bzw. das Kind zu bringen, liegt nur insoweit ein Hindernis gem. § 251 Abs. 1 Nr. 2 StPO, als die Eltern bzw. das Kind sich nicht umstimmen lassen und das Erscheinen erzwungen werden kann.[367] Liegt ein Zeugnisverweigerungsrecht gem. § 52 StPO nicht vor[368], ist der Zeuge zum Erscheinen vor Gericht[369] und zur Erstattung einer wahrheitsgemäßen Aussage[370] verpflichtet.[371] Ob diese Verpflichtung auch minderjährige Zeugen trifft, ist zweifelhaft, wird von der überwiegenden Ansicht aber bejaht und damit begründet, dass die Zeugenpflicht jederzeit sicherzustellen sei. In diesem Zusammenhang sei auch eine zwangsweise Durchsetzung der Zeugenpflicht durch Abholung und zwangsweiser Vorführung durch die Polizei möglich. Bei diesen Maßnahmen handele es sich – so die Begründung – nicht um eine Sanktion[372], sondern um ein „präventi-

364 Mißverständlich in diesem Punkt die Forderung Richters, (der Kriminalist 1990, S. 360) nach Verlesung der Vernehmungsniederschrift, weil „der Erziehungsberechtigte sich weigert, sein Kind zum Erscheinen in der Hauptverhandlung zu veranlassen". Der Autor bezieht sich hier auf K/Meyer-Goßner § 251 Rn. 7, der wiederum das Urteil des OLG Saarbrücken mißverständlich zitiert: „Ein Fall der Nr. 2 kann auch vorliegen, wenn bei einem kindlichen oder jugendlichen Zeugen der Erziehungsberechtigte sich weigert, den Zeugen zum Erscheinen zu veranlassen.

365 Eine solche Weigerung kann im übrigen auch im Nichtreagieren auf gerichtliche Anfragen zum Ausruck kommen.

366 Bspw. der Mutter nach § 1672 BGB, in Fällen, in denen der mit der Mutter verheiratete und ebenfalls sorgeberechtigte Vater als Täter in Frage kommt. Gem. § 1642 BG iVm § 620 S. a Nr. 1 ZPO kann die Entscheidung über die elterliche Sorge auch im Eilverfahren beantragt werden. In diesem vorläufigen Verfahren wird jedoch überwiegend nur das Aufenthaltsbestimmungsrecht übertragen, vgl. Marquardt, 1993, S. 34.

367 Vgl. Schlüchter § 223 Rn. 14.

368 Vgl. für diesen Fall ausführlich unter 2.3.

369 Obwohl keine direkte Zeugenpflicht formuliert ist, resultiert dies aus §§ 48, 51. Zur Regelung einer Zeugenpflicht vgl. die Vorschläge im 2. Kapitel, 2.2.aa).

370 Vgl. § 70 StPO.

371 Zum Zeugnisverweigerungsrecht und den Möglichkeiten der Verwertung der Bild-Tonaufzeichnung nach § 252 vgl. ausführlich unter 2.3.

372 Ordnungsmittel wie Ordnungsgeld und Ordnungshaft können mangels Schuldfähigkeit nicht gegen Kinder verhängt werden, vgl. K/Meyer-Goßner § 51 Rn. 20.

ves Zwangsmittel zur Sicherung der Erfüllung der Zeugenpflicht."[373] Hinzu komme, dass das Zeugnisverweigerungsrecht das Kind grundsätzlich nicht von seiner Erscheinungspflicht entbindet.[374]

Gegen diese nicht nachvollziehbare Unterscheidung zwischen einer „Sanktion" und einer „Prävention", die einem Etikettenschwindel gleichkommt, da es für die Kinder an der Sache wenig ändert und ihre Situation nicht berücksichtigt, spricht, dass die Zwangsvorführung von Kindern in ihr grundrechtlich geschütztes Recht auf eine gesunde seelische und körperliche Entwicklung eingreift. Auch Kinder sind Träger von Grundrechten und haben ein eigenes Recht auf Entfaltung ihrer Persönlichkeit i.S. von Art 1 Abs. 1 und Art 2 Abs. 1 GG.[375] Der Staat darf folglich unmittelbare Gewalt nur zum Schutz des Kindes und keinesfalls allein im Interesse der Strafrechtspflege einsetzen. Auch gilt es zu berücksichtigen, dass ein zwangsweise vorgeführtes Kind häufig unter Schock steht und eine verwertbare Aussage dann nicht mehr zu erwarten ist. Damit ist die zwangsweise Vorführung in jedem Fall als unverhältnismäßig abzulehnen.

Entsprechend ist aus dem Urteil des OLG Saarbrücken zu folgern, dass unabhängig von einer eventuell vorliegenden Weigerung der Erziehungsberechtigten ganz allgemein die Annahme einer Gefährdung eines kindlichen Zeugen in seiner Erziehung und Entwicklung durch die Aussage als ein anderes, tatsächliches, nicht zu beseitigendes Hindernis" anzusehen ist, sofern eine solche Gefahr tatsächlich besteht.[376] Entsprechend ist der „Hindernis"-Begriff opferzeugenschützend zu konkretisieren und ein Hindernis liegt immer vor, wenn die Vernehmung in der Hauptverhandlung mit „unverhältnismäßig großen körperlichen oder seelischen Schäden" verbunden ist.[377]

Der entsprechende Nachweis einer solchen Unverantwortlichkeit, bzw. Unverhältnismäßigkeit einer erneuten Vernehmung kann damit begründet werden, dass sie die Aufarbeitung des Tattraumas und dadurch die Weiterentwicklung des Kindes durch die erneute Vernehmung beeinträchtigen würde. Er muss in allen Fällen durch die Vorlage eines kinderärztlichen, psychologischen oder psychiatrischen Attests erfolgen. Der Nachweis kann im Einzelfall aber auch durch Ver-

373 K/Meyer-Goßner § 51 Rn. 20; KK-Pelchen § 51 Rn. 22; LR-Dahs § 51 Rn. 2; zustimmend auch Vierhaus NStZ 1994, S. 271 f (271) der jedoch immerhin eine Verhältnismäßigkeitsprüfung verlangt.

374 KMR-Paulus § 244 Rn. 131 u. Vorb. § 48 Rn. 58 StPO.

375 BVerfGE 24, 119 ff. (144), vgl. dazu bereits ausführlich im 2. Kapitel.

376 Vgl. AK-Keller § 223 Rn. 6; SK-Schlüchter § 223 Rn. 12.

377 Peters, 1985, S. 320.

nehmung der Erziehungsberechtigten oder Vertrauenspersonen des Kindes unter Einbindung der Ergebnisse der empirischen Arbeiten zum Belastungserleben von Kindern nach solchen Traumata erfolgen.[378]

Problematisch ist in diesem Zusammenhang aber die Prognose der langfristigen Erziehungs- und Entwicklungsschäden des Kindes, denn sie ist mit einer „hinreichenden Wahrscheinlichkeit" abzugeben.[379] Jenseits der offensichtlichen und schwerwiegenden Fälle läßt sich inzwischen in umfangreichen Forschungsarbeiten eine „progressiv verlaufende Schadensentwicklung"[380] hinreichend erkennen. Sie zeigen verallgemeinerbare Belastungsmuster durch die erneute Vernehmung auf, die die verfahrensinduzierten Schädigungen insbesondere auf psychischer Ebene und deren langfristige Auswirkungen inzwischen ausreichend dokumentieren.[381]

Damit kann die Ersetzung der Vernehmung durch die Annahme eines Vernehmungshindernisses in zwei Varianten erfolgen: Entweder nach § 251 Abs. 1 Nr. 2 1. Alt. StPO (Krankheit) – durch Erweiterung des Krankheitsbegriff oder nach § 251 Abs. 1 Nr. 2 StPO (sonstiges Hindernis) – mit der Begründung, dass dem Kind ein Entwicklungsschaden droht.

2.3. Zeugnisverweigerungsrecht des Kindes und Verwertung nach § 252 StPO

Die in der vorliegenden Untersuchung getroffene strukturelle Gleichsetzung der Ersetzung mit der Verzichtbarkeit bringt es mit sich, dass im Rahmen der Aufklärungspflicht auch die für das Kind in Betracht kommenden Zeugnisverweigerungsrechte als mögliche „Verzichtbarkeitsgründe" in Betracht zu ziehen und systematisch daher in diesen Teil der Untersuchung einzuordnen sind. Um möglichen Missverständnissen vorzubeugen, sei bereits an dieser Stelle hervorgehoben, dass diese Einordnung nur die Ebene der „Verzichtbarkeit" betrifft und sich nicht auch auf die sich erst daran anschließende Frage erstreckt, ob und wie solche Aussagen eines Zeugen in die Hauptverhandlung eingeführt werden können, die er noch vor der Ausübung seines Zeugnisverweigerungsrechtes gemacht hatte. Bekanntlich steht dem grundsätzlich der teils (nur) als „Verlesungsverbot", teils als umfassendes „Verwertungsverbot" interpretierte § 252 StPO entgegen.[382]

378 Vgl. Volbert/Busse/Steller, 1996 und die ausführlich im 2. Kapitel, 2.2. zitierten weiteren Studien.

379 So bereits Römer, RDJ 1971, S. 209.

380 Vgl. Albrecht, 1993, S. 1.

381 Vgl. Volbert/Pieters, 1993, S. 7; Volbert/Busse, 1996, S. 13.

382 Zum Überblick siehe Geppert, 1978, S. 258 StPO ff. und Oehler, Pfeiffer-FS, S. 329, jeweils m.w.N.

Trotz der räumlichen Nähe und sprachlichen Verwandtschaft zu § 250 StPO handelt es sich hierbei jedoch nach heute einhelliger Meinung nicht etwa um einen Ausfluss oder eine weitere Variante des Unmittelbarkeitsgrundsatzes. Die Vorschrift sichert lediglich die Zeugnisverweigerungsrechte und erweitert gleichsam als deren verlängerter Arm ihren Wirkungsbereich.[383] Wenn nun im Folgenden danach gefragt werden wird, in welcher Weise die Zeugnisverweigerungsrechte als Ersetzungsgründe in Betracht kommen, so dient dies nur der Fortsetzung der Suche nach den möglichen Anknüpfungspunkten für eine Verzichtbarkeit der Vernehmung[384], keinesfalls aber der Ein- bzw. Unterordnung des § 252 StPO unter den Unmittelbarkeitsgrundsatz.

Jedem Angehörigen eines Beschuldigten, der mit diesem in gerader Linie oder bis zum dritten Seitengrad verwandt bzw. bis zum zweiten Grad verschwägert ist, steht aufgrund dieser persönlichen Beziehung zu dem Beschuldigten gem. § 52 Abs.l Nr.3 StPO das Recht zu, jederzeit, d.h. gegebenenfalls auch erstmals in der Hauptverhandlung[385], die Aussage zu verweigern. Es kommt weder darauf an, ob der Angehörige den Beschuldigten selbst ursprünglich angezeigt noch ob er selbst bereits früher ausgesagt hat.[386] Auch Minderjährige üben das ihnen zustehende höchstpersönliche Zeugnisverweigerungsrecht selbständig aus.[387] Selbst wenn ein Kind noch gar nicht die erforderliche Verstandesreife hat, um zu erkennen, dass der Beschuldigte möglicherweise Unrecht getan hat und ggf. aufgrund seiner Zeugenaussage hierfür bestraft werden könnte, darf es gem. § 52 Abs.2 Satz 1 StPO nur vernommen werden, wenn es selbst dazu bereit ist (und darüber hinaus der gesetzliche Vertreter zustimmt).[388] Da niemand, der sich auf sein Zeugnisverweigerungsrecht beruft, vernommen werden darf[389], haben es die Minderjährigen beim Vorliegen der Voraussetzungen des § 52 Abs.l Nr.3 StPO selbst in der Hand, ihrer Vernehmung in der Hauptverhandlung entgegenzuwirken.[390]

383 Geppert, 1978, S. 259 m.w.N.

384 Ähnlich auch die Überlegungen bei Meier, GA 1995, S. 161.

385 Vgl. K/Meyer-Goßner, § 52, Rn. 22.

386 Weiterführend zum Gedanken einer „Verwirkung" des Zeugnisverweigerungsrechtes die mit Recht kritische Darstellung bei Rengier, 1979, S. 98 ff.

387 LR-Dahs, § 52, Rn. 22; K/Meyer-Goßner, § 52 Rn. 14.

388 Vgl. den Wortlaut von § 52 Abs. 2 Satz 1: (...) dürfen nur vernommen werden, wenn sie zur Aussage bereit sind *und* der gesetzliche Vertreter der Vernehmung zustimmt". (Hervorhebung von Verfasserin).

389 K/Meyer-Goßner, § 52 Rn. 23.

390 Andere Zeugnisverweigerungsgründe, die Minderjährige innehaben könnten, sind aus der Strafprozeßordnung nicht ersichtlich. Die österreichische Strafprozeßordnung geht hier weiter, sie gesteht Opferzeugen sexueller Gewalt nach der Aussage ein „Ausschlagungsrecht" zu, d.h. sie sind aufgrund der Aussage und des Vernehmungsgegenstandes berechtigt weitere Aussagen auszuschlagen, zu verweigern, vgl. § 162 ö-StPO.

Da es zur Aufgabenstellung der vorliegenden Arbeit gehört, den Möglichkeiten und ihrer „Nutzbarmachung" für den Zeugenschutz im Einzelnen nachzugehen, sind auch die Optionen, die das Zeugnisverweigerungsrecht für eine Ersetzung weiterer Vernehmungen bietet, näher zu betrachten. Auf den ersten Blick scheint es so offenkundig zu sein, den Belastungen des Verfahrens durch die Ausübung eines Zeugnisverweigerungsrechts entfliehen zu können, dass die vorangegangenen wie auch die folgenden Überlegungen und Wertungen leicht in eine Schieflage gerieten, stünde unbemerkt als (vermeintlich) einfachste Lösung der Rückgriff auf die Zeugnisverweigerungsrechte bereit. Auch mit dem Hinweis auf die „geringe praktische Relevanz", soll heißen, den vergleichsweise engen Anwendungsbereich des „Angehörigen-Begriffes" in § 52 StPO, der den Kindern nicht einmal gegenüber ihren Pflegeeltern[391], geschweige denn gegenüber dem nichtehelichen Lebenspartner eines Elternteils ein Zeugnisverweigerungsrecht einräumt, ist es faktisch nicht möglich, sich aus der Affäre zu ziehen. Dies hieße nämlich, die schon seit langem schwelende Reformdiskussion um eine Erweiterung des § 52 StPO außer Acht zu lassen. Immer wieder wird auf den Rechtsgrund der Vorschrift verwiesen, auf die Zwangslage des Zeugen Rücksicht zu nehmen, der gleichermaßen der Wahrheit und seinem Angehörigen verpflichtet sei. Weil eine solche psychische Zwangslage aber auch beim Vorliegen anderer Nähebeziehungen, namentlich bei einer nichtehelichen Lebensgemeinschaft oder in Pflegefamilien, entstehen könne, wird ganz zu Recht immer wieder eine Erweiterung des Angehörigenbegriffs dahingehend gefordert, dass auch diese Konstellationen von § 52 StPO mitumfasst werden.[392] Zuletzt haben die *„Alternativ-Professoren"* im AE-ZVR die Notwendigkeit hervorgehoben, auf die tatsächlichen persönlichen Bindungen abzustellen und vorgeschlagen, § 52 Abs. 1 StPO durch die Aufnahme einer weiteren „Nr. 4", die auch demjenigen ein Zeugnisverweigerungsrecht einräumt, der mit dem Beschuldigten in „ehe- oder familienähnlicher oder sonst vergleichbar enger Lebensgemeinschaft lebt", den veränderten realen Lebensbedingungen anzupassen[393]. Gerade weil auch nach der hier vertretenen Auffassung alle Argumente für eine derartige „Anpassung" des § 52 Abs.1 StPO an die sozialen Gegebenheiten sprechen, muss natürlich auch das Zeugnisver-

391 Im materiellen Strafrecht werden Pflegeeltern und -kinder gem. § 11 Abs. 1 Nr. 1 b StGB bereits als Angehörige behandelt.

392 Zur Problematik des Zeugnisverweigerungsrechts bei nichtehelichen Lebensgemeinschaften vgl. die umfassenden Untersuchungen von Konrad, 1986 und Skwirblies, 1990.

393 Vgl. AE-ZVR, S. 37 ff. Wie dringend die Notwendigkeit einer Anpassung an Lebensrealitäten ist, zeigte zuletzt die Debatte um das Zeugnisverweigerungsrecht für gleichgeschlechtliche Lebenspartner (vgl. FR vom 5.8.200) und den entsprechenden Gesetzesentwurf der Bundesregierung, BT-Drs. 14/2117.

weigerungsrecht zumindest als eine theoretische Möglichkeit in Betracht gezogen werden, angesichts familialer Fallgestaltungen den Kindern die Pflicht zu ersparen auszusagen. Es stellt sich somit die Frage, ob nicht überdies schon in dem Umstand, dass ein Minderjähriger durch eine Straftat verletzt wurde, ein eigenständiger Anknüpfungspunkt für ein Zeugnisverweigerungsrecht liegen könnte. Die österreichische Strafprozessordnung sieht genau dies mit ihrem § 152 Abs.l Nr.3 StPÖ vor, der lautet:

„Von der Verbindlichkeit zur Ablegung eines Zeugnisses sind befreit: (...) 3. Personen, die zur Zeit ihrer Vernehmung das 14. Lebensjahr noch nicht zurückgelegt haben und durch die dem Beschuldigten zur Last gelegte strafbare Handlung verletzt wurden, sofern die Parteien Gelegenheit hatten, sich an einer vorausgegangenen gerichtlichen Vernehmung zu beteiligen (§§ 162 a, 247 StPÖ)".

Das Bemerkenswerte an dieser Regelung ist, dass es sich nicht etwa um ein „absolutes", d.h. den gesamten Strafprozess durchziehendes Zeugnisverweigerungsrecht handelt. Sondern es gilt explizit nur dann, wenn zuvor die Beteiligten die Möglichkeit hatten, sich an einer untersuchungsrichterlichen Vernehmung des Zeugen zu beteiligen. Sinn und Zweck des § 152 Abs.l Nr.3 StPÖ ist nämlich gerade nicht, dem Zeugen zu ermöglichen, sich dem Verfahren im ganzen zu entziehen. Vielmehr soll ihm nur der belastende Auftritt in der Hauptverhandlung erspart bleiben.[394] Fraglich ist, ob nicht auch für das deutsche Strafverfahrensrecht eine solche Regelung gegenüber § 255a StPO vorzuziehen wäre.

Auch die „Alternativ-Professoren" haben ursprünglich ein derart „generelles" Zeugnisverweigerungsrecht für Kinder in Betracht gezogen. Die Überlegung wurde sodann aber wieder verworfen, weil dem Beschuldigten die Möglichkeit gegeben werden sollte, sich von den gegen ihn erhobenen Vorwürfen zu entlasten. Diese Begründung mitsamt dem darin versteckt enthaltenen Eingeständnis, bei einem Verzicht auf die Vernehmung des Kindes in der Hauptverhandlung seien die Beschuldigtenrechte nicht zu wahren, überzeugt jedoch nicht.[395] Indem die österreichische Regelung das sogenannte „Entschlagungsrecht" erst entstehen läßt, wenn zuvor auch der Beschuldigte und sein Verteidiger Gelegenheit hatten, sich an der Befragung des kindlichen Zeugen zu beteiligen, beweist sie das genaue Gegenteil.[396] Überdies wird auch im AE-ZVR selbst eine ganz ähnliche Regelung für das Verfahren mit aus persönlichen Gründen nach § 52 AE-ZVR weigerungs-

394 Vgl. Forreger/Kodek, 1994, § 152 Anm. IV, S. 219.

395 Genauer zu den Anforderungen, die mit Blick auf die Rechte des Beschuldigten zu beachten sind, siehe im 4. Kapitel.

396 Diese Regelung würde auch der Regelung in § 255a StPO) gleichen, wenn die Ersetzung auch die ergänzende Vernehmung mitumfassen würde. Zur Vereinbarkeit mit den Beschuldigtenrechten, vgl. im 4. Kapitel.

berechtigten Minderjährigen vorgeschlagen: Hat ein minderjähriger Zeuge ein Zeugnisverweigerungsrecht nach § 52 AE-ZVR inne und ist er nach § 162b AE-ZVR, und das heißt in Anwesenheit des Beschuldigten und seines Verteidigers[397], richterlich vernommen worden, so ist neben der Verlesung nach § 252 Abs.2 AE-ZVR eine ergänzende Vernehmung nach § 244 Abs. 3 AE-ZVR unzulässig. Damit wurde innerhalb von § 244 StPO zur Absicherung ein Beweiserhebungsverbot postuliert.[398]

Ersichtlich stellt damit nicht etwa die Wahrung der Beschuldigtenrechte das eigentlich vordringliche Problem dar, sondern die Regelung des § 252 StPO in ihrer derzeit geltenden Form. Sie führt mit dem weitreichenden Verwertungsverbot dazu, dass, wenn sich das Kind erst in der Hauptverhandlung auf sein Zeugnisverweigerungsrecht beruft, weder die Bild-Tonaufzeichnung noch die Protokolle von früheren Vernehmungen verlesen werden dürften. Darüber hinaus könnte auch die Vernehmungsperson nicht vernommen werden[399], es sei denn, es handelte sich um eine richterliche Vernehmung und das Kind wurde bei der richterlichen Vernehmung über sein Zeugnisverweigerungsrecht ordnungsgemäß belehrt. Dann soll es nach der von der Literatur heftig kritisierten Rechtsprechung ausnahmsweise zulässig sein, im Rahmen der Hauptverhandlung jene Richter als Zeugen (vom Hörensagen) zu vernehmen, die an der früheren Vernehmung mitgewirkt haben.[400] Ansonsten vermag es das Opfer zwar unter Berufung auf sein

397 §162b Abs. 3 AE-ZVR schließt die Anwendung des § 168 c StPO StPO Abs. 4 und Abs. 5 Satz 2 StPO, welche das dem Beschuldigten und seinem Verteidiger nach Abs. 2 zustehende Anwesenheitsrecht einschränken, ausdrücklich aus. Dies wird allerdings wieder dadurch relativiert, dass gem. § 251 Abs. 1 AE-ZVR die Verwendung der Videoaufzeichnung zum Regelfall erklärt werden und die Nachvernehmung nur dann zulässig sein soll, wenn dies „unerläßlich" ist. In § 251 Abs. 1 Satz 2 AE-ZVR wird nun aber ausdrücklich ausgeschlossen, die Unerläßlichkeit damit zu begründen, dass eine der Anwesenheitsberechtigten und auch benachrichtigten Personen nicht anwesend war.

398 Vgl. zu den weiteren Möglichkeiten eines quasi-Beweiserhebungsverbots, legitimiert durch einen grundrechtlichen Abwehranspruch – de lege lata – unter 2.4.

399 Zuletzt BGH NStZ 1996, S. 95 im Zusammenhang mit dem Verbot der Verwertung der Aussage der psychologischen Sachverständigen, die die Glaubhaftigkeit der Erstaussage des Kindes untersucht hatte, das aber nicht über sein Zeugnisverweigerungsrecht belehrt worden war. Vgl. dazu grundsätzlich KlMeyer-Goßner, § 252, Rn. 12 und 13 m.w.N.

400 So schon BGHSt 2, 99 (105/106) sowie inzident auch BGHSt 36, 384 (386) – dort ging es allerdings um die Verwertung von solchen Angaben, die die Stieftochter des wegen des sexuellen Mißbrauchs an der Zeugin zuvor in einem Sorgerechtsverfahren gegenüber einem Sachverständigen gemacht hatte; der BGH hatte in dem konkreten Fall die Verwertung dieser Angaben verneint. Für ein striktes Verwertungsverbot siehe Geppert, 1978, S. 260; Grünwald, Beweisrecht, S. 130; kritisch auch Eisenberg, NStZ 1988, S. 488. Der Streit braucht hier jedoch nicht im einzelnen nachgezeichnet zu werden. Umfassender Überblick aber bei AK-StPO-Meier, § 252, Rn. 8 ff.; K/Meyer-Goßner, § 252, Rn. 14, jeweils mit zahlreichen Nachweisen.

Zeugnisverweigerungsrecht verhindern, nochmals vernommen zu werden, doch muss es damit zugleich auch in Kauf nehmen, dass seine bisherigen Beiträge zur Aufklärung des Sachverhalts und die bislang bereits erlittenen psychischen Belastungen vergeblich waren, eine der Wahrheit entsprechende Entscheidung gar nicht getroffen werden kann und gegebenenfalls sogar ein ungerechtfertigter Freispruch aus einem Mangel an Beweisen vorprogrammiert ist.[401] Da das Gericht nicht einmal befugt ist, das Motiv der Zeugnisverweigerung zu erforschen[402], bleibt das Kind diesbezüglich mit seiner Entscheidung allein gelassen. Vor diesem Hintergrund lautet die Kernfrage, ob der misslichen Situation kindlicher Zeugen dadurch Abhilfe geschafft werden kann, dass dieses Verwertungsverbot aufgehoben wird, wenn sie zuvor bereits einmal – im Beisein des Beschuldigten und seines Verteidigers – ausgesagt haben. Fraglich ist folglich, wie sich § 255 StPO zu § 252 StPO verhält und ob der Grundsatz des § 252 StPO für minderjährige Zeugen durchbrochen werden kann. Erst wenn diese Grundsatzfrage beantwortet ist, läßt sich auch sagen, ob es sinnvoll wäre, den kindlichen Opfern ein eigenes Zeugnisverweigerungsrecht nach dem österreichischen Modell einzuräumen.

Da für die Bild-Tonaufzeichnung bei zeugnisverweigerungsberechtigten Zeugen nach § 255a Abs. 1 StPO die Regelungen zur Protokollverwertung aus § 251 StPO und § 252 StPO gelten, ist nach Geltendmachung eines Zeugnisverweigerungsrechts nur der Richter, der die Vernehmung durchführte, als Zeuge vom Hörensagen vernehmbar. Die Bild-Tonaufzeichnung selbst ist nicht verwertbar, sondern kann lediglich in Form des Vorhalts nach § 253 StPO verwendet werden. Damit erscheint es auf den ersten Blick erforderlich, neben § 255a StPO noch den Weg über eine weitergehende Verwertbarkeit nach Geltendmachung eines Zeugnisverweigerungsrechts zu eröffnen, um auf diese Art und Weise eine umfassende Verwertung der Bild-Tonaufzeichnung zu garantieren. Problematisch hierbei ist, dass § 255a StPO lediglich auf die Regelung der §§ 251 und § 252 StPO verweist und die Verwertung der Bild-Tonaufzeichnung damit explizit nicht unabhängig von § 252 StPO möglich sein soll. Ein zweiter Blick zeigt aber, dass gerade für Opferzeugen unter 16 Jahren eine Ausnahmeregelung geschaffen werden sollte, da gerade dort der Bild-Tonaufzeichnung ein besonderer Beweiswert zugesprochen wurde. Daraus läßt sich quasi spiegelbildlich ableiten, dass auch erleichterte Verwertungsmöglichkeiten erforderlich sind, denn wie sonst soll es möglich sein, der hohen Beweisqualität auch im Verfahren entsprechend gerecht zu werden.

401 Siehe dazu auch Meier, GA 1995, S. 161 ff.

402 K/Meyer-Goßner, § 52, Rn. 16 m.w.N.; BGH StV 1983, S. 353; vgl. ferner BGH NStZ 1989, S. 440 -Verbot der Einwirkung auf den Zeugen; siehe auch BGHSt 6, 279 (280) mit dem ausdrücklichen Hinweis, dass nicht einmal dann, wenn der Zeuge selbst Gründe für die Geltendmachung seines Verweigerungsrechts angibt, diese Angabe verwertet werden darf.

Eine Möglichkeit wäre, trotz des expliziten Verweises von § 255a Abs. 1 StPO auf die eingeschränkte Verwertungsregelung des § 252 StPO diesen Verweis nur auf den ersten Absatz des § 255 a StPO zu beziehen und den zweiten Absatz, der die Sonderregelungen für Opferzeugen unter 16 Jahren enthält, davon auszuklammern. In der Konsequenz wären dann die Verwertungsmöglichkeiten aus § 255a Abs. 2 StPO unabhängig von § 252 StPO zu sehen und ein bestehendes Zeugnisverweigerungsrecht würde einer Verwertung der Bild-Tonaufzeichnung nicht entgegenstehen. Dies wäre aber eine systemwidrige Umgehung eines rechtlichen Beweisverwertungsverbots. Als gangbarer Weg bliebe damit nur die Forderung einer eigenständigen Ausübung des Zeugnisverweigerungsrechts, die den Grundsatz des § 252 StPO für minderjährige Zeugen durchbricht.

Um es gleich vorwegzunehmen: Es ist weder einzusehen, warum es einer solchen neben der vorgeschlagenen Auslegung der Vernehmungshindernisse aus § 251 StPO und noch weiterer vorzunehmenden Konkretisierungen der Vernehmungspflicht bedarf, noch lassen sich Anhaltspunkte dafür finden, die es vorzugwürdig erscheinen lassen, den Weg über das Zeugnisverweigerungsrecht generell zu beschreiten.

Festzuhalten ist, dass sich grundsätzlich der Weg einer Verwertung über § 251 StPO auch für die Zeugen anbietet, die ein Zeugnisverweigerungsrecht innehaben, denn ein bestehendes Zeugnisverweigerungsrecht ist ein „anderes nicht zu beseitigendes Hindernis" i.S. § 251 Abs. 1 Nr. 2 StPO. Dem steht § 252 StPO prinzipiell nicht entgegen, weil sich der Sinn und Zweck dieser Vorschrift darin erschöpft, eine Umgehung des Zeugnisverweigerungsrechts gegen den Willen des Zeugen zu verhindern. Da eine Verwertung nach § 251 StPO keine solche Umgehung gegen den Willen, sondern den Verzicht auf die Vernehmung aus gerade opferschützenden Erwägungen heraus darstellt, ist folglich der Schutzbereich des § 252 StPO nicht tangiert. Verweigert der Zeuge nun aber gar nicht die Aussage, sondern stehen seiner Vernehmung lediglich andere Hindernisse wie beispielsweise eine Krankheit nach den oben skizzierten Kriterien entgegen, dann bleibt es dabei, dass auch seine Aussage über § 251 StPO in die Verhandlung eingeführt werden kann. Es wäre also gar nicht erforderlich, den § 252 StPO zu ändern, sondern es muss lediglich vor der Verwendung des Surrogats gem. § 251 StPO sichergestellt werden, dass der Zeuge auf sein Verweigerungsrecht verzichtet. Insoweit ist es ausreichend, wenn eine schriftliche Erklärung des Zeugen vorliegt.[403] Bei Minderjährigen, die noch nicht im Sinne des § 52 Abs.2 StPO „verstandesreif' sind, müßte dem auch der gesetzliche Vertreter gegebenenfalls ebenfalls schrift-

403 Demgegenüber wurde in BGHSt 25, 176 (177), die Verwertung einer Zeugenaussage gerade deshalb für zulässig erachtet, weil *keine* schriftliche Erklärung des Zeugen vorlag.

lich zustimmen. Dass die Ausübung des Aussageverweigerungsrechtes normalerweise den Zeugen nicht von der Pflicht entbindet, zu *erscheinen*[404], steht dem in diesem Fall nicht entgegen, weil es bei § 251 StPO ja gerade darum geht, eben dies zu verhindern. Doch nicht allein aus diesen „praktischen" Erwägungen heraus ist der Vorschlag, § 252 StPO im Hinblick auf minderjährige Zeugen zu durchbrechen, abzulehnen. Es wäre eh ein krasser Widerspruch innerhalb der Rechtsordnung, wenn einerseits auf die Verstandesreife des Minderjährigen abgestellt würde und ihm zugebilligt würde, allein über den *Verzicht* auf sein Zeugnisverweigerungsrecht zu entscheiden, andererseits aber das Gericht die Möglichkeit hätte, sich über dessen *Ausübung* hinwegzusetzen, indem es etwa in Anwendung des § 252 Abs.2 AE die früheren Vernehmungsprotokolle verlesen ließe. Natürlich wird auch hier die Gefahr übersehen, dass das Kind durch Familienangehörige und Dritte einer besonderen Einflussnahme für eine Inanspruchnahme des Zeugnisverweigerungsrechtes ausgesetzt sein kann.[405] Traut man einem Minderjährigen jedoch zu, allein hierüber zu befinden, so muss diese Entscheidung bereits in der Normierung des Zeugnisverweigerungsrechts gem. § 52 StPO selbst fallen und nicht etwa erst am Ende des Verfahrens in der Hauptverhandlung zur Disposition reiner Zweckmäßigkeitserwägungen gestellt werden.[406] Aus dem gleichen Grunde ist aber auch der genau in die umgekehrte Richtung zielende Vorschlag von *Geppert*[407] abzulehnen, jedenfalls erwachsene Zeugen nach einer entsprechenden Belehrung und richterlichen Vernehmung prinzipiell an ihrer Aussage festzuhalten. Wenn es letzthin also um die Ersetzung und Verwertung einer Aussage geht, die Kinder bereits im Ermittlungsverfahren gemacht haben, so wäre es unangemessen hierfür, ausgerechnet den gekünstelten Weg der „Verweigerung" zu wählen, geht es doch gerade darum, die „Früchte" der bisherigen Mitwirkung des betroffenen Kindes an dem Verfahren zu ernten. Nicht etwa die Reichweite des jeweiligen Zeugnisverweigerungsrechts mitsamt seinem Verwertungsverbot gem. § 252 StPO ist schließlich des Übels Wurzel, sondern Ursache der Belastungen ist die prinzipiell unbegrenzte Aussagepflicht der Kinder.[408] Eine Lösung, die daher einerseits an dem bestehenden Ausnahmegrund „Zeugnisverweigerung" ansetzt, diese aber andererseits mit einer Unterausnahme versehen und relativieren wollte, erschiene nicht nur umständlich – und auch systemwidrig –, sondern würde auch der spezifischen Sache nicht gerecht. Als Mittel des Opferzeugen-

404 Vgl. BGHSt 21, 12 (13).
405 Aus diesem Grunde wurde auch früher schon einmal die Einführung eines solchen „Zeugnisverweigerungsrechtes aus Opferschutzgründen" abgelehnt, vgl. BR-Drs. 348/74, S. 17.
406 Ähnlich auch AK-StPO-Meier, § 252, Rn. 11.
407 Geppert, Oehler-FS, S. 329, Fn. 24.
408 Vgl. dazu die Debatte um die Zeugenpflicht im zweiten Kapitel unter 2.2.

schutzes ist die Durchbrechung des § 252 StPO demnach denkbar ungeeignet.[409] Hervorgehoben sei noch, dass eine Ersetzung über § 251 Abs. 2 StPO, der eine Verwertung der Erstvernehmung dann vorsieht, wenn das Kind aus einem anderen Grund in absehbarer Zeit nicht vernommen werden kann, bei Geltendmachung eines Zeugnisverweigerungsrechts im übrigen nicht möglich ist, da rechtliche Gründe von § 251 Abs. 2 StPO nicht erfasst sind[410] und darüber hinaus dies eine Durchbrechung des § 252 StPO darstellen würde.

Ehrlicher wäre es dann allenfalls noch, nicht das Zeugnisverweigerungsrecht, sondern umgekehrt die Zeugenpflicht zu relativieren, wie es bereits in Ansätzen innerhalb der skizzierten Entwürfen zum Ausdruck kam.[411] Mit einer Einschränkung der Zeugenpflicht wäre aber noch kein Beweiserhebungsverbot postuliert, sondern lediglich die Art und Weise des Aufklärungsgebots relativiert. In diesem Zusammenhang scheint der bereits skizzierte Vorschlag der Alternativprofessoren, die direkt als Einschränkung der Aufklärungspflicht ein klares Beweiserhebungsverbot postulieren, vorzugswürdig. Demnach darf nach § 244 Abs. 3 AE-ZVR ein Zeuge unter 16 Jahren dann nicht in der Hauptverhandlung vernommen werden, wenn eine Bild-Tonaufzeichnung seiner richterlichen Vernehmung vorliegt.[412] Eine solche Beweisaufnahme wäre unzulässig. Damit sollte gleichzeitig gesichert werden, dass der Schutz des Zeugen nicht durch das Beweisantragsrecht unterlaufen werden kann. Die dadurch entstehende Kollision mit den Beweisantragsrechten wird noch an anderer Stelle zu untersuchen sein.[413] Festzuhalten bleibt, dass der Weg, über ein Zeugnisverweigerungsrecht des Kindes zu einer Ersetzung der erneuten Vernehmung zu gelangen, nicht praktikabel ist und auch aus der systematischen Stellung von §§ 255a StPO zu § 252 StPO abzulehnen ist. Zu befürworten ist vielmehr eine konkrete Einschränkung der Aufklärungspflicht im Rahmen von § 244 Abs. 2 StPO.

409 Ähnlich auch AK-StPO-Meier § 252 Rn. 11.

410 BGH NJW 84, 136; NStZ 84, 211; LG Düsseldorf MDR 81, 249; KK-Mayr Rn. 26. Dies würde nach der hier vertretenen Auffassung auch einen Systemwiderspruch zu §§ 52, 252 darstellen. Vgl. zur a.A.: Meyer MDR 77, 543; Dölling NStZ 88, 6; Meyer JR 87, 522; Mitsch JZ 92, 174. Sie schlagen alle eine Ausweitung des § 251 Abs. 2 auch auf rechtliche Hindernisse vor, jedoch ist im Systemzusammenhang eine Regelung innerhalb von § 244 Abs. 2 StPO wie sie der AE-ZVR vorschlägt überzeugender da insgesamt konsequenter und die Gefahr eines Unterlaufens durch das Beweisantragsrecht verhindert wird, vgl. dazu ausführlich unter III.

411 Vgl. den Vorlauf der Neuregelung und die verschiedenen Entwürfe im 2. Kapitel, II. Konkret ließe sich dies etwa dadurch erreichen, dass man in Anlehnung an die österreichische Regelung festlegt: *„Unter 16 jährigen Personen, die die Verletzten der Tat sind, sind nicht verpflichtet in der Hauptverhandlung auszusagen, wenn zuvor eine richterliche Vernehmung nach § 163 e StPO erfolgte."*

412 Vgl. AE-ZVR, S. 114.

413 Siehe zu dieser Problemstellung ausführlich unter III.

Da die erneute Vernehmung einen Grundrechtseingriff darstellt, ist im Folgenden neben dieser vorgeschlagenen Lösung de lege ferenda nach weiteren Lösungsansätzen und Konturen der Aufklärungspflicht zu suchen, deren Ausgangsfrage auf den Punkt gebracht lautet: Reicht ein grundrechtlicher Abwehranspruch so weit, dass er ein Beweiserhebungsverbot begründen kann ?

2.4 Grundrechtlicher Abwehranspruch

2.4.1. Grundrechtseingriff Vernehmung

Auch eine drohenden Grundrechtsverletzung des Kindes kann den Verzicht auf eine erneute Vernehmung begründen und zwar dann, wenn sie in den grundrechtlich geschützten Bereich der privaten Lebensgestaltung (Art 1 Abs. 1 Art 2 Abs. 1 GG) des Kindes eingreift.[414] Fest steht, dass es für die Mehrzahl der kindlichen Opferzeugen in der Regel verunsichernd und belastend ist, in das Strafverfahren involviert zu sein.[415] Durch die erneut anstehende Vernehmung ist es den Opferzeugen nicht möglich, zur Ruhe zu kommen und die therapeutische Aufarbeitung des Geschehens wird erschwert. Dadurch sind sie über diesen Zeitraum, in dem sie mit der Gewissheit der erneuten Vernehmung und der Ungewissheit über den genauen Zeitpunkt und Ablauf leben, häufig Angstzuständen ausgesetzt und leiden in erhöhtem Maße auch unter Schlafstörungen, psychosomatischen Beschwerden und Unsicherheiten sowie depressiven Verstimmungen.416 Vor der Vernehmung selbst nehmen die Beschwerden häufig zu und es kann zu Appetitlosigkeit, Antriebsschwäche, Motivationsverlust und Depressionen kommen.[417] Während der erneuten Vernehmung nach einem meist größeren Abstand zur ersten Vernehmung tritt häufig ein „Kumulationseffekt" dieser Symptome ein und die Kinder fühlen die Belastungen erneut um ein vielfaches stärker. Fraglich ist, inwieweit nun dieser in der Vernehmung liegende Grundrechtseingriff konkret ein Abwehrrecht in Form eines Beweiserhebungsverbot begründen kann.[418]

414 Vgl. auch Schlüchter, 1983, Rn. 4.2.

415 Siehe beispielsweise Schilderungen bei Fastie, 1994, S. 12 ff.; Kirchoff, 1994, S. 89 ff.; Volbert/ Pieters, 1993, S. 7; Volbert/ Busse, 1996, S. 13. Die Autoren merken ferner an, dass regelmäßig die Gefahr der Sekundärviktimiserungen, verbunden mit langfristigen Beeinträchtigungen durch die Vernehmung droht.

416 Vgl. ausführlich die im 2. Kapitel zitierten Untersuchungen; ferner Saywitz/Snyder, 1993, S. 117–145.

417 Siehe neben den im zweiten Kapitel skizzierten umfangreichen Untersuchungen auch Poole, 195, S. 129–154; Cabanis, 1972, S. 629 ff.

418 Zur Begrifflichkeit von selbständigen (primären) und unselbständigen (sekundären) Beweisverboten, vgl. Volk, 1999, S. 208 ff.; Grünwald, 1993, S. 155; Grünwald, JZ 1966, S. 489 ff.

Grundsätzlich kann ein Beweiserhebungsverbot sowohl bestimmte Beweismittel, bestimmte Beweisthemen oder bestimmte Beweismethoden betreffen. Folglich kann es auch untersagt sein, sich bestimmter Beweismittel – wie eines erneuten Zeugenbeweises – zu bedienen oder bestimmte Methoden – erneute unmittelbare Befragung in der Hauptverhandlung – bei der Beweiserhebung anzuwenden.[419] Dabei muss eine solche unzulässige Beweiserhebung nicht ausdrücklich normiert sein, sondern kann sich durch Auslegung der betreffenden Norm in Verbindung mit den anderen hereinspielenden Rechtssätzen ergeben, sodass eine Grundrechtsverletzung für ein Beweiserhebungsverbot ausreichen kann. Übertragen auf die Situation kindlicher Zeugen kann ihnen folglich auch ein grundrechtlicher Abwehranspruch gegenüber der erneuten Vernehmung zustehen, wobei die Grenzen, die die Grundrechte der Beweiserhebung hier setzen können, sehr umstritten sind[420].

So stellte der BGH in seiner früher vertretenen Rechtskreistheorie darauf ab, ob die „Verletzung den Rechtskreis des Beschwerdeführers wesentlich berührt oder ob sie nur von untergeordneter Bedeutung ist“[421], während die Literatur vorrangig auf den Schutzzweck der Norm abstellte[422], die aber bei Grundrechtsverletzungen zu kurz griff, da dort gerade kein fehlerhaftes Vorgehen prozessualer Normen, sondern eben Verletzungen von Grundrechtsverletzungen vorlagen.

419 *Vgl. BVerfGE 44, 353, 374; 46, 214, 222; 51, 324, 344; 74, 257, 262; vgl. auch BVerfGE 33, 367, 383; 34, 238, 248; 77, 65, 76; siehe auch BGH 14, 358 StPO, 365;31, 304,309, vgl. auch BVerfGE 34, 238, 247 StPO und BVerfG StV 199, 1,2). Andererseits ist auch zu Bedenken, dass Beweisverbote die Möglichkeit der Wahrheitserforschung beeinträchtigen (BGH 28, 122, 128; 37, 30, 32) und dass der Staat nach der Rechtsprechung des Bundesverfassungsgerichts von Verfassungs wegen eine funktionstüchtige Strafrechtspflege zu gewährleisten hat, ohne die Gerechtigkeit nicht verwirklicht werden kann.* Zu berücksichtigen ist, dass die einzelnen Verbote nach Schutzzweck, Inhalt, Umfang und Tragweite verschieden sind und die Einteilung der Beweisverbote (hier im weiten Sinn gemeint als alle Art von Regeln, welche eine bestimmte Art von Beweiserhebung unzulässig machen) im Schrifttum nicht einheitlich ist. Insbesondere hat sich noch keine einheitliche Bezeichnung durchgesetzt, so dass jeweils zu prüfen ist, was der einzelne Verfasser unter der von ihm gewählten Bezeichnung versteht.

420 Ganz gleich, welche Einteilung gewählt wird, es wird immer bei jedem einzelnen Verbot nach seinem Zweck und seiner gesetzlichen Ausgestaltung zu ermitteln sein, welcher Inhalt und welche Tragweite ihm beikommt, was in der logischen Konsequenz einen Streit um Auslegungsfragen bedeutet.

421 BGHGrS 11, 213,215; 38, 214,220.

422 Grünwald, 1993, S. 155; Rudolphi MDR 1970, 93; KMR-Paulus § 244 Rn. 516; Frisch Rudolphi-Symposium, S. 182. Ihre Schwäche liegt auch darin, dass man sich über den Schutzzweck der Norm nicht immer einig sein kann. Für das große Gebiet der selbständigen Erhebungs- und Verwertungsverbote ist ein weiterer Ansatz erforderlich.

Die inzwischen überwiegend vertretene Abwägungslehre[423] hingegen vergleicht einerseits das Interesse an Wahrheitsfindung und effektiver Strafrechtspflege, die Straftat und die Schwere des Vorwurfs, andererseits die Bedeutung des verletzten Interesses und, falls ein Verstoß gegen eine Verfahrensvorschrift vorliegt, dessen Gewicht. Hierbei wird der Gedanke des Schutzzwecks als wesentlicher Posten miteinbezogen und weiter gefasst, d.h. auch Grundrechtsverletzungen werden hierbei relevant. Insgesamt wird folglich eine Verhältnismäßigkeitsprüfung angestrengt[424]:

Bei der Prüfung, ob Beweiserhebung als unverhältnismäßig zu bewerten ist, ist aber die den Beweisverboten zugrundeliegende Prämisse, dass es keine Wahrheitserforschung um jeden Preis geben darf[425], weiter zu konkretisieren und aus den im zweiten Kapitel dargelegten Prämissen in den Grundsatz umzudeuten, dass es keine Wahrheitserforschung ohne die Berücksichtigung von Opferzeugeninteressen geben kann.[426] Dies bedeutet in der Konsequenz, dass nicht trotz[427], sondern gerade wegen des hohen Rangs, den eine funktionstüchtige Strafrechtspflege und die Aufklärung der Straftaten im Rechtsstaat einnimmt, gerade aus dem Rechtsstaatsprinzip folgt, dass ihre Belange nicht nur hinter höherrangigen Privat- oder Gemeinschaftsinteressen zurückstehen müssen, sondern gerade eine Berücksichtigung dieser Interessen die Voraussetzung einer funktionstüchtigen Strafrechtspflege schafft. Ein Paradigmenwechsel, dessen Notwendigkeit sich u.a. auch daraus ergibt, dass ein Strafverfahren seinen Schutzzweck verfehlen würde, wenn es, um eine Wertverletzung aufzudecken und zu sühnen, andere Gemeinschafts- oder Individualwerte wie die Interessen von Opferzeugen unbegrenzt verletzen oder zerstören dürfte.

Festzuhalten bleibt vorerst, dass die erneute Vernehmung des Kindes dann als unzulässig anzusehen ist, wenn die in ihr liegenden Belastungen so stark in die Grundrechte eingreifen, dass diese Eingriffe als unverhältnismäßig zu bewerten sind. Entsprechende Maßstäbe für die Unverhältnismäßigkeit einer erneuten Vernehmung gilt es im Folgenden zu entwickeln, wobei auch die Möglichkeiten der Videovernehmung in die Erwägungen miteinzubeziehen sein werden.

423 Vgl. für alle Rogall ZStW 91 (1979), 31, BGH 38, 214,219; BGH 19, 325,329;27, 335,357;31, 304,307;35, 32,34;37, 30, 32.

424 Hierzu gehört insbesondere, ob die verbotswidrige Erlangung des Beweises ein Verwertungsverbot auslöst, sowie, ob ein Verwertungsverbot „Fernwirkung" hat, also nicht nur die Verwertung des unzulässig gewonnenen Beweisergebnisses selbst ausschließt, sondern auch die Verwertung anderer Beweismittel, deren Gewinnung durch den unzulässigen Vorgang ermöglicht oder erleichtert worden ist. Die Fragen sind im einzelnen sehr strittig, vgl. dazu BGHSt 29 23; LR-Gollwitzer § 244 Rdn. 201 ff.; Gössel NJW 1981, S. 649; Rupp Gutachten für den 56. DJT, I 3 A, 167 ff.; BVerfGE 33, 367; Rogall ZStW 91 [1979] 5.

425 BVerfGE 22 132;36 187;38 121.

426 Vgl. die Begründungsmuster im einzelnen im 2. Kapitel III.

2.4.2. Verhältnismäßigkeitsgrundsatz

Grundsätzlich legt der Verhältnismäßigkeitsgrundsatz die Wahrung einer angemessenen Relation von Mittel und Zweck fest.[428] Für die erneute Vernehmung[429] ergeben sich aus diesem im Rechtsstaatsprinzip verankerten Gerechtigkeitsgebot, dass sie nur durchgeführt werden darf, wenn sie „.... *zur Erreichung des angestrebten Zweckes geeignet und erforderlich ist und der mit ihr verbundene Eingriff nicht außer Verhältnis zur Bedeutung der Sache und der Stärke des bestehenden Tatverdachts steht.*"[430]

a) Zwecktauglichkeit

Dabei versteht das Bundesverfassungsgericht das Verhältnismäßigkeitsprinzip in einem weiten sowie in einem engen Sinn: Bei der Verhältnismäßigkeitsprüfung im weiten Sinn muss eine Maßnahme immer *geeignet* sein, d.h. zwecktauglich sein. Dies wird bejaht, „wenn mit seiner Hilfe der gewünschte Erfolg gefördert werden kann".[431] Dabei darf es ex ante gesehen nicht „obj." bzw. „schlechthin" untaug-

427 KMR-Paulus § 244 Rn. 13.

428 BVerfGE 27, 211, 219; 30, 1 ff.

429 Vgl. BVerfGE 19, 343 = NJW 1966, 344. Als ein Prinzip mit Verfassungsrang ist es auch da zu berücksichtigen, wo es einfach-gesetzlich nicht ausdrücklich angeordnet ist. wie etwa in §§ 111 I, 2 oder 120 I 1 StPO.

430 BVerfGE 27, 219 = NJW 1970, 506. An der Erstreckung des Verhältnismäßigkeitsgrundsatzes auch auf die Maßnahmen des Strafprozeßrechts hat vor allem Eb. Schmidt, Kommentar I/II, Einl. Rn. 13, leidenschaftliche Kritik geübt. Sie führe zu einem *„subjektiv gefühlsmäßigen, völlig unkontrollierbaren, irrationalen Dezisionismus"*, zur *„Auflockerung und Erweichung prozessualer Formen"* und damit zur Unsicherheit des Richters bei der Handhabung prozessualer Möglichkeiten, da er niemals darauf vertrauen könne, dass der Strafprozeßgesetzgeber bei der gesetzlichen Festlegung ihrer Voraussetzungen schon selbst dem Prinzip der Verhältnismäßigkeit Rechnung getragen habe. Dem ist entgegenzuhalten, dass die Anwendung des Rechts, und selbstverständlich auch des Strafprozeßrechts, übergeordnete Prinzip der Verhältnismäßigkeit aus dem Rechtsstaatsprinzip innewohnenden Gerechtigkeitsgebot entspringt und daher bei der Anwendung des Rechts und natürlich auch des Strafprozeßrechts immer ausgleichend einzugreifen hat. Daraus ergibt sich dass die prozessualen Bindungen, die die gesetzliche Festlegung der strafprozessualen Möglichkeit der strafenden Staatsgewalt selbst und den anderen Prozeßbeteiligten auferlegt, nicht Selbstzweck, sondern *Mittel zu einer verfassungsangepaßten Verfahrensordnung* sind. Ebenso wie es unzulässig ist, sie als bloße Formalität zu einer zweckmäßigeren, wirksameren Verfahrensgestaltung willkürlich außer acht zu lassen oder abzuändern, so wäre es umgekehrt verfehlt, sie absolut zu setzen, d. h. nicht zu beachten, dass sie als Verkörperungen des Rechtsstaatsprinzips mit anderen Prinzipien in Widerstreit geraten können und dieser Widerstreit daher ausgeglichen werden muß, so KMR-Paulus Einl. II Rn. 8 ff.

431 BVerfGE 30, 292, 316; 33, 171, 187, m.w.N.

lich bzw. ungeeignet sein und der Richter hat einen weiten Beurteilungsspielraum.[432] Zwar ist der Beweiswert einer erneuten Vernehmung des Kindes stark eingeschränkt, diese Einschränkung führt aber aus einer ex ante-Betrachtung heraus nicht zu einer „absoluten Zweckuntauglichkeit“ für eine weitere Sachaufklärung im obigen Sinne, da die hier gestellten Anforderungen an eine Zwecktauglichkeit sehr niedrig anzusetzen sind. So reicht es aus, wenn der Beitrag einer erneuten Vernehmung zur Sachaufklärung überhaupt *objektiv* möglich wäre. Dies ist, wie bereits oben skizziert wurde, sehr zweifelhaft, jedoch ist hier keine Beweiseignungsprüfung im obigen Sinne anzustellen, da es auf die konkrete subjektive Möglichkeit nicht ankommt. Entscheidend ist lediglich die rein abstrakte Eignung und nicht die hypothetische Möglichkeit, d.h. die Beweiseignung des Beweismittels. Daher könnte eine erneute Vernehmung hier durchaus noch als zwecktauglich zu bewerten sein.

b) Erforderlichkeit und Video-link Verfahren

Darüber hinaus muss das Mittel „notwendig“ i.S. von *erforderlich* sein, was dann zu bejahen ist, falls „nicht ein anderes, gleich wirksames, aber das Grundrecht nicht oder doch weniger fühlbar einschneidendes, milderes Mittel hätte gewählt werden können“.[433] In der hier zu untersuchenden Fallkonstellation stellt die Verwertung der konservierten Erstvernehmung und der Verzicht auf eine weitere Vernehmung in jedem Fall ein solches milderes Mittel gegenüber einer erneuten Vernehmung dar, während die Bewertung einer Vernehmung per video-link Verfahren als milderes Mittel zu bezweifeln ist, da es in jedem Fall auch eine erneute Vernehmung bedeutet. Unabhängig davon ist aber auf ein milderes Mittel nur zurückzugreifen, wenn auch der weitergehende Eingriff am Regelungszweck gemessen keinen besseren Erfolg verspricht.[434] Die Erforderlichkeit der erneuten Vernehmung wäre demnach nur zu verneinen, wenn sie keine bessere Sachaufklärung bietet, d.h. die konservierte Vernehmung im Beweiswert einer erneuten Vernehmung mittels des video-link Verfahrens nach § 247 a StPO zumindest gleichzusetzen wäre. Da dieser beweisrechtliche Vergleich die Option voraussetzt, dass eine Vernehmung per video-link im Regelfall durchgeführt wird, sind vorab die Möglichkeiten des video-link Verfahrens näher zu betrachten.

432 BVerfGE 16, 147, 181; 17, 306, 317; 19, 119, 126 ff.; 30, 250, 262; 30, 393, 316. Zur völligen Nichteignung sowie von Bedeutung im Rahmen von § 244 III, vgl. unter III, 1.1.

433 Vgl. BVerfGE 30, 299, 316; ähnl. BVerfG NJW 1978, 1049, 2237; vgl. bereits RG 14, 189, 195: „Kann die Maßregel nicht umgangen werden, ist die schonendste Form zu wählen“.

434 BVerfGE 77, 84, 106; 81, 156,193;90, 145, 173.

aa) video-link Verfahren nach dem englischen Modell

Das video-link Verfahren nach § 247 a StPO sieht eine Vernehmung des Kindes in Abwesenheit der Verfahrensbeteiligten vor. Dabei befindet sich das Kind an einem „anderen Ort" und der Richter bleibt während der Vernehmung im Sitzungssaal und ist über eine wechselseitige Video-schaltung mit dem Kind verbunden. Zwar geht dieses sog. englische Vernehmungsmodell in der Form nicht eindeutig aus dem Wortlaut hervor, nach der Begründung[435] soll es aber gegenüber dem ursprünglich diskutierten Mainzer Vernehmungsmodell, bei dem sich der Richter mit dem Kind im Nebenzimmer befindet und die Vernehmung in den Hauptverhandlungssaal übertragen wird, vorzugswürdig sein. Das Mainzer Modell wurde vor allem wegen rechtlicher Bedenken aus § 226 StPO abgelehnt, der eine ununterbrochene und gleichzeitige körperliche sowie geistige Anwesenheit des Vorsitzenden in der Hauptverhandlung verlangt. [436] Ferner wurde kritisiert, dass der Vorsitzende bei dieser Verfahrensweise keine Möglichkeit habe, der Verhandlung zu folgen und sich einen Eindruck von dem Prozessverhalten der übrigen Beteiligten und vor allem der Reaktionen des Angeklagten auf die Bekundungen des kindlichen Zeugen zu machen.[437] Dieses Argument greift jedoch nicht ein, da es allein von der technischen Ausgestaltung der Zwei-Wege Schaltung abhängt, in welchem Maße der Richter diesen Reaktionen folgen kann. So wäre es denkbar, einen Monitor im Rücken des Kindes zu installieren, der es dem Richter ermöglicht, die Reaktionen aller Verfahrensbeteiligten zu verfolgen.[438] Eine andere Frage ist die, inwieweit er während der Vernehmung des Kindes überhaupt dazu fähig ist alle Reaktionen mitzubekommen. Da sich dieses Problem aber bei jeder „normalen" Vernehmung ebenfalls stellt, steht es einer Videovernehmung nach dem Mainzer Modell nicht entgegen. Ferner wurde gegen das Mainzer Modell eingewendet, dass die Kommunikationsstruktur im Nebenzimmer nicht ausreichend verfolgbar sei und dadurch Revisionsgefahren schaffe. So könnten die Reaktionen des Richters und mögliche Beeinflussungsversuche des Kindes nicht ausreichend sichtbar sein und darüber hinaus bestehe durch die persönliche Nähe immer die Gefahr, dass der Richter als befangen anzusehen sei. Es darf aber nicht außer Acht gelassen werden, dass der Schaffung einer Vertrauensatmosphäre durch den Richter immer Grenzen gesetzt sind, unabhängig von der Vernehmungsart, da er sich generell nicht dem Vorwurf der Befangenheit aussetzten darf. Dass

435 Vgl. BT-Drs. 13/7165, S. 10.

436 KMR-Paulus § 226 Rn. 3; K/Meyer-Goßner, § 226 Rn. 2; SK-Schlüchter § 226 Rn. 4.

437 Vgl. dazu auch Meier, RdJB 1996, S. 455 und Janssen, StV 1996, S. 125.

438 Vgl. dazu auch die bundesweiten Handreichungen des BJM, www.bmj.de.

bei einer opferzeugenorientierten Vernehmungsweise, die auf den persönlichen und nicht ausschließlich über die Technik vermittelten Kontakt setzt, gerade ein erhöhtes Revisionsrisiko bestehen soll, ist nicht ersichtlich. Dieses Argument zeigt vielmehr, wie schnell eine opferzeugenorientierte Vernehmungsweise mit einer Befangenheit gleichgesetzt wird und der Wahrheitsfindung damit gerade entgegenstehen soll. Auch hier muss erneut darauf hingewiesen werden, dass gerade das Gegenteil der Fall ist: Erst wenn eine Vertrauensatmosphäre geschaffen wird, sind möglichst unbefangene Vernehmungen möglich. Das Argument der Revisionsgefahr bei einem „zuviel" an Opferzeugenschutz verdeutlicht erneut die Gratwanderung, auf der sich Richter bei der Vernehmung von kindlichen Opferzeugen befinden. Der Gefahr, dass unentdeckte Suggestionen und Manipulationen seitens des Richters stattfinden, kann aber sehr einfach dadurch begegnet werden, dass eine Kamera auf den Richter und eine weitere auf das Kind parallel geschaltet wird.

Problematisch bleibt hingegen die erforderliche Vertretungsregelung des Vorsitzenden innerhalb des Mainzer Modells, denn während der Vernehmung müßte sein Vertreter die Verhandlungsleitung im Sitzungssaal übernehmen und eventuelle Beanstandungen und Anträge an den Vorsitzenden übermitteln. Da dies nur per Ohrknopfschaltung geschehen kann, ist der Richter erstens immer wieder während der Vernehmung abgelenkt und das Kind bekommt dies mit. Ist gar ein Beschluss erforderlich, muss der Richter die Vernehmung unterbrechen und in den Sitzungssaal zurückkehren. Der Nutzen der opferzeugenschonenden Vernehmung ist hier auf den ersten Blick in Frage zu stellen, da das Kind während dieser Zeit verharren und abwarten muss. Es ist daher in jedem Fall notwendig, dass immer eine Vertrauensperson anwesend ist, die diese Unterbrechungszeiten mit überbrückt. Da sich dieses Problem der Unterbrechungen aber ebenso bei dem englischen Modell stellt, ist dies nicht als tatsächlicher Nachteil zu bewerten. Schwieriger zu beantworten ist allerdings die rechtliche Vertretungsfrage innerhalb des Mainzer Modells.[439] Grundsätzlich ist es schon nicht zulässig, dass der Vorsitzende die ihm obliegende Aufgaben der Verhandlungsleitung an andere auch nur vorübergehend überträgt.[440] Vereinzelt wurde – de lege ferenda – im Vorfeld der Neuregelung vorgeschlagen, ausdrücklich innerhalb von § 238 StPO festzulegen, dass der Stellvertreter die Verhandlungsleitung im Sitzungssaal über-

439 Dahs, NJW 1996, S. 178; Jansen, StV 1996, S. 214; Geppert, Jura 1996, S. 5554; Meier, RdJB 1996, S. 455; Strate, StraFO, S. 4.

440 LR-Gollwitzer § 238 Rn. 15; KK-Trier § 238 Rn. 1; K/Meyer-Goßner § 238 Rn. 8; RGSt 9, 310(317),; offengelassen aber in BGH MDR 1994, S. 764 für einen Fall, in dem der Vorsitzende immerhin noch als Beisitzer an der Verhandlung teilnehmen konnte.

nimmt.[441] Was die bloßen sitzungspolizeilichen Befugnisse anbelangt, erscheint dies auch praktikabel. Doch stellt sich hier nach wie vor die Frage, wem die sonstigen Befugnisse zustehen sollen. Von besonderer Bedeutung ist hier die Befugnis, eine kürzere Unterbrechung nach § 228 Abs. 1 StPO anzuordnen, welche mit jeder Beanstandung bzw. Antragstellung erforderlich wäre. Soll diese Anordnung nun der Vorsitzende per Telefon treffen können? Eine Bundesratsinitiative des Landes Rheinland-Pfalz versucht hier Klarheit zu schaffen und fordert innerhalb von § 247 a StPO eine neue Regelung des Mainzer Modells, die auch klar die Vertretungsbefugnisse und den Ablauf neu regeln soll.[442] Damit wurde auf die bisher vorliegenden rechtstatsächlichen Umfragen reagiert, die allesamt die in England erzielten positiven Ergebnisse einer Kommunikation über den Bildschirm nicht bestätigen konnten.[443] Unabhängig von dieser Regelung de lege ferenda ist aber zu berücksichtigen, dass auch eine Vernehmung nach dem Mainzer Modell immer eine erneute Vernehmung bedeutet und ein Verzicht nach wie vor die opferorientierteste Lösung ist. Hinzuweisen ist ferner noch darauf, dass die Chancen dieser Reform nicht abzuschätzen sind und lediglich den konkreten Ablauf, nicht aber die Voraussetzungen ihrer Anwendung im Einzelnen betreffen.

441 Vgl. BT-Drs. 13/34983, Regelungsvorschlag eines § 241 StPO b: „Ist ein erheblicher Nachteil für das Wohl eines zeugen unter 16 Jahren durch die Vernehmung in Gegenwart der in § 240 Abs. 1 und Abs. 2 bezeichneten Person zu befürchten, so kann das Gericht anordnen, dass die Vernehmung in einem besonderen Raum durchgeführt wird. Die Vernehmung wird in diesem Fall zeitgleich durch Bild- und Ton in den Sitzungssaal übertragen. Der Vernehmende muß durch eine Tonübertragungsanlage vom Sitzungssaal aus erreichbar sein. § 241 StPO a findet Anwendung Führt der Vorsitzende die Vernehmung nach Abs. 1 durch, so übernimmt dessen Vertreter (§ 21f Abs. 2 des Gerichtsverfassungsgesetzes) oder der zugezogene Richter (§ 29 Abs. 2 Satz 1 des Gerichtsverfassungsgesetzes) die Leitung der Verhandlung im Sitzungssaal, soweit der Vorsitzende hieran durch seine Anwesenheit im Vernehmungszimmer gehindert ist. Dieser Vorschlag geht unmittelbar auf einen Entwurf des Landes Rheinland-Pfalz zurück, vgl. Böhm, ZRP 1996, S. 260.

442 Vgl. in diesem Zusammenhang den rheinland-pfälzischen Antrag zur Ergänzung von § 247 StPOa, der das Mainzer Modell auch für die Hauptverhandlung vorsieht. Diesem Antrag wurde bei den Beratungen des Entwurfs eines Gesetzes zur Änderung der Strafprozessordnung (Gesetz zur Stärkung der Verletztenrechte) – BR-Drs. 507/99 – im Unterausschuss des Rechtsausschusses des Bundesrates am 5.9.2000 zugestimmt.

443 Vgl. Anfrage des Justizministeriums Rheinland-Pfalz an die Gerichte und Staatsanwaltschaften im Jahr 1999. Ferner Anfrage der CDU-Fraktion im Landtag Rheinland-Pfalz vom 3.4.1998, LT-Drs. 12/3156.

bb) dringende Gefahr eines schwerwiegenden Nachteils

Die Videosimultanübertragung kann einschränkend nur angewendet werden, wenn die *dringende Gefahr eines schwerwiegenden Nachteils für das Wohl des Zeugen* besteht, während er in Gegenwart der in der Hauptverhandlung Anwesenden vernommen wird. Systematisch knüpft die Regelung des § 247 a StPO dabei an die des 247 StPO, geht aber über dessen Voraussetzungen hinaus: § 247 StPO a StPO setzt nicht nur eine „Gefahr für das Wohl des Zeugen", sondern eine *„dringenden Gefahr eines schwerwiegenden Nachteils für eine Person unter 16 Jahren"* voraus, wobei die Gefahr nicht wie bei § 247 StPO nur von der Gegenwart des Angeklagten ausgehen muss, sondern alle Anwesenden in der Hauptverhandlung erfasst. So wird gerade die Situation von Kindern angemessen berücksichtigt, die durch die große Zahl der Erwachsenen im Saal meist eingeschüchtert sind. Für die Frage, wann nun die Gefahr eines schwerwiegenden Nachteils vorliegt, kann auf Ausführungen zu § 168e StPO verwiesen werden, da die gleichen Voraussetzungen gelten: Die Gesundheitsbeeinträchtigung muss auch hier darauf beruhen, dass der Zeuge mit den übrigen Verfahrensbeteiligten – in der Hauptverhandlung – konfrontiert wird. Bei Kindern sind vor allem angstneurotische Erscheinungen zu befürchten, wenn sie vor einer großen Anzahl von Leuten aussagen müssen. Anzeichen eines gehemmten, befangenen oder unsicheren Verhaltens reichen dazu ebensowenig aus wie die Tatsache, dass Kinder allein durch die ungewohnte Gerichtsatmosphäre in ihrem Wohlbefinden erheblich beeinträchtigt sein können. . Nach wie vor reicht damit die These von der generellen „sekundären Traumatisierung durch Gerichtsverfahren" sowie die sie belegenden Studien zum Belastungserleben von Kindern nicht aus. Gefordert sind *konkrete Tatsachen,* auf die sich die hohe Wahrscheinlichkeit einer Gesundheitsbeeinträchtigung bei einer Vernehmung in der Hauptverhandlung stützt. Auch hier sind gutachterliche Stellungnahmen notwendig. Im übrigen ist erneut das Einverständnis des Zeugen mit der audiovisuellen Vernehmung nicht erforderlich, wobei aber hier zu beachten ist, dass ein Erscheinen vor Gericht und damit auch eine Vernehmung nach 247 a StPO gegen den Willen der Kinder oder ihrer gesetzlichen Vertreter nicht durchsetzbar ist.[444]

cc) ultima ratio Prinzip

Bevor sie eingesetzt wird, ist erstens zu prüfen, ob die *Gefahr nicht auf andere Weise, namentlich durch die Entfernung des Angeklagten oder den Ausschluss der Öffentlichkeit abgewendet werden* kann. Die Videosimultanübertragung wurde damit eindeu-

444 Vgl. dazu ausführlich unter II, 2.2.b).

tig gegenüber anderen Schutzmöglichkeiten abgewertet und soll nicht als Regel, sondern vielmehr nur im Ausnahmefall – ultima ratio – angewendet werden.

– Ausschluss des Angeklagten (§ 247 S. 2 StPO)
Die Möglichkeit, den Angeklagten auszuschließen, hat nach der Konzeption Vorrang vor der Videosimultanübertragung, allerdings nur für die Fälle, in denen die Beeinträchtigung allein vom Angeklagten ausgeht, denn logischerweise kann nur dann der Nachteil auch durch den Ausschluss des Angeklagten abgewendet werden.[445] Läßt man diese Prioritätenkonzeption einmal außer Acht, entscheidet bei der Frage, wie das Kind erneut zu vernehmen ist, allein die Frage, ob die „dringende Gefahr eines schwerwiegenden Nachteils" besteht (dann Videosimultanschaltung nach § 247 a StPO oder ob nur ein „erheblicher Nachteil zu befürchten" ist (dann Ausschluss des Angeklagten nach § 247 StPO). Diese Gegenüberstellung zeigt, dass letztendlich der Grad der Belastung über die Vernehmungsmethode entscheidet.[446]

Dies ist m.E. nach ein sehr ungeeignetes Kriterium, da er sich erstens nicht exakt bestimmen läßt, zweitens wiederum nicht das Kind befragt wird, welche Befragung es wünscht und drittens für diese Frage erneute Gutachten – zusätzlich zu den Glaubhaftigkeitsgutachten – herangezogen werden und damit eine erneute Befragung des Kindes erforderlich wäre. Besser ist es daher, umgekehrt

445 Vgl. BT-Drs. 12/2526, S. 26: Das Schutzbedürfnis des Kindes lasse es als notwendig erscheinen, die Gefahr psychischer Schädigungen weitgehend auszuschließen. Das Gericht habe jeweils sorgfältig zu prüfen, inwieweit schutzwürdige Belange des Zeugen dem Anwesenheitsrecht des Angeklagten entgegenstünden und einen Ausschluß insgesamt rechtfertigen können.

446 K/Meyer-Goßner § 247 StPO Rn. 11; SK-Schlüchter § 247 StPO Rn. 16; KMR-Paulus § 247 StPO Rn. 17. – Darüber hinaus ist zu berücksichtigen, dass von § 247 StPO nur verhältnismäßig selten Gebrauch gemacht wird, denn auch der Ausschluß des Angeklagten ist in der Praxis sehr revisionsanfällig, vgl. dazu die Untersuchung von Kaiser, 1991, S. 193. Nach seiner Studie wird § 247 StPO StPO als Ausnahmevorschrift eng ausgelegt und der Anwendungsbereich wird streng auf den Wortlaut begrenzt. Dies hängt damit zusammen, dass Richter fürchten, mit dem Ausschluß des Angeklagten gegen dessen durch Art. 103 Abs. 1 GG verbürgten Anspruch auf allzeitige Anwesenheit in der Hauptverhandlung zu verstoßen. Bei fehlerhafter Entfernung droht der absolute Revisionsgrund des § 338 Nr. 5 StPO i.V.m. § 230 StPO. Selbst der Angeklagte kann nicht wirksam auf die Anwesenheit verzichten, wenn die Voraussetzungen des § 247 StPO StPO nicht erfüllt sind. Das Revisionsrisiko, das auch bei Anwendung des § 247 StPO StPO erheblich ist, geht folglich vorhersehbar immer zu Lasten des kindlichen Zeugen. Der Angeklagte kann insbesondere rügen, der Gerichtsbeschluß lasse nicht eindeutig erkennen, ob die Voraussetzungen des § 247 StPO StPO erfüllt gewesen seien oder ob das Gericht von zutreffenden Erwägungen ausgegangen sei, so im Ergebnis auch Keiser, 1991, S. 193 ff. (196).

darauf abzustellen, welche der beiden Methoden am ehesten geeignet ist, eine Konfrontation mit dem Angeklagten auszuschließen[447]. Es kann nach den bisherigen (schlechten) Erfahrungen mit der Ausschlussregelung davon ausgegangen werden, dass dies die Videosimultanübertragungsmöglichkeit sein wird. Denn hierbei muss der Angeklagte nicht immer wieder aus dem Saal hinaus- und hereingeführt werden und die Gefahr, dass sich beide im Flur, Gang, an der Tür oder im Gerichtssaal begegnen, kann geringer gehalten und (fast) ganz ausgeschlossen werden. Für diese Regelung spricht auch, dass sie weniger revisionsanfällig ist, denn das praktische Prozedere und die jeweils geforderte umfassende Informationsübermittlung an den Angeklagten nach dessen Ausschluss verlangen den Gerichten eine Detailgenauigkeit und Konzentrationsfähigkeit ab, denen sie sich unter dem Druck der Revision nicht gerne aussetzen. Nimmt man daher weiter die Praktikabilität der Schutzvorschriften als Gradmesser, müßte die Rangfolge der Überlegungen daher anders lauten: es müßte immer erst die Videovernehmung greifen. Ein weiteres Argument, das für die Umkehr der Prioritätensetzung hier spricht, ist die Tatsache, dass der Angeklagte bei der Videosimultanschaltung die Gelegenheit erhält, die Vernehmung unmittelbar zu verfolgen und von seinem Fragerecht direkt Gebrauch zu machen. Auch aus Verteidigersicht ist daher die Videosimultanübertragung insgesamt dem Ausschluss des Angeklagten vorzuziehen.

447 Deutlich wird dies auch am Verweis innerhalb der Regelung auf § 251 Abs. 1 Nr. 2, 3, 4, StPO unter dessen nur sehr engen Voraussetzungen künftig die Videoaufzeichnung auch zulässig sein soll. Obwohl bei Zeugen unter 16 Jahren immer eine Ersetzungsmöglichkeit besteht, wurde sie nicht in den Katalog aufgenommen. Dies könnte darauf hindeuten, dass eine Videosimultanübertragung neben dem Abspielen einer konservierten Erstvernehmung nicht vorgesehen war, jedoch stellt die Begründung klar, dass diese Verfahrensweise bereits nach geltendem Recht möglich war und aus diesem Grund keiner Regelung bedurfte. Allein Klarstellungsbedarf bestand für die Frage, in welchen Fällen eine völlige Ersetzung möglich sein. Dies wurde in § 255a StPO geregelt. Legt man – nach dem Wortlaut – nur den Maßstab wie im Ermittlungsverfahren an müssen für eine Aufzeichnung nicht mehr objektive Hindernisse aus § 251 StPO (bspw.) Krankheit vorliegen, sondern es reicht ein subjektives Unvermögen aus. Letztendlich wird damit aber nicht wirklich auf das subjektive Empfinden der Zeugen abgestellt, sondern es werden immer noch anhand von Tatsachen feststellbare schwerwiegende Bedrohungen für ihre Gesundheit oder Leben vorausgesetzt. Ferner muß bereits vor der Vernehmung absehbar sein, dass der/die Zeuge/in in der späteren Hauptverhandlung nicht mehr auftreten kann. Für Kinder läßt sich aus ihrer Angst vor einer Vernehmung und der Gefahr dadurch weiter traumatisiert zu werden ein solches Vernehmungshindernis begründen und kann bspw. mittels eines ärztlichen Gutachtens und Aussagen von Sorgeberechtigten und anderen Personen aus dem Umfeld belegt werden. Ein weiteres Vernehmungshindernis können auch erlittene Traumatisierungen und schwere Erkrankungen des Kindes, ein Auslandsaufenthalt oder die fehlende Genehmigung der gesetzlichen Vertreter sein.

– Ausschluss der Öffentlichkeit (§§ 171b, 172 Nr. 4 GVG iVm RiStBV Nr. 222 III, 131a)
Für die Fälle, in denen sich das Kind durch die Öffentlichkeit in der Verhandlung gestört und belastet fühlt, wäre die Videosimultanübertragung in den Fällen sinnvoll, in denen die Öffentlichkeit immer ausgeschlossen wird, denn der nach §171 b GVG mögliche Ausschluss der Öffentlichkeit wird während der Vernehmung des Kindes mittlerweile problemlos in den meisten Fällen praktiziert.

Es stellt sich aber die rein praktische Frage, wie die Gerichte – vor Ausschluss der Öffentlichkeit oder der Entfernung des Angeklagten – überhaupt prüfen können, ob und welche der Schutzvorschriften gegenüber der Videosimultanübertragung bereits ausreicht, um den Nachteil festzustellen? Schließlich erfordert die Videosimultanübertragung einen Beschluss, der im übrigen auch wiederum unanfechtbar ist. Wie soll dieses Prozedere künftig in der Praxis aussehen? Soll das Kind – quasi als Versuchskaninchen – erst einmal der Konfrontation mit dem Angeklagten unter Ausschluss der Öffentlichkeit ausgesetzt werden, um zu prüfen, ob diese Schutzmaßnahme ausreicht, um dann in einem zweiten Schritt den Angeklagten auszuschließen? Diese absurde Gedankenkonstruktion zeigt, dass hier wiederum quasi eine indirekte Beweisantizipation erforderlich ist, d.h. die Gerichte müssen abschätzen, durch welche Möglichkeiten die Belastungen, die für das jeweilige Kind im Einzelfall entstehen, am ehesten reduziert werden können. Letztendlich ist immer eine Abwägung und Verhältnismäßigkeitsprüfung erforderlich. Ist sie für die Sachaufklärung gleichermaßen geeignet, erforderlich, notwendig?

Da die Videosimultanübertragung beide Schutzmöglichkeiten umfasst und verhindert, dass das Kind als Versuchskaninchen herhalten muss, stellen sich bei ihrer Regelfallanwendung diese Fragen nicht. Sie ist ferner den anderen beiden Schutzmöglichkeiten, die nur in den Ausnahmefällen – dem Ausschluss des Angeklagten oder dem Ausschluss der Öffentlichkeit – greifen, insofern überlegen, als sie als Schutzmaßnahme auch den Willen des Kindes mitberücksichtigt und auch in den Fällen greifen kann, in denen das Kind bewusst mit der Aussage konfrontieren will oder eine Videosimultanübertragung ablehnt.

c) Ergebnis

Die Videosimultanübertragung unterliegt sehr engen Kriterien und ist über das ultima ratio-Prinzip, das ihr zugrunde liegt, wenig tauglich, da sie für Opferzeugen nicht als Regelfall vorgesehen ist. Dies zeigt sich daran, dass keine klaren Altersgrenzen festgelegt bzw. Sonderregelungen für Opferzeugen unter 16 Jahren innerhalb von § 247 StPOa StPO geschaffen wurden, was die Schieflage von § 255a

Abs. 1 und Abs. 2 StPO zu § 247 a StPO nur noch verdeutlicht: Zwar sollen Vernehmungen von Opferzeugen unter 16 Jahren regelmäßig aus opferschützenden Erwägungen heraus ersetzt werden können, dennoch sind erstens ergänzende Vernehmungen möglich und zweitens sollen sie nicht einmal zwingend per videolink durchgeführt werden, sondern nur, wenn es „zur Erforschung der Wahrheit erforderlich" ist. Damit wird die Dichotomie zwischen Opferzeugenschutz und Sachaufklärung aufrechterhalten und Opferzeugeninteressen den staatlichen Interessen an der Sachaufklärung untergeordnet, indem sie lediglich zur „Erleichterungen des Verfahrens" umgemünzt werden.[448] Dies zeigt sich auch daran, dass die weiteren Voraussetzungen einer Videosimultanübertragung sich auf die Vernehmungshindernisse aus § 251 StPO beziehen. Eine Videosimultanübertragung ist auch möglich, wenn die Voraussetzungen für eine Ersetzung der Vernehmung nach § 251 Abs. 1 Nr. 2,3 oder 4 StPO vorliegen, wenn also Vernehmungshindernisse bestehen, der Zeuge weit entfernt ist und ein Erscheinen deshalb nicht zugemutet werden kann oder wenn der Angeklagte und sein Verteidiger zustimmen. § 251 StPO unterscheidet damit zwischen *persönlichen* und *faktischen* Gründen, aus denen eine Videosimultanschaltung angeordnet werden kann. Einverständnis des Angeklagten und des Verteidigers scheidet aus, kommt in der Praxis nicht vor. Sie haben ein Interesse daran, das Kind direkt im Hauptverhandlungssaal zu haben. Fraglich ist hier die systematische Verquickung, denn der Zweck der Regelungen aus § 251 Abs. 1 Nr. 2, 3 und 4 StPO ist nicht direkt der Zeugenschutz, sondern die Vermeidung von Beweisverlusten, während § 247 a StPO explizit den Zeugenschutz voranstellt.[448] Explizit sind hier erneut die Anforderungen an die Videosimultanübertragung erhöht, denn neben den Voraussetzungen aus § 251 StPO muss die Simultanübertragung zur Erforschung der Wahrheit erforderlich sein.

Bereits der Ausnahmecharakter der Videosimultanvernehmung steht der Option, als vergleichbares Beweismittel bzw. als Alternative zur Ersetzung in Betracht gezogen zu werden, damit entgegen. Aus mehreren Gründen würde auch eine Festschreibung als Regelfall bzw. ein entsprechender Paradigmenwechsel, sie als opferschützende Maßnahmen zur Wahrheitsfindung immer als erforderlich einzustufen, daran wenig ändern: Erstens ist der Beweiswert einer früheren unbelasteten und getrennt von den Verfahrensbeteiligten durchgeführten Ver-

448 Explizit zum Verhältnis von § 247 a StPO und § 251 I Nr. 2 StPO vgl. BGH Urteil vom 18.5.2000- 4 StR 647/99 = BGHSt 46. 73. Grundsätzlich geht die Videovernehmung nach § 247 a einer Verlesung nach § 251 I Nr. 2 nicht vor, lediglich wenn eine Verlesung nicht ausreicht, kann daneben noch eine Videovernehmung erfolgen. Dort sind die Auslegungskriterien- wie skizziert - enger und opferschützend anzuwenden.

nehmung des Kindes eine bessere Beweisgrundlage als jede weitere Vernehmung und damit auch besser als eine Vernehmung nach § 247 a StPO, da sie zeitlich bedingte Defizite wie Erinnerungsverluste, Verdrängungsmechanismen und die Gefahr von Suggestionen nicht ausgleichen kann.

Bei Kindern setzten, bedingt durch das traumatische Geschehen, früh Verdrängungsmechanismen des eigentlichen Tatgeschehens und ein Nachlassen der Erinnerungsleistung ein.[449] Daher ist das Erinnerungsvermögen von Kindern umso besser, je weniger Zeit zwischen einem Ereignis und dem Bericht hierüber ist.[450] Ferner ist zu berücksichtigen, dass die Gefahr von Suggestiveinflüssen mit dem größer werdenden Abstand zum Ereignis zunimmt[451], und die Kinder sich mit der Zeit schlichtweg auch nicht mehr erinnern wollen und eigene kognitive Schutzmodelle und Abwehrmechanismen aufbauen.[452] Die Ergebnisse der aussagepsychologischen Forschung zeigen in diesem Zusammenhang übereinstimmend[453], dass die Aussagequalität von Kinderaussagen steigt, je *zeitnaher* eine Vernehmung erfolgt.[454] Da die Vernehmung in der Hauptverhandlung in der Regel erst nach eineinhalb bis zwei Jahren erfolgt, beeinträchtigen diese Faktoren in jedem Fall deren Beweiswert. Eine Vernehmung per video-link kann diesen Beeinträchtigungen des Beweiswerts einer erneuten Vernehmung nicht wirksam begegnen, da sie lediglich helfen soll, Belastungen in der aktuellen Situation zu verringern.

Hinzu kommt, dass die Rechtsprechung jede therapeutische Aufarbeitung des Geschehens während dieses Zeitraums als nachteilig für die Glaubhaftigkeit der Aussage bewertet und hohe Anforderungen an das Zustandekommen und den Nachweis einer suggestivfreien Aussage stellt.[455] Hierbei kommt es für das Kind zu einer untragbaren Situation: Einerseits erschweren die langen Zeiträume, die zwischen der konservierten Erstvernehmung und einer erneuten Vernehmung liegen, eine therapeutische Aufarbeitung des Geschehens, da das Kind weiß, es

449 So zusammenfassend der BDP, Leitantrag der Sektion Rechtspsychologie in der gültigen Fassung zur Delegiertenkonferenz am 16./17.5.1995, S. 2 f; vgl. auch Meier, GA 1995, S 164; Wegner, ZRP 1995, S. 407; Zschockelt/Wegner, NStZ 1996, S. 308; sowie – für alle Zeugen und darüber hinaus den Beschuldigten – Gössel, Gutachten DJT 1994, S. 59.

450 Goodman/Helgeson, 1985, S. 195. So auch Pohl, in Kraheck-Brägelmann, 1993, S. 9; MacFarlane/ Krebs, in MacFarlane (Hrsg.), 1987, S. 165.

451 Vgl. Fegert, 1993, S. 71; Boat/Everson, 1988, S. 112; Goodman 1990, S. 23; Sivan/Schorr/Koeppl/Noble, 1988, S. 45.

452 Zu der Frage, inwieweit sie verwertbar ist, wenn Kinder ein Zeugnisverweigerungsrecht geltend machen vgl. II, 2.3.

453 Vgl. dazu auch ausführlich im 2. Kapitel 2.

454 Zusammenfassend siehe den Leitantrag der Sektion Rechtspsychologie des BDP in der gültigen Fassung zur Delegiertenkonferenz am 16./17.5.1995.

455 BGH, Beschl. v. 16.5. 1995- 4 StR 237/95 = StV 1995, S. 451.

wird noch einmal mit dem Geschehen konfrontiert, andererseits wird – unabhängig vom Erfolg einer therapeutischen Aufarbeitung – grundsätzlich ein Suggestiveinfluss und damit negative Auswirkung auf die Glaubhaftigkeit der erneuten Aussage unterstellt[456]: Für das Kind ein Teufelskreis. Das Argument, gerade eine erneute Vernehmung und Konfrontation mit dem Tatgeschehen könne eben jener therapeutischen Aufarbeitung dienen[457], scheint in diesem Zusammenhang kontraproduktiv und angesichts der skizzierten Rechtsprechung geradezu absurd.

Insgesamt ist folglich der Beweiswert einer erneuten Vernehmung des Kindes als gering einzustufen. Es bestehen auch keine Chancen, den Beweiswert durch begleitende therapeutische Angebote für das Kind zu verbessern, denn einerseits bedingt das Wissen um die erneute Vernehmung die Gefahr von „Blockadewirkungen", die den Therapieerfolg an sich gefährden, andererseits geht die Rechtsprechung von einem geringeren Beweiswert der Vernehmung bei begleitenden Therapieangeboten aus. Eine Vernehmung, die zeitnah erfolgt und damit den Verlust des Erinnerungsvermögens, die Gefahr von Verdrängungsmechanismen und Suggestiveinflüssen geringer hält, ist ihr daher im Beweiswert überlegen.

Zweitens sollte man nicht vergessen, dass man Videoszenen wiederholen, verlangsamen und so die Dinge schärfer unter der Lupe sehen kann, als dies im Gang eines Verfahrens nach § 247 a StPO, wo alle Beteiligten unter Stress stehen, viel weniger deutlich wahrzunehmen ist. Zwar kann auch eine Vernehmung per video-link aufgezeichnet und nach § 255a Abs. 1 StPO verwertet werden, aber hier ist zu berücksichtigen, dass dies ebenfalls nur im Ausnahmefall möglich ist („zur Erforschung der Wahrheit erforderlich") und unabhängig davon der Beweiswert geringer ist, sodass die Möglichkeiten dieser technischen Optionen sehr gering sind. Abschließend ist zu bemerken, dass die beweisrechtlichen Defizite des video-link Verfahrens auch nicht durch eine Vernehmung nach dem Mainzer Modell ausgeglichen werden können, da diese Verfahrensweise die Revisionsgefahren erhöht. Aus diesen Erwägungen heraus ist das video-link Verfahren nach § 247 a StPO nicht als gleichwertig zur konservierten Erstvernehmung anzusehen und folglich kann die Erforderlichkeit einer erneuten Vernehmung aus dem Aufklärungsgebot heraus auch entfallen.

Neben diesen Maßstäben der Eignung und Erforderlichkeit fordert das Bundesverfassungsgericht noch eine dritte Stufe bei der Prüfung der Verhältnismäßigkeit: die Verhältnismäßigkeit im engeren Sinn. Auch wenn das Gericht den

456 BGH, Beschluß v. 5.11.1997: 5 StR 422/97 = StV 98, 116: BGH Beschl v. 16.5.1995-4 StR 237/95 = StV 1995, 451.

457 Vgl. Arntzen, ZRP 1995, S. 241 StPO.

dargestellten Überlegungen nicht folgt und die Erforderlichkeit einer erneuten Vernehmung grundsätzlich bejaht, besteht auf dieser Prüfungsebene erneut die Möglichkeit, sie aus opferschützenden Erwägungen heraus zu hinterfragen und auf sie zu verzichten.

2.4.3. Verhältnismäßigkeit im engeren Sinn – Angemessenheit

Die engere Verhältnismäßigkeitsprüfung stellt die Zwecksetzung selbst noch einmal in Frage, d.h. Mittel (Aufwand) und Zweck (Erfolg, Ziel) müssen in einem „vernünftigen“[458], „angemessenen“[459] Verhältnis stehen bzw. dürfen *„nicht außer Verhältnis“*[460] zueinander stehen. Das Maß der den Einzelnen betreffenden Belastung muss noch in einem vernünftigen Verhältnis zu den der Allgemeinheit erwachsenden Vorteilen stehen.[461] Genauer bedeutet dies, dass bei einer Gesamtabwägung zwischen der Schwere des Eingriffs und dem Gewicht sowie der Dringlichkeit der ihn rechtfertigenden Gründe die Grenze der Zumutbarkeit für den Adressaten gewahrt bleiben muss.[462] Die Prüfung an diesem Maßstab kann dazu führen, dass ein an sich geeignetes und erforderliches Mittel nicht angewendet werden darf, weil die davon ausgehende Beeinträchtigung der Grundrechte des Betroffenen den Zuwachs an Rechtsgüterschutz deutlich überwiegen, so dass der Einsatz des Mittels als *unangemessene Beeinträchtigung* der Rechte des Betroffenen erscheint.[463] Vereinzelt wird in diesem vom Bundesverfassungsgericht postulierten Maßstab die Gefahr einer Einmischung in die Aufgaben des Gesetzgebers gesehen, da er die Anwendung normativer Regelung stark hinterfragen und einschränken kann, ohne dafür konkrete Kriterien und Grenzen zu benennen. Das Bundesverfassungsgericht wollte aber explizit wertende verfassungsrechtliche Entscheidungen stärker innerhalb der Rechtsanwendung und -auslegung verankern, sodass den Individualrechten und folglich auch dem Opferzeugenschutz im Strafverfahren eine zwingend größere Bedeutung zukommen muss. Bei der Frage nach einem möglichen grundrechtlichen Abwehranspruch im Rahmen der anschließenden Zumutbarkeitsprüfung kommt damit auch zwangsläufig dem Gedanke des Opferzeugenschutzes eine größere Bedeutung zu.

458 Vgl. BVerfGE 7, 377, 401; NJW 1978, 1049, 2237.
459 Vgl. BVerfGE 17, 108, 117; 32, 87, 94.
460 Vgl. BVerfGE 28, 264, 280 m. w. N.
461 BVerfGE 76, 1, 51.
462 BVerfGE 30, 292, 316; 67, 157, 178; 90, 145, 173.
463 BVerfGE 90, 145, 173;92, 277, 326.

Folglich ist eine Abwägung zu treffen und zu fragen, inwieweit der Eingriff durch die Vernehmung, gemessen an dem Erfolg der weiteren Sachaufklärung, zumutbar erscheint oder umgekehrt formuliert: Ob nicht eine erneute Vernehmung deshalb als unangemessen anzusehen ist, da der angestrebte Zweck – die Sachaufklärung – ebenso durch die konservierte Erstvernehmung erreichbar wäre. Dreh- und Angelpunkt ist zwar auch hier erneut die Beweiseignung der konservierten Vernehmung im Vergleich zur erneuten Vernehmung bzw. deren *Vergleichbarkeit*, dennoch geht die Prüfung an dieser Stelle darüber hinaus. Wurde bei der Erforderlichkeit lediglich untersucht, inwieweit den Beweismitteln ein gleicher Beweiswert zukommt, geht es bei der Angemessenheit darum, inwieweit trotz eines gleichwertigen Beweiswerts dennoch das Mittel zu wählen ist, das weniger in die Opferzeugenrechte eingreift. Im vorigen Abschnitt wurde aufgezeigt, dass die konservierte Erstvernehmung einer erneuten Vernehmung im Beweiswert überlegen ist, so dass die Angemessenheitsprüfung relativ einfach erfolgen kann. Eine erneute Vernehmung bedeutet – unabhängig davon, ob sie nach dem Mainzer oder dem englischen Modell durchgeführt wurde – immer eine Belastung für die Kinder und greift in ihre Grundrechte ein. Eine opferzeugenorientierte Abwägung kann demnach nur bedeuten, dass eine erneute Vernehmung nicht angemessen ist, da mit der konservierten Erstvernehmung ein mindestens gleichwertiges Beweismittel vorhanden ist.

An dieser Stelle sei nochmals betont, dass beim Auftreten „neuer" Umstände, die nicht in der konservierten Erstvernehmung angesprochen sind, sie ohne Auswirkung auf diese Bewertung bleiben, wenn damit der Zweck – die Sachaufklärung – gefährdet erscheint. Es wird davon ausgegangen, dass die umfassende Sachaufklärung – die Klärung des Tatvorwurfs – im Regelfall ausreichend durch die konservierte Erstvernehmung erfolgen kann. Es scheint keine Fallkonstellation denkbar, dass wirklich noch so wesentliche neue Umstände auftreten können, die zur Klärung des relevanten Tatvorwurfs nicht in der konservierten Erstvernehmung angesprochen sind. Hier ist auch zu sehen, dass nicht auf Nebenschauplätze ausgewichen werden soll und jedes Detail von der Verteidigung als neuer Umstand ins Feld geführt werden kann.

III. Ersetzungsmöglichkeiten mit Beweisantrag

Bei der Suche nach den Ersetzungsmöglichkeiten aus § 255a StPO in den Fällen, in denen ein Beweisantrag gestellt wurde, wirft das komplexe Verhältnis der Aufklärungspflicht zu den Beweisantragsrechten neue Fragestellungen auf: So besteht innerhalb des Beweisantragsrechts für eine Ersetzung bzw. dort notwendigerweise anders formuliert die Frage der erneuten Beweiserhebung durch eine Vernehmung zwar auch ein gewisser „Beurteilungsspielraum“ des Gerichts, er ist aber durch die konkreteren und damit engeren Kriterien der einzelnen Beweisablehnungsgründe weitgehend eingeschränkt. Folglich besteht die Gefahr, dass damit faktisch durch das Stellen eines Beweisantrages die Kriterien der Amtsaufklärungspflicht jederzeit eingeschränkt bzw. der dem Tatrichter dort eingeräumte Ermessensspielraum bzgl. einer Ersetzung jederzeit durch das Beweisantragsrecht unterlaufen werden kann.[464]

Zu untersuchen sind daher die Möglichkeiten einer „quasi-Angleichung“ der jeweiligen Maßstäbe für eine erneute Vernehmung aus der Amtsaufklärungspflicht und den Beweisantragsrechten, um zu vermeiden, dass die Spielräume, die für eine Ersetzung bestehen, lediglich von der Tatsache abhängen, ob ein Beweisantrag auf eine erneute Vernehmung gestellt wurde oder nicht.[465] Auch liegt es auf der Hand, dass bereits die explizite Option, einen Beweisantrag auf ergänzende Vernehmung zu stellen, die Entscheidung über die Ersetzung aller Vernehmungen mitbeeinflusst und – unabhängig davon, ob ein Antrag auf eine erneute Vernehmung gestellt wurde oder nicht – die Richter bereits bei der Ausübung ihres

464 Auf diese Gefahr weisen auch die Alternativprofessoren im AE-ZVR ausdrücklich hin, vgl. AE-ZVR, S. 115. Ebenso auch Radtke, 62. DJT, Bd. II, Diskussion, L 177.

465 Zwischen den Beweisantragsrechten und der Aufklärungspflicht besteht folglich eine Wechselwirkung (vgl. ausführlich Schlüchter, 1983, Rn. 544). Einerseits braucht Beweisanträgen nur im Rahmen der Aufklärungspflicht stattgegeben zu werden, andererseits muß das Gericht *regelmäßig* von sich aus den Sachverhalt nicht weiter aufzuklären, wenn ein entsprechender Beweisantrag nach den Abs. 3–5 abgelehnt werden dürfte. Umgekehrt wird die Aufklärung bei einem fehlenden Grund für die Ablehnung eines Beweisantrags geboten sein. (KK-Herdegen § 244 Rn. 21). Spiegeln § 244 Abs. 3–5 doch im wesentlichen die Rechtsprechung wider, wie sie das Reichsgericht aus der gerichtlichen Aufklärungspflicht heraus entwickelt hat. Dennoch kann zum einen die Aufklärungspflicht weitere Nachforschungen auch dann gebieten, wenn ein entsprechender Beweisantrag abgelehnt werden könnte, und es stellt sich die Frage, welche Kriterien hier gelten sollen (vgl. u.a. ausführlich beim Beweisablehnungsgrund der „Unerreichbarkeit“ unter 2.) Zum anderen geht das Initiativrecht, das den Prozeßbeteiligten aus § 244 Abs. 3–6 zusteht, nach überwiegender Ansicht über eine bloße Aktualisierung der Aufklärungspflicht hinaus (BGHSt 32, 68, 73 = JR 1984, 514, 515/516 m. Anm. Schlüchter, ANM Rn. 26 ff., Kl/Meyer-Goßner § 244 Rn. 12, Schulz, StV 1985, 312, 313/314; a.A. Engels GA 1981, 21 ff.). Die gegenüber dem Beweisantragsrechts als einem bloßen Ausfluß der Aufklärungspflicht gesteigerte Regelungsintensität der gesetzlichen Normierung durch die Abs. 3–6 schränkt dementsprechend auch die mögliche Beweisantizipation ein (vgl. Herdegen, NStZ 1984, 97, 98). Genau hier stellt sich das Problem, denn fraglich ist, inwieweit das Gericht einen Beweisantrag auf eine erneute Vernehmung ablehnen kann, ohne gegen das Verbot der Beweisantizipation zu verstoßen.

Ermessensspielraums die Kriterien des Beweisantragsrechts heranziehen.[466] So ist das Gericht – ohne einen Beweisantrag – nicht dazu verpflichtet, Beweise zu erheben, wenn sie sie nicht weiter für erforderlich halten, d.h. sie müssen das Kind als originäres Beweismittel nicht neben der konservierten Erstvernehmung vernehmen, wenn sie nach den im vorigen Kapitel skizzierten Grundsätzen letztere für ausreichend erachten. Andererseits ist ihnen, wenn ein Beweisantrag gestellt wurde, diese Möglichkeit aber erst eröffnet, wenn einer der Ablehnungsgründe des Beweisantragsrechts vorliegt. Durch diesen engen Zusammenhang, der bereits durch die Option eines Beweisantrags aktualisiert wird, ist davon auszugehen, dass die Entscheidung über die Möglichkeiten der Ersetzung – ohne Beweisantrag – unweigerlich von den Beweisantragsrechten mitbestimmt sind und sei es nur dadurch, dass die Richter ihre Entscheidung, das Kind nicht zu vernehmen, revisionssicher absichern wollen.[467] Da die Revisionsgerichte aus eigener Sicht prüfen, inwieweit die erneute Vernehmung zur Aufklärung notwendig gewesen wäre[468], schwebt das Damoklesschwert der Revision über der Entscheidung des Gerichts. Zwar ist es als „stumpf" anzusehen, da nur weniger als 10 % der Aufklärungsrügen tatsächlich Erfolg haben, dennoch verlassen sich die Richter häufig lieber auf den „sicheren" Boden der Beweisablehnungsgründe der § 244 Abs. 3 StPO, um ihre Entscheidung abzusichern.

Um die Optionen einer möglichen Ersetzung umfassend zu erfassen, gilt es daher, im Folgenden auch die Optionen einer Ablehnung aus den Beweisantragsrechten mit Blick auf die dortigen Beweisablehnungsgründe zu überprüfen. Im Vordergrund stehen hierbei die beiden Beweisablehnungsgründe, die sich klar auf eine Bewertung des Beweismittels im Hinblick auf eine quasi-Zwecklosigkeit der weiteren Beweisaufnahme beziehen: Der Ablehnungsgrund der Ungeeignetheit und zum anderen der wegen Unerreichbarkeit des Beweismittels. Zwar entfällt die Prüfung der Erreichbarkeit, wenn die Ungeeignetheit eines Beweismittels feststeht[469], dennoch sind für eine umfassende Prüfung aller Optionen beide

466 Vgl. um Wechselspiel erneut die vorige Fußnote, sowie ausführlich Basdorf, StV 1995, S. 305 ff., der sich explizit gegen diese antizipierte Einschränkung des richterlichen Ermessensspielraums wendet: Ebenso Rüping, 1997, S. 141.

467 Basdorf, StV 1995, S. 311 spricht in diesem Zusammenhang auch von der „Dysfunktionalität der Beweisantragsrechte". Sie beeinflussen die Wahrheitsermittlung so weit, dass sich Richter häufig – ohne dass ein Beweisantrag gestellt wurde, davor scheut, die Beweiserhebung zu sehr einzuschränken und daher lieber ein „mehr" als ein „zuwenig" an Beweiserhebung betreibt. Dies obwohl die Aufklärungspflicht nicht so weit reicht, wie die Pflicht, Beweise auf Antrag zu erheben, vgl. K/Meyer-Goßner, § 244 Rn. 12. Zur Wechselwirkung zwischen Aufklärungspflicht und Beweisantragsrechten, vgl. auch Kunert, GA 1979, 401 ff.

468 BGH, NStZ 85, 324; 92, 450; NStZ-RR 96, 229; StV 96, 58 StPO1.

469 Vgl. Solbach/Vedder, JA 1980, 161 (164).

Beweisablehnungsgründe näher zu betrachten. Dabei scheint es nur auf den ersten Blick widersprüchlich, wenn das Gericht ein Beweismittel für ungeeignet oder unerreichbar hält und damit über die Tauglichkeit eines Zeugen und die Folgen seiner Aussage für das Beweisergebnis bereits entscheidet, da grundsätzlich über den Wert eines Beweismittels erst nach der Beweiserhebung befunden werden kann.[470] Diese an sich unzulässige Beweisantizipation[471] wird bei den Beweisablehnungsgründen aus § 244 Abs. 3 S. 2 StPO aber überwiegend als notwendig und angemessen erachtet[472] und bringt im Ergebnis auch keine Nachteile für den Angeklagten[473], da ihr bei der Rechtsanwendung enge Grenzen gesetzt sind[474], die es im Folgenden näher zu betrachten gilt.

1. *Ungeeignetheit des Beweismittels und Verbot der Beweisantizipation*

Der Ablehnungsgrund der Ungeeignetheit hat seine besondere Funktion darin, dass der Tatrichter durch die Prozessbeteiligten nicht zu einem Beweiserhebungszwang genötigt werden darf, wo nach seiner Meinung von vornherein feststeht, dass das in Aussicht gestellte Beweisergebnis mit dem Beweismittel nicht zu errei-

470 Vgl. Dohna, DJZ 1911, Sp. 305 (308); Kühne, 1993, Rn. 450; Dahs/Dahs, 1993, Rz. 333; Kreuzer, 1964, S. 45; BGH 3 StR 333/51 vom 5.7.1951; BGH 2 StR 416/55 vom 27.1.1956; BGH b. *Spiegel*, DA R 1977, 174 = N JW 1976, 1108 = MDR 1976, 501; BG H, N JW 1952, 191.

471 Vgl. Meyer F., 1980, S. 26; Herdegen, NStZ 1984, 97 (98); Keller, ZStW 101 (1989), 381 (390); ANM, Beweisantrag, S. 602, 616; AK-Schöch § 244 Rn. 91; Fezer II/12 Rn. 133; Harreß, 1932, S. 32; LR-Gollwitzer § 244 Rn. 278; Mattern, 1933, S. 20, 21; Solbach/Vedder, JA 1980, 161 (164); Stützel, 1932, S. 67, 70; Wenner, 1982, S. 78; Kühne, 1993, Rn. 450; Nierwetberg, JURA 1984, 630 (635); zu Dohna, FS f. Kohlrausch, 1944, S. 319 (327 ff.); Rüping, 1997, S. 141; für Oetker, 1907, S. 690, ist der Spielraum zur Beweisantizipation aus prozeßökonomischen Gründen eröffnet; vgl. aus der Rspr. RGSt 56, 139 (140); BGH 2 StR 416/55 vom 27.1.1956; BGH 2 StR 484/61 vom 30.10.1961; BGH, StV 1989, 238 (239) = b. Miebach, NStZ 1989, 219 Nr. 11; nach Klee, DJZ 1937, 1385 (1386), hat der Gesetzgeber mit dem Ablehnungsgrund der Ungeeignetheit die Beweisantizipation als zulässig anerkannt.

472 So Kühne, 1993, Rn. 450; Rüping, 1997, S. 141.

473 KMR-Paulus § 244 Rn. 125; ANM, S. 610f.

474 So die übereinstimmende Verlautbarung aus Rspr. und Lit., vgl. BGH 2 StR 416/55 vom 27.1.1956; BGH 2 StR 323/63 vom 6.11.1963; BGH b. Spiegel, DAR 1977, 174 = NJW 1976, 1108 = MDR 1976,501; BGH, StV 1989,238 (239) = BGH b. Miebach, NStZ 1989,219 Nr. 11; BGH, StV 1993, 508; KK-Herdegen § 244 Rn. 78; Meyer F., 1980, S. 26; ANM, Beweisantrag, S. 611; Nierwetberg, JURA 1984, 630 (635); LR-Gollwitzer § 244 Rn. 278; Peters, 1985, S. 310f.; AK-Schöch § 244 Rn. 91; Fezer II/12 Rn. 133.

chen ist.[475] Darin läge eine zwecklose Sachaufklärung, die dem Tatrichter nicht zumutbar sei.[476] Vereinzelt wird betont, dass es aus praktischen Erwägungen heraus und im Sinne einer „gesunden Prozesspolitik" geradezu notwendig sein muss, eine Beweisführung dort unterlassen zu können, wo eine *hohe Wahrscheinlichkeit ihres Misslingens* zu prognostizieren sei.[477] Dass eine solche Prozesspolitik auch opferschützende Erwägungen miteinzuschließen hat, sei an dieser Stelle noch einmal betont.

Bei der Auslegung des Merkmals der Ungeeignetheit hat sich als Rechtssatzkonkretisierung folgendes herauskristallisiert: Ein Beweismittel ist nur dann als ungeeignet zurückzuweisen, wenn das Gericht ohne Rückgriff auf das Ergebnis der bisherigen Beweisaufnahme feststellen kann, dass sich das im Beweisantrag in Aussicht gestellte Ergebnis *nach sicherer Lebenserfahrung* nicht erzielen läßt.[478] Das Gericht darf sich folglich bei der Feststellung der Ungeeignetheit nur auf das Beweismittel selbst und nicht noch sonstigen in der Hauptverhandlung getroffenen Feststellungen beziehen oder sie mit abwägen.[479] Die geforderte sichere Lebenserfahrung muss sich nicht auf Erfahrungssätze mit naturwissenschaftlicher Zuverlässigkeit stützen, denn diese Anforderungen wären zu weitreichend.[480]

475 Siehe RGSt 54, 181 (182); 56, 139 (140); BGH b. Spiegel, DAR 1979, 189; 1978, 155; BGH, MDR 1978, 5 BGH b. Spiegel, DAR 1976, 95; BGHSt 14, 339 (342); BGH 3 StR 333/51 v. 5.7.1951; Stützel, 1932, S. 67; Simander, 1933, S. 123; LR-Gollwitzer § 244 Rn. 276; AK-Schöch § 244 Rn. 90; Harreß, 1930, S. 53; Rieker, 1935, S. 53; ANM, Beweisantrag, S. 601.

476 Vgl. dazu RGSt 63, 329 (331); 31, 137 (139); KG, JR 1983, 479; KG, StV 1993, 120; ANM, Beweisantrag, S. 601.

477 Dies wird als eine zulässige Ausnahme vom Beweisantizipationsverbot angesehen. Die Grenzziehung zwischen unzulässiger und ungeeigneter Beweiserhebung kann damit in beiden Fällen durch prognostische Erwägungen erfolge, d.h. auch hier ist Raum für opferschützenden Erwägungen.

478 Vgl. aus der Rspr. RGSt 56, 134 (135); BGH, StV 1989,23H (239) = b. Miebach, NStZ 1989, 219 Nr. 11; BGH, StV 1990, 7; 1987, 236 (237); 1993, 508; 1995, 5 = NStZ 1995, 45; BGH b. Holtz, MDR 1990, 98 (99); BGH b. Miebach, NStZ 1990, 227 Nr. 10; aus der Lit. vgl. ANM, Beweisantrag, S. 602; KK-Herdegen 0 244 Rn. 77; Völcker, 1931, S. 28; Meyer F., 1980, S. 27; KMR-Paulus § 244 Rn. 125; LR-Gollwitzer § 244 Rn. 279; K/Meyer-Goßner § 244 Rn. 58 StPO; Sarstedt, DAR 1964, 307 (313); AK-Schöch § 244 Rn. 90; Fezer II/12 Rn. 133; SK-StPO-Schlüchter § 244 Rn. 100.

479 BGH b. *Spiegel*, DAR 1976, 95; BGH b. *Spiegel*, DAR 1978, 155; BGH b. *Holtz*, MDR 1982, 282 (283) = StV 1982, 101;aus der Lit. ANM,1983, S. 610; KK-Herdegen § 244 Rn. 78; Dahs/Dahs, 1993, Rz. 333; Kreuzer, 1964; S. 45; Rieker, 1935, S. 56; Beling, Anm. zu RG, JW 1925, 2782 (2783); Meyer F., 1980, S. 26; Alsberg, JW 1922, 258 StPO (259); Wenner, 1982, S. 79; Stützel, 1932, S. 68; Simander, 1933, S. 124, 126, 128; Kollhosser, FS f. Stree u. Wessels, 1993, S. 1029 (1034); LR-Gollwitzer § 244 Rn. 279; AK-*Schöch* § 244 Rn. 91; SK-StPO-Schlüchter § 244 Rn. 100; Fezer II/12 Rn. 133.

480 In diesem Sinne ANM, Beweisantrag, S. 603 Fn. 7; auch wohl KMR-Paulus § 244 Rn. 125; a.A. Kühne, 1993, Rn. 3, der auf die naturwissenschaftlichen Erfahrungssätze abstellt.

Vielmehr reicht eine Prognose, die sich auf Muster und Erfahrungssätze aus dem Leben und der gerichtlichen Praxis bezieht, aus.[481] Allerdings muss das Gericht im Ergebnis – und hier stellt sich gerade in bezug auf kindliche Zeugen das größte Problem – eine *völlige* – nicht lediglich mögliche, relative oder schlichte – Nichteignung des Beweismittels begründen können.[482] Damit stellt sich auf den ersten Blick in bezug auf § 251 StPO ein systematisches Problem, denn die Voraussetzungen für eine „absolute Unerreichbarkeit" aus § 244 Abs. 3 StPO sind damit strenger als die für Hindernisse im Sinn des § 251 Abs. 1 Nr. 2 und Abs. 2 StPO, welche der Vernehmung „nur für längere oder ungewisse Zeit".

Diese von der Rechtsprechung geforderten Kriterien verdeutlichen, dass bei der Beurteilung des Beweiswerts von einer „verbindlichen Rechtssetzung mit Festschreibung der entscheidungserheblichen Umstände für den Einzelfall" längst keine Rede mehr sein kann, sondern die Entscheidung über den Beweiswert vorrangig auf Wahrscheinlichkeitsmaßstäben basiert.[483] Dies hängt damit zusammen, dass gerade subjektive Erwägungen die objektiven Erwägungen ergänzen sollen.[484] So soll eine Ungeeignetheit bzw. Sinnlosigkeit der Beweiserhebung nicht nur vorliegen, wo das Beweismittel von vornherein erkennen läßt, dass die Beweisführung nicht gelingen kann, sondern auch dort, wo das Beweisgelingen selbst nicht in Frage zu stellen ist, jedoch keine tragfähige Grundlage für eine Beeinflussung oder Korrektur der richterlichen Überzeugungsbildung abgibt.[485] Hat sich folglich das Gericht bereits auf Grundlage der konservierten Erstvernehmung eine gewisse Überzeugung gebildet und ist eine Korrektur durch eine erneute Vernehmung nicht zu erwarten, so ist das Beweismittel aus diesem Blickwinkel bereits als ungeeignet anzusehen. Vereinzelt wird es auch als ausreichend angesehen, wenn bereits jede Möglichkeit auszuschließen ist, dass die beantragte Beweiserhebung die gegenteilige Überzeugung des Gerichts irgendwie beeinflussen könne.[486]

481 So vor allem *Kühne,* 1993, Rn.

482 Vgl. BGH, NStZ 1984, 564 = GA 1985, 189; BGH b. Pfeiffer/Miebach, NStZ 1984, 210 Nr. 10 = StV 1984, 231 (232); Vgl. aus der Lit. ANM, Beweisantrag, S. 603, 611; Weigelt, DAR 1964, 314 (315); Seibert, NJW 1960, 19 (20); KK-Herdegen § 244 Rn. 78; Dahs/Dahs, 1993, Rz. 333; Nierwetberg, JURA 1984, 630; Kollhosser, FS f. Stree u. Wessels, 1993, S. 1029 (1034); Stützel, 1932, S. 68; LR-Gollwitzer § 244 Rn. 278; Kl/Meyer-Goßner 244 Rn. 58 StPO; Theune, 19S4, S. 72; AK-Schöch § 244 Rn. 90; SK-StPO-Schlüchter § 244 Rn. 100.

483 Vgl. Beling, Anm. zu RG, JW 1925, 2782 (2783); Ziegler, 1969, S. 140; Kühne, 1993, Rn. 450; Kurtze, 1926; S. 60f., 63; Weigelt, DAR 1964, 314 (315); Alsberg, GA 61 (1914), 484 (494).

484 Siehe hier nur ANM, Beweisantrag, S. 602.

485 Vgl. Rieker, 1935, S. 54; Stützel, 1932, S. 67; Simander, 1933, S. 123; ANM, Beweisantrag, S. 602.

486 So BVerwG, DÖV 1964, 561f.; ähnlich auch Alsberg, GA 61 (1914), 484 (494), der statt der Unzuverlässigkeit des Beweismittels darauf abstellen will, ob das Ergebnis der bisherigen Beweisaufnahme ein so hohes Maß an Wahrscheinlichkeit herbeigeführt hat, dass demgegenüber die beantragte Beweiserhebung völlig wertlos erscheine.

Dies zeigt, dass dem Richter insgesamt ein tatrichterlicher Entscheidungsspielraum eröffnet wird, dessen Maßstab u.a. auch seine Überzeugung sein kann, wobei es allerdings auch hier darauf ankommt, dass dieser Überzeugungsbildung immer eine „pflichtgemäße Ermessensentscheidung" zugrunde liegt.[487] Vereinzelt wird demgegenüber betont, dass es im Hinblick auf das Beweisantizipationsverbot gerade keinen solchen Ermessensspielraum geben könne und ob das Beweismittel *tatsächlich* oder nur *wahrscheinlich* völlig ungeeignet sei, die Urteilsfindung zu beeinflussen.[488] Dieser Widerspruch erweist sich allerdings als vordergründig. Bestimmend nämlich ist die Auffassung –und daraus wird die notwendige Subjektivität der Ermessensentscheidung abgeleitet[489] –, dass sich die Ungeeignetheit nur selten aus der Natur des Beweismittels selbst ergebe, weil es an allgemeinen Kennzeichen für die Untauglichkeit fehle. Stattdessen sei eine *Einzelfallentscheidung* nötig, wobei es auf die Darlegung „besonderer Umstände" ankomme, aus denen auf die objektive Unmöglichkeit des Beweisgelingens oder die subjektive Unzuverlässigkeit des Beweismittels zum Beweise für die behauptete Tatsache geschlossen werden könne.[490] Einerseits wird in dem Erfordernis der „besonderen Umstände" eine Legitimation gesehen, um vorsichtig und in eingeschränktem Maße das Beweisantizipationsverbot zu durchbrechen.[491] Andererseits wird aber zugleich die Unschärfe eines solchen Kriteriums eingeräumt, womit sich die Abgrenzung zwischen absoluter und relativer Untauglichkeit als schwierig erweise.[492] Deshalb gestehen auch Vertreter der herrschenden Meinung ein, dass die Einräumung eines Ermessensspielraums für den Tatrichter letztendlich den Verzicht auf eine Fixierung der Grenzen unzulässiger Beweisantizipations-

487 Vgl. RGSt 63, 329 (332); 56, 139 (140); BGH 3 StR 333/51 vom 5.7.1951; Klee, DJ 1937, 1384 (1385); Stützel, 1932, S. 72; Simander, 1933, R 128; Conrad, DJZ 1911, Sp. 1321 (1325); Rieker, 1935, S. 54, 57; Harreß, 1930, S. 55; siehe auch ANM, Beweisantrag, S. 901.

488 Vgl. BGH, VRS 47, 19 (20); BGH, NStZ 1984, 564; KG, StV 1993, 120.

489 Nach Ansicht von Klee, DJ 1937,1384 (1385) liegt in den subjektiven Gründen der richterlichen Überzeugungsbildung überhaupt das Kennzeichen jeglicher Ermessensentscheidung.

490 Vgl. BGH 2 StR 323/63 vom 6.11.1963; BGH 3 StR 333/51 vom 5.7.1951; BGH 2 StR 416/55 vom 27.1.1956; RGSt 56, 139 (140); 56, 134 (135); 63, 329 (332); LR-Gollwitzer § 244 Rn. 277; Theune, 1984, S. 72; Völcker, 1931, S. 29; Kurtze, 1926; S. 63; Mattern, 1933, S. 22; Harreß, 1930, S. 55, 59; Conrad, DJZ 1911, Sp. 1321 (1325); Kreuzer, 1964, S. 46; Rieker, 1935, S. 54, 57; Simander, 1933, S. 76; Stützel, 1932, S. 68.

491 Siehe hier vor allem Rieker, 1935, S. 56; Völcker, 1931, S. 29; Mattern, 1933, S. 20, 22; Alsberg, GA 61 (1914), 484 (493); Kreuzer, 1964, S. 46; Kurtze, 1926, S. 63; SK-StPO-Schlüchter § 244 Rn. 102;

492 Siehe dazu Mattern, 1933, S. 22; Conrad, DJZ 1911, Sp. 1321 (1325); Simander, 1933, S. 176; zu Dohna, FS f. Kohlrausch, 1944, S. 319 (330).

akte bedeuten muss.[493] Letztendlich hat dieser eingeräumte Ermessensspielraum bei der Beurteilung der Ungeeignetheit aber nichts mit Subjektivität und Ermessen im eigentlichen Sinne zu tun, sondern es geht allein darum, ob die tatsächlichen Voraussetzungen für die Anwendung eines Rechtsbegriffs vorliegen. Hierbei ist zwischen objektiven und subjektiven Mängeln des Beweisobjekts und einer mangelnden Beweiswertqualität der Aussage zu unterscheiden.[494]

Im Falle der Eignung des Kindes als Beweismittel zählen zur ersten Kategorie dessen Erinnerungsunfähigkeit und zur zweiten Kategorie sein fehlender Aussagewille oder durchschlagende Glaubwürdigkeitszweifel aufgrund von Verstrikkungen in die inkriminierte Tat und weitere Belastungen der Aussagequalität.[495] Sie sind im Folgenden anhand der revisionsrichterlichen Rechtsprechung weiter zu konkretisieren.

1.1. Objektive oder subjektive Unmöglichkeit des Beweisgelingens: Unvermögen zur Aussage

Grundsätzlich kann ein Zeuge als ein Beweismittel für den Prozess ausfallen, wenn es nach den in seiner Person liegenden besonderen Umständen auszuschließen ist, dass er überhaupt in der Lage sein sollte, sich sachdienlich zum Beweisthema zu äußern.[496] Das kann seinen Grund in körperlich-geistigen Gebrechen oder auch nur vorübergehenden geistigen Störungen haben, die zu einer fehlenden Wahrnehmungs- und/oder Aussagefähigkeit führen. Als Beispiele sind vor allem hör- oder sehbehinderte Zeugen oder Geisteskranke, mit denen eine kommunikative Verständigung nicht möglich ist oder Personen, deren Wahrnehmungsbereitschaft –wie im Zustand der Volltrunkenheit– völlig herabgesetzt ist, ge-

493 Siehe insoweit kritisch Wenner, 1982, S. 78; Beling, Anm. zu RG, JW 1925, 2782 (2783); Alsberg, JW 1922, 258 StPO (259); Ditzen, 1926, S. 34, 35; Kreuzer, 1964, S. 46; zu Dohna, FS f. Kohlrausch, 1944, S. 319 (327).

494 In der Lit. ist die Ordnung der Rspr.-Kasuistik uneinheitlich. Auch die hier vorgenommene Systematisierung ist nicht zwingend, umfaßt jedoch die wesentlichen Fallgruppen, vgl. zu ähnlichen Darstellungsversuchen Mattern, 1933, S. 20 ff.; Simander, 1933, S. 170 ff.; Harreß, 1930, S. 55 ff.; Kurtze, 1926; S. 54 ff.; AK-Schöch § 244 Rn. 92 ff.; demgegenüber wird z.T. neben der objektiven Unmöglichkeit und dem mangelnden Beweiswert die fehlende Erinnerungsfähigkeit als besondere Fallgruppe genannt, vgl. dazu ANM, S. 602; siehe noch anders Meyer F., 1980, S. 27f. u. LR-Gollwitzer § 244 Rn. 281.

495 So auch die Einordnung bei Schöch AK § 244 Rn. 92.

496 Vgl. BGH, GA 1967, 343; BGH b. Spiegel, DAR 1976, 95; DAR 1978, 155; ANM, Beweisantrag, S. 603.

nannt.[497] Folglich können auch bei kindlichen Opferzeugen die Aussagefähigkeit und damit die Geeignetheit als Beweismittel verneint werden, wenn sie auf medizinische, wissenschaftlich zu verifizierende Tatsachen gestützt wird. Die Einschränkung muss allerdings gravierend und mit einer körperlich-geistigen Störung vergleichbar sein. Sie erfordert in jedem Fall ein medizinisches Gutachten.

In den Fällen, in denen eine so weitgehende geistig-seelische Störung nicht belegbar ist, fordert die Rechtsprechung, dass besondere Umstände bzw. objektive Kriterien hinzutreten müssen, die zu einer solchen fehlenden Aussagefähigkeit führen können[498], wobei im einzelnen der Grad der Beeinträchtigung genau zu beurteilen ist.[499] Liegen folglich besondere Umstände – wie Traumatisierungen durch die Tat – vor und ist aufgrund dieser Umstände nach allgemeiner Lebenserfahrung nicht ausschließen, dass der Zeuge ein länger zurückliegendes Ereignis unmöglich mit einiger Zuverlässigkeit im Gedächtnis behalten hat, so kann sich daraus eine Ungeeignetheit ergeben.[500] Der Tatrichter hat hier die Eignung des Beweismittels unter Berücksichtigung aller Umstände, die dafür oder dagegen sprechen, dass der Zeuge die in sein Wissen gestellten Wahrnehmungen gemacht

497 Vgl. dazu BGH 5 StR 683/78 vom 9.11.1979; Conrad, DJZ 1911, Sp. 1321 (1325); zu Dohna, DJZ 1911, Sp. 305 (308); Meyer F., 1980, S. 27f.; LR-Gollwitzer § 244 Rn. 281; ANM, Beweisantrag, S. 603f.; Harreß, 1930, S. 55; Rieker, 1935, S. 54; Kurtze, 1926; S. 54, 55; Stützel, 1932, S. 69; Nierwetberg, JURA 1984, 630 (635); Mattern, 1933, S. 20; Theune, 1984, S. 72; AK-Schöch § 244 Rn. 92.

498 Grundsätzlich reicht die Annahme einer generellen herabgesetzte Aussagefähigkeit bei Kinder aufgrund einer eingeschränkten Gedächtnisfähigkeit oder ihr unterstellter geringerer Glaubwürdigkeit nicht aus. Dies wird damit begründet, dass Beschränkungen der Sachaufklärung in diesen Fällen dem Beweisantizipationsverbot widersprechen würden, wobei offenbar das Verständnis vorliegt, dass die Umstände für die eingeschränkte Tauglichkeit der Beweismittel nicht von ausreichend objektivem Gehalt sind. Vgl. BGH 5 StR 646/53 vom 19.1.1954; Simander, 1933, S. 170; Seibert, NJW 1960, 19 (20); LR-Gollwitzer § 244 Rn. 281; ANM, Beweisantrag, S. 604; Kurtze, 1926, S. 54, 55, dieser geht allerdings davon aus, dass Grenzfälle nicht erfaßbar seien.

499 Vgl. hierzu allgemein bejahend LR-Gollwitzer § 244 Rn. 282; Theune, 1984, S. 72; Meyer F., 1980, S. 28; ANM, Beweisantrag, S 613 ff.; Simander, 1933, S. 171; Rieker, 1935, S. 55; KK-Herdegen § 244 Rn. 77; Schlosky, JW 1930, 2505 (2508); für eine Beurteilung nach restriktiven Maßstäben Weigelt, DAR 1964,314 (315); KMR-Paulus § 244 Rn. 128; mehr ablehnend, aufgrund der extensiven Auslegung und uneinheitlichen Rspr. Alsberg, JW 1922,258 StPO (259); Harreß, 1930, S. 57; AK-Schöch § 244 Rn. 93; Dohna, FS f. Kohlrausch, 1944, S. 319 (329); ANM, Beweisantrag, S. 616 Fn. 120; BGH, StV 1982, 339 (341); BGH b. Dallinger, MDR 1973, 372; BayObLG, GA 1965, 183; RGSt 54, 181 (182); 56, 134 (135).

500 BGH, StV 1982, 339 (341); BGH b. *Dallinger*, MDR 1973, 372; BayObLG, GA 1965, 183; RGSt 54, 181 (182); 56, 134 (135).

und im Gedächtnis behalten hat, zu beurteilen.[501] Übereinstimmend schreibt die Rechtsprechung hier der Länge der seit dem behaupteten Ereignis verstrichenen Zeit große Bedeutung zu[502], wobei allerdings konkrete Anhaltspunkte für eine sich daraus ergebende Beeinträchtigung der Aussagefähigkeit vorliegen müssen.[503] Dies zeigt, dass es maßgeblich auf die Darlegung der objektiven Kriterien und der besonderer Umstände ankommt, da nur sie überhaupt einen Ermessensspielraum eröffnen[504] und bloße Zweifel an der Erinnerungsfähigkeit des Zeugen sowie die hohe Unwahrscheinlichkeit des Beweisgelingens aufgrund der zurückliegenden Zeit der Ereignisse an dieser Stelle nicht ausreichen sollen.[505] In der Regel müssen weitere Umstände hinzukommen, wobei hier ein besonderes Augenmerk auf die Gesamtsituation des Zeugen zu richten ist.[506]

Kinder sind als Opferzeugen sog. inkriminierte Zeugen und weisen in Fällen des sexuellen Missbrauchs in bezug auf eine Reihe von Symptomen deutlich höhere Beschwerden auf als andere Kinder[507]: Ängste, Depressionen, posttraumatische Belastungsreaktionen und Alpträume, erniedrigtes Selbstwertgefühl, Aggres-

501 KK-Herdegen § 244 Rn. 77; BGH, NStZ 1993,295 (296).

502 Vgl. BGH, GA 1956, 384 (385): Die bloße Annahme, der Zeuge werde sich an eine für ihn gänzlich bedeutungslose Begegnung mit dem Angeklagten nicht erinnern, reiche aufgrund der zeitlich nicht weit zurückliegenden Vorgänge nicht aus; RGSt 54, 181 hält einen Alibibeweis nach Ablauf von 4 Jahren für nicht mehr möglich; nach BGH, NStZ 1993,295 (296) soll auch der Zeuge ungeeignet sein, die Beweisbehauptung zu erbringen, der zu dem Vorgang bis dahin nie gehört worden ist und deshalb erstmals nach mehreren Jahren (im konkreten Fall 3 Jahre) die Bedeutung der Beweisfrage erkennen würde; hinzugefügt hat der BGH, dass auch ansonsten nichts für eine Erinnerungshilfe ersichtlich gewesen sei.

503 OLG Frankfurt, JR 1984, 40 mit zustimmender Anm. *Peters* = GA 1983, 567 = MDR 1984, 74 = StV 1984, 17; vgl. weiter ANM, Beweisantrag, S. 616; diesen Schluß läßt auch die Entscheidung BGH, NStZ 1993,295 (296) offen, in der in einem anders entschiedenen Fall darauf abgestellt wurde, dass solche Entscheidungshilfen – für die Erinnerung – nicht vorhanden gewesen seien.

504 Vgl. ANM, Beweisantrag, S. 616; Theune, 1984, S. 72; Völcker, 1931, S. 30; KMR-Paulus § 244 Rn. 128; LR-Gollwitzer § 244 Rn. 282; Meyer F., 1980, S. 28, der hierin aber die mißliche Folge einer uneinheitlichen Rspr. sieht.

505 Vgl. BayObLG, StV 1982, 412 (413); BGH, GA 1956, 384 (385); BGH, StV 1989, 238 (239) = b. Miebach, NStZ 1989, 219 Nr. 11; das BVerwG, DÖV 1984, 561, sieht in diesen Fällen offenbar generell das Beweisantizipationsverbot verletzt, denn erst nach der Beweiserhebung könne sich ergeben, wie weit die Erinnerung des Zeugen reiche; auch die Annahme des Tatgerichts, der Antragsteller vermute nur, dass die benannte Zeugin zum Beweisthema werde aussagen können, rechtfertigt bei einem etwa 2 Jahre zurückliegenden Vorgang nicht den Schluß auf eine fehlende Erinnerungsfähigkeit, vgl. BGH, StV 1993, 232 (233).

506 Vgl. RG, JW 1914, 434 – Ungeeignetheit des Zeugen aufgrund seines Alters.

507 Vgl. Browe/Wirtz-Weinrich, 1992, S. 145 ff.; Frei, 1993, S. 34 ff.; vgl. auch Wurtele/Miller-Peririn 1992, S. 105 ff.

sionen, neurotische Störungen, Verhaltensauffälligkeiten wie Hyperaktivität oder Weglaufen, Lernstörungen und sexualisiertes Verhalten sind in einem erhöhten Maße bei ihnen nachweisbar. Zwar kommt diesen Verhaltensauffälligkeiten im Verfahren keinerlei Beweiswert zu, es sind aber Indikatoren dafür, dass das Kind psychischen Belastungen ausgeliefert ist.[508] Gerade die Gruppe der posttraumatischen Belastungsreaktionen kann in diesem Zusammenhang eine Ungeeignetheit begründen. Kennzeichnend für sie ist eine geringere Reagibilität sowie verminderte Beteiligung an der äußeren Welt und wenigstens zwei der folgenden Symptome: Gedächtnisstörungen, Konzentrationsschwierigkeiten, phobisches Vermeiden von Situationen, die an das Trauma erinnern, Überlebensschuld, Übererregbarkeit, Schlaflosigkeit, Schweißausbrüche und Zittern. Da diese posttraumatischen Reaktionen durch ein Wiederbeleben des Traumas verstärkt werden, kommt der erneuten Vernehmung, die das Kind erneut mit dem Tatgeschehen konfrontiert, ein Katalysatoreffekt zu. Folglich liegt es auf der Hand, dass das Kind bei einer erneuten Vernehmung bedingt durch diese posttraumatischen Störungen kein geeignetes Beweismittel darstellt.

Auch wenn es dem Antragsteller, der eine erneute Vernehmung des Kindes beantragt, gelingt Anhaltspunkte vorzutragen, die es wahrscheinlich machen, dass der Zeuge sich durch Vorhalte, die als Gedächtnisstütze dienlich sind[509], erinnert und er sich hierbei gar auf die konservierte Erstvernehmung beruft[510], kann dies keine „Geeignetheit" des Kindes für eine erneute Vernehmung begründen. Zwar ist es durchaus denkbar, dass sich das Kind aufgrund der konservierten Erstvernehmung besser erinnert, jedoch wäre zu fragen, an was sich das Kind erinnern soll. Einerseits soll der Vorhalt – als Gedächtnisstütze – dem Zeugen bei der Schilderung helfen, sich an Vorgänge zu erinnern, d.h. sie gegenüber dem Gericht zu aktualisieren. Dies kann gegenüber dem Gericht aber bereits durch das Einspielen der konservierten Erstvernehmung geschehen. Darüber hinaus sind durch die konservierte Erstvernehmung keine Aktualisierungen zu erwarten, so dass es sinnwidrig wäre, eine bessere Geeignetheit – Aktualisierung von Erinnerungen – gerade durch den Vorhalt mittels einer konservierten Erstvernehmung herbeireden zu wollen.

Neben der Zeitspanne und der konkreten Erinnerungsfähigkeit sind noch weitere Faktoren in der Rechtsprechung genannt, die innerhalb des tatrichterlichen Ermessens zu berücksichtigen seien. So wird vereinzelt noch auf die Bedeutung

508 Scholz/Endres, NStZ 1995, S. 6.

509 Vgl. dazu BGH Urteil vom 27.1.1982 – 2 StR 374/81; im übrigen aus der Lit. ANM, Beweisantrag, S. 616, 617; Meyer F., 1980, S. 28; Weigelt, DAR 1964, 314 (315).

510 Vgl. BGH, StV 1982, 339 (341).

des Ereignisses, über das in der Hauptverhandlung ausgesagt werden soll, sowie die Gewichtigkeit des Anklagevorwurfs abgestellt.[511] Wird aber die Bemessung des Sachaufklärungsaufwandes in dieser Art und Weise von der Bedeutung und dem Gewicht der Strafsache abhängig gemacht, so schränkt dies den Ermessensspielraum gerade bei schweren Delikten unangemessen ein und gerät letztendlich zur Farce. Gerade in Fällen, in denen das Erinnerungsvermögen stark reduziert ist, kann nicht durch ein Abstellen auf die Bedeutung des Tatvorwurfs künstlich eine Geeignetheit konstruiert werden.

1.2. Ungeeignetheit und Beweiswertqualität[512]

Kindern wird häufig bereits aufgrund von Zweifeln an ihrer Glaubwürdigkeit die Beweiswertqualität abgesprochen. Inwieweit dies eine Ungeeignetheit begründen kann, ist umstritten. Die Rechtsprechung und die herrschende Meinung in der Literatur ziehen sich auch in diesem Fall auf eine Einzelfallentscheidungspraxis zurück und verlangen für die negative Schlußentscheidung des Tatrichters erneut eine Darlegung „besonderer Umstände".[513] Zu nennen sind aus der Rechtsprechung folgende bedeutsame Fallgruppen:

a) mangelnder Aussagewille

Ist der Zeuge nach richterlicher Überzeugung nicht bereit, verwertbare sachdienliche Angaben zu machen, so kann auch dieser mangelnde Aussagewille zu einer Ungeeignetheit führen[514]. Hierfür reicht es aus, dass der Zeuge im zeitlichen Zusammenhang mit der Hauptverhandlung ankündigt, dass er von einem ihm zu-

511 So handelte es sich etwa in der von BGH 4 StR 174/54 entschiedenen Sache um einen 2-fachen Mordfall, wo nach Meyer K. die geringsten Möglichkeiten zur Sachaufklärung ausgeschöpft werden müssen, vgl. ANM, Beweisantrag, S. 61S Fn. 137. Diese Entscheidung will er wiederum – und wohl zu Recht – nicht für andere Strafsachen verallgemeinern.

512 Es wird behauptet, dass es sich hierbei um den gebräuchlichsten und zugleich gefährlichsten Ablehnungsaspekt wegen Ungeeignetheit handelt. Siehe hierzu allgemein KK-Herdegen § 244 Rn. 78; ANM, Beweisantrag, S. 610 ff.; Meyer F., 1980, S. 29; Dohna, FS f. Kohlrausch, 1944, S. 319 (328); Mattern, 1933, S. 21f.; LR-Gollwitzer § 244 Rn. 289f.; KMR-Paulus § 244 Rn. 127; AK-Schöch § 244 Rn. 94.; Kurtze, 1926, S. 56; kritisch auch KMR-Paulus § 244 Rn. 127; LR-Gollwitzer § 244 Rn. 289f.; AK-Schöch § 244 Rn. 94.

513 Vgl. LR-Gollwitzer § 244 Rn. 291; Völcker, 1931, S. 29; vgl. aus der Rspr. BGH, NStZ 1984, 42 (43); BGH 3 StR 333/51 vom 5.7.1951; BGH b. Holtz, MDR 1982, 104 = NStZ 1982, 41 = b. Schmidt, MDR 1983, 4.

514 Vgl. BGH b. Holtz, MDR 1982, 104 = NStZ 1982, 41 = b. Schmidt, MDR 1983, 4; BGHSt 14, 339 (342) = MDR 1960, 863; BGH b. Dallinger, MDR 1973, 372.

stehenden Zeugnisverweigerungsrecht Gebrauch machen werde.[515] Allerdings soll eine rein formale Betrachtung nicht genügen, sondern materiell müsse geprüft werden, ob seine Willensäußerung nicht möglicherweise durch einen Irrtum über die rechtliche Tragweite des Entschlusses beeinflusst ist und der Zeuge infolgedessen bei Aufklärung des Irrtums zu einer Entscheidungsänderung bereit wäre.[516] Noch weniger könne es ausreichen, wenn das Gericht lediglich die Erwartung hege, der Zeuge könne zur Aussage nicht bereit sein[517], vielmehr müssen besondere Anhaltspunkte dafür vorliegen, dass der Zeuge eine weitere Aussage verweigern will. Unabhängig von einem bestehenden Zeugnisverweigerungsrecht kann aber bereits ein mangelnder Aussagewille ausreichen. So können bspw. auch staatliche Gewährsmänner ungeeignete Beweismittel aufgrund der Tatsache darstellen[518], dass damit zu rechnen ist, dass sie ihre Informationsquellen nicht preisgeben bzw. nicht auszuschließen ist, dass die Polizeibehörde auf den Beweisumfang Einfluss nahm.[519] Übertragen auf die Situation von Kindern kann folglich auch ihr fehlender tatsächlicher Aussagewille eine Ungeeignetheit begründen: Ein Zeugnisverweigerungsrecht bzw. die Androhung, es geltend zu machen, muss nicht vorliegen. Vielmehr kann bereits die Tatsache, dass damit zu rechnen ist, dass auf den Aussagewille und den Beweisumfang Einfluss genommen wurde und das Kind Suggestiveinflüssen ausgesetzt war, eine Ungeeignetheit begründen.

515 Vgl. BGHSt 21, 12 (13) m. Anm. Hanack, JZ 1972, 114 (115); in diese Richtung auch BGH, NStZ 1986, 181; zustimmend Meyer F., 1980, S. 29; LR-Gollwitzer § 244 Rn. 289f.; Theune, 1984, S. 72; ablehnend AK-Schöch § 244 Rn. 94. Zur Geltendmachung des Zeugnisverweigerungsrechts siehe oben unter II, 2.3.

516 Siehe dazu BGHSt 21 (12 (13), hier ging der Zeuge irrtümlich davon aus, dass durch sein Schreiben seine belastende Aussage aus dem Ermittlungsverfahren unverwertbar werde; im Grundsatz ebenso BGH, NStZ 1982, 126 (127) = StV 1982, 209: Hier hielt der BGH den Zeugen indes für ungeeignet, obwohl er zunächst zur Aussage bereit war, diese Entscheidung aber später änderte. Nach Auffassung des BGH lag dabei aber keine Willensbeeinflussung vor. Hanack, JZ 1972, 114 (115), weist darauf hin, dass die Rspr. in diesen Fällen zwischen der Ablehnung wegen Unzulässigkeit und Ungeeignetheit schwanke, wegen der Möglichkeiten eines Irrtums sei der Ablehnungsgrund der Ungeeignetheit aber einschlägig. Hier entstehe dem Gericht eine weiterreichende Prüfungspflicht.

517 Vgl. BGH 3 StR 333/51 vom 5.7.1951 – die „Unwahrscheinlichkeit", durch Vernehmung des Zeugen zur Aufklärung zu gelangen, rechtfertigt noch nicht, von der Beweiserhebung abzusehen, die völlige Wertlosigkeit der Beweisaufnahme müsse vielmehr feststehen.

518 Einschlägiger Ablehnungsgrund für die Vernehmung von V-Männern im Strafprozeß ist vor allem der der Unerreichbarkeit, siehe dazu ausführlich Herdegen, NStZ 1984, 97 (99 ff.) u. NStZ 1984, 200 ff., ferner Julius, 1988.

519 Vgl. BGH 5 StR 138/53 vom 22.9.1953; eine neue, aber vereinzelt gebliebene Linie in der Rspr. zur Beurteilung der V-Mann-Problematik zeichnet sich in der Entscheidung des LG Münster, StV 1983, 97, ab; das LG hielt den V-Mann für völlig ungeeignet, da es nicht möglich war, ihn zu vernehmen, ohne dass die Polizeibehörde auf den Beweisumfang Einfluß nahm.

Statt den Tatrichter mit verbindlichen Rechtssätzen zu binden[520], kommt es dem BGH hier offenbar stärker noch darauf an, dass das Tatgericht seine Überzeugung und die Ausübung eines ihm zugebilligten pflichtgemäßen Ermessens hinreichend begründet. So kann also auch die Aussageverweigerung aus opferzeugenschützenden Erwägungen heraus oder die Androhung, dass das Kind in der Verhandlung aus Angst nichts sagen werde, den mangelnden Aussagewillen dokumentieren und eine Ungeeignetheit begründen.

b) verwandtschaftliche oder sonstige persönlichen Beziehungen

Neuere Erhebungen zeigen, dass etwa 90 % der Angeklagten aus dem sozialen Umfeld der jeweiligen Opferzeugen stammen und daher immer ein vorheriger persönlicher Kontakt bestand.[521] Umstritten ist, inwieweit dies die Beweiswertqualität herabsetzen kann. Generell will es die herrschende Meinung nicht ausreichen lassen, wenn die Ungeeignetheit des Zeugen für die Wahrheitsfindung schon allein aus Ehe, Verwandtschaft, Freundschaft oder sonstigen persönlichen Kontakten hergeleitet wird.[522] Stets wird verlangt, dass erst „besondere Umstände" hinzutreten müßten, die es erlauben würden, den gänzlichen Unwert des Beweismittels schon bei der Antragstellung abschließend festzustellen.[523] Somit wird auch die Bewertung dieser Umstände mit ihrer Qualität für die Schlussentscheidung als eine Ermessensaufgabe des Tatrichters begriffen[524], der in vorgezogener Beweiswürdigung über die Glaubwürdigkeit des Zeugen[525] und damit über die Zweck-

520 Was bei der Heterogenität und Unübersehbarkeit prozessualer Lebenssachverhalte ohnehin schwer möglich erscheint.

521 Vgl. Wurtele/Miller-Perrin, 1992, S. 13.

522 Vgl. KMR-Paulus § 244 Rn. 127; AK-Schöch § 244 Rn. 94; LR-Gollwitzer § 244 Rn. 291; ANM, Beweisantrag, S. 611 u. 614; *KK*-Herdegen § 244 Rn. 78; Vgl. aus der Rspr. hier nur BGH b. Spiegel, DAR 1977, 174 = NJW 1976, 1108 = MDR 1976, 501; BGH, StV 1985, 356 = b. Pfeiffer/Miebach, NStZ 1985, 494 Nr. 12.

523 Vgl. Nachweise wie Fn. zuvor; siehe im übrigen Conrad, DJZ 1911, Sp. 1321 (1325); Völcker, 1931, S. 30; ANM, Beweisantrag, S. 612; RGSt 56, 139 (140); 63, 329 (332); 75, 11 (14).

524 Der Ermessenscharakter der Entscheidung wird vor allem in älteren Entscheidungen betont, vgl. RGSt 56, 139 (140); 63, 329 (332); siehe auch Conrad, DJZ 1911, Sp. 1321 (1325). Der Entscheidungsspielraum des Tatrichters muß vor dem Hintergrund gesehen werden, dass nach der Rspr. die Glaubwürdigkeitsbeurteilung von Zeugen ureigenste Aufgabe des Tatrichters ist, vgl. BGH b. Spiegel, DAR 1976, 96; 1977, 176; 1978, 155.

525 Vgl. dazu ausführlich im 4. Kapitel.

dienlichkeit der Beweiserhebung befinden müsse.[526] Hier lassen sich keine abschließend definierten Entscheidungsmaßstäbe dingfest machen. Im Allgemeinen soll es unstatthaft sein, aufgrund der bereits vollzogenen Beweisaufnahme Umstände gegen die Glaubwürdigkeit des Zeugen anzuführen.[527] Jedoch könnten durch die Beweisaufnahme Umstände zutage gefördert und damit auch verwertet werden, wobei zum Beispiel festgestellte Beeinflussungsversuche von Seiten des Angeklagten nicht ausreichen würden, da die Glaubwürdigkeit von Zeugen nicht ausschließlich aus seiner Person beurteilt werden dürfe.[528]

Als sehr weitgehend, zudem als uneinheitlich, zeigte sich die Reichsgerichts-Rechtsprechung, in der davon ausgegangen wurde, dass nahe Verwandte „naturgemäß" ein dringendes Interesse daran hätten, tatverdächtige Angehörige zu schützen, so dass sie als für die Sachaufklärung ungeeignete Zeugen ausfielen.[529] Demgegenüber scheint der BGH, soweit das aus der geringen Zahl veröffentlichter Entscheidungen überhaupt ersichtlich wird[530], eher restriktive Maßstäbe anwenden zu wollen. Selbst bei einer geminderten Beweiswertqualität könnten Zeugen mit verwandtschaftlichen oder sonstigen persönlichen Beziehungen doch immerhin Wahrscheinlichkeiten für die Richtigkeit der Beweisbehauptung erbringen und seien von daher nicht völlig ungeeignet.[531] Zweifel an der Glaubwürdigkeit eines Zeugen, die zum Ausschluss aus dem Kreis tauglicher Beweismittel führen müßten, ließen sich danach erst bei einer Vielzahl zusammenwirkender Einzelfaktoren begründen.[532] Feststellbar bleibt somit ein von der herrschenden Meinung vertretener Primat tatrichterlicher Entscheidungsfreiheit. Dem Gericht wird es erlaubt, in individuell-subjektiver Wertung, wohl aber nur in restriktiven

526 Hier vermischt sich die Grenze zwischen einer zulässigen und unzulässigen Vorabbeweiswürdigung und der absoluten oder nur relativen Ungeeignetheit und genau hierin liegt der Ansatzpunkt für intrasystematisch geübte Kritik, vgl. Ziegler, 1969, S. 140; Beling, Anm. zu RG, JW 1925, 2782 (2783); Meyer F., 1980, S. 29. Vgl. zum Problem der vorweggenommenen Beweiswürdigung bei der Glaubwürdigkeitsbeurteilung ausführlich im 4. Kapitel.

527 Vgl. KK-Herdegen § 244 Rn. 78 u. 80; BGH b. Holtz, MDR 1977, 108; RGSt 63, 329 (332). Siehe dazu Alsberg, GA 61 (1914), 484 (494); Simander, 1933, S. 176; Rieker, 1935, S. 57 – das verträgt sich allerdings nicht mit dem Grundsatz, dass die Ungeeignetheit nur aus dem Beweismittel selbst hergeleitet werden soll.

528 Vgl. KK-Herdegen § 244 Rn. 78; ANM, Beweisantrag, S. 611; einschränkend LR-Gollwitzer § 244 Rn. 291.

529 Vgl. RGSt 56, 139 (140).

530 Siehe auch ANM, Beweisantrag, S. 612.

531 Vgl. BGH bei Spiegel, DAR 1977, 174= NJW 1976, 1108=MDR 1976, 501; BGH, StV 1985, 356= bei Pfeiffer/Miebach, NStZ 1985, 494 Nr. 12.

532 Siehe dazu BGH 1 StR 77/53 vom 24.4.1953 und h.M. in der Literatur: Kühne 1993, Rn. 450; LR-Gollwitzer § 244 Rn. 291; KK-Herdegen § 244 Rn. 78; Meyer F., 1980, S. 29.

Grenzen, präsumtive Beweisurteile zur Untauglichkeit von Zeugen zu entwikkeln, die in enger persönlicher Beziehung zum Angeklagten stehen. Kritik wird dieser Rechtsauslegung dabei auch von der sie grundsätzlich stützenden Literaturmeinung entgegengebracht, da ihr eine Inkonsistenz und Rechtsunsicherheit anhafte, weil die Beweisantizipation stets irrtumsbefangen sein könne.[533]

1.3. Revisionsrechtliche Kontrolle und Anforderungen an die Begründung

Die Frage, wie dieser aufgezeigte tatrichterliche Ermessensspielraum tatsächlich nutzbar ist, hängt davon ab, wie und in welchem Umfange die tatrichterlichen Beweisinstruktionen im Kontrollverfahren durch die Revisionsinstanzen überprüft werden. Entscheidend sind hier die dem Tatrichter auferlegten Begründungspflichten zur Ablehnung eines Beweisantrages auf Vernehmung des Kindes. Verlangt wird, dass der Tatrichter in der Begründung zur Ablehnung ungeeigneter Beweismittel besonders eingehend die dafür maßgeblichen tatsächlichen Gründe darzulegen habe[534], da es sich beim Ablehnungsgrund der präsumtiven Wertlosigkeit um eine Ausnahme vom Beweisantizipationsverbot handele.[535] Eine rein schablonenhafte Begründung soll nicht genügen.[536] Mit der Angabe sämtlicher Umstände, die für die Entscheidung bestimmend sind, soll es dem Angeklagten ermöglicht werden, sich in seinem weiteren Verteidigungsverhalten einzurichten.[537] Für das Revisionsgericht sei die Einhaltung der Darlegungs- und Begründungspflichten Voraussetzung einer rechtlichen Prüfung.[538] Der Umfang der Begründungspflichten könnte somit als der Versuch begriffen werden, eine sachlich verfehlte prospektive Beweiswürdigung zu verhindern. Der Tatrichter wird durch den Zwang zur Offenbarung zur Selbstkontrolle seines Instruktionsermessens

533 Vgl. RGSt 31, 137 (139): BGH 2 StR 416/55 vom 27.1.1956; KG JR 1983, 479; OLG Hamm NJW 1949, 272; BGH b. Spiegel, DAR 1981, 198; KK-Herdegen § 244 Rn. 78; ANM, Beweisantrag, S. 613; LR-Gollwitzer § 244 Rn. 291; Kühne, 1993, Rn. 450 will das Ungeeignetheitsurteil nur billigen, wenn die besonderen Umstände gleichsam von festschreibendem Charakter sind.

534 Meyer F., 1980, S. 31; Kurtze, 1926, S. 59; Rieker, 1935, S. 57; BGH, VRS 47, 19 (20); BGH 3 StR 333/51 vom 5.7.1951; BGH 2 StR 416/55 vom 27.1.1956.

535 Vgl. zu diesem Kontext insbesondere LR-Gollwitzer § 244 Rn. 294; KK-Herdegen § 244 Rn. 80; ANM, Beweisantrag, S. 761.

536 Kurtze, 1926, S. 59; anders KK-Herdegen § 244 Rn. 80, für den Fall, dass der Zeuge seinen fehlenden Aussagewillen durch die Mitteilung bekundet, er werde von seinem Zeugnisverweigerungsrecht Gebrauch machen.

537 Vgl. BGH 5 StR 506/60 vom 20.12.1960; BGH, VRS 47, 19 (20).

538 Vgl. BGH, VRS 47, 19 (20); BGH 2 StR 416/55 vom 27.1.1956.

angehalten. Den Verfahrensbeteiligten und den Revisionsinstanzen ist potentiell eine Einwirkung auf die tatrichterliche Überzeugungsbildung bzw. ihre Korrektur ermöglicht. Letzterem steht aber entgegen, dass die Entscheidung, ob ein Beweismittel für die Wahrheitsfindung tauglich ist, als eine Frage begriffen wird, welche sich auf tatsächlichem Gebiet bewege, so dass dem Tatrichter ein Beurteilungsspielraum zukomme.[539] Demzufolge soll es den Revisionsgerichten nicht erlaubt sein, in die Ermessensentscheidung einzugreifen, sondern ihre Prüfungsaufgabe müsse sich darauf beschränken, ob der Tatrichter sich dieser Möglichkeit bewusst war und sein Ermessen nicht offensichtlich fehlerhaft ausgeübt[540] und seine Darlegungspflichten nicht in einem Maße verletzt habe, dass eine Rechtskontrolle überhaupt scheitere.[541] Demgegenüber wird in der BGH-Rechtsprechung vereinzelt betont, dass es im Hinblick auf das Beweisantizipationsverbot gerade keinen Ermessensspielraum geben könne.[542] Dennoch dürfte die von *Meyer*[543] vertretene Auffassung eines tatrichterlichen Ermessensspielraums mit der Folge seiner eingeschränkten revisionsgerichtlichen Überprüfung der Revisionspraxis im Allgemeinen entsprechen. Denn wie den Entscheidungen insgesamt zu entnehmen ist, wird die tatrichterliche Überzeugung nur revidiert, soweit sie offensichtlich fehlerhaft erscheint oder sich auf unzureichende tatsächliche Gründe stützt. Im übrigen aber bleibt die subjektive Bewertung des Tatrichters zumeist unangetastet.[544] Damit kann die Ungeeignetheit nach den oben skizzierten Kriterien bejaht werden und ist vom richterlichen subjektiven Bewertungsspielraum in jedem Fall gedeckt.

539 Vgl. ANM, Beweisantrag, S. 900.

540 Nach KMR-Paulus § 244 Rn. 125, 141 soll die Beweiswürdigung nur im Hinblick auf den Verstoß gegen allgemeine Erfahrungssätze überprüft werden.

541 So insbesondere ANM, Beweisantrag, S. 901; leider wird diese Frage dort kaum näher erörtert. Meyer K. kann seine Ansicht allerdings im besonderen auf die RG-Rspr. stützen, in der der Ermessenscharakter der tatrichterlichen Entscheidung betont wird, siehe dazu RGSt 51, 124 (125); 56, 139 (140); 63, 329 (332).

542 Vgl. BGH, VRS 47, 19 (20); BGH b. *Holtz*, MDR 1978, 988; BGH, NStZ 1984, 564 = GA 1985, 189; KG, StV 1993, 120. 462 In: ANM, Beweisantrag, S. 901.

543 In: ANM, Beweisantrag, S. 901.

544 Siehe dazu beispielhaft BGH 3 StR 333/51 vom 5.7.1951; die Begründung für die Untauglichkeit des Beweismittels erscheine „einleuchtend".

2. *Unerreichbarkeit*

Eine weitere Möglichkeit, eine erneute Vernehmung des Kindes abzulehnen, ist die Bejahung der Unerreichbarkeit des Kindes[545], wobei die Auslegung des Rechtsbegriffs der Unerreichbarkeit durch Rechtsprechung und Literatur sich aus[546] den gesetzlichen Begrifflichkeiten der Unerreichbarkeit (§ 244 Abs. 3 Satz 2, S. Alt.StPO), ein nicht zu ermittelnder Aufenthalt oder die nicht zu beseitigenden Hindernisse, welche dem Erscheinen des Zeugen in der Hauptverhandlung entgegenstehen (§ 251 Abs. 1 Nr. l und 2 StPO, 251 Abs. 2 StPO), ergibt, da beide grundsätzlich als Konnexinstitute behandelt werden.[547] Folglich kann bei der Auslegung auf die

545 ANM, Beweisantrag, S. 619; dabei wird z.T. die Gemeinsamkeit mit dem Ablehnungsgrund der Ungeeignetheit betont. In beiden Fällen soll eine tatsächliche Unmöglichkeit der Beweisaufnahme vorliegen, vgl. dazu Kurtze, 1926, S. 71; Harreß, 1930, S. 60. Der Ablehnungsgrund der Unerreichbarkeit ist auch Ausdruck der für das Strafverfahren kennzeichnende Konzentrationsmaxime. Vgl. SK-StPO-Schlüchter § 244 Rn. 107.

546 Vgl. LR-Gollwitzer § 244 Rn. 260; ANM, S. 621; AK-Schöch § 244 Rn. 95. 469 Ausdrücklich zu diesem Zusammenhang zwischen § 244 Abs. 3 Satz 2 und § 251: ANM, S. 621 Fn. 12; BGH GA 1908. S. 422: BGH JR 1969, S. 266 mit Anm. Peters. Die Entscheidungen sind zu § 251 ergangen. Die Befugnis des Gerichts nach Abs. 1 Nr. 1 und 2, Abs. 2 dieser Vorschrift Vernehmungsniederschriften oder andere Urkunden zu verlesen, ist die Kehrseite der Unerreichbarkeit des Zeugen i.S. § 244 Abs. 3. Beide Vorschriften hängen zusammen; vgl. OLG Celle, NJW 1961, S. 1490. Vgl. auch Herdegen, NStZ 1984, 337 (338).

547 Vgl. dazu etwa die identischen Rspr.-Nachweise, wie sie bei KK-Herdegen § 244 Rn. 81, 82 u. KK-Mayr, § 251 Rn. 3 ff. angegeben sind; ausdrücklich zu diesem Zusammenhang weiter Herdegen, NStZ 1984, 337 (33N); Julius, 1988, S. 47. In der neueren Rspr. hat der BGH zwar – soweit zu ersehen erstmals – darauf hingewiesen, dass zwischen § 244 Abs. 3 Satz 2 und § 251 Abs. 1 Nr. 2 insofern ein Unterschied bestehen könne, als dass im Rahmen der Beurteilung eines Beweisantrages möglicherweise nachhaltigere Bemühungen des Tatrichters zum Beibringung des Beweismittels erforderlich sind, als in der Verfahrenslage, wo das Gericht allein im Rahmen seiner Amtsaufklärungspflicht (§ 244 Abs. 2) darüber zu entscheiden hat, ob der Zeuge erreichbar ist, oder ob wegen nicht zu beseitigender Hindernisse die Verlesung der Vernehmungsniederschrift statthaft sein soll, vgl. dazu BGH, StV 1984, 1 (3) = NJW 1984, 2772 = MDR 1983, 1040 = BGHSt '32, 68 = JR 1984, 514 m. zust. Anm. Schlüchter; siehe im weiteren die zustimmende Besprechung von Julius, NStZ 1986, 61 ff. Damit wird im Prinzip jedoch nicht die Konnexität der genannten Vorschriften bei der Norminterpretation in Frage gestellt, sondern der BGH bringt nur seinen Standpunkt zu der alten Streitfrage zum Ausdruck, ob § 244 Abs. 3 weiterreichende Beweisverpflichtungen als § 244 Abs. 2 StP schafft, oder ob insoweit eine Identität besteht; vgl. dazu i.S. des BGH ANM, S. 29 ff.; Herdegen, NStZ 1984, 97 (98f.); dagegen Engels, GA 1981, 21 ff.; ebenso zur Einschätzung dieser Rspr. Hoffmann, 1991, S. 84, der die Auffassung von den Konnexinstituten ablehnt.

obigen Ausführungen zu den Vernehmungshindernissen teilweise bezug genommen werden.[548] Üblicherweise wird zwischen der Unerreichbarkeit aus rechtlichen und tatsächlichen Gründen unterschieden.[549]

2.1. Absolute Unerreichbarkeit: rechtliche Gründe

Ist das Erscheinen des Kindes nicht erzwingbar, so liegt eine Unerreichbarkeit aus Rechtsgründen vor.[550] Da für Kinder zwar überwiegend eine Zeugenpflicht besteht, diese aber nach der hier vertretenen Auffassung nicht zwangsweise durchgeführt werden darf[551], wäre die Unerreichbarkeit bereits aus diesem Grund zu bejahen. Ferner betrifft die rechtliche Unerreichbarkeit vor allem Fälle, in denen der Vernehmung des Zeugen entweder Beweismittelverbote oder Aussage-

548 So die grds. BGH-Rspr., vgl. nur BGHSt 13, 300 (302); BGH b. Holtz, MDR 1979, 807; Herdegen, NStZ 1984, 337 (340). Vgl. dazu die Ausführungen zu § 251 Abs. 1 Nr. 1 und 2 unter II, 2.2. Zu beachten ist hier, dass zwar grundsätzlich die Vorschriften zur kommissarischen Vernehmung aus § 223 Abs. 1 und 2 ebenfalls im systematischen Zusammenhang mit § 244 Abs. 3 und § 251 zu sehen sind, d.h. eine endgültige Entscheidung über das Beweisverlangen sich in der Regel nur begründen läßt, wenn zuvor die Unerreichbarkeit einer kommissarischen Vernehmung geprüft worden ist. Nach § 244 Abs. 3 Satz 2, 5. Alt., 251 Ahs. 1 und 2 kann der Zeuge zwar für die Vernehmung in der Hauptverhandlung unerreichbar sein, sie bleibt aber nur mittelbar, wenn, wie es § 223 vorschreibt, die Vernehmung durch einen beauftragten oder ersuchten Richter angeordnet wird, die dann über § 251 Abs. 1 oder auch § 255a StPO Abs. 1 als Beweismittel in die Hauptverhandlung einzuführen ist. Hierbei entsteht kein Wertungswiderspruch zu § 223, da auch die kommissarische Vernehmung per Video durchgeführt werden kann, da dieselben Voraussetzungen gelten. (a.A. noch in der Begründung BT-Drs. 13/7165, S. 10, englisches Modell). Inzwischen überwiegende Ansicht, vgl. Beschluß des 62. DJT, Band II, L 215 Punkt 5.a) angenommen mit 40:25:6 Stimmen.

549 Die Berechtigung einer solchen Differenzierung ist umstritten, wird aber überwiegend bejaht, vgl. dazu KMR-Paulus § 244 Rn. 227; KK-Herdegen § 244 Rn. 81 u. 84; AK-Schöch § 244 Rn. 101; LR-Gollwitzer § 244 Rn. 272; ANM, Beweisrecht. S. 62; Simander, 1933, S. 132 u. 135; Theune, 1984, S. 60; Meyer F., 1980, S. 31; Kurtze, 1926, S. 71; Kühne, 1993, Rn. 451. Nach Kühne, 1993, Rn. 451 müssen die juristischen Gründe der Unerreichbarkeit zur Unzulässigkeit der Beweiserhebung führen; Simander, 1933, S. 132 subsumiert unter die Unerreichbarkeit i.S. von § 244 Abs. 3 Satz 2 nur Hindernisse tatsächlicher Art.

550 Hauptanwendungsfall der rechtlichen Unterreichbarkeit ist allerdings der Fall der behördlichen Geheimhaltung von Zeugen. Zutreffender wäre es wohl bei diesen Fällen von einer Verbindung rechtlicher und tatsächlicher Gründe zu sprechen. Zu den Essentialien der Rspr. und ihren Entwicklungstendenzen vgl. AK-Schöch § 244 Rn. 102–105; BGHSt 29, 109 ff.; 29, 390 ff. = StV 1981, 58 StPO m. Anm. Weider; BGH, StV 1981, 109; 1981, 110; 1981, 111; BVerfGE 57, 250 ff. = StV 1981, 381.

551 Vgl. dazu bereits ausführlich im Zweiten Kapitel unter I, 2.2. sowie 2. Kapitel, Zweiter Schritt II, 2.2.b).

verweigerungsrechte (§§ 52 StPO ff)[552] entgegenstehen.[553] Liegen diese Fälle der rechtlichen – oder auch „absoluten" – Unerreichbarkeit vor, soll kein Raum für richterliche Ermessenserwägungen sein.[554] In Fällen, in denen folglich ein Zeugnisverweigerungsrecht vorliegt, ist die Unerreichbarkeit immer zu bejahen; ebenso in den Fällen, in denen das Gericht die erneute Vernehmung aufgrund des immanenten Grundrechtseingriffs als unverhältnismäßig bewertet.[555] Bei der letztgenannten Konstellation liegt allerdings ein quasi richterlicher Ermessensspielraum bezüglich der Annahme der Unerreichbarkeit vor, da die ihr zugrundeliegende Prämisse – die Annahme eines Beweismittelverbots aus Gründen der Unverhältnismäßigkeit – im Ermessen des Richters steht. Zu berücksichtigen ist daher, dass mit der Annahme eines unverhältnismäßigen Eingriffs auch über die absolute Unerreichbarkeit mitentschieden wird und ein Beweisantrag auf erneute Vernehmung dann zwingend abzulehnen ist.

2.2. Die tatsächliche Unerreichbarkeit: sonstige Hinderungsgründe

Abgesehen von den Fällen der absoluten Unerreichbarkeit, in denen das Beweismittel quasi nicht oder nicht mehr vorhanden ist[556], handelt es sich bei allen anderen auftretenden Konstellationen dem Wortsinn nach nur um eine „relative" Unerreichbarkeit. Dies sind folglich die Fälle, in denen das Gericht die Durchsetzung der Zeugenpflicht trotz ihrer dargestellten Unverhältnismäßigkeit bejaht[557], kein Zeugnisverweigerungsrecht für das Kind besteht oder das Gericht den im vori-

552 Siehe dazu BGH, NStZ 1981, 32 = b. Holtz, MDR 1980, 987 = b. Spiegel, DAR 1981, 198f.; BGH, StV 1984, 408.

553 Siehe dazu den Fall BGHSt 21, 1, wo das LG einen Beweisantrag zu einem Glaubwürdigkeitsgutachten über den Verletzten aufgrund fehlender Einwilligung in die Untersuchung wegen Unerreichbarkeit abgelehnt hatte. Der BGH ließ aber offen, ob hier ein Fall der juristischen Unerreichbarkeit vorlag und lehnte die zugleich gegebene Begründung, der Beweisantrag sei unzulässig, als rechtsfehlerhaft ab. Zu der Frage eines möglichen Verzicht auf ein Glaubwürdigkeitsgutachten, vgl. Kapitel 5.

554 Dokumentiert wird dies durch die einschlägigen Fallgruppen der Beweismittelverbote, z.B. den Auskunftsverweigerungsrechten, vgl. dazu BGH, NStZ 1981, 32 = b. Spiegel, DAR 1981, 198f. = b. Holtz, MDR 1980, 987, oder den fehlenden rechtlichen Eingriffsermächtigungen, siehe dazu BGHSt 23, 1.

555 Vgl. dazu ausführlich 2. Kapitel, Zweiter Schritt, II, 2.3.

556 Siehe dazu ANM, Beweisantrag, S. 620; desweiteren § 251 Abs. 1 Nr. 1, etwa in Fällen, wo der Zeuge verstorben ist. In diesen Fällen scheiden Konflikte mit dem Beweisantizipationsverbot aus. Näher zu diesem Abwägungsprinzip in der BGH-Rspr. Herdegen, NStZ 1984, 337.

557 Vgl. zu dieser Problematik im 2. Kapitel unter I, 2.2.

gen Kapitel skizzierten Kriterien nicht folgt und ein selbständiges Beweiserhebungsverbot ablehnt. Hier stellt sich die Frage, ob einem Beweisantrag dennoch der Ablehnungsgrund der Unerreichbarkeit entgegenstehen kann.

Nach der überwiegenden Meinung muss bei relativen Unerreichbarkeitsgründen eine Interessenabwägung stattfinden, die ohne eine antizipierende Beweiswürdigung nicht möglich ist, d.h. hier steht dem Richter ein gewisser Spielraum zu. Dabei ist die Wichtigkeit der Zeugenaussage für die Wahrheitsfindung einerseits gegen das Interesse an einer reibungslosen, beschleunigten Durchführung des Verfahrens, andererseits unter Berücksichtigung der Pflicht zur erschöpfenden Sachaufklärung.[558] Die Maßstäbe, welche die höchstrichterliche Rechtsprechung hierbei anlegt, sind strenger als im Rahmen der Aufklärungspflicht oder bei der Entscheidung über die Verlesbarkeit bzw. bildtechnische Vorführung von richterlichen Protokollen/Videoaufzeichnungen.[559] Fraglich ist, wie die Maßstäbe der Interessenabwägung bei den relativen Unerreichbarkeitsgründen opferzeugenschützend relativierbar sind. Ausgangspunkt ist hier die Überlegung, dass der erneuten Vernehmung des Kindes solche Erschwernisse entgegenstehen, dass sie tendenziell einer Unmöglichkeit der Beweisbeschaffung nahekommen. Um sie zu begründen, sind im Folgenden die Abwägungskriterien näher zu betrachten.

Vorab ist festzuhalten, dass innerhalb von § 244 Abs. 3 StPO auch die sog. sonstigen Hinderungsgründe aus § 251 Abs. 1 Nr. 1 StPO und § 251 Abs. 1 Nr. 2 StPO, die einem Erscheinen in der Hauptverhandlung entgegenstehen[560], entsprechend anzuwenden sind.[561] Ihre Voraussetzungen liegen – wie bereits aufgezeigt – zwar vor[562], problematisch ist hier aber die Tatsache, dass die Rechtsprechung

558 BGHST 22, 118, 120; BGH NStZ 1991, 143; Schlüchter Rn. 551.3; KK-Herdegen § 244 Rn. 79; AK-Schöch § 244 Rn. 96.

559 Die überwiegende Meinung lehnt folglich die Konnexität zwischen der Sachaufklärung und den Beweisantragsrechten ab, was im Ergebnis zu diesen unterschiedlichen Anforderungen führt. Zum Streitstand vgl. ausführlich bei ANM, Beweisantrag, S. 29. Zur Lehre von der Konnexität vgl. KK-Herdegen § 244 Rn. 24; Engels, 1979, S. 13, ders. GA 1981, S. 21 (22); Gössel, S. 248; Mattern, S. 10; Roxin § 43 A 4; Wenner, 1982, S. 164 ff.; Wessels, JuS 1969, S. 1 (4/5).

560 Vgl. § 251 Abs. 1 Nr. 1., Nr. 2, 223 Abs. 1 heißt es dazu, dass dem Erscheinen des Zeugen in der Hauptverhandlung für eine längere oder ungewisse Zeit nicht zu beseitigende Hindernisse entgegenstehen müssen; vgl. auch 5 251 Abs. 2; siehe ausführlich unter 2. Kapitel, Zweiter Schritt, II, 2.2.a) b).

561 Vgl. zu diesen übergeordneten Kategorien einzelner Unerreichbarkeits-Konstellationen hier nur Kühne, 1993, Rn. 451; Herdegen, NStZ 1984, 337 f.; Rieker, 1935, S. 59; KMR-Paulus § 244 Rn. 456, 457; Stützel, 1932, S. 96, 97; AK-Schöch § 244 Rn. 97, 98; ANM, Beweisantrag, S. 621 ff. u. 628 ff., dieser allerdings mit z.T. anderer begrifflicher Einordnung.

562 Vgl. dazu unter 2. Kapitel, Zweiter Schritt, II, 2.2. a) b).

und herrschende Meinung in der Literatur ihre Anwendungsmöglichkeiten eingeschränkt.[563] So soll eine Unerreichbarkeit erst dann vorliegen, wenn das Gericht nach den Umständen des Einzelfalles – unter Beachtung der ihm obliegenden Aufklärungspflicht – alle nach der Bedeutung der Sache und der Bedeutung des Beweismittels entsprechend gebotenen und geeigneten Bemühungen, um es herbeizuschaffen, vergeblich entfaltet hat und keine begründete Aussicht besteht, den Zeugen in absehbarer Zeit beibringen zu können, oder mangels jeglicher Anhaltspunkte (weitere) Ermittlungen von vornherein aussichtslos bleiben müssen.[564] Auf den ersten Blick scheint es, als gelte dieser Programmsatz lediglich für die unauffindbaren Zeugen, jedoch wendet ihn die Rechtsprechung, ohne auf den gesetzlichen Kontext im Einzelnen zu achten, auch auf die Entscheidungen nach 244 Abs. 3 Satz 2 StPO[565] iVm den Vernehmungshindernissen aus § 251Abs. 1 Nr. 2 StPO[566] und § 251 Abs. 2 StPO[567] an.[568]

Mit dieser Auslegungsformel ist der Begriff der Unerreichbarkeit jedoch nicht abschließend beschrieben, da Art und Umfang der gerichtlichen Beibringungsbemühungen nicht bestimmt sind. Nach der von der herrschenden Meinung vertretenen Norminterpretation hängt die Konkretisierung des zu leistenden Sachaufklärungsaufwandes von den jeweiligen Umständen des Einzelfalles ab. Dem Tatrichter soll insofern ein Ermessens- oder Beurteilungsspielraum zukommen, und zwar sowohl im Falle einer Entscheidung nach § 244 Abs. 3 Satz 2 5.

563 Vgl. BGH, NJW 1953, 1522 = GA 1953, 178; BGH b. Herlan, MDR 1954, 531; BGH, GA 1955, 123 (126); BGH, GA 1954, 374 m. Anm. Grützner, BGH 4 StR 624/54 vom 14.4.1955; BGHSt 13, 300 (302) = NJW 1960, 54 = BGH LM Nr. 16 zu 5 244 III m. Anm. Geier = BGH b. Hanack, JZ 1972, 114 (115); BGH, GA 1965, 209; BGH, NStZ 1982, 127 = StV 1982, 51.

564 BGH, NStZ 1982, 212 = StV 1982, 507 = b. Holtz, MDR 1982, 449; BGH b. Pfeiffer/ Miebach, NStZ 1984, 210; BGH, StV 1985, 134; zustimmend aus der Lit. KK-Herdegen § 244 Rn. 81, 80; SK-StPO-Schlüchter § 244 Rn. 107; KMR-Paulus § 244 Rn. 455; LR-Gollwitzer § 244 Rn. 262; ANM, Beweisantrag, S. 621 u. 628; AK-Schöch § 244 Rn. 95; Fezer II/12 Rn. 134; Schlüchter, 1983, Rn. 551.3; Wenner, 1982, S. 75; Herdegen, NStZ 1984, 337 (338); Kühne, 1993, Rn. 451.

565 BGH, NStZ 1991, 143; BGH, NStZ 1993, 50; BGH, NStZ 1993, 294.

566 Dazu BGH, NJW 1953, 1522 = GA 1953, 178; BGH b. Spiegel, DAR 1981, 199.

567 BGHSt 22, 118 (120) = MDR 1968, 600 = NJW 1968, 1485; BGH b. Dallinger, MDR 1974, 369; BGH 1 StR 502/76 vom 2.11.1976 = b. Spiegel, DAR 1977, 174, hier aber nur z.T. abgedruckt; BGH, StV 1983, 496; BGH, StV 1989, 467.

568 Innerhalb von § 223 gelten dieselben Voraussetzungen, so dass sie im Rahmen der Prüfung der Vernehmungshindernisse nicht explizit zu erwähnen sind, da sie indizident mitgeprüft sind, vgl. aber zur Rechtsprechung dort BGH 4 StR 624/54 vom 14.4.1955; BGH, GA 1983, 325 = WISTRA 1983, 120 = MDR 1983, 505 = NStZ 1983, 325 = JR 1984,129 m. Anm. K. Meyer.

Variante StPO[569] wie nach den § 251 Abs. 1 Nr. 2 StPO[570] oder 251 Abs. 2 StPO.[571] Bei der Erfüllung seiner Ermittlungspflicht habe er eine Abwägung vorzunehmen zwischen dem Interesse an der Wahrheitserforschung einerseits und dem Interesse an der reibungslosen und beschleunigten Verfahrensdurchführung andererseits, opferschützende Erwägungen sind hier nicht explizit genannt. Bei der Abwägung zu berücksichtigen sei ferner die Bedeutung der Sache, die Schwere des Anklagevorwurfs, das Gewicht der Zeugenaussage wie umgekehrt eine Minderung ihrer Beweiswertqualität, der Umfang der zur Erforschung der Wahrheit sowie bereits angestellten Bemühungen unter Erwägung des das Strafverfahren beherrschenden Beschleunigungsgedankens. Abschließend sei sorgfältig zu erwägen, inwieweit durch die Beweiserhebung eine Änderung der Beweissituation zu erwarten ist.

Alle diese Faktoren müßten in verständiger Würdigung der Sach- und Beweislage unter Berücksichtigung des bisherigen Beweisergebnisses gewichtet werden.[572] Dem Tatgericht ist damit ein Spielraum mit einem Kontinuum unterschiedlicher Grade von notwendigen Ermittlungsbemühungen zuerkannt, wobei die Verkürzung der Sachverhaltsaufklärung abhängig gemacht wird vom Verfahrensgegenstand, den Eigenschaften des Beweismittels sowie dem schon nach dem bisherigen Beweisergebnis entwickelten Überzeugungsbild. Damit tritt der Gedanke einer opferzeugenschützenden Prozessführung deutlich hervor. Dieser erhält seinen Ausdruck in der Einführung eines Abwägungsprinzips, das auf die mögliche Minderung des Beweiswerts im Spannungsfeld zu den Zielen der Wahrheitsfindung abstellt. Die Garantie der Verteidigungsinteressen und einer opferzeugenschützenden Strafrechtspflege sind hier nicht als starre Maxime zu verstehen, son-

569 Vgl. dazu BGH, JR 1969, 266 m. Anm. Peters; BGH, MDR 1975, 726; BGH, GA 1980, 422; BGH, StV 1983,496; zustimmend aus der Lit. LR-Gollwitzer § 251 Rn. 34,35; KK-Mayr § 251 Rn. 3.

570 Immer im Zusammenhang mit § 223, vgl. BGHSt 9, 297 (300); BGH b. Herlan, MDR 1955, 529; BGH b. Pfeiffer/Miebach, NStZ 1985, zustimmend aus der Lit. KMR-Paulus § 223 Rn. 8; KK-Treier § 223 Rn. 10.

571 BGH bei Dallinger, MDR 1974, 369; BGH bei Spiegel, DAR 1976, 94; 1977, 173; 1981, 199; aus der Lit. KK-Mayr § 251 Rn. 28; LR-Gollwitzer § 251 Rn. 53.

572 Vgl. Zu dieser Konkretisierung des Ablehnungsgrundes nochmals Dahs/Dahs, 1993, Rz. 334; Schlosky, JW 1930, 2505; Dohna, DJZ 1911, Sp. 305 (308); KMR-Paulus § 223 Rn. 4; AK-Schöch § 244 Rn. 96; Schlüchter, Anm. zu BGH JR 1984, 514 (521); SK-StPO-Schlüchter § 244 Rn. 107; Theune, 1984, S. 61, 62; Julius, 1988, S. 66, 54; dieser meint – siehe Julius, 1988, S. 79 –, dass der Bedeutungswert dieser Kriterien im Rahmen einer § 244 Abs. 2 StPO oder § 244 Abs. 3 unterliegenden Entscheidung insofern unterschiedlich ist, als dass der Tatrichter gehindert sei, bei Ablehnung eines Beweisantrages nach § 244 Abs. 3 die genannten Kriterien am Ergebnis der bisherigen Beweisaufnahme zu messen; vgl. dazu weiter auch Julius, GA 1994, 393 (394).

dern sie sind miteinander auszubalancieren und in ein angemessenes Verhältnis zu setzen.[573] Wie eingestanden wird, haben die Überlegungen, welche vom Tatrichter bei der Entscheidung zur Unerreichbarkeit des Beweismittels anzustellen sind, ihre Grundlage in der Regel in den schon erhobenen Beweisen. Sachlich kann damit die Norminterpretation durch die Mehrheitsmeinung eine Durchbrechung des Grundsatzes vom Verbot präsumtiver Beweiswürdigung auch zugunsten des Opferzeugenschutzes bedeuten, wenn die konservierte Erstvernehmung als ausreichend angesehen wird und bereits aus diesem Grund das Kind als unerreichbar gilt, da eine erneute Vernehmung an dieser Überzeugung aufgrund des geringeren Beweiswerts nichts ändern kann. Zwar legt die Rechtsprechung hier keine eigenständige Begründung für eine solche Ausnahme vom Beweisvorabwürdigungsverbot vor, sie wird aber indirekt aus den Kriterien, die bei der Auslegung zu berücksichtigen sind, dennoch deutlich.

Da nach der Rechtsprechung auch auf die Eigenschaften des Beweismittels abzustellen ist und dieses immer im Spannungsfeld zur Wahrheitsfindung zu sehen ist, läßt sich auch hier erneut anführen, dass eine erneute Vernehmung im Beweiswert der konservierten Erstvernehmung nicht überlegen ist und somit auch keiner weiteren Wahrheitsfindung dient. Deutlicher noch stützt die Literaturmeinung diese Argumentation, da sie klarere Prämissen formuliert und auch auf die Verhältnismäßigkeit der Mittel bei der Sachaufklärung abstellt. So kann gerade ein unverhältnismäßiger Eingriff – gemessen am Nutzen für die Sachaufklärung – hier die Rechtfertigung für eine prospektive Beweiswürdigung sein.[574] Bestimmend ist hier die Argumentation, dass der Verhältnismäßigkeitsgrundsatz bei den vom Tatrichter zu leistenden Aufklärungsbemühungen immer gelten müsse. So müssen zwischen dem erhobenen sowie dem noch zu erhebenden Beweismittel und der Qualität und Bedeutung der Beweismittel zueinander im Sinne der Verhältnismäßigkeit Abwägungen erfolgen, sollen nicht Ermittlungen angestellt

573 Vgl. dazu noch ausführlich unter 2. Kapitel Zweiter Schritt, II, 2.4.1., sowie zu dieser Zielsetzung Herdegen, NStZ 1984, 97 (102) u. NStZ 1984, 337 (338); ähnlich SK-StPO-Schlüchter § 244 Rn. 107, die darauf abhebt, dass die Aufklärungspflicht und Beibringungsgrundsatz mit anderen Interessen harmonisiert werden müßte, was sowohl an der Zeitdauer wie dem Arbeitsaufwand und den jeweiligen betroffenen Interessen bei den gerichtlichen Beibringungsbemühungen zu messen sei.

574 In diesem Sinne Herdegen, NStZ 1984, 337 (338); ähnlich Kreuzer, 1964, S. 47; ANM, Beweisantrag, S. 621f.; Schlüchter, 1983, Rn. 551.3.; dies., FS f. Spendel, 1992, S. 737 (753), wobei die Auffassung vertreten wird, dass eine Überordnung der Verteidigungsinteressen, mit dem Anspruch auf immer weitergehende Sachverhaltsaufklärung, letztendlich der Wahrheitsfindung abträglich sein müsse. So insbesondere Herdegen, NStZ 1984, 337 (338); siehe auch Julius, 1988, S. 107f.

werden, die sich im Ergebnis als fruchtlos erweisen, weil sie die Überzeugungsbildung des Gerichts nicht beeinflussen bzw. revidieren.[575] Verhältnismäßigkeit der Sachaufklärung in diesem Sinne bedeutet folglich ihre Limitierung, die abhängig gemacht wird vom Erkenntnishorizont des Tatrichters und seinem subjektiven Überzeugungsbild zur Beweislage. Das wird auch durch die in der Auslegungsformel enthaltene Leitlinie unterstrichen, wonach das Tatgericht den notwendigen Ermittlungsaufwand in Erfüllung seiner Aufklärungspflichten zu bemessen habe. Folglich kann der Tatrichter, auch wenn er davon überzeugt ist, dass die erneute Vernehmung keine weitere Sachaufklärung bringt und vielmehr die konservierte Erstvernehmung ausreicht, eine Unerreichbarkeit annehmen.

Dieses Ergebnis einer pflichtgemäßen, opferschützenden Ermessensausübung soll im Folgenden noch einer weiteren Norminterpretation unterzogen werden. Konkret soll der Versuch einer weiteren Rechtssatzkonkretisierung unternommen werden, um dadurch einer Verunsicherung der Tatrichter, den Ermessensspielraum opferzeugenschützend zu nutzen und die Unerreichbarkeit quasi i.S. einer Ersetzung anzuwenden, entgegenzuwirken.

a) nicht zu beseitigende Vernehmungshindernisse aus § 251 Abs. 1 Nr. 2 StPO „für eine gewisse Zeit und Dauer"

Julius hat in seiner Arbeit eine umfassende Rechtssatzkonkretisierung durch eine Aufarbeitung der Judikatur unternommen.[576] Er hat dabei die im Abwägungsvorgang zu berücksichtigenden Kriterien näher herausgestellt und gewichtet.[577] Nach *Julius* sind Unterschiede hinsichtlich der notwendigen gerichtlichen Bemühungen im Bereich der § 251 StPO, 223 StPO einerseits (für die § 244 Abs. 2 StPO gilt) und des Bereiches nach § 244 Abs. 3 Satz 2 StPO andererseits festzustellen.[578]

575 Siehe zu dieser Verhältnismäßigkeit der Aufklärung i.e.S. bereits oben unter Zweiter Schritt, II, 2.4.2.c), sowie Kühne, 1993, Rn. 451; Rieker, 1935, S. 59, 60; Schlüchter, Anm. zu BGH, JR 1984, 514 (521); dies., 1983, Rn. 551.3; Herdegen, NStZ 1984, 337 (338); Meyer F., 1980, S. 32; Simander, 1933, S. 133, 134; Stützel, 1932, S. 97; Kreuzer, 1964, S. 47; Theune, 1984, S. 62, er lässt offen, ob in diesem Sinne von einem neuen Ablehnungsgrund der Unzumutbarkeit zu sprechen wäre.

576 Vgl. Julius, 1988; vgl. auch Herdegen, FS f. K/Meyer-Goßner, 1985, S. 173 (187, 189); sowie ter Veen, StV 1984, 295 ff.

577 Vgl. Julius, 1988, S. 51 ff.; vgl. auch Hoffmann, 1991, insbes. S. 97–132 u. S. 203 ff., der für seine Untersuchung von einer Ordnung nach objektiver und subjektiver Unerreichbarkeit ausgeht, siehe S. 95f., die im Ergebnis jedoch keine anderen Aussagen zu erbringen vermag.

578 Siehe dazu selbst Julius, 1988, S. 33 ff.

So beziehen diese sich doch im wesentlichen auf die unterschiedliche Reichweite der Geltung der Beweisantizipationsverbots-Maxime, nicht aber auf die in der Norminterpretation entwickelten Rechtssatzkonkretisierungen für die Unerreichbarkeits-Feststellung.[579] Die maßgeblichen Abwägungskriterien sind äußerlich identisch.[580] Für den Fall der Unerreichbarkeit des Kindes wegen sonstiger Hinderungsgründe müssen dem Erscheinen des Kindes „nicht zu beseitigende Hindernisse für eine längere oder ungewisse Zeit" vorliegen. Die Rechtsprechung und Literatur gebrauchen diese Begrifflichkeiten als Auslegungskriterien für die Unerreichbarkeit. Auch für die Auslegung des Begriffs der nicht zu beseitigenden Hindernisse[581] gilt der allgemeine Obersatz, wonach der Tatrichter seine Entscheidung unter Berücksichtigung der Bedeutung der Sache, der Wichtigkeit der Zeugenaussage und dem Interesse an der reibungslosen und beschleunigten Durchführung des Verfahrens abzuwägen hat. Betont wird hier deutlich das pflichtgemäße Ermessen, mit dem der Tatrichter entscheiden könne.[582] Es darf lediglich keine nur „vorübergehende" Unerreichbarkeit vorliegen, d.h. welcher Art die Hinderungsgründe für das Erscheinen sein können, soll sich aus der Bestimmung der Umstände im Einzelfall ergeben.[583] Einzige Rechtssatzkonkretisierung hierzu aus der Rechtsprechung: In der Regel reicht eine nur zeitweise Unerreichbarkeit des Zeugen für die Ablehnung des Beweisantrages nicht[584], denn nach der Auslegung des Rechtsbegriffs muss das Beweismittel lediglich in „absehbarer Zeit" zur Verfügung stehen. Kurzfristige Erkrankungen mit der Aussicht auf Gesundung unterfallen deshalb nicht dem Ablehnungsgrund von § 244 Abs. 3 Satz 2 StPO bzw. dem Anwendungsbereich von § 251 Abs. 1 Nr. 2 StPO.[585] Wie oben aufge-

579 Vgl. Julius, 1988, S. 61, 79.

580 Vgl. Julius, 1988, S. 79.

581 BGHSt 19. 186 (189).

582 BGH, StV 1983, 90; BGH, StV 1984, 103; BGH, StV 1984, 60; BGH, MDR 1955, 529; BGH b. Pfeiffer/Miebach, NStZ 1985, 15; BGH b. Pfeiffer/Miebach, NStZ 1987, 16 Nr. 4; BGH b. Miebach, NStZ 1990, 27 Nr. 12; KG, StV 1983, 95; zum Charakter einer Ermessensvorschrift insbes. auch BGHSt 10, 186 (189).

583 So explizit BGH 5 StR 413/65 vom 26.10.1965.

584 Siehe BGH 5 StR 413/65 vom 26.10.1965; BGH b. Spiegel, DAR 1977, 174.

585 Vgl. BGH, NStZ 1982, 341; in einer älteren Entscheidung betont der BGH, dass die Entscheidung, ob wegen einer Krankheit dem Erscheinen Hindernisse auf längere Zeit entgegenstehen, grundsätzlich dem tatrichterlichen Ermessen unterliege. Die Entscheidung sei nicht deshalb anfechtbar, weil sie sich anders, als wie vom Tatgericht getan, würdigen lasse. Eine Grippe könne z.B. längere oder kürzere Zeit dauern, so dass der Tatrichter nach den Umständen des Einzelfalles entscheiden müsse. Nur wenn sich aus der Art der Erkrankung ergebe, dass sie von kurzer Dauer sein werde, bedürften Ersatzwege für die Vernehmung in der Hauptverhandlung einer näheren Begründung, vgl. BGH b. Herlan, MDR 1955, 529.

zeigt wurde, können aber auch hier kurzfristige Hindernisse einer erneuten Vernehmung des Kindes entgegenstehen, denn in die durch das Gericht vorzunehmende Abwägung ist auch die *Beweiseignung* der konservierten Erstvernehmung sowie die der erneute Vernehmung miteinzubeziehen und miteinander abzuwägen.[586] Da die konservierte Erstvernehmung der erneuten Vernehmung im Beweiswert überlegen ist[587], spricht auch dies für die Ersetzung und damit eine anzunehmende Unerreichbarkeit des Kindes.[588]

b) Verweigerung des Erscheinens

Dazu lassen sich folgende übergreifende Grundsätze aus der BGH-Rechtsprechung herausstellen: Zunächst einmal ist das Kind über die Personenberechtigten förmlich zu laden.[589] Verweigert es selbst oder auch die sorgeberechtigte Person sein Erscheinen aufgrund ihm drohender Belastungen, so kann auch schon nach einem einmaligen Ladungsversuch der Schluss auf die Unerreichbarkeit des Zeugen gezogen werden, da die Ladung nicht durchsetzbar ist.[590] In diesem Kontext hat das Gericht neben den Sanktionsfolgen auch das des bereits konstatierten „Angemessenheitsverhältnis" zwischen Aufklärungsaufwand und der Bedeutung des Beweismittels bei der Konkretisierung eines nicht zu beseitigenden Hindernisses zu berücksichtigen, d.h. der Maßstab der Unerreichbarkeit hängt letztendlich von der Bedeutung des Beweismittels für die Sachaufklärung ab. Dabei geht der BGH davon aus, dass bei Hauptbelastungszeugen *„nachhaltige Bemühungen* „des Gerichts erforderlich seien, um sie zum Erscheinen zu bewegen.[591] Das Ge-

586 Vgl. LR-Gollwitzer § 251 Rn. 2.

587 Vgl. unter 2. Kapitel, Zweiter Schritt, II. 1.2.2.

588 Zur weiteren Rechtssatzkonkretisierung vgl. unter c)

589 BGH, NStZ 1993, 294 (295).

590 Vgl. zur Nichtdurchsetzbarkeit der Zeugenpflicht die Schutzkonzeption, im 1. Kapitel 2.2; zur Ladung vgl. BGH 5 StR 456/64 vom 1.12.1964, wo nicht einmal eine ordnungsgemäße Ladung zugestellt, sondern der Verteidiger damit beauftragt wurde; so auch BGH 5 StR 65/73 vom 27.3.1973, wo der Zeuge aus „geschäftlichen Gründen" sein Erscheinen verweigert hatte; so BGH, GA 1971, 85, wo ein tatverdächtiger Zeuge, der sich abgesetzt hatte, unentschuldigt der Hauptverhandlung ferngeblieben war; auch aus der allgemein gehaltenen Entschuldigung – Ablehnung des Erscheinens aus beruflichen Gründen – könne der Tatrichter – „zumal angesichts der besonderen Gestaltung des Verfahrens" – den Schluss ziehen, dass der Zeuge nicht zur Aussage in der Hauptverhandlung bereit sei, vgl. BGH 1 StR 58 StPO6/67 vom 5.3.1968.

591 Vgl. BGH, StV 1984, 103, bemängelt hat der BGH im übrigen, dass die angedrohten Repressionen 11 Monate zurücklagen, die Täter inzwischen in U-Haft saßen und der Zeuge auf die besondere Bedeutung seiner Aussage für den Ausgang des Verfahrens hätte hingewiesen

richt darf sich bei Hauptbelastungszeugen folglich nicht mit einer kurzen Anfrage begnügen und aus einer unverbindlichen Absage auf die Unerreichbarkeit schließen[592], während bei anderen Zeugen Entscheidungen zu finden sind, bei denen eine lapidare Ablehnung wegen Unwohlseins als ausreichend für eine Unerreichbarkeit angesehen wurde.[593] Hier stellt sich nun die Frage, welche Kriterien für Kinder als Opfer- und Hauptbelastungszeugen zu gelten haben, wenn eine konservierte Erstvernehmung vorliegt und die Bedeutung der erneuten Aussage geringer einzuschätzen ist, da von ihr – in der Regel – keine weitergehende Sachaufklärung zu erwarten ist. Auf die „Mischkombination" aus einem präsenten Hauptbelastungszeugen, dem als Beweismittel dennoch eine geringe Bedeutung aufgrund des geringeren Beweiswerts zukommt, kann im Ergebnis nur durch eine entsprechende Modifikation in der Anwendung der Kriterien reagiert werden. In der Konsequenz können damit für Kinder – als Opfer und Hauptbelastungszeugen – keine erhöhten Anforderungen gelten, d.h. auch bei ihnen ist es notwendig, ein sonstiges Hindernis bereits aufgrund der psychischen Belastungen und des körperlichen Unwohlseins zu bejahen, ohne an das Erscheinen des Kindes besondere Beibringungspflichten des Gerichts zu knüpfen. Umgekehrt formuliert kann folglich die Tatsache, dass die Kinder als Opferzeugen Hauptbelastungszeugen sind, keine erhöhten Erscheinungspflichten vor Gericht auslösen, da sie dort anderen Zeugen gleichzustellen sind. Diese Lösung wird gestützt durch die Rechtsprechung des BGH, die bei alternativen Beweismöglichkeiten (auch zu Hauptbelastungszeugen) herausstellt, dass immer dann, wenn andere Beweismittel zur Beurteilung der Beweisfrage zur Verfügung stehen, die Unerreichbarkeit eines Beweismittels einfacher zu bejahen sei. Folglich kann die konservierte Erstvernehmung als Alternative zur Vernehmung des Kindes auch hier einfacher eine Unerreichbarkeit begründen, wobei als Hinderungsgrund ein psychisches Unwohlsein durchaus ausreichen kann.[594]

werden müssen. Diese Bemühungen verlangt der BGH – wie ausdrücklich betont wird – auch soweit ein Beweisantrag nicht gestellt worden ist. Im anderen Fall sollen offensichtlich noch strengere Anforderungen gelten.

592 Siehe dazu BGHSt 21, 118 (121) = MDR 1968, 600 = NJW 1968, 1485; die Zeugin hatte ihr Erscheinen abgelehnt, weil sie häusliche Verpflichtungen habe.

593 Vgl. BGH, NStZ 1982, 472. 58 StPO4 BGH 3 StR 755/53 vom 8.7.1954.

594 Umgekehrt hat der BGH beispielsweise auch bei einem Zeugen, der schon im Ermittlungsverfahren nichts weiter Sachdienliches ausgesagt hatte, trotz der Bedeutung der Sache – dem Verfahren lag eine Verurteilung zu einer Freiheitsstrafe von 8 Jahren und 6 Monaten wegen unerlaubter Einfuhr von Betäubungsmitteln u.a. zugrunde – geteilt, dass das Tatgericht den Zeugen für unerreichbar erklärte, nachdem dieser es unter Vorlage eines für ein Jahr ausgestellten ärztlichen Attestes ablehnte, einer Ladung Folge zu leisten, und die Kammer daraufhin verzichtete, ob eine spätere Ladung Erfolg haben würde, Vgl. dazu vgl. BGH, NStZ 1991, 143.

Festzuhalten bleibt, dass der BGH mithin bei einer tatrichterlichen Überzeugungsbildung eine Durchbrechung des Beweisantizipationsverbots gestattet, indem der Beweiswert anderer Beweismittel im Vorwege gegenüber den noch nicht erhobenen Beweisen abgeschätzt werden darf und die konservierte Vernehmung damit als bessere Alternative zur erneuten Vernehmung auch bei der Bewertung der Unerreichbarkeit zum Tragen kommt. Auch in diesen Fällen wird die Relativität des Wahrheitserforschungsprozesses entscheidend über die Kriterien der Aussagequalität und der Bedeutung der Sache gesteuert, wobei für deren Konkretisierung auch opferschützende Erwägungen bzw. die Situation der Opferzeugen insgesamt heranzuziehen sind.

c) Unerreichbarkeit und kommissarische Vernehmung nach § 223 StPO iVm § 247 a StPO

In beiden hier angesprochenen Fallkategorien ist aber bezüglich der Unerreichbarkeit noch eine Einschränkung vorzunehmen: Sie kann durch das Gericht erst bejaht werden kann, wenn auch eine kommissarische Vernehmung des Kindes durch einen ersuchten Richter nicht der Wahrheitsfindung dienlich sein kann, falls schon nicht die „unmittelbare" Vernehmung in der Hauptverhandlung möglich ist.[595] Das ergibt sich aus der Vorschrift des § 223 Abs. 1 und 2 StPO iVm § 247 a StPO.[596] Nach § 247 a StPO kann die Vernehmung zwar „an einem anderen Ort erfolgen", davon soll nach der Begründung und letztendlichen Favorisierung des englischen und nicht des Mainzer Modells die Option einer kommissarischen Vernehmung nach § 223 StPO nicht erfasst sein.[597] Dadurch entsteht aber ein Wertungswiderspruch, denn nach § 255a Abs. 1 StPO sind explizit Bild-Ton Vernehmungen den richterlichen Protokollen gleichzustellen. Ferner ist § 223 StPO im Wortlaut der Vorschrift von § 251 Abs. 1 Nr. 2 und 3 StPO nachgebildet – und es läßt sich kein Grund finden, warum kommissarische Vernehmungen von den Möglichkeiten der Bild-Tonaufzeichnung ausgeschlossen werden sollten. Wird ferner berücksichtigt, dass letztendlich das Mainzer Modell dem englischen Mo-

595 BGH b. Miebach/Kusch, NStZ 1991, 29 Nr. 13; BGH, NStZ 1992, 141; BGH, StV 1992, 548; bedeutsam wird dieses Verfahren insbesondere bei Zeugen im Ausland, deren Erscheinen rechtlich nicht zu erzwingen ist; vgl. aus der Lit. auch LR-Gollwitzer § 244 Rn. 266; AK-Schöch § 244 Rn. 100; SK-StPO-Schlüchter § 244 Rn. 113; Fezer IV12 Rn. 134; Meyer F., 1980, S. 34; ANM, Beweisantrag, S. 632; Herdegen, NStZ 1984, 337 (338); Nierwetberg, JURA 1984, 630 (635); KMR-Paulus § 244 Rn. 460; Kühne, 1993, Rn. 451; KK-Herdegen § 244 Rn. 83; Schroth, Anm. zu BGH, StV 1985, 267; StV 19S6, 3 (4f.).

596 Dazu ausdrücklich BGH 4 StR 624/54 vom 14.4.1955.

597 Vgl. Begründung BT-Drs. 13/1365, S. 10.

dell vorzuziehen ist[598] und bereits entsprechende Nachbesserungsvorschläge auf den parlamentarischen Weg gebracht wurden[599], so ergibt sich auch für die Übertragbarkeit der Optionen der Bild-Tonaufzeichnung auf die kommissarischen Vernehmung – de lege ferenda – kein Hinderungsgrund mehr, zumal auch auf dem 62. DJT explizit diese Erweiterungsoption gefordert wurde[600], was ihre Bedeutung nur unterstreicht. Aus diesen Überlegungen heraus ist die Option des § 223 StPO bei der Prüfung der Unerreichbarkeit folglich relevant.

§ 223 StPO gilt gleichermaßen für jeden Zeugen, egal ob er sich im In- oder Ausland befindet.[601] Insoweit gehen die Rechtsprechung und herrschende Literaturmeinung hier von einem erweiterten Unerreichbarkeitsbegriff aus.[602] Die Tatgerichte haben nach Auffassung des BGH über die Frage, ob eine persönliche Vernehmung nach der Beweislage unerläßlich oder durch Anhörung vor dem Rechtshilferichter zu ersetzen ist, im Rahmen ihrer Aufklärungspflicht auch hier nach pflichtgemäßem Ermessen zu entscheiden.[603] Unerreichbar ist ein Zeuge nur dann, wenn auch die kommissarische Vernehmung mithin ungeeignet erscheine.[604] Die damit verbundene Beweisantizipation wird ausdrücklich für zulässig

598 Vgl. unter 2. Kapitel, Zweiter Schritt, II, 2.4.2.aa).

599 Vgl. den entsprechenden Entwurf von Rheinland-Pfalz zur Änderung des § 247 StPOa StPO, eingebracht in den Rechtsausschuß des Bundesrates am 5.9.2000 (BR-Drs. 552/00).

600 Siehe dazu 62. DJT, Bd. II, Beschlüsse L 68, zur Übertragung der kommissarischen Vernehmung IV. 5. a, zum Mainzer Modell, IV, 5. b

601 Besonders bedeutsam wird dieses Verfahren bisher vor allem bei Zeugen im Ausland.

602 Vgl. dazu aus der Rspr. BGHSt 22, 118 (122); BGH b. Holtz, MDR 1978, 459; aus der Lit. LR-Gollwitzer § 244 Rn. 268; AK-Schöch § 244 Rn. 100; Hanack, JZ 1972, 114 (115); Schmidt-Hieber, JuS 1985, 458 StPO (459); Julius, 1988, S. 175f.

603 BGH b. Pfeiffer/Miebach, NStZ 1983, 356; 1985, 14; BGH, StV 1985, 267 = NStZ 1985, 375 = MDR 1985, 514; BGH, NStZ 1992, 141; BGH, StV 1992, 548; vgl. aus der Lit. ANM, Beweisantrag, S. 633; Zu dieser Vermischung der Ablehnungsgründe der Ungeeignetheit und Unerreichbarkeit vgl. auch BGH b. Pfeiffer/Miebach, NStZ 1985, 14; siehe weiter Herdegen, NStZ 1984, 337 (340); KK-Herdegen § 244 Rn. 83; LR-Gollwitzer § 244 Rn. 266; AK-Schöch § 244 Rn. 100; z.T. wird in der Lit. hingegen betont, dass ein solcher Zeuge völlig ungeeignet sei, so KMR-Paulus § 244 Rn. 130, 460; Schlüchter, 1983, Rn. 551.4;

604 Diese Folgerung verdeutlicht im übrigen erneut das Abwägungskriterium, wonach „bestimmte Verfahrensumstände" den Wert eines Beweismittels herabmindern können und deshalb bei der Entscheidung über die Unerreichbarkeit zu berücksichtigen seien, vgl. BGH, GA 1975, 237 = b. Dallinger, MDR 1975, 368 = b. Spiegel, DAR 1976, 95. 622 Siehe BGH, StV 1982, 507; BGHSt 13, 300 (302); bedeutsam erscheint dabei aber die in neuerer Rspr. vom BGH vorgenommene Differenzierung, die dahin geht, dass jedenfalls dann, wenn das Tatgericht die Verurteilung maßgeblich auf die Verlesung einer polizeilichen oder richterlichen Vernehmungsniederschrift nach § 251 Abs. 2 Satz 2 stützt, besondere Gründe anzuführen sind, warum die früheren (belastenden) Aussagen auch ohne persönlichen Eindruck

erklärt[605], jedoch ist im Einzelnen umstritten, inwieweit eine kommissarische Vernehmung als ungeeignet anzusehen ist bzw. welche Kriterien hier für eine Ungeeignetheit zu gelten haben. Fraglich ist, ob es an dieser Stelle ausreicht, erneut auf den geringeren Beweiswert jeder erneuten Vernehmung im Vergleich zu einer erneuten Vernehmung sowie opferschützenden Erwägungen zu verweisen. Deshalb soll auch hier ein genauerer Blick auf die Kriterien im Einzelnen weiterhelfen.

Dabei fällt auf, dass die überwiegende Ansicht dieses Problem in gewissem Umfange ungelöst läßt. Das hat seinen Grund im wesentlichen darin, dass sie hier von einem weiten tatrichterlichen Beurteilungsspielraum ausgeht und infolgedessen auf eine Festsetzung von Kriterien verzichtet wird.[606] Danach kann es also ausreichen, unter Berufung auf den höheren Beweiswert der konservierten Erstvernehmung und aus opferschützenden Erwägungen heraus auch eine kommissarische Vernehmung abzulehnen und die Unerreichbarkeit auch in diesen Fällen zu bejahen. Hingegen reicht dies nach der im Schrifttum im wesentlichen durch *Engels* vertretenen Mindermeinung nicht aus. Sie fordert auch beim Ablehnungsgrund der Unerreichbarkeit eine strikte Bindung an das Beweisantizipationsverbot. Überhaupt nur unerreichbar sein könne ein Zeuge, wenn das Gericht keine Kenntnis von seiner Identität oder seinem Aufenthaltsort habe und ihn auch nicht ermitteln könne.[607] In allen anderen Fällen sei immer eine kommissarische Vernehmung vorzunehmen. Nicht präzisiert wird in diesem Zusammenhang allerdings, welchen konkreten Aufklärungsaufwand es dabei zu leisten hat, d.h. welche Kriterien hier gelten sollen. Allerdings läßt Engels sonstige Erschwernisse, die einer unmittelbaren Vernehmung in der Hauptverhandlung entgegenstehen können,

des Gerichts – der angesichts der Verlesung nicht vorhanden sein kann – hinreichenden Beweiswert haben, eine neue kommissarische Aussage dagegen zur Aufklärung nichts beitragen könnte, vgl. BGH, StV 1993, 232. Zutreffend verdeutlicht der BGH mit dieser Entscheidung, dass bei einer Beweisverwertung nach § 251 Abs. 2 Satz 2 strengere Anforderungen für die Lockerung des Beweisantizipationsverbots gelten müssen als in den übrigen Fällen.

605 Vgl. BGH, GA 1971, 85 (86); Herdegen, NStZ 1984, 337 (340); SK-StPO-Schlüchter § 244 Rn. 113; ANM, S. 634; K. Meyer, Anm. zu BGH, JR 1984, 129; einschränkend AK-Schöch § 244 Rn. 100.

606 BGH b. Pfeiffer/Miebach, NStZ 1983, 356; 1985, 14; BGH, StV 1985, 267 = NStZ 1985, 375 = MDR 1985, 514; BGH, NStZ 1992, 141; BGH, StV 1992, 548; vgl. aus der Lit. ANM, Beweisantrag, S. 633; Theune, 1984, S. 60f. Zu dieser Vermischung der Ablehnungsgründe der Ungeeignetheit und Unerreichbarkeit vgl. BGH b. Pfeiffer/Miebach, NStZ 1985, 14; siehe weiter Herdegen, NStZ 1984, 337 (340); KK-Herdegen § 244 Rn. 83; LR-Gollwitzer § 244 Rn. 266; AK-Schöch § 244 Rn. 100; z.T. wird in der Lit. hingegen betont, dass ein solcher Zeuge völlig ungeeignet sei, so KMR-Paulus § 244 Rn. 130, 460; Schlüchter, 1983, Rn. 551.4; Dalcke/Fuhrmann/Schäfer § 244 Anm. 148; Stützel, 1932, S. 71;

607 Vgl. Engels, 1979, S. 40; ders., GA 1981, 21 (27).

nicht gelten.[608] Damit wird der Anwendungsbereich des Ablehnungsgrundes von vornherein auf die Fälle beschränkt, wo tatsächliche Gründe eine Ermittlung des Zeugen scheitern lassen. Ausgeklammert bleibt aber die gerade für Kinder relevante Hauptkategorie, wo die Vernehmung trotz Kenntnis vom Aufenthaltsort an nicht zu beseitigenden Hindernissen scheitern soll. Engels behauptet – unter Hinweis auf das gleichermaßen für § 244 Abs. 2 StPO und § 244 Abs. 3 StPO geltende Verbot prospektiver Beweiswürdigung –, dass Gesichtspunkte, wie die der Beschleunigung oder Bedeutung der Sache und / oder Zeugenaussage, keine sachlichen Gründe für eine negative Beweisantizipation liefern könnten.[609] Durch diese Abwägungsfaktoren würden heterogene Fragen der Unerreichbarkeit und des Beweisgelingens miteinander verknüpft, was zwingend zu Lasten des Beschuldigten gehen müsse.[610] Ferner sei das Verbot der Beweisantizipation im Rahmen von § 244 Abs. 3 StPO zwingend. [611] Auch sieht Engels in dem Verzicht auf eine kommissarische Vernehmung eine zum Nachteil des Angeklagten wirkende Nichtausschöpfung der Aufklärungsmöglichkeiten.[612] Der Sache nach handele es sich um eine Vorwegnahme der Beweiswürdigung, wobei die Wertlosigkeit der Zeugenaussage allerdings nicht aus der Nichtexistenz des Beweismittels deduziert werde, sondern weil man mit der Ablehnung das Gegenteil des Beweiszweckes für erwiesen erachte. Gerade dies würde aber bei der Ablehnung ungeeigneter Beweismittel nach § 244 Abs. 3 Satz 2 StPO als Kollision mit dem Beweisantizipationsverbot gerügt. Würde dieser Ansicht gefolgt, wäre man im Ergebnis der Tatrichter stets verpflichtet, dem Ersuchen nach einer kommissarischen Vernehmung des Kindes nach § 233 StPO iVm § 247 a StPO nachzukommen, denn ohne Verstoß gegen die Beweisantizipationsverbots-Maxime läßt sich die Tauglichkeit des Beweismittels nie mit Sicherheit vorneweg beurteilen. Dem ist aber entgegenzuhalten, dass diese Ansicht grundsätzlich zu einer Ausdehnung der Beweisaufnahme ins Uferlose führt und der Tatrichter, um dem entgegenzuwirken, immer die Möglichkeit der Beweisantizipation erhalten muss, die er nach pflichtgemäßem Ermessen auszuüben hat. Dies hat der Gesetzgeber auch ausdrücklich in den Regelungen bspw. des § 244 Abs. 5 StPO zum Ausdruck gebracht, wo explizit darauf verwiesen wird, dass eine erneute Beweisaufnahme nur erfolgen soll, wenn sie zur Erforschung der Wahrheit erforderlich ist. Ferner muss immer die Möglichkeit bestehen, auch die Notwendigkeit einer kommissarischen Vernehmung im Einzelfall beurteilen und besondere Umstände auch

608 Engels, GA 1981, 21 (27)

609 Vgl. Engels, 1979, S. 117, 122, 131; ebenso im Ergebnis Hoffmann, 1991, S. 129 ff.

610 Engels, GA 1981, 21(27); ders., 1979, S. 36 (41); siehe auch Alsberg, 1930, S. 319.

611 Engels, GA 1981, S. 21(27).

612 Engels, 1979, S. 42.

würdigen zu können. Eine zwingende Festschreibung der kommissarischen Vernehmung wäre eine unpraktikable Regelung, da immer eine mögliche Herabminderung ihres Wertes durch besondere Verfahrensumstände Berücksichtigung finden muss. Damit ist die Ansicht von Engels zurückzuweisen und entsprechend der überwiegenden Meinung auch bei der kommissarischen Vernehmung der Beweiswert zu berücksichtigen. Da auch eine erneute kommissarische Vernehmung im Beweiswert der konservierten Erstvernehmung unterlegen ist[613] und darüber hinaus wenig geeignet scheint, die Belastungen zu reduzieren und der weiteren Sachaufklärung zu dienen, ist sie abzulehnen und die Unerreichbarkeit des Kindes – trotz der Möglichkeiten des video-link Verfahrens nach § 247 a StPO zu bejahen.

3. Ergebnis

In bezug auf die Aufklärungspflicht des Gerichts ist die Grenze einer erneuten Vernehmung leicht gezogen, denn sie endet dort, wo die Pflicht zur Aussage unzumutbar ist, d.h. dort wo Persönlichkeitsrechte und andere aus Art.1 GG unmittelbar ableitbare Rechte direkt verletzt sind. Umgekehrt formuliert: Da es keine Wahrheitserforschung um jeden Preis geben darf[614], konstituiert Unzumutbarkeit ein direktes Beweiserhebungsverbot, wobei trotz der Möglichkeit des video-link Verfahrens eine solche Unzumutbarkeit anzunehmen ist. Jenseits der Zumutbarkeitskriterien stellt sich die Frage nach der Erforderlichkeit einer erneuten Vernehmung hingegen weitaus differenzierter, denn sie hängt davon ab, ob ein gleichwertiges Beweismittel vorhanden ist oder nicht. Hierbei wurde aufgezeigt, dass es sich bei der konservierten Erstvernehmung um ein solches Äquivalent handelt.[615] Eine frühere, unbelastete – getrennt von den Verfahrensbeteiligten durchgeführte – Vernehmung des Kindes stellt eine gleichwertige, wenn nicht sogar bessere Beweisgrundlage dar, als die konstruierte Vernehmung nach vielen anderen vorherigen Vernehmungen im Verfahren nach § 247 a StPO, wo die Rollen festgelegt sind.[616] Ferner sollte man nicht vergessen, dass man Video-Szenen wiederholen, verlangsamen und so die Dinge schärfer unter der Lupe se-

613 Vgl. 2. Kapitel, Zweiter Schritt, II, 1.2.2.

614 Vgl. BGH 14, 358 StPO, 365, im gleichen Sinne BGH 17, 337, 348; 19, 325, 329; 27, 355, 357.

615 Frommel, 1998, S. 307 ff., führt hier ebenfalls aussagepsychologische Gründe an; vgl. auch Weigend, Gutachten, C 65.

616 Nach Albrecht, 1993, 9 ff., ist die Erstvernehmung die entscheidende und wirklichkeitsnahe Aussage.

hen kann, die im Gang eines Verfahrens, wo alle Beteiligten unter Stress stehen, viel weniger deutlich wahrzunehmen sind. Die neue Technik verdichtet auf diese Art und Weise das Beweismittelrecht[617] und läßt – was im einzelnen näher zu begründen sein wird – somit aus dem Aufklärungsgebot heraus die Erforderlichkeit einer erneuten Vernehmung entfallen.

Innerhalb der Beweisantragsrechte steht dem Gericht bei der Frage des Verzichts auf die erneute Vernehmung des Kindes – in Durchbrechung des Beweisantizipationsverbots – ein tatrichterlicher Ermessensspielraum bzw. Beurteilungsspielraum zu. Seine pflichtgemäße Ausübung erlaubt es, auch den Beweiswert einer konservierten Erstvernehmung im Vergleich zu einer erneuten Vernehmung in die richterlichen Überlegungen miteinzubeziehen. Folglich kann eine erneute Vernehmung aus den Beweisablehnungsgründen der Ungeeignetheit der erneuten Vernehmung bzw. der Unerreichbarkeit des Kindes abgelehnt werden, da der konservierten Erstvernehmung aufgrund der größeren Tatnähe und geringeren Suggestiv- und Verdrängungsgefahren ein höherer Beweiswert zukommt. Auch die Möglichkeiten, eine kommissarische Vernehmung nach § 247 a StPO durchzuführen, begründet keine Pflicht, das Kind zu vernehmen, da sie ebenfalls im Beweiswert einer konservierten Erstvernehmung unterlegen ist und ferner die Belastungen des Kindes nicht ausreichend reduzieren kann. Der Nutzen einer erneuten Vernehmung für die Sachaufklärung ist daher im Vergleich zur Möglichkeit, die konservierte Erstvernehmung ausreichen zu lassen, als gering anzusehen, was zur Begründung der Beweisablehnungsgründe der Ungeeignetheit als auch der Unerreichbarkeit des Kindes ausreicht.

617 Vgl. Rössner, Diskussion 62. DJT L 134.

Drittes Kapitel
Vereinbarkeit des Regel-Ausnahmemodells mit den Beschuldigtenrechten

Das vorgeschlagene Regel-Ausnahmemodell verlagert den Schwerpunkt der Beweisführung in das Ermittlungsverfahren und tangiert damit das im deutschen Strafverfahren gültige zweigeteilte Prinzip der Beweisführung in Ermittlungs- und Hauptverfahren. Es entsteht – auf den ersten Blick – eine prozessuale Schieflage, der ein gewisser „neo-inquisitorischer" Charakter beizumessen ist. Im Folgenden ist zu untersuchen, inwieweit dies mit den Rechten des Beschuldigten innerhalb der Gesamtsystematik des Strafverfahrens zu vereinbaren ist. Nachdem die einzelnen rechtlichen Anknüpfungspunkte der Beschuldigtenrechte bei den Ersetzungsmöglichkeiten bereits mehrfach benannt wurden[618], gilt es nun, ihre konkrete Reichweite im Kontext der grundrechtsorientierten-opferzeugenorientierten Ausrichtung des Regel-Ausnahmemodells zu überprüfen. Im zweiten Kapitel wurde aufgezeigt, dass Rechte des Beschuldigten im Interesse der Opferzeugen und der Wahrheitsfindung grundsätzlich beschränkbar sind[619], im Folgenden ist zu fragen, wieweit diese Beschränkungen reichen dürfen, wenn sie dabei insgesamt mit der Gesamtsystematik des Verfahrensrechts vereinbar bleiben sollen. In diesem Zusammenhang sollen auch rechtspolitischen Lösungsmodelle für die Implementierung neo-inquisitorischer Elemente im Strafverfahren näher betrachtet und ihre Anwendbarkeit auf das Regel-Ausnahmemodell überprüft werden.

I. Die Absicherung der Rechte des Beschuldigten innerhalb des Regel-Ausnahmemodells

Die Zielsetzung des Regel-Ausnahmemodells, die eigentliche Zeugenvernehmung nur noch im Ermittlungsverfahren durchzuführen und weitere Vernehmungen nur in den skizzierten Grenzen des Aufklärungsrechts und des Beweisantragsrechts zuzulassen, darf nicht dazu führen, dass damit *zwangsläufig* ein Revisionsgrund aus § 338 Nr. 8 StPO aufgrund einer unzulässigen Beschränkung von Beschuldigtenrechten geschaffen wird. Vielmehr ist bei dieser intendierten Reduzierung auf eine einzige Vernehmung und der damit verbundenen zeitlichen Vor-

618 Vgl. 2. Kapitel, Zweiter Schritt, II, 2.2, 2.3., 2.4.
619 Vgl. 2. Kapitel II, 1., 2.

verlagerung der abschließenden Zeugenvernehmung immer darauf zu achten, dass ein entsprechendes Mindestmaß an Beschuldigtenrechten gewahrt bleibt.[620]

Ein Ziel, das sich auf den ersten Blick auch verwirklichen läßt: Zum einen ist der Beschuldigte bei der Erstvernehmung wie § 255a Abs. 2 StPO garantiert immer umfassend zu beteiligen[621] und zum anderen sind die Kriterien, die für eine erneute Vernehmung gelten, nicht absolut formuliert, sondern geben einen dispositiven Rahmen vor, der – wie aufgezeigt – gerade in der Wahrung der Opferzeugenrechte auch um eine Wahrung der Beschuldigtenrechte bemüht ist.[622] Dieses Bemühen um die Beschuldigtenrechte zeigt sich auch daran, dass alle bisherigen Vorschläge eines Regel-Ausnahmemodells de lege lata und auch de ferenda lediglich solche Aufzeichnungen ersatzweise verwerten lassen, die über *richterliche* Vernehmungen angefertigt worden sind.[623] Fraglich ist jedoch, ob darin allein schon eine hinreichende Gewähr für die Wahrung aller wesentlichen Rechte des Beschuldigten liegt oder ob nicht die „Antinomie"[624] zwischen der Wahrung der Rechte des Beschuldigten und den schutzwürdigen Belangen von Opfern und Zeugen dennoch wieder auflebt, denn der Verzicht auf eine nochmalige Vernehmung der Opferzeugen unter 16 Jahren in der Haupthandlung birgt nach wie vor einen gewissen „Sprengsatz"[625]: Er schränkt – als Regelfall formuliert – die Ermittlungsfreiheit ein. Da diese Einschränkung aber die Funktionsfähigkeit der Strafrechtspflege, d.h. konkret der Strafverfolgung, nicht gefährdet, sondern – wie im zweiten Kapitel aufgezeigt – geradezu garantiert, wird man de facto davon auszugehen haben, dass sie mit den Beschuldigtenrechten grundsätzlich vereinbar sein muss, gleichzeitig sich an diesem Punkt aber neue Fragen nach dem künftigen Maßstab für die Mindestrechten des Beschuldigten ergeben.

620 Dazu siehe Müller-Dietz, GA 1985, S. 149; vgl. auch Janssen/Kerner, Einführung, S. XII und Eser, ZStW 104 (1992), S. 374; Gerade aus diesem Grund hat sich der Gesetzgeber bereits einmal gegen weitere Durchbrechungen des Unmittelbarkeitsprinzips ausgesprochen, siehe BR-Drs. 348/74, S. 16 und 17. Ein weiterer Gesichtspunkt ist hier erneut, dass nur dann ebenso Zeugenrechte revisonssicher ausübbar bleiben.

621 Vgl. dazu ausführlich 2. Kapitel, 1. Schritt, IV.

622 Vgl. 2. Kapitel II.

623 Vgl. § 255a StPO Abs. 2, sowie Vorschlag des DJB zu § 251 Abs. 1, Vorschlag des BRats, (BT-Drs. 13/4983) zu § 250 Abs. 2, und § 251 Abs. 1 AE-ZVR.

624 Vgl. im 2. Kapitel I, 1. Siehe speziell in bezug auf die hier aufgeworfene Fragestellung in den Protokollen des Sonderausschusses des Deutschen Bundestages für die Strafrechtsreform 6. Wahlperiode, Bericht des damaligen Bundesministers der Justiz vom 25. 2. 1972, Anlage 1 zur 72. Sitzung, S. 2127; vgl. ferner Deckers, NJW 1996, S. 3106, der hier von „Aufeinandertreffen zweier Welten spricht."

625 Vgl. zuletzt Schünemann, in StV 1998, S. 391 ff. (399).

Zwar haben der Beschuldigte und sein Verteidiger gem. § 168 c Abs.2 StPO bei richterlichen Zeugenvernehmungen ein Anwesenheits- und daraus resultierendes Fragerecht.[626] Doch kann der Beschuldigte gem. § 168e StPO unter vergleichbaren Voraussetzungen wie nach § 247 Satz 1 StPO von der direkten Vernehmung ausgeschlossen werden.

Auf den ersten Blick wurden mit der Neuregelung die Mindestrechte des Beschuldigten gewahrt und seine Rechtsposition im Vergleich zur früheren Rechtslage sogar verbessert: Konnte er früher nach § 168 c Abs. 3 StPO bereits dann von der Vernehmung des Zeugen ausgeschlossen werden, wenn die Gefahr bestand, dass der Zeuge in Anwesenheit des Beschuldigten nicht wahrheitsgemäß aussagen und dadurch der Untersuchungszweck gefährdet ist, reicht nun für seinen Ausschluss erst ein schwerwiegender Nachteil für das Wohl des Zeugen aus.[627] Er muss zwar nach wie vor im Unterschied zu § 247 StPO nicht über den Inhalt der Aussage informiert werden, dies ist aber auch nicht erforderlich, da er nun über das CCTV-Verfahren die Vernehmung verfolgen und er damit sogar – trotz des Ausschlusses von der unmittelbaren Vernehmung – diese mitbeeinflussen kann.[628] Andererseits kann er nach § 168 e StPO aber auch von der Anwesenheit bei der Übertragung über Monitor ausgeschlossen werden, wenn zu befürchten ist, dass das Kind, sofern der Beschuldigte seine Aussage am Bildschirm mitverfolgt, die Wahrheit nicht sagt.[629] Hier müßte er in jedem Fall auch über den wesentlichen Inhalt der Aussage informiert werden. Eine entsprechende Regelung aber fehlt.

Ferner ist offen, wie einem Beschuldigten, der sich in Haft befindet, Gelegenheit zu geben ist, an den Vernehmungsterminen teilzunehmen. Problematisch ist hier, dass das Anwesenheitsrecht für ihn aufgrund des § 168 c Abs.4 StPO keine Wirkung entfaltet, weil er auf die Teilnahme an solchen Terminen, die nicht an seinem Haftort stattfinden, keinen Anspruch hat.[630] Auch die für die Wahrneh-

626 K/Meyer-Goßner, § 168 c StPO StPO Rn. 2; KK-Wache, § 168 c StPO StPO Rn. 5.

627 Vereinzelt wurde auch eine analoge Anwendung des § 247 StPO Satz 2 StPO befürwortet um den anerkannten Belangen des Zeugenschutzes im Ermittlungsverfahren gerecht zu werden, vgl. AK-Meier § 247 StPO Rn. 5 für die kommissarische Vernehmung; ähnlich LR-Rieß § 168 c StPO StPO Rn. 31 für die analoge Anwendung des § 241 StPO a StPO; vgl. ferner für eine analoge Anwendung des § 247 StPO Satz 1 StPO auf die heute durch Satz 2 abgedeckte Situation RGSt 73, S. 355 ff.

628 Vgl. dazu 2. Kapitel, 1. Schritt IV.

629 KK-Wache § 168 e StPO Rn. 6; BT-Drs. 13/7165, S. 9.

630 Vgl. § 168 c StPO Abs. 4: „Hat ein nicht in Freiheit befindlicher Beschuldigter einen Verteidiger, so steht im ein Anspruch auf Anwesenheit nur bei solchen Terminen zu, die an der Gerichtsstelle des Ortes abgehalten werden, wo er in Haft ist."

mung des Termins unerläßliche[631] vorherige Benachrichtigung ist zwar auf der einen Seite in § 168 c Abs. 5 Satz 1 StPO vorgeschrieben, kann aber auf der anderen Seite nach § 168 c Abs. 5 Satz 2 StPO unterbleiben, wenn dadurch der Untersuchungserfolg gefährdet wäre. Zwar ist das Recht des Beschuldigten hier insoweit geschützt, als eine unter Mißachtung der Benachrichtigungspflicht zustande gekommene Aussage(dokumentation) in der Hauptverhandlung nicht nach § 255a Abs. 2 StPO verwertet werden darf[632], es sei denn, dass der Angeklagte nachträglich wirksam auf die Benachrichtigung verzichtet.[633] Doch wäre damit natürlich wiederum dem Kind, dessen Aussage hier ja gerade zu seinem Schutz ersetzt werden soll, nicht gedient. Selbst wenn die Benachrichtigung rechtmäßig erfolgt, bietet das noch keine Sicherheit dafür, dass Beschuldigter und Verteidiger auch wirklich der Vernehmung beiwohnen *können,* weil sie gem. § 168 c Abs.5 Satz 3 StPO keinen Anspruch auf die Verlegung des Termins haben, wenn sie verhindert sind. Es liegt auf der Hand, dass – theoretisch – leicht so zu terminieren wäre, dass es dem Beschuldigten und insbesondere seinem Verteidiger nicht möglich ist zu erscheinen. Ihnen wurde dann zwar die Gelegenheit eingeräumt, an der Vernehmung teilzunehmen, aber faktische Sachzwänge können dies verhindern bzw. – umgekehrt formuliert – sind nicht zwingend zu berücksichtigen.

Nimmt man nun noch hinzu, dass es während des Ermittlungsverfahrens keinen Anspruch auf die Bestellung eines Pflichtverteidigers gibt[634] und der Beschuldigte, wenn er selbst keinen Verteidiger wählt, darauf angewiesen ist, dass gege-

631 Vgl. LR-Rieß § 168 c StPO StPO Rn. 32; siehe auch BGHSt 26, 332 (334).

632 § 255a StPO) ist hier eindeutig, denn der Angeklagte oder sein Verteidiger mußte die Gelegenheit gehabt haben, an der Vernehmung mitzuwirken. Strittig ist aber, ob eine Verwertung der Niederschrift gem. § 251 StPO bei Verstoß gegen die Benachrichtigung in Betracht kommt. Befürwortend LR-Meyer-Goßner, § 168 c StPO StPO Rn. 32 unter Berufung auf BayObLG JR 1977, S. 475; dagegen LR-Rieß § 168 c StPO StPO Rn. 59; Peters, JR 1977, S. 476 f.; Welp, JZ 1980, S. 134. Siehe auch BGHSt 26, 332 (334) m. zust. Anm. Meyer-Goßner, JR 1977, S. 258 StPO. Hier wird zu differenzieren sein: Wenn die Verlesung nach § 251 Abs. 2 Satz 1 StPO erfolgt, bestehen hiergegen keine Bedenken, weil dies das Einverständnis des Angeklagten voraussetzt, welches in einem solchen Fall als nachträglicher Verzicht auf die Benachrichtigung anzusehen ist. Demgegenüber begründet die Berufung auf § 251 Abs. 2 Satz 2 StPO eindeutig die Gefahr der Umgehung der Benachrichtigungspflicht. Julius schlägt in diesem Zusammenhang vor, bei einer Verletzung der Benachrichtigungspflicht die Erstvernehmung grundsätzlich nach § 251 II zu verwerten, da nur dies eine Umgehung der Beschuldigtenrechte ausschließe, vgl. HK-Julius § 255a StPO) Rn. 9.

633 Vgl. LR-Rieß § 168 c StPO StPO Rn. 56. Ferner siehe zur Notwendigkeit des ausdrücklichen Verzichts auf persönliche Anwesenheit in einem Abwesenheitsverfahren EGMRK, EuGRZ 1985, S. 631 (Colozza und Rubinat gegen Italien), LS der Bearbeiterin Nr. 2, Satz l.

634 Dies ergibt sich im Umkehrschluß aus § 141 Abs. 1 StPO.

benenfalls der Staatsanwalt gem. § 141 Abs. 2 StPO die Bestellung eines Verteidigers beantragt[635], ergeben sich weitere Bedenken. Hier ist vor allem problematisch, dass dem unverteidigten Beschuldigte bisher kein eigenständiges Akteneinsichtsrecht zu gestanden wird und er sich somit auch auf die Vernehmung nicht sachgemäß vorbereiten kann.[636]

Die Position des Beschuldigten bei einer ermittlungsrichterlichen Zeugenvernehmung ist auf den ersten Blick dadurch im Vergleich zu seiner Position in der Hauptverhandlung verschlechtert. Denn dort gelten mit den §§ 216 StPO ff zwingende Ladungsformen und -fristen, der notwendige Verteidiger muss gem. § 226 StPO i.V.m. § 145 Abs.l StPO ununterbrochen anwesend sein[637] – andernfalls droht der absolute Revisionsgrund des § 338 Nr. 5 StPO [638] –, und schließlich hat der Angeklagte, wie § 247 Satz 4 StPO zeigt, ein, wenn auch ebenfalls nicht uneinschränkbares aber doch in viel stärkerem Maße gesichertes Anwesenheits- und Fragerecht gem. § 230 StPO und 240 StPO.[639]

Um diese Problemstellungen sachgerecht im Interesse des Beschuldigten und auch der Opferzeugen zu lösen, sind daher noch Nachbesserungen dringend erforderlich. Im Vorfeld der Neuregelung haben als einzige die „Alternativprofessoren" entsprechende Lösungsvorschläge unterbreitet. Sie schlagen in ihrem Entwurf vor, die skizzierten Unzulänglichkeiten durch eine Nachbesserung der „herkömmlichen" richterlichen Vernehmung auszugleichen[640] und in Anleh-

635 K/Meyer -Goßner § 141 Rn. 5. Dabei ist, wenn von vornherein feststeht, dass vor dem Landgericht angeklagt werden soll die Bestellung eines Pflichtverteidigers zu beantragen. Vgl. LR-Rieß § 168 c StPO StPO Rn. 9. Zur umfangreichen Rechtsprechung der Pflichtverteidigung, Weider, StV 1987, S. 317 ff; BGHSt 38,214=StV 1992,212; BGHSt 46,93= StV 2000,593; BGH, Urt.v.22.11.2001-1 StR 220/01= StV 2002,117.

636 Zum Problem des Akteneinsichtsrecht, und der Rechtsprechung des Europäischen Gerichtshofs für Menschenrechte zu Art 6 Ziff. 3 lit. d EMRK, vgl. NStZ 98,429 und ausführlich im folgenden unter 3.1.2. und 3.1.3. In der aktuellen Debatte zur Reform des Strafverfahrens ist im Eckpunktepapier kein eigenständiges Akteneinsichtsrecht des Beschuldigten vorgesehen. Der Deutsche Anwaltsverein fordert ein solches eigenständiges Recht und der Entwurf der Alternativprofessoren sieht eine Erweiterungsoption vor. Vgl. dazu ausführlich die Debatte und die Vorschläge im 5. Kapitel.

637 K/Meyer-Goßner, § 226, Rn. 10.

638 K/Meyer-Goßner, § 338, Rn. 41.

639 Vgl. dazu auch LR-Gollwitzer § 230 Rn. 16 und § 240 Rn. 12.

640 Auch Gössel, Gutachten DJT 1994, S. 61 wollte die Ersetzung der Vernehmung in der Hauptverhandlung davon abhängig machen, dass in § 250 StPO ergänzend aufgenommen wird, dass dies nur möglich sei, wenn der Beschuldigte und sein Verteidiger Gelegenheit hatten, an der ersten Vernehmung teilzunehmen. Er läßt aber offen, welche Anforderungen hier gelten – die Ladungsfristen der Hauptverhandlung oder die entsprechenden Regelungen des § 168 c StPO StPO StPO.

nung an § 162a der österreichischen Strafprozessordnung genau zu regeln, wie bei der Erstellung eines verwertbaren Surrogats vorzugehen sei.[641] In diesem Zusammenhang, sollte dem Beschuldigten über § 168 c StPO hinaus ein stärkeres Anwesenheitsrecht – abgesichert durch eine Benachrichtigungspflicht – eingeräumt werden, wobei für letztere keine formellen Voraussetzungen vorgeschlagen wurden. Es sollte lediglich ausgeschlossen werden, dass die Benachrichtigung unterbleiben kann.[642] Zugleich sollte der in Haft befindliche Beschuldigte einen Anspruch auf die Anwesenheit auch dann haben, wenn der Termin nicht an seinem Haftort stattfindet.[643] Überdies sollte dem Beschuldigten, der noch keinen Verteidiger hat, in jedem Falle vor der Vernehmung ein Verteidiger bestellt werden und zwar unabhängig von einer entsprechenden Antragstellung durch die Staatsanwaltschaft.[644] Auf diese Art und Weise sollen die Rechte des Beschuldigten „wasserdicht" abgesichert werden, sodass man dem bedenkenlos zustimmen könnte.

Es wäre nun ein leichtes, lediglich entsprechende Nachbesserungen auch für die Neuregelung zu fordern, jedoch ergeben sich beim näheren Hinsehen erhebliche Zweifel daran, dass sie ausreichen, um die Beschuldigtenrechte zu garantieren.

Der erste vorzubringende Kritikpunkt betrifft die Gestaltung des Ausschlusses des Beschuldigten von der Vernehmung bzw. das Fehlen einer Informationspflicht über den wesentlichen Inhalt, wie sie bspw. in § 247 Satz 4 StPO vorgesehen ist. So sieht der AE-ZVR lediglich lapidar vor, dass die Fragerechte bzw. die Mitwirkungsbefugnisse unberührt bleiben sollen.[645] Offenbar bezieht sich diese Regelung darauf, dass es dem ausgeschlossenen Beschuldigten gestattet werden kann, die Vernehmung über eine Videosimultanschaltung zu verfolgen. Doch würde diese Form der Sicherung des Fragerechts nur dann der Wirkung des §247 Satz 4 StPO gleichkommen, wenn auch wirklich sichergestellt wäre, dass der Beschuldigte in jedem Falle die Vernehmung über Video verfolgen und sich demgemäß selbst über den Aussageinhalt informieren kann. Da aber die Videosimultanschaltung im AE-ZVR ebenso wie in der Neuregelung nur als kann-Regelung vorgesehen ist und er darüber hinaus nach der Neuregelung auch von dieser Videosimultanübertragung ausgeschlossen werden kann, wenn seine Anwesenheit den Untersuchungszweck gefährde, liegt es auf der Hand, dass hier die Mitwirkungs-

641 Vgl. § 162 a AE-ZVR. Dort war eine Verwertung der konservierten Erstvernehmung nach § 251 Abs. 1 AE-ZVR vorgesehen.

642 Vgl. § 162a Abs. 1 Satz 5 AE-ZVR.

643 Vgl. § 168 c StPO StPO Abs. 4 AE-ZVR.

644 Vgl. § 162a Abs. 1 Satz 6 AE-ZVR; zur Antragstellung durch die Staatsanwaltschaft, vgl. § 141 Abs. 3 Satz 2 bedarf. Vgl. ferner § 147 AE-EV zum Akteneinsichtsrecht und § 115 b AE-EV zur notwendigen Verteidigung bei Haft.

645 Vgl. § 162a Abs. 3 Satz 4 AE-ZVR.

und Fragerechte des Beschuldigten noch zu stärken sind. Da es sich bei der ermittlungsrichterlichen Vernehmung um die letzte Vernehmung des Zeugen und mithin die einzige Gelegenheit für den Beschuldigten handeln soll, Fragen zu stellen, ist daher in jedem Fall eine Videosimultanübertragung als Regelfall mit einer entsprechenden Informationspflicht des Angeklagten für den Fall, dass er ausgeschlossen wird – de lege ferenda –, vorzusehen. Entsprechend der Informationspflicht in der Hauptverhandlung aus § 247 S. 4 StPO, wäre folglich eine Regelung ins Ermittlungsverfahren zu übernehmen, um die Mitwirkungsrechte zu garantieren. In diesem Zusammenhang ist auch die Situation des unverteidigten Beschuldigten zu berücksichtigen. Ihm ist ein eigenständiges Akteneinsichtsrecht zu sichern. Ferner sind die Mitwirkungsrechte des Beschuldigten durch ein Anwesenheitsrecht bei polizeilichen Vernehmungen zu stärken.

Hier haben die Alternativprofessoren ihre Vorschläge auch schon nachgebessert und weiter konkretisiert.

Bedenklich aus Sicht des Beschuldigten stimmt auch die Tatsache, dass zwar im AE-ZVR der Anspruch auf Benachrichtigung gestärkt wurde und darüber hinaus sogar ein Pflichtverteidiger bestellt werden muss[646], auf der anderen Seite diese Garantien aber wieder entkräftet werden, denn eine Nachvernehmung des kindlichen Zeugen soll nur statthaft sein, wenn dies „für die Wahrheitsfindung unerläßlich" ist. [647] Hier geht der Entwurf auf den ersten Blick über die Regelung des § 255a StPO hinaus, der eine ergänzende Vernehmung lediglich lapidar für zulässig erklärt, ohne Kriterien für die Zulässigkeit zu benennen. Ein zweiter Blick zeigt aber, dass der Entwurf an eine Nachvernehmung letztendlich dieselben Maßstäbe anlegt wie § 255a StPO, denn sowohl beim AE-ZVR als auch bei § 255a StPO reicht es für eine Nachvernehmung nicht aus, dass eine der benachrichtigten, anwesenheitsberechtigten Personen bei der richterlichen Vernehmung nicht anwesend war: [648] Ihnen musste lediglich die *Gelegenheit* eröffnet worden sein, an der Vernehmung teilzunehmen. Dies zeigt, dass es entscheidend auf die Benachrichtigung des Beschuldigten im Ermittlungsverfahren ankommen soll. Zwar ist es der eigentliche Sinn der Vorschrift, zum Schutz der Kinder einen Boykott der richterlichen Vernehmungen zu verhindern, damit nicht auf diese Weise dem Entstehen der Ersetzbarkeitsvoraussetzungen entgegengewirkt werden kann.[649] Doch ist auch die Gefahr nicht zu übersehen, wie leicht sich so umgekehrt – ohne

646 entspricht dem § 255a StPO Abs. 2 S. 1.

647 Die Nachvernehmung ist damit an engere Kriterien geknüpft als sie § 255a StPO Abs. 2 S. 2) vorsieht, der sie lediglich lapidar für zulässig erklärt.

648 Vgl. AE-ZVR, Begründung, S. 100 zu § 162a Abs. 1 Satz 3 bis 5 AE-ZVR.

649 AE-ZVR, S. 115 Begründung zu § 244 Abs. 3 und § 251 Abs. 1 StPO.

eine Heilungsmöglichkeit(!) – das Anwesenheits- und Fragerecht der Verteidigung umgehen lassen. Da für die Benachrichtigung von dem Termin keine Frist gilt, wäre es ein leichtes, so kurzfristig zu terminieren, dass man schon fast sicher davon ausgehen kann, dass ein Rechtsanwalt normalerweise bereits andere verbindliche Termine wahrzunehmen habe. Auch die bloße Bestellung eines Pflichtverteidigers hilft hier nicht weiter, denn § 145 StPO, aus dem sich für die Fälle notwendiger Verteidigung die absolute Anwesenheitspflicht eines Verteidigers ergibt, gilt nur für die Hauptverhandlung und ist im übrigen auch nicht in den AE-ZVR übernommen worden.[650] Auch der AE-EV sieht eine notwendige Verteidigung im Ermittlungsverfahren lediglich in Fällen der Haft vor.[651] Da § 168 c Abs.5 Satz 3 StPO, der den Anwesenheitsberechtigten einen Anspruch auf die Terminverlegung verwehrt, offenbar fortgelten soll[652], wäre also selbst dann, wenn Verteidiger und/oder Beschuldigter objektiv und unverschuldet verhindert sind an dem Termin teilzunehmen, nicht sichergestellt, dass jemals das Fragerecht ausgeübt werden könnte. Dass ein solches aber mit den Rechten des Beschuldigten nicht vereinbar sein kann, scheint klar auf der Hand zu liegen.

Probleme, die – dies sei nochmals hervorgehoben[653] – auch explizit die Neuregelung offenläßt, denn dort muss nach § 255a Abs. 2 StPO für den Beschuldigten und seinen Verteidiger nur die *Gelegenheit* bestanden haben, an der Erstvernehmung teilzunehmen, um sie zu verwerten. Eine zwingende Anwesenheit ist auch hier nicht vorgesehen. Damit reicht auch hier eine Benachrichtigung aus, die durch entsprechende Terminierung umgangen werden kann. Eine entsprechende Verletzung des Anwesenheitsrechts kann darüber hinaus auch keine Nachvernehmung rechtfertigen.[654] Die Frage, ob sich das Modell von der Beschränkung auf eine richterliche Vernehmung mit den Beschuldigtenrechten unter anderen

650 Siehe § 162a AE-ZVR.

651 Siehe § 115 b AE-EV.

652 Was sich darin zeigt, dass dieser Satz anders als Satz 2 nicht durch § 162a Abs. 1 Satz 5 *AE-ZVR* ausgeschlossen wurde und auch § 255a StPO) keine Ausschlußregelung enthält.

653 Vgl. 2. Kapitel 1. Schritt.

654 Vgl. 2. Kapitel 1. Schritt.

Prämissen verwirklichen ließe, ist damit aber noch nicht beantwortet. Mehr noch: bislang wurde lediglich allgemein bestimmt, welches die Rechte des Beschuldigten sind und worin sie ihre Rechtsgrundlage haben[655], ihre konkrete Anwendung und Überprüfung steht aber noch aus.[656]

Wie die bisherigen Ausführungen zeigen, ist damit Voraussetzung für eine Umsetzung des Regel-Ausnahmemodells, dass die *Beschneidung der Beschuldigtenrechte in Kauf genommen wird.* In der bisherigen Debatte zu den Möglichkeiten einer Umsetzung des Regel-Ausnahmemodells wurde diese Frage weitestgehend auf den Streitpunkt reduziert, ob man diese Beschneidung generell für hinnehmbar hält oder nicht[657] und dabei zwangsläufig die bereits skizzierte „Antinomie“[658] zwischen der Wahrung der Rechte des Beschuldigten und den schutzwürdigen Belangen von Opfern und Zeugen immer wieder als prozessuale Naturgesetzlichkeit postuliert. Da eine solche Argumentationsweise aber unweigerlich den Blickwinkel verengt und unnötig polarisiert, ist die wichtigste Voraussetzung für eine Umsetzung des Modells, dass der konkrete *rechtliche Rahmen* für die Mindeststandards der Beschuldigtenrechte (neu) abgesteckt wird. Zwar werden Ausgleichsrechte für den Eingriff in die Beschuldigtenrechte bisher von verschiedener Seite aus postuliert[659], sie sind aber noch nicht rechtsverbindlich umgesetzt worden. Im folgenden sollen daher die Umsetzbarkeit des Regel-Ausnahmemodells unter dem Blickwinkel der Vereinbarkeit mit den Mindeststandards der Beschuldigtenrechte näher betrachtet werden.

655 Vgl. Zweites Kapitel II, 1.

656 Dass es sich jedenfalls bei den genannten, die Hauptverhandlung betreffenden, Vorschriften um keine unverbrüchlichen Mindestrechte des Beschuldigten bzw. Angeklagten handeln kann, zeigt das sogenannte beschleunigte Verfahren nach §§ 417 ff. Danach entfällt beispielsweise gem. § 418 Abs. 2 grundsätzlich das Erfordernis einer Ladung, und gem. § 420 Abs. 1 kann die Vernehmung eines Zeugen grundsätzlich durch die Verlesung auch von Vernehmungsniederschriften ersetzt werden, ohne dass es hierbei darauf ankommt, dass der Beschuldigte an der früheren Zeugenvernehmung teilgenommen hat.

657 Vgl. exemplarisch für den Streit, Frommel, KritV 1995, S. 191, die eine Einschränkung für hinnehmbar hält und Strate, StaFO 1996, S. 3, der dies ablehnt.

658 Siehe speziell in bezug auf die hier aufgeworfene Fragestellung in den Protokollen des Sonderausschusses des Deutschen Bundestages die Strafrechtsreform, 6. Wahlperiode, Bericht des damaligen Bundesministers der Justiz vom 25. Februar 1972, Anlage 1 zur 72. Sitzung, S. 2127; vgl. ferner auch Deckers, NJW 1996, S. 3106, der hier vom „Aufeinandertreffen zweier Welten spricht“.

659 Vgl. Stellungnahme des DAV zur Videovernehmung, DAV, Leitner 2000; Alternativentwurf zur Reform des Ermittlungsverfahrens (AE-EV).

2. Grundlagen der Beschuldigtenrechte im Hinblick auf das Regel-Ausnahmemodell

2.1. Anspruch auf rechtliches Gehör gem. Art. 103 Abs. 1 GG ?

Fraglich ist, ob sich direkt aus dem in Art 103 Abs. 1 GG [660] normierten Recht auf rechtliches Gehör ein „absolutes" Recht des Beschuldigten entnehmen läßt, das bei der Umsetzung des Regel-Ausnahmemodells unmittelbar zu berücksichtigen wäre.[661] Zwar ist der Anspruch auf rechtliches Gehör positivrechtlich normiert, doch ist seine Eignung als eigenständiger, von der Verfahrensordnung unabhängiger Prüfungsmaßstab zu bezweifeln. Zunächst einmal betrifft der Anwendungsbereich des Art.103 Abs.1 GG nämlich nur das rechtliche Gehör vor Gericht, d.h. also vor solchen Spruchkörpern, die ausschließlich mit Richtern i.S. des Art.92 GG besetzt sind und die rechtsprechende Gewalt ausüben.[662] Da die Zeugenvernehmung nach dem Regel-Ausnahmemodell aber bereits im Ermittlungsverfahren erfolgen soll, ist einmal fraglich, inwieweit dem Beschuldigten überhaupt schon zu diesem Zeitpunkt allein aus Art.103 Abs. 1 GG ein Anspruch auf rechtliches Gehör erwachsen kann. Soweit es sich um eine richterliche Zeugenvernehmung handelt, scheint dies zweifelsohne der Fall zu sein, denn der Anspruch auf rechtliches Gehör besteht grundsätzlich vor jeder gerichtlichen Entscheidung.[663]

Erste Schwierigkeiten ergeben sich aber bei der Frage, ob das rechtliche Gehör auch bei polizeilichen oder staatsanwaltlichen Vernehmungen zu berücksichtigen ist, die – nach der hier geforderten Maßgabe[664] – im weiteren Verfahren eben-

660 Es kann im vorliegenden Zusammenhang dahingestellt bleiben, ob man den Anspruch auf rechtliches Gehör mit dem Bundesverfassungsgericht ebenfalls auf das Rechtsstaatsprinzip (vgl. BVerfGE 9, 89 (95) – betreffend das nachträgliche Gehör bei Untersuchungshaft; 39, 156 (168) – bzgl. der Beschränkung der Anzahl der Wahlverteidiger; 57, 250 (257); Überblick bei Kunig, Das Rechtsstaatsprinzip, S. 252 ff.) herleitet, oder auf andere Prinzipien zurückführt. Zu den verschiedenen Begründungsansätzen vgl. den umfassenden Überblick bei Rüpping, Grundsatz, S. 101–135, speziell zur Begründung aus dem Rechtsstaatgedanken ebenda, S. 123 f., der selbst in erster Linie auf die Begründung aus der Menschenwürde abstellt (S. 124 ff.); vgl. auch ders. NVwZ 1985 S. 307; umfassend dazu auch das Bundesverfassungsgericht selbst in BVerfGE 41, 246 (249).

661 Zur Klarstellung: Gegenstand der Betrachtung ist hier allein das rechtliche Gehör, wie es sich unmittelbar und ausschließlich aus der positivrechtlichen Regelung des Art. 103 Abs. 1 GG ergibt. Nur unter dieser Einschränkung läßt sich nämlich verhindern, dass wiederum, wie schon oben beim Rechtsstaatsprinzip, auf die hier nicht weiter führende Diskussion über unbestimmte und unbestimmbare Maximen einzugehen ist.

662 Kunig, in: von Münch, GG-Kommentar, Art. 103, Rn. 4.

663 BVerfG NStZ 1994, S. 552: „rechtliches Gehör vor jeder gerichtlichen Entscheidung".

664 Vgl. dazu ausführlich bereits im 2. Kapitel, Erster Schritt, V, 2.2.

so verwertbar sein sollen wie richterliche Vernehmungen. Zwar wird dem Beschuldigten zu Recht auch gegenüber dem Staatsanwalt rechtliches Gehör eingeräumt, doch basiert dieser Anspruch nicht allein auf Art.103 Abs. 1 GG, sondern er fußt auf der über die Norm selbst hinausgehenden ergänzenden Heranziehung des Rechtsstaatsprinzips und der sich aus der Menschenwürde ergebenden Subjektstellung des Beschuldigten.[665] Zum anderen könnte man sich aber auch auf den Standpunkt stellen, dass allein mit der Durchführung einer zeugenschaftlichen Vernehmung des Kindes und ihrer Dokumentation noch keine den Beschuldigten betreffende *Entscheidung* ansteht, so dass Art. 103 Abs.1 GG nicht zwingendermaßen Anwendung finden müsse.[666] Schließlich gebietet es die Verfassung ja auch nicht, dem Beschuldigten im Ermittlungsverfahren ein Akteneinsichtsrecht einzuräumen, obwohl auch dies der Verwirklichung des Anspruchs auf rechtliches Gehör dient und selbst die in § 147 Abs.2 StPO vorgesehene Möglichkeit, auch dem Verteidiger die Einsicht vor Abschluss der Ermittlungen ganz oder teilweise zu versagen, anerkanntermaßen verfassungsgemäß ist.[667] Ließe sich der Gedanke aber in dieser Weise fortführen, so wäre es nur allzu leicht möglich, den Grundsatz des rechtlichen Gehörs durch die Vorwegnahme einzelner Beweiserhebungen mit dem gleichsam fortwährenden Argument des aktuell fehlenden Entscheidungsbedarfs zu unterlaufen.[668] Tatsächlich aber ist hier zu differenzieren: Wenn es zulässig ist, das rechtliche Gehör im Ermittlungsverfahren weitergehenden Einschränkungen zu unterwerfen als in der Hauptverhandlung, so hat dies seinen Grund einmal in der besonderen Funktion, die das Ermittlungsverfahren im Rahmen einer funktionstüchtigen Strafrechtspflege[669] für die Sachverhaltsaufklärung und Wahrheitsermittlung erfüllt. Hinzu tritt aber noch, dass das Gehör normalerweise ja gerade noch in der Hauptverhandlung gewährt und insoweit nachgeholt wird.[670] Für solche Vernehmungen, die wie im Regel-Ausnahmemodell vorgesehen, zugleich schon die Vernehmung des Kindes in der Hauptver-

665 Roxin, Strafverfahrensrecht, § 18 B I, Rn. 4; SK-StPO-Rogall, vor § 133, Rn. 90; Rüping, 1997, S. 122 ff.; MD-Schmidt-Aßmann, Art. 103 Abs. 1, Rn. 56.

666 Gemeint ist hier nicht eine unmittelbare, konkrete Anwendung im Verfahren, sondern allein die abstrakte Anwendbarkeit aufgrund des sachlich und persönlich umgrenzten Anwendungsbereichs.

667 Siehe nur BVerfG NStZ 1994, S. 552 und MD-Schmidt-Aßmann, Art. 103 Abs. 1, Rn. 74.

668 Kritisch auch Hegmann, 1981, S. 41 f.

669 Andererseits ist auch dem Gesichtspunkt Rechnung zu tragen, dass eben zur Strafrechtspflege die schützenden Formen des Verfahrens zählen. Vgl. zur berechtigten Kritik daher Neumann, ZStW 101 (1989), S. 62 m.w.N; Limbach, „Die Funktionstüchtigkeit der Strafrechtspflege im Rechtsstaat", FR vom 23. März 1996, S. 9; Niemöller/Schuppert, S. 399 f.; Rüping, NVwZ 1985, S. 306.

670 Zum nachträglichen Gehör, vgl. BVerfGE 9, 89 (95) und LS Nr. 1 bzgl. der Untersuchungshaft.

handlung ersetzen sollen, muss indes anderes gelten. Schließlich handelt es sich hierbei ja de facto um eine Vorwegnahme der Hauptverhandlung und es gewinnt dadurch einen quasi neo-inquisitorischen Charakter.[671] Bei einer solchen antizipierenden Zeugenvernehmung wäre es unzulässig, aus formalen Gründen den Anspruch des Beschuldigten auf das rechtliche Gehör gem. Art. 103 Abs.1 GG zu verneinen. Folglich steht im Hinblick auf die Eignung des Art. 103 Abs. 1 GG als Prüfungsmaßstab für die Zulässigkeit des Regel-Ausnahmemodells im vorliegenden Zusammenhang nicht mehr die Anwendbarkeit, sondern allein sein inhaltlicher Bedeutungsgehalt in Frage.[672] Denn der Grundsatz der Gewährung rechtlichen Gehörs darf für keinen Verfahrensabschnitt, der in materieller Hinsicht Teil der Hauptverhandlung ist, umgangen werden.

Hier stellt sich nun wiederum das Problem, dass Art. 103 Abs. 1 GG in Ermangelung einer Legaldefinition des rechtlichen Gehörs auslegungsbedürftig ist, wenn es darum geht zu erfassen, welche Einzelrechte sich daraus ableiten lassen und inwieweit diese Rechte unverletzlich sind.[673] Trotz umfangreicher Judikatur und umfassender Erörterung im Schrifttum ist dies letztlich nicht abschließend geklärt, sondern bedarf für jeden Einzelfall der erneuten Überprüfung anhand der konkreten Umstände.

Vorab ist festzuhalten, dass es sich beim Anspruch auf rechtliches Gehör um ein Jedermannsrecht handelt.[674] Schließlich ist das rechtliche Gehör immerhin als Begriff positivrechtlich normiert, so dass sich im Wege der bloßen Begriffsbestimmung auch für jeden Beteiligten ermitteln lassen müßte, welche Anforderungen insoweit zu beachten sind – wenn man nur seine jeweilige Stellung und Funktion in der betreffenden Verfahrensart ergänzend berücksichtigt und demzufolge in bezug auf das Strafverfahren von vornherein u.a. in Opfer, Zeugen und Beschuldigte differenziert.[675] Fraglich ist aber, ob sich nun unmittelbar aus Art.103 Abs.1

671 Vgl. dazu ausführlich unter 4. Kapitel, II.

672 Dabei soll hier nicht einmal der Versuch unternommen werden, diesen auch nur annähernd vollständig zu erfassen, siehe aber Rüping, 1997, S. 136 ff. Dessen bedürfte es nur, wenn sich im folgenden herausstellte, dass das rechtliche Gehör auch tatsächlich als ein solcher Prüfungsmaßstab geeignet wäre.

673 Kritisch deshalb auch Rüping, Grundsatz, S. 197 und ders. NVwZ 1985, S. 306 mit konkreten Maßgaben, wie eben dies verhindert werden könnte.

674 Zum Charakter des Anspruchs auf rechtliches Gehör als ein „Jedermannsrecht, siehe nur Kunig, in: von Münch, GG-Kommentar, Art. 103 Rn. 7, MD-Schmidt-Aßmann Art. 103 Abs. 1, Rn. 28 ff. und Rn. 30 bzgl. Minderjähriger.

675 Zum Erfordernis der Konkretisierung des rechtlichen Gehörs durch die einzelnen Verfahrensordnungen, vgl. BVerfG NStZ 1994, S. 552; BVerfGE, 69, 145 (148) – betreffend Präklusion; Rüping, 1997, S. 197; ders.: NVwZ Präklusion, Rüping, 1985 S. 305 f.; KK-Pfeiffer, Einl. Rn. 26; SK-StPO-Rogall, vor § 133, Rn. 89.

GG ableiten läßt, welche – unverletzlichen – Rechte speziell dem Beschuldigten im Strafverfahren zustehen oder ob sich nicht die Reichweite der aus dem rechtlichen Gehör abgeleiteten Rechte vielmehr erst bestimmen läßt, indem die Maßgaben der jeweiligen Verfahrensordnung schon miteinbezogen werden.[676] Für die hier vorzunehmende Grenzziehung soll ja gerade eine solche Regelung herangezogen werden, die von der geltenden Strafprozessordnung gänzlich unabhängig ist. Für das Verständnis des Art. 103 Abs. 1 GG ist zugrundezulegen, dass er auf die Erlangung einer gerechten Entscheidung zielt[677], indem die objektive, faire Verhandlungsführung[678] dadurch gewährleistet werden soll, dass die Beteiligten sich zu allen wichtigen Fragen vor Erlass der Entscheidung[679] äußern können und ihr Vorbringen auch zur Kenntnis genommen und in Erwägung gezogen wird.[680] Dies legt natürlich die Vermutung nahe, dass keineswegs nur den Beschuldigten aus dem rechtlichen Gehör Rechte erwachsen, sondern danach etwa auch dem Zeugen ein Anspruch auf einen zusammenhängenden Tatsachenbericht i.S. des § 69 Abs.l Satz 1 StPO zustehen könnte.[681] Gleichwohl wären natürlich Art und Umfang des rechtlichen Gehörs eines Angeklagten von jenem eines Zeugen oder Opfers zu unterscheiden. So wäre sicherlich nicht nachvollziehbar, wenn einem „normalen" Zeugen, der für die Wahrheitsfindung in Anspruch genommen wird bzw. werden muss, ein eigenes Anwesenheitsrecht zugebilligt würde, wenngleich dies sowohl für den Beschuldigten wie auch für den Nebenkläger bzw. dessen Vertreter[682] ganz selbstverständlich ist. Doch ergibt sich eine derartige Abgren-

676 Vgl. dazu das Ergebnis der Untersuchung von Rüping, 1997, S. 197: „Der Gesetzgeber regelt im einfachen Recht vorwiegend einzelne Aspekte des Gehörs und sichert im Verfassungsrecht die nach Maßgabe des Verfahrensrechts vorausgesetzte Institution „rechtliches Gehör", ohne das Prinzip mit Hilfe einer Legaldefinition inhaltlich zu bestimmen (Hervorhebung nicht im Original).

677 BVerfGE 55, 72 (93)

678 BVerfGE 52, 131 (156 f.) im Zusammenhang mit einem Arzthaftungsprozeß; Kunig, in: von Münch, GG-Kommentar, Art. 103, Rn. 3.

679 Kunig, in: von Münch, GG-Kommentar, Art. 103, Rn. 9 m.w.N, über die verfassungsgerichtliche Rechtsprechung.

680 BVerfGE 52, 131 (156 f.); Kunig, in: von Münch, GG-Kommentar, Art. 103, Rn. 3 und 10 m.w.N.

681 So Schorn, 1963, S. 108 der annimmt, der Anspruch eines Zeugen auf rechtliches Gehör gründe sich auf die Wahrung der Menschenwürde. A.A. Rüping, 1997, S. 138, Fn. 2; MD-Schmidt-Aßmann, Art. 103 Abs. 1, Rn. 35. Allerdings müßte jedenfalls für Opfer aufgrund ihrer formalen Beteiligteneigenschaft, die nunmehr, wie bereits mehrfach hervorgehoben wurde, nicht von der Zulassung als Nebenkläger abhängt, Art. 103 Abs. 1 GG Anwendung finden.

682 Vgl. § 406g Abs. 2 Satz 1 und 2 StPO. Allerdings hat der Nebenklagevertreter in der Hauptverhandlung keine Mitwirkungsrechte, die über die Beanstandung von Fragen und den Antrag auf Ausschluß der Öffentlichkeit hinausgehen, insbesondere kann er keine Beweisanträge stellen, vgl. K/Meyer-Goßner, § 406g, Rn. 3.

zung für die verschiedenen am Verfahren beteiligten Personen eben gerade nicht aus der isolierten Betrachtung des Art. 103 Abs.l GG, sondern nur, wenn die Stellung der konkret Beteiligten in dem Verfahren bereits von vornherein ergänzend mit in die Betrachtung einbezogen wird. Dass sich *dann* ermitteln lässt, welche Mindestgarantien dem Beschuldigten aus dem Anspruch auf rechtliches Gehör erwachsen (müssen), ohne dass die Interessen von Opferzeugen hier hintenanzustehen hätten, sei an dieser Stelle nochmals betont.[683] Dies ändert jedoch nichts daran, dass die Norm des Art. 103 Abs.l GG in letzter Konsequenz damit nicht im eigentlichen Sinne von der Strafprozessordnung unabhängig ist und deshalb den Anforderungen an den hier gesuchten Prüfungsmaßstab nicht genügt.[684]

2.2. Anspruch auf effektive Verteidigung aus Art. 6 Abs. 3 MRK und Art. 14 Abs. 3 IPBPR[685]

Als Maßstab für die Beschuldigtenrechte kommen aber Art. 6 Abs.3 MRK und Art.14 Abs. Abs.3 IPBPR in Betracht, die sich (jeweils i.V.m. Abs.l) auch auf das Rechtsstaatsprinzip und/oder das rechtliche Gehör gründen lassen. Die MRK und der IPBPR enthalten die einzigen positivrechtlichen Regelungen[686], die speziell dem Beschuldigten bzw. dem Angeklagten bestimmte Verfahrensrechte absolut[687] garantieren und somit einen unantastbaren Minimalbereich umgrenzen.[688] Me-

683 Vgl. zur Bestimmbarkeit des Inhalts rechtlichen Gehörs, Rüping, NVwZ 1985, S. 306.

684 Ebenso Keiser, 1997, S. 293.

685 Die MRK wurde durch Gesetz vom 7.8.1952 (BGBl. II, S. 685 ber. S. 953) ratifiziert und trat am 3.9.1953 in Kraft (Bek. vom 15.12.1953, BGBl. 1954 II, S. 14); der IPBPR wurde durch Gesetz vom 15.11.1973 (BGBI. II, S. 1533) – zunächst mit Einschränkungen – ratifiziert und trat am 23.3.1976 in Kraft (Bek. vom 14.6.1976, BGBl. II, S. 1068).

686 Dies betont etwa auch Ulsamer, Zeidler-FS, S. 1801. 1167 Fahrenhorst, EuGRZ 1985, S. 630.

687 Vgl. LR-Gollwitzer, MRK, Art. 6, Rn. 13. Zum gegenüber Art. 6 MRK weiteren persönlichen Anwendungsbereich des Art. 103 Abs. 1 GG vgl. auch MD-Schmidt-Aßmann, Art. 103 Abs. 1, Rn. 25.

688 Auch wenn in die Bestimmung des inhaltlichen Gehalts stets der übergeordnete Anspruch auf ein faires, rechtsstaatliches Verfahren gem. Art. 6 Abs. 1 Satz 1 MRK und Art. 14 Abs. 1 Satz 2 IPBPR einzubeziehen ist, dessen sachlicher Anwendungsbereich sich nicht allein auf Strafverfahren beschränkt, sondern auch auf zivilrechtliche Verfahren erstreckt, ergeben sich hierbei nicht die gleichen Abwägungserfordernisse und -probleme wie bei der Herleitung von Beschuldigtenrechten aus dem Rechtstaatsprinzip oder dem Grundsatz des rechtlichen Gehörs. Denn Art. 6 Abs. 1 Satz 1 MRK und Art. 14 Abs. 1 Satz 2 IPBPR beziehen sich ihrem persönlichen Anwendungsbereich nach innerhalb eines Strafverfahrens nur auf denjenigen, gegen den Anklage erhoben wird. Weder den Zeugen noch Opfern erwachsen daher aus Art. 6 MRK oder Art. 14 IPBPR Rechte, und zwar unabhängig davon, ob sie auch als Privat- oder Nebenkläger aktiv an dem Verfahren beteiligen.

thodisch bietet daher der Rückgriff auf das Konventionsrecht den Vorteil, dass sie unmittelbare Geltung entfalten und die relevanten Mindestrechte für die Umsetzung des Regelausnahmemodells quasi direkt daran zu messen sind. Zwar gelten MRK und IPBPR seit ihrer Ratifizierung in der Bundesrepublik[689] nach ganz überwiegender Meinung jeweils als einfaches Bundesrecht[690] und haben demgemäß weder den Rang eines hierüber stehenden Übergesetzes noch Verfassungsrang oder gar über der Verfassung stehenden supranationalen Rechtscharakter.[691] Jedoch ist auch später erlassenes Bundesrecht aufgrund der völkerrechtlichen Verpflichtungen, die die Bundesrepublik mit der Ratifizierung übernommen hat, entsprechend dem in Art. 25 GG verfassungsrechtlich verankerten Harmonisierungsgebot[692] so auszulegen, dass es mit der MRK in Einklang gebracht werden kann.[693] Folglich muss die Neuregelung mit den dem Beschuldigten in der MRK und dem IPBPR garantierten Rechten von vornherein vereinbar sein, da keine entgegenstehenden Regelungen verabschiedet werden dürfen und auch die Umsetzung des Regel-Ausnahmemodells durch die Rechtspraxis und/oder entsprechend erforderliche Gesetzesänderungen finden ihre Grenze dort, wo Art. 6 MRK und Art. 14 IPBPR verletzt werden würde.[694]

Allerdings ist fraglich, ob eine Regelung, die aus formaler Sicht allein die Zeugenvernehmung im Ermittlungsverfahren betrifft, überhaupt eine Verletzung der durch das Konventionsrecht garantierten Rechte des Beschuldigten bewirken kann. Bei der Überprüfung der Vereinbarkeit des konkreten Einzelfalls mit dem Konventionsrecht ist nämlich genaugenommen erst rückblickend der jeweilige Verfahrensablauf in seiner Gesamtheit, d.h. insbesondere unter Einbeziehung der Hauptverhandlung, daraufhin zu beurteilen, ob es sich um einen *insgesamt* fairen Strafprozess

689 LR-Gollwitzer, MRK Einl., Rn. 19 m.w.N. in Fn. 28; Frowein/Peukert, Einf., Rn. 6.

690 LR-Gollwitzer, MRK Einl., Rn. 21; vgl. für die MRK BVerfGE 74, 358 StPO (370) im Zusammenhang mit einer die Unschuldsvermutung gem. Art. 6 Abs. 2 MRK betreffenden Fallgestaltung m.w.N. auf die eigene, ständige Rechtsprechung. Demgegenüber für Verfassungsrang der MRK noch Echterhölter, JZ 1955, S. 691 m.w.N: in Fn. 5 und 6; v. Stackelberg NJW 1960, S. 1265; dies mit Blick auf Art. 25 GG ebenfalls wiederum in Erwägung ziehend Ress, Zeidler-FS, S. 1790 ff. Zusammenfassender Überblick bei Steiner, 1995, S. 34.

691 Ress, 1982, S. 36 ff.

692 LR-Gollwitzer, MRK Einl., Rn. 22; BVerfGE 74, 358 StPO (370); Echterhölter, JZ 1955, S. 692.

693 Echterhölter, JZ 1955, S. 692.

694 Insoweit als Art. 6 MRK und Art. 14 IPBPR ihrem Regelungsgehalt nach nahezu einander entsprechen, wird hier im folgenden der Einfachheit halber entsprechend der üblichen Kommentierung lediglich Art. 6 MRK zitiert. Nur wenn die beiden Vorschriften in einem der für die Untersuchung relevanten Punkte inhaltlich voneinander abweichen, wird dargelegt, auf welche der beiden Normen sich die Ausführungen beziehen; vgl. auch Keiser, 1997, S. 293; siehe auch Mildenberger, 1995, S. 323.

handelte.[695] An und für sich steht die Tatsache, dass sich die Einhaltung des Fairnessprinzips nur in einer Gesamtschau aller Verfahrensstadien bewerten lässt, einer isolierten Betrachtung der Stellung des Beschuldigten im Hinblick auf eine Zeugenvernehmung, die bereits im Laufe des Ermittlungsverfahrens erfolgt, entgegen. Überdies ist bislang für das Vorverfahren als solches nicht einmal abschließend geklärt, inwieweit Art. 6 MRK überhaupt anwendbar ist. Dies gilt schon allein deshalb als problematisch, weil einzelne der darin aufgeführten Rechte, so etwa der in Art. 6 Abs.1 MRK normierte (und im einzelnen durchaus beschränkbare) Anspruch auf ein öffentliches Verfahren sich schon ihrem Regelungsgehalt nach nur auf die Hauptverhandlung beziehen können und demnach auf die vorhergehenden Verfahrensabschnitte nicht anwendbar sind.[696] Bei den in Art. 6 Abs.3 MRK garantierten Mindestrechten handelt es sich zudem explizit um solche des „Angeklagten". Zum Angeklagten wird der Beschuldigte nach deutschem Recht gem. § 157 2. Halbs. StPO aber erst mit dem Beschluss über die Eröffnung der Hauptverhandlung gegen ihn. Nun weist aber *Ulsamer*[697] darauf hin, dass der in Art. 6 MRK verwendete Begriff der Anklage anders als in Deutschland gem. §§ 199 Abs.2 StPO, § 200 StPO nicht ausschließlich jene Anklageschrift bezeichnet, mit der die Eröffnung des Hauptverfahrens beantragt wird, sondern darüber hinaus alle offiziellen, amtlichen Mitteilungen an den Betroffenen meint, durch die die zuständige Behörde ihm die Begehung einer Straftat anlastet. *Ulsamer* will deshalb den Begriff des „Angeklagten", jedenfalls soweit er die in Art. 6 Abs.2 MRK verbürgte Unschuldsvermutung betrifft, für den Bereich des deutschen Strafprozessrechts mit dem des „Beschuldigten" gleichsetzen.[698] Zweifellos ist dieser Schluss für Art.6 Abs.2 MRK ebenso zutreffend wie auch selbstverständlich. Welchen Sinn machte die Unschuldsvermutung, wenn nicht gerade sie zu Beginn jedweder Ermittlungen, die naturgemäß weit entfernt von der Aufklärung des Sachverhalts und erst recht von der Überzeugung des Gerichts über die Schuld oder Unschuld des Angeklagten sind, besondere Beachtung erführe?

695 EKMR EuGRZ 1978, S. 324 und EuGRZ 1989, S. 465 (Nr. 46).

696 MD-Schmidt-Aßmann, Art. 103 Abs. 1, Rn. 27; *Okresek,* Verteidigungsrechte der Europäischen Menschenrechtskonvention im strafprozessualen Vorverfahren, S. 36, allerdings ohne Nennung des konkreten Beispiels.

697 Ulsamer, Zeidler-FS, S. 1806.

698 Ulsamer, aaO; Kühl, NJW 1984, S. 1265.

Im Folgenden stellt sich daher die Frage, ob sich die Begriffe „Beschuldigter" und „Angeklagter" auch im Hinblick auf Art. 6 Abs.3 MRK beliebig gegeneinander austauschen lassen und zum anderen[699], ob sich gegebenenfalls dann *daraus* ergibt, dass die Mindestgarantien eben doch bereits im Ermittlungsverfahren uneingeschränkte Geltung beanspruchen können. Für diese Annahme spricht, dass es das zuallererst genannte Mindestrecht des „Angeklagten" nach Art. 6 Abs.3 lit. a MRK beinhaltet, *unverzüglich* über die gegen ihn erhobene „Beschuldigung"[700] in Kenntnis gesetzt zu werden. Auch hier meint die „Beschuldigung" nicht die formelle Anklageerhebung des nationalen Rechts, sondern die materielle Anschuldigung[701] mit dem Vorwurf des strafbaren Verhaltens als solchem. Da die Unterrichtung hierüber „unverzüglich", d.h. ohne weiteren Aufschub, zu erfolgen hat, sobald dies im Rahmen eines geordneten Verfahrensganges durchführbar ist[702], entsteht die Pflicht, auch nicht erst mit der Anklageerhebung, sondern bereits mit der Mitteilung von der Einleitung des Ermittlungsverfahrens.[703] Demnach können unter diesem Aspekt nicht nur die Bezeichnungen „Angeklagter" und „Beschuldigter" synonym gebraucht werden, sondern darüber hinaus kann auch schon der nach deutschem Recht erst „Be- oder Angeschuldigte", aber noch nicht Angeklagte, die Unterrichtung über den Vorwurf verlangen. Dem trägt die Strafprozessordnung durch eine Vielzahl von Regelungen durchaus Rechnung.[704] Insbesondere in § 163a Abs. 4 StPO ist festgeschrieben, dass dem Beschuldigten bereits bei der ersten Vernehmung durch Beamte des Polizeidienstes zu eröffnen ist, welche Tat ihm zur Last gelegt wird. Damit ist aber noch nicht gesagt, dass sich dieses Ergebnis uneingeschränkt auch auf die anderen Mindestrechte übertragen lässt. Denn diese sind im Gegensatz zu Art.6 Abs.3 lit. a MRK und Art. 14 Abs.3 lit. a IPBPR nicht ausdrücklich „unverzüglich" zu gewähren. Da es in bezug auf die weiteren Mindestgarantien an einer solchen Zeitbestimmung fehlt, lässt sich auch nicht sagen, dass die darin verbürgten Rechte unbedingt schon im Ermittlungsverfahren gewährleistet werden müssen. Ganz im Gegenteil enthält etwa Art. 14 Abs.3 lit. d IPBPR einen deutlichen Hinweis darauf, dass jedenfalls das

699 Kühl, NJW 1984, S. 1266 weist ebenfalls darauf hin, dass der Gegenstandsbereich und der zeitliche Begriff des Strafverfahrens in den einzelnen Garantien nicht unbedingt deckungsgleich sein müssen.

700 Demgegenüber spricht Art. 14 Abs. lit. a IPBPR nur von der Unterrichtung über die „Anklage".

701 LR-Gollwitzer, MRK Art. 6. Rn. 163 m.w.N.

702 LR-Gollwitzer MRK Art 6 Rn. 169.

703 LR-Gollwitzer MRK Art 6 Rn. 168.

704 Siehe nur §§ 136 Abs. 1 StPO; sowie §§ 107 i.V.m. 102.

Anwesenheits- und Fragerecht sich erst auf die Hauptverhandlung beziehen, denn das dort normierte Anwesenheitsrecht betrifft ausdrücklich die „Verhandlung", also das Geschehen vor Gericht. Folglich können Art. 6 Abs.3 MRK und Art. 14 Abs. 3 IPBPR jedenfalls nicht dahingehend verstanden werden, dass die darin enthaltenen Rechte insgesamt zwingendermaßen schon während des Ermittlungsverfahrens in vollem Umfang zu gewährleisten sind.

Was nun aber speziell das Regel-Ausnahmemodell anbelangt, so liegt dessen Besonderheit ja gerade darin begründet, dass seine Umsetzung notwendigerweise mit dem Fortfall der Zeugenvernehmung in der Hauptverhandlung verbunden ist und auf spätere Korrekturmöglichkeiten durch eine weitere Vernehmung verzichtet werden soll.[705] Bei einer solchen beabsichtigten Beschränkung auf nur eine Vernehmung des Kindes im Ermittlungsverfahren, deren Niederschrift oder sonstige Dokumentation später ersatzweise in die Hauptverhandlung eingeführt werden soll, handelt es sich mithin in letzter Konsequenz um nichts anderes als um die inhaltliche[706] – nicht rechtliche(!)[707] – Vorverlagerung eines Teils der Hauptverhandlung, nämlich der Durchführung der Zeugenvernehmung. Sollen nun aber mit der Zeugenvernehmung während der Hauptverhandlung nicht zugleich auch die dem Angeklagten insoweit eingeräumten Rechte fortfallen, so erfordert dies zwangsläufig, dass diese Rechte schon für die erste (und zugleich letzte) Vernehmung des kindlichen Zeugen im Ermittlungsverfahren in vollem Umfang – d.h. so wie sonst bis zum Abschluss des Verfahrens nach erfolgter Hauptverhandlung

705 Dies soll allerdings nicht bedeuten, dass sich ansonsten die im Ermittlungsverfahren evtl. begangenen Fehler und Mängel ausnahms- und problemlos in der Hauptverhandlung wieder beseitigen ließen. Viel zu deutlich hat schon Peters, 1985, S. 34 im Rahmen seiner Untersuchung auf die Unzulänglichkeiten des Vorverfahrens, die sich bis in die Hauptverhandlung fortwirken können, hingewiesen. Siehe auch Richter, NJW S. 1821 und Hegmann, 1981, S. 42.

706 Vgl. zu diesem neo-inquisatorischen Verfahren auch unten 4. Kapitel II.

707 So auch BGHSt 9, 24 (27) für die kommissarische Vernehmung gem. § 223 StPO. Ähnlich auch Welp, JZ 1980, S. 137. Teilweise wird allerdings für die kommissarische Vernehmung gem. § 223, 224 StPO auch angenommen, es handle sich um einen antizipierten Teil der Hauptverhandlung, so K/Meyer-Goßner, § 223, Rn. 1; Strate, StV 1985, S. 339 „antizipierende Beweisaufnahme"; zutreffend a.A. KMR-Paulus, § 223, Rn. 2; LR-Gollwitzer, § 247 StPO Rn. 11. Paulus verweist darauf, dass die endgültige Entscheidung über das Vorliegen der Voraussetzungen des § 223 StPO bei dem Gericht verbleibt und sieht deshalb in der Durchführung einer kommissarischen Vernehmung lediglich eine Beweissicherung und Beweismittelbeschaffung. Zur Bedeutung kommissarischer Zeugenvernehmungen unter Zeugenschutzgesichtspunkten einerseits und unter dem Aspekt der Gefahr der Beeinträchtigung der Verteidigung andererseits siehe auch Wasserburg, Peters-FG, S. 302–306.

– zu gewährleisten sind.[708] Folglich müssen Art. 6 MRK und Art. 14 IPBPR bereits uneingeschränkte Anwendung finden, wenn die Vernehmung in der Hauptverhandlung ersetzbar sein soll.[709]

Im Folgenden sollen jene Rechte des Beschuldigten, die in bezug auf die Vernehmung eines Zeugen überhaupt Wirkung entfalten können, einer näheren Betrachtung unterzogen werden. Es geht hier also nicht etwa um eine Erörterung der Rechtsstellung des Beschuldigten schlechthin. Im Zusammenhang mit dem Vorhaben, die nochmalige Vernehmung des Kindes in der Hauptverhandlung mittels ihrer Ersetzbarkeit verzichtbar zu machen, ist allein fraglich, inwieweit der Beschuldigte zum einen durch die zeitliche Vorverlagerung der letztmaligen zeugenschaftlichen Vernehmung des Kindes und zum anderen durch die damit zugleich verbundene Herausnahme der Vernehmung aus der Hauptverhandlung in seinen Rechten aus der MRK und dem IPBPR verletzt werden könnte.[710]

708 Ähnlich auch Nelles, StV 1986, S. 75 im Zusammenhang mit ihrer berechtigten Kritik an den beiden auf den Beschluß des Großen Senats (BGHGrS 32, 115 (128) erfolgten Entscheidungen des 2. und 3. Strafsenats (NJW 1985, S. 984 ff. und 986 zur Verwertbarkeit polizeilicher Vernehmungsprotokolle (anonymer V-Männer).

709 Zur Gewährleistung des Fragerechts bei „vorweggenommener" Beweisaufnahme, allerdings im Hinblick auf kommissarische Vernehmungen, siehe auch Strate, StV 1985, S. 339; Welp, JZ 1980, S. 137; BGH 9, 24 (27); RG 59, 280 (281) – betreffend die Benachrichtigung, die so frühzeitig erfolgen muß, dass das Erscheinen auch tatsächlich möglich ist. Siehe zum Erfordernis der Verteidigerbestellung bereits im Ermittlungsverfahren Weider, StV 1987, S. 317 ff. – Zu berücksichtigen ist, dass nur dort, wo sich dieser Anspruch aber nicht vollkommen verwirklichen läßt, namentlich weil dies mit den sonstigen Zielen des Ermittlungsverfahrens nicht vereinbar ist, muß auch in Kauf genommen werden, dass unter Umständen das Kind in der Hauptverhandlung eben doch nochmals zu vernehmen ist. Etwas anderes kann dann nur gelten, wenn der dann zu diesem Zeitpunkt schon Angeklagte noch nachträglich wirksam auf das ihm ursprünglich vorenthaltene Recht verzichtet und sich mit der Ersetzung der Vernehmung einverstanden erklärt, vgl. nur BVerfG NStZ 1994, S. 552 über die (Un-)Vereinbarkeit der Ziele des Ermittlungsverfahrens mit einem umfassenden Akteneinsichtsrecht des Beschuldigten bzw. Verteidigers schon vor Abschluß der Ermittlungen. Siehe auch Rieß, Schäfer-FS, S. 208f. Zur Zulässigkeit des Verzichts auf die Mindestgarantien siehe IntKommEMRK-Vogler, Art. 6, Rn. 379.

710 Soweit die selbst mehr Rechte gewähren sollte als dies PBPR und MRK erfordern, ist dies für den vorliegenden Zusammenhang unbeachtlich. Weder geht es darum, die Beschuldigtenrechte vergleichend einander gegenüberzustellen, noch ist die Darstellung auf die Vermeidung bloßer *Rechtsverluste* ausgerichtet. Vielmehr zielen die Überlegungen insgesamt darauf ab zu ermitteln, unter welchen Prämissen die nochmalige Vernehmung des Kindes in der Hauptverhandlung ohne einen *Bruch* unverletzlicher Rechte des Beschuldigten verzicht-, und das heißt hier, ersetzbar wäre. Demnach geht es nun vorrangig darum, jene Kriterien zu entwickeln, die bei der Durchführung und Dokumentation der Vernehmung eines minderjährigen Opfers im Ermittlungsverfahren zu beachten sind, um eine

3. *Reichweite der Beschuldigtenrechte*

3.1. Das Recht auf ausreichende Zeit und Gelegenheit zur Vorbereitung der Verteidigung

Dem Beschuldigten[711] ist gem. Art. 6 Abs.3 lit. b MRK und Art. 14 Abs.3 lit. b IPBPR während des Vorverfahrens[712] genügend Zeit und Gelegenheit zu geben, seine Verteidigung vorzubereiten. Dadurch soll ihm eine sachgemäße Verteidigung ermöglicht werden, d.h. es soll gewährleistet sein, dass er in der mündlichen Verhandlung[713] in der Lage ist, die ihm ebenfalls durch Art. 6 Abs.3 lit. c MRK und Art.14 Abs.3 lit. d IPBPR[714] garantierten Rechte auf Anwesenheit, Selbst- und Fremdverteidigung[715] sowie das Fragerecht aus Art. 6 Abs.3 lit. d MRK und Art.14 Abs.3 lit. e IPBPR[716] auszuüben. Letztendlich sollen ihm dadurch gegenüber der Staatsanwaltschaft gleichwertige Chancen eingeräumt[717] und der entsprechende Ermittlungsvorsprung ausgeglichen werden.[718] Eine entsprechendes Ermittlungsgleichgewicht schließt auch mit ein, dass der Beschuldigte seinen Ver-

Ersetzbarkeit zuverlässig bewirken zu können. Dabei ist hier „Ersetzbarkeit" aber nicht gleichzusetzen mit den Anforderungen des §§ 255a StPO, 251 Abs. 1 und Abs. 2 oder gar des § 420, welche die Ersetzbarkeit von Zeugenvernehmungen nach geltendem Recht betreffen. Vielmehr dienen die folgenden Ausführen gerade erst dazu, die Möglichkeiten und Grenzen der Ersetzbarkeit in abstrakter Form zu ermitteln. Es gilt daher zunächst, das dem jeweiligen Beschuldigtenrecht innewohnende unantastbare Minimum zu ermitteln. Da diese Minimalgrenze nicht unterschritten oder, anders herum, durch die Ausweitung des Opfer- und Zeugenschutzes nicht überschritten werden kann, ohne zugleich eine Rechtsverletzung des Beschuldigten zu bewirken, handelt es sich hierbei nämlich zugleich um die Obergrenze des möglichen Regel-Ausnahmemodells.

711 Soweit sich die Ausführungen hier allein auf das Konventionsrecht beziehen, werden die Begriffe „Angeklagter" und „Beschuldigter" synonym gebraucht und bezeichnen ungeachtet des jeweiligen Verfahrensstadiums denjenigen, gegen den sich der Tatvorwurf richtet. Eine Differenzierung erfolgt allein im Zusammenhang mit der Darstellung des nationalen Rechts.

712 LR-Gollwitzer, Art. 6, Rn. 175 für den Verkehr mit dem Verteidiger.

713 Frowein/Peukert, Art. 6, Rn. 179.

714 Im folgenden beschränkt sich die Zitierweise hier der Einfachheit halber nur auf die MRK, meint aber zugleich auch Art. 14 Abs. 3 lit. b IPBPR.

715 LR-Gollwitzer, Art. 6, Rn. 174.

716 Dies ergibt sich unmittelbar aus der Funktion des Fragerechts als einem Recht der Verteidigung (vgl. dazu LR-Gollwitzer, MRK Art. 6, Rn. 221. Zum Fragerecht vgl. ausführlich Schleiminger, Konfrontation im Strafprozess, Diss. 2000.

717 Dieses Prinzip entspringt dem Grundsatz der Waffengleichheit, vgl. dazu IntKomm EMRK-Vogler, Art. 6, Rn. 479 m.w.N. in Fn. 5; Spaniol, S. 91; vgl. ferner unter 2. Kapitel II, 1.

718 LR-Gollwitzer, MRK Art. 6, Rn. 174.

teidiger frei wählen, ihn jederzeit konsultieren kann[719], und zugleich garantiert ist, dass entweder der Beschuldigte selbst oder aber zumindest sein Verteidiger die Akten einsehen kann.[720] Ferner muss dem Beschuldigten Gelegenheit gegeben werden, auch Entlastungsbeweise zu beschaffen.[721] Fraglich ist, inwieweit diese Rechte auf Vorbereitung der Verteidigung durch die Modellumsetzung tangiert sind, wobei sich Problemstellungen einerseits bei der *Durchführung* und andererseits bei der *Dokumentation* der Vernehmung ergeben. So ist zu erwägen, ob dem Beschuldigten schon Gelegenheit gegeben werden muss, sich speziell auf diese Vernehmung vorzubereiten. Weiterhin ist darüber nachzudenken, wie gegebenenfalls bei einer sehr frühen Vernehmung gewährleistet werden kann, dass hierfür auch die erforderliche Zeit zur Verfügung steht. Ferner ist zu ermitteln, in welchem Umfang und welcher Form dem Beschuldigten nach Durchführung der Vernehmung ein Akteneinsichtsrecht einzuräumen ist.

3.1.1. Zeitfaktor

Die Zeit, die dem Angeklagten für die Vorbereitung seiner Verteidigung bleibt, ist durch die Vorverlagerung der letztmaligen Vernehmung im Ermittlungsverfahren stark verkürzt und es fragt sich, inwieweit bereits dieser Umstand Art.6 Abs.3 it. verletzt. Da die Zeitverkürzung allein dem höheren Beweiswert der Vernehmung dienen soll, stellt sie keinen Ausfluss des beschleunigten Verfahrens dar. Vielmehr ist sie eine erforderliche Sachverhaltserforschung, die lediglich eine optimaler Verwertbarkeit in der Hauptverhandlung garantieren soll. Die Würdigung der Aussage ist nach wie vor der Hauptverhandlung vorbehalten. Das Zeitmoment verstößt demnach nur dann gegen Art. 6 Abs. 3 lit. b MRK, wenn die geltenden Prinzipien zur Sachverhaltserforschung dem Beschuldigten nicht genügend Zeit zur Vorbereitung auf die Verteidigung lassen. Da die Konventionen diesbezüglich keinen direkten Zeitrahmen vorgeben[722], den es zu beachten gilt,

719 So ausdrücklich nur Art. 14 Abs. 3 lit. d. IPBPR, für die entsprechende Auslegung der MRK siehe LR-Gollwitzer, MRK Art. 6, Rn. 175–180; IntKommEMRK-Vogler, Art. 6, Rn. 480.

720 LR-Gollwitzer, MRK Art. 6, Rn. 181, 182; IntKommEMRK-Vogler, Art. 6, Rn. 490. Allerdings genügt es, wenn, wie in Deutschland mit der Regelung des § 147 StPO geschehen, das Akteneinsichtsrecht nur dem Verteidiger und nicht dem Beschuldigten persönlich zugebilligt wird, vgl. LR-Gollwitzer, MRK Art. 6, Rn. 181 und IntKommEMRK-Vogler, Art. 6, Rn. 492.

721 IntKommEMRK-Vogler, Art 6 Rn. 479.

722 Die Konventionen haben sich zwar einer abstrakten Bestimmung des zumindest notwendigen Zeitbedarfs enthalten, so dass dieser für jeden Einzelfall entsprechend der ihn in besonderer Weise kennzeichnenden Umstände, wie namentlich seiner Schwierigkeit und der jeweiligen Lage des Verfahrens gesondert zu ermitteln ist. LR-Gollwitzer, MRK, Art. 6, Rn. 183; IntKommEMRK-Vogler, Art. 6, Rn. 493.

ist auf den allgemeinen Grundsatz zurückzugreifen, dass entscheidend ist, wie viel Zeit der Beschuldigte vom Zeitraum der Mitteilung über die Beschuldigung bis hin zur Verhandlung hat.[723] Wird berücksichtigt, dass dem Beschuldigten gem. § 163a Abs.4 Satz 1 bereits bei seiner ersten Vernehmung durch die Beamten des Polizeidienstes zu eröffnen ist, welche Tat ihm zur Last gelegt wird und dass die Verhandlung gegen ihn erst eröffnet wird, nachdem die Klageschrift gem. § 170 Abs.1 StPO eingereicht ist, ein gerichtliches Zwischenverfahren gem. §§ 199 StPO ff durchgeführt und sodann nach Anberaumung des Termins der Angeklagte unter Einhaltung der Wochenfrist des § 217 Abs. 1 StPO gem. § 216 StPO geladen wurde, wäre die insgesamt seit dem Beginn des Ermittlungsverfahrens zur Verfügung stehende Zeit als ausreichend anzusehen.[724] Es stellt sich hier aber das Problem, dass es sich bei der Durchführung der frühen Vernehmung im Ermittlungsverfahren und der dahinterstehenden Verwertungsabsicht immer um die Vorwegnahme eines beweiserhebenden Teils der Hauptverhandlung handelt.[725] Damit kann nicht die Klageerhebung der entscheidende Zeitpunkt sein, sondern fraglich ist, ob bzw. in welchem zeitlichen Umfang dem Beschuldigten schon mit Blick auf diese Vernehmung im Sinne des Art.6 Abs.3 lit. b MRK Gelegenheit zur Vorbereitung der Verteidigung zu geben ist. Wird berücksichtigt, dass eine effektive Verteidigung auch wesentlich davon abhängt, dass dem Beschuldigten ein Verteidiger zur Seite gestellt wird, der dessen Fragerecht aus Art. 6 Abs.3 lit. d professionell ausüben kann und dass er Einsicht in die übrigen Beweismaterialien nehmen konnte[726], so besteht kein Zweifel, dass dem Beschuldigten in jedem Falle vor der letztmaligen Zeugenvernehmung Möglichkeiten einer professionellen Verteidigung zu eröffnen sind. Nur dies sichert ihm ausreichend die Gelegenheit zur Vorbereitung seiner Verteidigung; und zwar auch dann, wenn diese, wie hier beabsichtigt, schon vor und außerhalb der eigentlichen Hauptverhandlung statt-

723 Für von Beginn der ersten Beschuldigung an: LR-Gollwitzer, MRK, Art. 6, Rn. 183. Dass auf den Beginn der Verhandlung abzustellen ist, ergibt sich indizident aus der Vorschrift selbst, da sie auf die Vorbereitung zur mündlichen Verhandlung abzielt.

724 LR-Gollwitzer, MRK, Art. 6, Rn. 183.

725 Siehe zur Beschränkung und einer zulässigen faktisch „antizipierten" Beweisaufnahme ausführlich oben unter 2. Kapitel, Zweiter Schritt.

726 Siehe nur Welp, Peters-FG, S. 310 für die Bedeutung der Akteneinsicht: „Die ganze Strategie der Verteidigung hängt mit einem Wort davon ab, dass volle Klarheit über den gegenwärtigen Stand der Ermittlungen herrscht. Insofern ist das Akteneinsichtsrecht das wichtigste Informationsrecht der Verteidigung." (Hervorhebung im Original).

findet.[727] Fraglich ist, inwieweit dies zwingend bedeutet, dass mit der Vernehmung des Kindes nicht begonnen werden darf, ehe der Beschuldigte Gelegenheit hatte, einen Verteidiger zu beauftragen und zu konsultieren? Weiter stellt sich die Frage, ob ihm etwa sicherheitshalber immer ein Verteidiger zu bestellen ist ? Sind dem Beschuldigten vor dem Beginn der Vernehmung alle bisherigen Ermittlungsergebnisse zu offenbaren? Ist ihm, um schon den Eintritt einer Benachteiligung gegenüber der Staatsanwaltschaft zu verhindern, ein Anwesenheitsrecht bei der Vernehmung einzuräumen? – Entsprechende Antworten auf diese Fragen sind nur möglich, wenn erneut der Stellenwert der Garantie der Mindestrechte des Beschuldigten im Zusammenhang mit einer Verwertung nach § 255a StPO näher betrachtet wird. Dies hat zur Folge, dass die Rechte, die ihm in der Hauptverhandlung zu gewährleisten sind, folglich bereits ins Ermittlungsverfahren vorverlagert werden müssen. Konsequenzlogisch kann das nur bedeuten, dass eine „Übertragung" dieser Rechte auf die Situation im Ermittlungsverfahren im eigentlichen Sinne damit zwingend notwendig ist und folglich alle oben gestellten Fragen klar mit „Ja" zu beantworten sind.[728]

Daraus ergibt sich nun die Fragestellung, inwieweit das Verfahrensrecht den genannten Anforderungen – de lege lata – genügt oder das Regel-Ausnahmemodell zu seiner Umsetzung noch einer zusätzlichen Absicherungen der Beschuldigtenrechte – de lege ferenda – bedarf. Dies soll im Folgenden näher untersucht werden.

727 Zum Einfluß des Ermittlungsverfahrens auf die Urteilsfindung siehe Peters, Fehlerquellen, Bd. 2, S. 195 ff.; Richter, NJW 1981, S. 1821 und Hegmann, 1981, S. 42; speziell zur Bedeutung der Mitwirkung eines Verteidigers mit der Möglichkeit, die Einhaltung des justizförmigen Verfahrens zu kontrollieren AK-Stern, Vorbem. § 137, Rn. 15 und § 137, Rn. 25 jeweils m.w.N.; Nelles, StV 1986, S. 74, aber auch schon Eser, ZStW 79 (1967), S. 250.

728 Normalerweise wird aus Art. 6 Abs. 3 lit. b MRK kein Anwesenheitsrecht des Beschuldigten hergeleitet, weil es genüge, wenn er zu den erhobenen Beweisen vor dem erkennenden Gericht Stellung beziehen und seine Einwände vorbringen könne, LR-Gollwitzer, MRK Art. 6, Rn. 176 für die Anwesenheit bei richterlichen Beweisaufnahmen. Eine solche Teilung läßt sich aber infolge der Doppelfunktion, die nach der Modellvorstellung die zugleich erste und letzte Vernehmung zu erfüllen hat, nicht durchführen. Konsequenterweise wäre hier das Anwesenheitsrecht in seiner Funktion als Informationsrecht (siehe dazu noch unten) durchaus bereits aus dem Abs. 3 lit. b MRK herzuleiten. – Zu berücksichtigen ist hier, dass der Aspekt des Anwesenheitsrechts hier außer Acht bleiben kann, weil dem Beschuldigten ohnehin unmittelbar aus Art. 14 Abs. 3 lit. d IPBPR und inzident auch aus Art. 6 Abs. 3 lit. c i.V.m. Abs. 1 MRK ein Anspruch auf Anwesenheit erwächst und dieser Gesichtspunkt demgemäß erst unter diesem Blickwinkel und im Verbund mit der Trias der Verteidigungsrechte i.e.S. gesondert erörtert werden soll.

3.1.2. Wahl und Konsultation eines Verteidigers

Auch im Ermittlungsverfahren kann sich der Beschuldigte nach § 137 Abs.l Satz 1 StPO in jeder Lage des Verfahrens des Beistands eines Verteidigers bedienen.[729] Damit ist aber das Recht auf die Vorbereitung der Verteidigung für eine ermittlungsrichterliche Vernehmung des kindlichen Zeugen noch nicht hinreichend gewährleistet, denn eine „Gewährleistung" im Sinne einer normativen Absicherung setzt nämlich zumindest voraus, dass dem Beschuldigten vor dem Beginn der richterlichen Zeugenvernehmung *faktisch* die Möglichkeit eingeräumt wird, sich einen Rechtsbeistand zu besorgen und mit ihm zu sprechen. Ein solches lässt sich aber dem § 137 Abs.l Satz 1 StPO nicht entnehmen. Die Vorschrift regelt nur, *dass* sich der Beschuldigte des Beistands eines Verteidigers bedienen *kann*, ohne dass dem allein auch entnommen werden könnte, *wie* er diesen Beistand erhalten kann geschweige denn, inwieweit die Ermittlungsbehörden verpflichtet sind, dem Beschuldigten hierzu auch tatsächlich die Gelegenheit einzuräumen. Die Ausübung des Rechts aus § 137 Abs.l Satz 1 StPO ist also noch an weitere Bedingungen geknüpft. *Dahs*[730] stellt in diesem Zusammenhang fest, dass der Beschuldigte zumindest von dem Umstand Kenntnis erlangt habe, dass überhaupt ein Verfahren gegen ihn eingeleitet wurde. Während es nun bei den – gar nicht mehr in Rede stehenden – Zeugenvernehmungen durch die Polizei oder Staatsanwaltschaft zwar zulässig ist, den Zeugen zunächst einmal ohne Wissen des Betroffenen zu vernehmen[731], stellt sich nun dieses Problem bei der Durchführung einer richterlichen Zeugenvernehmung gerade nicht. Denn nach § 168 c Abs.5 Satz l StPO i.V.m. § 168 c Abs.2 StPO ist der Beschuldigte grundsätzlich von dem Vernehmungstermin zu benachrichtigen. Man könnte daher annehmen, dass dem Beschuldigten mit dieser Benachrichtigung zugleich auch im obigen Sinne die Gelegenheit gegeben wird, einen Verteidiger zu konsultieren. Gegen diese Vermutung streitet allerdings die Tatsache, dass aufgrund der gleichen Norm auch der Verteidiger selbst von dem Vernehmungstermin zu benachrichtigen ist. Folglich setzt § 168 c Abs.5 Satz 2 StPO seinerseits bereits voraus, dass der Beschuldigte im Zeitpunkt der Benachrichtigung bereits einen Verteidiger hat. Der Sinn und Zweck der Benachrichtigung liegt denn auch nicht etwa darin, die bloße Vorbereitung auf die Verteidigung zu ermöglichen, sondern die Vorschrift dient bereits unmittelbar der Sicherung des Anwesenheitsrechtes sowohl des Beschuldigten

729 K/Meyer-Goßner § 137 Rn. 3; KK-Laufhütte § 137 Rn. 1; LR-Lüderssen § 137 Rn. 12; LR-Rieß § 168 c StPO StPO Rn. 32.

730 Dahs, NJW 195, S. 1114.

731 K/Meyer-Goßner § 163 Rn. 2 und § 161 Rn. 8; zur Kritik Nelles StV 1986, S. 74.

als auch des Verteidigers.[732] Sie kann deshalb erst im nächsten Prüfungsschritt zum Tragen kommen. Somit ist das Recht auf die Wahl eines Verteidigers noch vor der richterlichen Vernehmung des Kindes weder durch § 137 Abs.l Satz 1 StPO noch unter Rückgriff auf § 168 c Abs.5 Satz 1 StPO und demnach insgesamt durch die Strafprozessordnung überhaupt nicht hinreichend gesichert. Noch deutlicher zeigt diese Tatsache ein Vergleich mit der Regelung, die der Gesetzgeber insoweit für die Vernehmung des Beschuldigten getroffen hat. Vor dem Beginn von dessen Vernehmung ist nämlich gem. § 136a Abs. 1 Satz 2 der Richter bzw. i.V.m. § 163a Abs.3 Satz 2 StPO oder § 163a Abs.4 Satz 2 StPO der jeweilige Staatsanwalt oder Polizeibeamte verpflichtet, den Beschuldigten noch vor dem Eintritt in die eigentliche Vernehmung zur Sache explizit darauf hinzuweisen, dass er sich zuerst mit einem Verteidiger besprechen kann[733]. Sofern der Beschuldigte daraufhin von dieser Möglichkeit Gebrauch machen will, darf mit der Vernehmung zur Sache noch nicht begonnen bzw. sie nicht fortgesetzt werden, ehe er Kontakt mit seinem Verteidiger aufnehmen und diesen befragen konnte. Gegebenenfalls ist auch ein anderer Vernehmungstermin anzuberaumen, wenn der Verteidiger nicht sofort erreichbar ist.[734] Umgekehrt ist die Aussage des Beschuldigten später in der Hauptverhandlung nach der neueren Rechtsprechung des BGH nicht verwertbar[735], wenn ihm vor seiner Vernehmung nicht die Möglichkeit gegeben wurde, sich mit seinem Verteidiger zu besprechen. Eine dieser Reichweite auch nur annähernd vergleichbare Regelung ist für Zeugenvernehmungen gerade nicht getroffen worden. Ganz im Gegenteil: Hier schließt § 168 c Abs.5 Satz 3 StPO sogar ausdrücklich einen Anspruch auch des Beschuldigten und/oder des Verteidigers auf die Verlegung des Vernehmungstermins und mithin unter Umständen auch die Möglichkeit zur Vorbereitung auf diese Vernehmung aus. Dass darüber hinaus gem. § 168 c Abs.5 Satz 2 StPO auch die Möglichkeit besteht, schon von der Benachrichtigung abzusehen, wenn sonst der Untersuchungserfolg ge-

732 LR-Rieß § 168 c StPO StPO Rn. 32.

733 LR-Lüderssen, § 136 Rn. 29.

734 LR-Lüderssen, § 136 Rn. 29; LR-Rieß § 163 Rn. 81; KMR-Müller, § 136, Rn. 11 und § 163a, Rn. 15; SK-StPO-Rogall, § 136 Rn. 37; Eser, ZStW 79 (1967), S. 253.

735 BGH StV 1993, S. 1 f.; anders noch BGH 5. Str. 604/84 vom 2.10.1984, berichtet und kritisiert von Strate/Ventzke, StV 1986, S. 30 ff., die ebenfalls schon für ein Verwertungsverbot eintraten (aaO S. 33) siehe auch Eser, ZStW 79 (1967), S. 252, der schon zuvor bemängelt, dass dem Beschuldigten zwar durchaus das „Recht zur Bestellung und allgemeinen Konsultierung eines Verteidigers" zusteht, doch eben „ohne, dass er aber die Gewähr gehabt hätte, vor oder während einzelner kritischer Vernehmungen davon auch noch rechtzeitig Gebrauch machen zu können". Siehe ferner schon zuvor den Wandel in der Rechtsprechung von der Verwertbarkeit von Beschuldigtenäußerungen vor der Belehrung nach § 136 Abs. 1 Satz 2 (BGH StV 1983, S. 494) hin zur Unverwertbarkeit solcher Aussagen (BGH StV 1992, S. 212 ff.).

fährdet wird, spielt demgegenüber hier keine eigenständige Rolle mehr, weil ja schon die erfolgte Benachrichtigung selbst keine hinreichende Gewähr dafür bietet, dass der noch nicht verteidigte Beschuldigte einen Verteidiger wählen kann. Fazit ist also, dass auf andere Weise sichergestellt werden müsste, dass der Beschuldigte bei der Zeugenvernehmung auch wirklich einen Verteidiger hat. Zu denken wäre hier an die Bestellung eines Pflichtverteidigers vor dem Beginn der Zeugenvernehmung.[736]

3.1.3. Akteneinsichtsrecht

Die Vorbereitung der Verteidigung umfasst auch das Akteneinsichtsrecht, das für eine sachgemäße Vorbereitung der Verteidigung unerläßlich ist und sich grundsätzlich auf das gesamte verwertbare Beweismaterial erstreckt. Folglich ist alles erfasst, was zur Begehung und Umstände der Tat, die subjektiven Motive wie auch insbesondere die übrigen Beweismittel und ihre Zuverlässigkeit, d.h. bei Zeugen auch auf deren Glaubwürdigkeit, bezieht.[737] Aus Sicht des Beschuldigten muss daher zum Aufbau einer Verteidigungsstrategie entweder er selbst – oder zumindest sein Verteidiger[738] – die Möglichkeit erhalten, mittels solcher Einsichtnahme schon vor der Vernehmung des Kindes Informationen etwa über einen ärztlichen Untersuchungsbefund oder die Auswertung von Spuren zu erhalten. Dieser Notwendigkeit steht aber entgegen, dass auch die Ermittlungen ungestört, d.h. unbeeinflusst von Seiten des Beschuldigten (und seines Verteidigers) erfolgen müssen. Letztere können – eingestuft als übergeordnete Belange – eine Einsichtnahme in die Akten beschränken oder sogar ganz verhindern.[739] Eine generelle Verneinung des Akteneinsichtsrechts für den Beschuldigten und lediglich eine Gewährung für den Verteidiger ist aber abzulehnen. Das Argument der „professionellen Filterfunktion" des Verteidigers ist obsolet, denn der Beschuldigte kann praktisch umfassende Informationen über den Akteninhalt von seinem Verteidiger erwarten.[740] Im Ergebnis läuft dies auf eine durch nichts zu rechtfertigende Schlechterstellung des unverteidigten Beschuldigten hinaus.[741] Der EGMR

736 So wie dies auch im Alternativentwurf mit § 162a Abs. 1 Satz 6 AE-ZVR vorgeschlagen wurde. Vgl. auch den Vorschlag zur notwendigen Verteidigung in U-Haft § 115 b AE-EV.

737 Vgl. LR-Gollwitzer, MRK Art. 6, Rn. 181; Frowein/Peukert, Art. 6, Rn. 185.

738 Die Tatsache, dass nur dem Verteidiger und nicht dem Beschuldigten persönlich ein Akteneinsichtsrecht zugebilligt wird, ist umstritten. Zustimmend: LR-Gollwitzer, MRK Art. 6, Rn. 181; IntKommEMRK-Vogler, Art. 6, Rn. 492. Ablehnend: EGMR, NStZ 98,429.

739 BVerfG, NStZ 1994, S. 552.

740 Beulke, Strafprozeßrecht Rnr. 160ff.

741 EGMR NStZ 1998,429.

hat einen Anspruch des unverteidigten Beschuldigten aus Art 6 Abs. 3 EMRK abgeleitet. Das StVÄG 1999 hat hieraus die Konsequenz gezogen, dass dem Beschuldigten der keinen Verteidiger hat, Auskünfte und Abschriften aus den Akten erteilt werden können. § 147 Abs. 7 StPO bleibt also hinter dem Akteneinsichtsrecht des Verteidigers zurück. Er ist im Übrigen als bloße Befugnisnorm ausgestaltet, womit der Beschuldigte sich auf einen Anspruch auf ermessensfehlerfreie Prüfung beschränkt sieht.[742] Die amtliche Begründung verweist auf die entsprechende Regelung für den Verletzten aus § 406e Abs. 5 StPO. Nur ist die Interessenlage des Verletzten mit dem Beschuldigten insoweit nicht vergleichbar. Eine derart schwach ausgebildete Möglichkeit des Zugangs zu den Akten für den Beschuldigten ist mit dem Grundsatz der Waffengleichheit nicht zu vereinbaren. In Anlehnung an die österreichische Regelung ist daher dem Beschuldigten dasselbe Recht wie dem Verteidiger einzuräumen. Allerdings sollte die Befugnis die Akten mit nach Hause zu nehmen dem Verteidiger vorbehalten bleiben. Einem leichtfertigen Umgang mit den Akten kann so vorgebeugt werden. Natürlich sollte gleiches für den verteidigten Beschuldigten gelten.

Der Umfang des Akteneinsichtsrechts und die Interpretation des § 147 Abs. 2 – die Frage nach der Gefährdung des Untersuchungszwecks sind seit jeher umstritten. Dies gilt in besonderem Maße, wenn der Beschuldigte sich in Untersuchungshaft befindet. Der EGMR legt hier das Kriterium sehr großzügig aus. Der Alternativentwurf fordert die Praxis auf dieser Rechtsprechung zu folgen und fordert darüber hinaus im Ermittlungsverfahren nicht lediglich eine staatsanwaltliche, sondern die Option einer gerichtliche Überprüfung des Akteneinsichtsrechts, da sich eine solche – so die Prognose – beschuldigtenfreundlich auswirke.[743] Um sicherzugehen, dass sich nicht doch eine Praxis allzu pauschaler Verweise auf die verwaschene Formel der „ Gefährdung des Untersuchungszwecks" herausbilde, wird vorgeschlagen dass bestimmte Tatsachen angeführt werden müssen, die die Annahme begründen können. Schutzwürdige Interessen Dritter können in jedem Fall eine solche Gefährdung begründen, wenn sie klar prognostizier- und belegbar sind.

Für das Regel-Ausnahmemodell bedeutet dies, dass es der Verwertung der Aussage des Kindes nicht entgegensteht, wenn dem Beschuldigten vor der Zeugeneinvernahme die Einsicht in die schon vorhandenen Akten verwehrt wird. Dies kann mit schutzwürdigen Interessen begründet werden. So kann zu befürchten sein, dass er in unzulässiger Weise auf das Kind einwirkt en oder sich selbst dem Verfahren durch Flucht entzieht. Dieser Gesichtspunkt wird allerdings bei der hier angenommenen Konstellation richterlicher Vernehmungen nicht relevant

742 BT-Drs. 14/1484, S. 22
743 Vgl. AE-EV Vorschlag zu § 147 StPO und Begründung S. 53–55.

werden[744], denn es ist davon auszugehen, dass angesichts der Beweissituation[745] allenfalls nur solche Sachbeweise zugänglich sind, denen ohnehin nur eine geringe indizielle Bedeutung zukommt, mit der Folge, dass kaum etwas dagegen sprechen dürfte, dem Beschuldigten die Bewertungen dieser Beweise zugänglich zu machen. Oder es handelt sich um solche Materialien, deren Erstellung, wie etwa die Analyse von Blutproben und Spermienspuren, zu dem frühen Zeitpunkt der Vernehmung noch gar nicht abgeschlossen sein wird. Liegen aber Materialien überhaupt noch nicht vor, kann sich naturgemäß das Akteneinsichtsrecht auch noch nicht darauf erstrecken und eine Benachteiligung des Beschuldigten gegenüber der Staatsanwaltschaft ist zu diesem Zeitpunkt de facto unmöglich. Natürlich darf deshalb das hierin liegende Problem, dass sich im Laufe des Verfahrens noch an den Zeugen zu richtende Folgefragen ergeben können, nicht verkannt werden. Diese Frage betrifft die psychologische Eignung einer solchen Vorgehensweise, die sich auf eine einzige Vernehmung beschränken will und die – wie bereits aufgezeigt – unter Heranziehung der Kenntnisse der Entwicklungs- und Aussagepsychologie zu sehen und in den meisten Fällen auch zu bejahen ist.[746] Indes genügt es hier festzuhalten, dass das Recht auf ausreichende Zeit und Gelegenheit zur Vorbereitung der Verteidigung zwar noch nicht durch die bloße Durchführung der frühen Vernehmung, wohl aber unter dem Gesichtspunkt der beabsichtigten späteren, ersatzweisen Verwertung der Aussagedokumentation verletzt werden kann. Sofern also bereits vor der richterlichen Vernehmung Akten vorhanden sind, ist dem Verteidiger auch Gelegenheit zu geben, diese einzusehen. Nach der Zeugenvernehmung hingegen ist zu beachten, dass zwar dem Verteidiger eine Kopie der dokumentierten Vernehmung sowie eine Niederschrift auszuhändigen ist, da beide Bestandteil der Akten sind, jedoch dem Beschuldigte selbst eine Einsichtnahme nur in den Räumlichkeiten des Gerichts zu gestatten ist. Diese Anforderungen ergeben sich aus § 147 StPO, wonach dem Verteidiger[747]

744 Vgl. aber zur Bedeutung des Akteneinsichtsrechts im vorbereitenden Verfahren Groh, DRiZ 1985, S. 52 f.

745 Die Beweissituation beim Delikt des sexuellen Mißbrauchs ist gerade dadurch gekennzeichnet, dass neben dem Kind keine weiteren Zeuge vorhanden sind und dadurch hohe Anforderungen an die Aussage des Kindes gestellt werden, vgl. dazu auch ausführlich im 4. Kapitel, bei der Frage der Glaubwürdigkeitsbegutachtung.

746 Vgl. 2. Kapitel 2 III.

747 Obwohl dem Verteidiger ein Akteneinsichtsrechts zugebilligt wird, (s.o.), ist jedoch zweifelhaft, ob nicht eine solche abstrakte Regelung eine Umgehung des Art. 6 Abs. 3 lit. c MRK darstellt, wonach nämlich das Recht, einen Verteidiger zu wählen und jenes auf Selbstverteidigung einander als gleichwertige Alternativen gegenüberstehen. Der Beschuldigte, bei dem die Voraussetzungen der Pflichtverteidigung nicht vorliegen, könnte so nämlich gezwungen werden, zur Vorbereitung der Verteidigung einen Verteidiger zu wählen. Sachli-

Einsicht in alle Akten, die dem Gericht vorliegen oder im Falle der Anklageerhebung vorzulegen wären, sowie in alle amtlich verwahrten Beweisstücke zu gewähren ist.[748] Sofern die Vernehmung des Kindes vor einem Richter erfolgte und der Verteidiger hierbei zur Anwesenheit berechtigt war, ist das Einsichtsrecht gem. § 147 Abs.3 StPO auch zu keiner Zeit einschränkbar.[749] Aber auch sonst ist durch § 147 Abs.2 StPO die Gelegenheit zur Einsicht hinreichend gewährleistet, weil danach alle zuvor vielleicht noch möglichen Einschränkungen spätestens nach dem Vermerk über den Abschluss der Ermittlungen aufzuheben sind. Zu berücksichtigen ist in jedem Fall, dass aufgrund der schutzwürdigen Interessen des Zeugen und angesichts einer Missbrauchsgefahr bei Weitergabe einer Kopie an Dritte der Verteidiger seinem Mandanten ein Doppel der Videoaufzeichnung grundsätzlich nicht überlassen darf.[750] Den Belangen des Beschuldigten, sich mit der Aufzeichnung vertraut zu machen, wird ausreichend durch die Möglichkeit der Einsichtnahme bei Gericht in Anwesenheit des Verteidigers Rechnung getragen.[751] Besteht darüber hinaus die Gefahr von Racheakten seitens des Beschuldigten, so kann das Akteneinsichtsrecht weiter eingeschränkt und die Aufzeichnung in Abwesenheit des Beschuldigten lediglich dem Verteidigers abgespielt werden.[752] Diese Einschränkung tangiert streng genommen jedoch nicht das Akteneinsichtsrecht in seinem Kernbereich, sondern allenfalls dessen Ausübung in seiner konkreten Gestalt nach § 147 Abs. 4 StPO, denn nur die *Möglichkeit* des Verteidigers, die Akten mit in seine Geschäftsräume oder in seine Wohnung zunehmen, wo er sich Abschriften und Kopien anfertigen kann, ist eingeschränkt.[753] Sinn und Zweck

cher erschiene es deshalb, auf die konkrete Situation, also darauf, ob der Beschuldigte einen Verteidiger hat, abzustellen. Es ist allerdings nicht Aufgabe der vorliegenden Untersuchung, dieses Problem auszudiskutieren. Hierfür besteht auch schon deshalb kein Bedarf, weil, wie zu zeigen ist, in den betrachteten Fallgruppen in aller Regel die Voraussetzungen der notwendigen Verteidigung gegeben sein werden.

748 Das Akteneinsichtsrecht erstreckt sich also ungeachtet der äußeren Form gleichermaßen auf Schriftstücke wie auf Ton- und Bildaufnahmen sowie auf Videoaufzeichnungen und würde unbestrittenermaßen auch, oder vielmehr gerade, auf eine über die frühe Vernehmung eigens um ihrer Verwertbarkeit vor Gericht willen aufgenommene Videoaufzeichnung Anwendung finden. So bereits der Vorschlag von BR-Drs. 175/96, S. 10; Deutscher Richterbund, Gutachten S. 25 f.; Bericht auch bei Kintzi, DRiZ 1996, S. 188. Siehe schon Arndt, NJW 1966, S. 2204 für Ton- und Filmaufnahmen; für Videos vgl. BayObLG, NJW 1991, S. 1070. 1228.

749 Vgl. BT-Drs. 13/7165, S. 8.

750 HK-Julius § 58 StPO Rn. 13.

751 HK-Julius § 58 StPO Rn. 13.

752 HK-Julius § 58 StPO a Rn. 13.

753 K/Meyer-Goßner, § 147, Rn. 6 und 7; OLG Schleswig, NJW 1980, S. 352 für Bildaufnahmen.

dieser Bestrebungen war es, im Interesse des Persönlichkeitsschutzes des Kindes eine missbräuchliche Nutzung der Aufzeichnungen und Kopienerstellungen zu verhindern und zu vermeiden, dass sie in die Hände der Massenmedien gelangten.[754] Natürlich ist nicht zu verkennen, dass sich die Vorschrift des § 168e StPO auf Ton-Bildaufzeichnungen von richterlichen Vernehmungen *aller Zeugen* bezieht und die Einschränkung des § 147 StPO damit nur bedingt mit diesen skizzierten Schutzgedanken und Missbrauchsgefahren begründbar ist. Sofern aber tatsäch-

754 Die Große Strafrechtskommission des Deutschen Richterbundes hatte daher zunächst in Erwägung gezogen, diesem Bedürfnis dadurch Rechnung zu tragen, dass der Videoaufzeichnung lediglich die Rechtsqualität eines „Beweisstückes" zugesprochen werden solle. Hintergrund dieser Überlegung war der Gedanke, dass derartige „Beweisstücke" nach § 147 Abs. 4 StPO dem Verteidiger nicht mitzugeben, sondern von ihm nur am Verwahrungsort zu besichtigen seien (Deutscher Richterbund, Gutachten, S. 26, ähnlich auch § 147 Abs. 4 B-Rat und Begründung BR-Drs. 175/96, S. 9, 10). – Auf die Regelung eines Vervielfältigungsverbots wurde im § 58 StPO bewußt verzichtet, und § 147 StPO soll gem. Absatz 2 Satz 2 ausdrücklich entsprechende Anwendung finden, so dass die Kopien solcher Aufzeichnungen nicht nur im Strafverfahren „sondern auch z.B. für die Betreuung des betroffenen Kindes durch Jugendamt und Therapeuten Verwendung finden und dem Kind ggf. weitere belastende Anhörungstermine vor Familien- oder Vormundschaftsgericht ersparen können" (vgl. BT-Drs. 13/7165, S. 7). Für ein Kopierverbot hingegen BRat-Entwurf, BT-Drs. 13/4983). – Die Strafrechtkommission hat ihren Gedanken, wenn auch mit einer ebenfalls von Zweckmäßigkeitserwägungen getragenen Begründung, wieder verworfen. Zum Teil wurde die Ansicht vertreten werde, der Verteidiger könne in solchen Fällen unter bestimmten Voraussetzungen die Herstellung einer amtlichen Kopie verlangen und der Persönlichkeitsschutz des Kindes so nicht zuverlässig zu bewirken(vgl. Gutachten, S. 25), da er davon abhängt, ob vom Gericht in dem Schutz des Persönlichkeitsrechtes und der Gefahr seiner Beeinträchtigung durch die Einsichtnahme unbefugter Dritter liege ein „wichtiger Grund" im Sinne des § 147 Abs. 4 StPO angenommen wird, welcher der Herausgabe der Kopie entgegenstehen könne, was die Richterkommission bejahte. In diesen Fällen besteht auch jetzt kein direkter Rechtsanspruch auf Aushändigung und Mitgabe der Aufzeichnungen für den Angeklagten. (BT-Drs. 13/7165, S. 7). Grundsätzlich ist aber zu beachten, dass sich das Akteneinsichtsrecht der Verfahrensbeteiligten nach § 147 Abs. 2 S. 2 auch auf die Aufzeichnung erstreckt und daher auf Wunsch dem Verteidiger eine Kopie zu überlassen ist (BT-Drs. 13/7165, S. 6). Für die Zulässigkeit bzgl. der Anfertigung einer Kopie auch K/Meyer-Goßner, § 147, Rn. 19 unter Bezugnahme auf LG Bonn, StV 1995, 1233, LR-Lüderssen, § 147, Rn. 112; vgl. zum Umfang des Akteneinsichtsrechts auch BVerfG NJW 1983, S. 25 sowie S. 1043 (1044) „sämtliche gegen den Beschuldigten gesammelten Vorgänge", LR-Lüderssen, § 147, Rn. 112; K/Meyer-Goßner, § 147, Rn. 7; vgl. dazu auch: OLG Schleswig, NJW 1980, S. 352 f; Rieß, Peters-FG 1984, S. 126, Fn. 63; siehe auch K/Meyer-Goßner, § 147, Rn. 29; vgl. ebenfalls Bezugnahme auf das Persönlichkeitsrecht Frantzki, DRiZ 1975, S. 101 allerdings für vorläufige Tonbandaufzeichnungen i.S. des § 160a Abs. 3 Satz 1 ZPO; ohne ausdrückliche Nennung des wichtigen Grundes Kurth, NJW 1978, S. 2484.

lich ein Schutzbedürfnis für die Zeugen dahingehend besteht, dass deren Aussagen sicherheitshalber auf Video festgehalten werden müssen, ist dieses unabhängig anzuerkennen. Dabei ist das Einsichtsrecht des Verteidigers in jedem Fall darüber gewahrt, dass gem. § 168 a Abs. 2 Satz 2 StPO ein Protokoll über die Vernehmung anzufertigen ist, das jederzeit einsehbar und kopierbar ist.[755]

3.1.4. Anwesenheitsrecht

Nach den Konventionen gilt es als ausreichend, wenn dem Angeklagten faktisch die Möglichkeit zur Anwesenheit offen steht.[756] Diese Definition ist sehr vage und erschwert eine Erfassung des Anwendungsbereichs: Einerseits ist fraglich, welche Anforderungen an das „Offenstehen" einer solchen Gelegenheit zu stellen sind. Muss der Richter bspw. verbindlich dafür sorgen, dass der Angeklagte von der Möglichkeit zur Anwesenheit erfährt? – Andererseits stellt sich die Frage, auf welchen Zeitraum sich diese „Gelegenheit" zu erstrecken hat. Wird lediglich die „Anwesenheit" nach dem allgemeinen Sprachgebrauch zugrundegelegt, erfasst sie den Zeitraum der physischen Präsenz einer Person am Ort eines Geschehens. Danach würde dem Beschuldigten ein Anspruch auf physische Präsenz für die gesamte Dauer der zeugenschaftlichen Vernehmung des Kindes im Ermittlungsverfahren zustehen: Ein Ausschluss für den Fall, dass in seiner Anwesenheit das Kind jede Aussage verweigert, wäre dann nach § 168 e StPO nicht möglich. Wie aber gerade die erwähnte Regelung des § 168 e StPO und auch § 247 StPO zeigt, unterliegt das Anwesenheitsrecht aber keinem Absolutheitsanspruch, sondern ist erst mit den anderen zu stellenden Forderungen an ein rechtsstaatliches, faires Verfahren in Einklang zu bringen.[757] Deshalb soll es keine Verletzung des Anwesenheitsrechts darstellen, wenn der Angeklagte entweder aufgrund seines eigenen ungebührlichen Verhaltens oder aus übergeordneten Gesichtspunkten des Zeugenschutzes und/oder der Wahrheitsfindung von der Verhandlung ausgeschlossen oder während der Zeugenvernehmung entfernt wird.[758] Dennoch stellt sich hier die Frage nach dem unverletzlichen Kern des Anwesenheitsrechts, der auch in

755 Vgl. dazu die allgemeinen Protokollierungsvorschriften in § 168–168b und Begründung BT-Drs. 13/7165. Danach sind in den RistBV die Protokollierungsvorschriften durch klarstellende Regelungen zu ergänzen. Anders der § 168b Abs. 3 AE-ZVR-iVm § 168 a Abs. 2 Satz e, der eine entsprechende Klarstellung vorsah.

756 Vgl. Fahrenhorst, ebenda; LR-Gollwitzer, MRK Art. 6, Rn. 189; Goose, NJW 1974, S. 1308, sowie Frowein/Peukert, Art. 6, Rn. 66 und 188.

757 Fahrenhorst, EuGRZ 1985, S. 629 Fn. 4 und S. 631; EKMR EuGRZ 1978, S. 324; LR-Gollwitzer, MRK, Art. 6, Rn. 188; Vogler, ZStW 89 (1977), S. 778; SK-StPO-Rogall, vor § 133, Rn. 85.

758 LR-Gollwitzer, MRK Art. 6, Rn. 189.

Abwesenheit des Beschuldigten gesichert werden kann. Inwieweit ein solcher Kern existiert, hängt natürlich zunächst von dem Begriffsverständnis ab, das der „Anwesenheit" im vorliegenden Zusammenhang zugrunde liegt. Wäre Anwesenheit im prozessualen Sinne unbedingt als physische Präsenz des Angeklagten zu verstehen, dann müsste in konsequenter Anwendung der obigen Definition aufgrund des Konventionsrechts dem Angeklagten auch für die gesamte Vernehmungsdauer die Möglichkeit zur Anwesenheit entstehen. Stattdessen kann er aber auch bei einer Simultanvernehmung nach § 168 e StPO unter bestimmten Voraussetzungen ausgeschlossen werden, und zwar dann, wenn zu befürchten ist, dass das Kind mit dem Wissen seiner physischen Präsenz vor dem Bildschirm, weitere Aussagen verweigert. Um an den Kern des Anwesenheitsrechts zu gelangen, hilft folglich eine semantische Analyse des Begriffs der „Anwesenheit" nicht weiter. Folglich gilt es, das *Recht* auf Anwesenheit näher zu betrachten, d.h. es ist zu fragen, inwieweit es ein Tun oder Unterlassen begründen kann bzw. inwieweit es Pflichten auf Seiten des Richters auslösen kann.[759] Hierbei ist an die Pflicht zu denken, den Beschuldigten von dem Vernehmungstermin zu benachrichtigen, oder auch die Pflicht, dem Beschuldigten für den Fall seines Ausschlusses von der Zeugenvernehmung einen Verteidiger zu bestellen, in Analogie zur Regelung der Hauptverhandlung in § 231a Abs.4 StPO. Sicherer wäre es jedoch, wenn er, nachdem er wieder anwesend ist, entsprechend den §§ 231a Abs. 2 StPO, 231b Abs.2 StPO und 247 Satz 4 StPO über den wesentlichen Inhalt dessen zu unterrichten wäre, was während seiner Abwesenheit ausgesagt oder sonst verhandelt worden ist. Im Folgenden soll der Frage nachgegangen werden, ob sich dementsprechende Pflichten oder Rechte aus den Konventionen ergeben und daraus entsprechende Nachbesserungen für das Regel-Ausnahmemodell begründbar sind. In diesem Zusammenhang sei noch darauf hingewiesen, dass das Anwesenheitsrechts nicht zwingend kumulativ, aber zumindest auch alternativ nur dem Angeklagten oder seinem Verteidiger gewährt werden kann.[760] Daher wird als unschädlich angesehen, wenn der Angeklagte nicht während der gesamten Dauer der Verhandlung selbst anwesend sein kann, aber die Ausübung der Verteidigungsbefugnisse durch einen Verteidiger erfolgt.[761] Dies zeigt sich daran, dass es für die Ersetzung aus-

759 Siehe zu dieser Definition des Rechts Creifelds Rechtswörterbuch, Stichwort „Recht" I.2. 1254. Im Ansatz ähnlich für das rechtliche Gehör Rüping, Grundsatz, S. 169 ff. der dem Recht auf Gehör Pflichten des Gerichts gegenüberstellt und hierbei namentlich die Bedeutung der Benachrichtigung und der Mitteilungspflicht untersucht.

760 Spaniol, 1990, S. 157 f.

761 Frowein/Peukert, Art. 6, Rn. 201; LR-Gollwitzer, MRK, Art. 6, Rn. 189 und 193; EKMR, EuGRZ 1978, S. 314 (324) – (Fall Ensslin) u.a. im Hinblick auf Fortführung der Verhandlung nach dem Ausschluß wegen selbst herbeigeführter Verhandlungsunfähigkeit gem. § 231a StPO.

reichen soll, dass entweder der Beschuldigte *oder* sein Verteidiger Gelegenheit hatten, an der konservierten Erstvernehmung mitzuwirken. Trotz dieser Alternativ-Regelung ist er dennoch Inhaber des subjektiven Rechts auf Anwesenheit und es stellt sich die Frage, inwieweit nun daraus weitere, von seiner fortwährenden körperlichen Anwesenheit unabhängige Ansprüche erwachsen.[762]

a) Benachrichtigungspflicht

aa) Korrespondenz zwischen Belehrungspflicht und Benachrichtigungspflicht
Notwendigerweise setzt die Möglichkeit, das Anwesenheitsrecht wahrzunehmen, für den Beschuldigten voraus, dass er überhaupt Kenntnis von der Zeit und dem Ort des Verhandlungs- bzw. hier Vernehmungstermins hat. [763] Dementsprechend könnte ein Anwesenheitsrecht durchaus einen Anspruch des Angeklagten auf eine

762 Siehe auch im Hinblick auf die Anforderungen an das Rechtliche Gehör trotz Fortführung der Verhandlung gem. § 231a StPO BVerfGE 41, 246 (249). Natürlich, so ließe sich argumentieren, könne er nach dem soeben Ausgeführten für den Fall seines Ausschlusses die Beiordnung eines Verteidigers beanspruchen, sofern nicht ein von ihm gewählter Verteidiger ohnehin anwesend ist. Eine dementsprechende Regelung sieht die deutsche Strafprozeßordnung in § 231a Abs. 4 für die Fälle vor, in denen die Verhandlung gem. § 231a Abs. 1 fortgeführt wird, nachdem sich der Angeklagte vorsätzlich und schuldhaft in einen die Verhandlungsfähigkeit ausschließenden Zustand versetzt hat und infolgedessen ausgeschlossen wird. Bezeichnenderweise wurde ein anhängiges Verfahren nach § 231a Abs. 1 von der EKMR auch gerade deshalb für mit dem Konventionsrecht vereinbar erklärt, weil in dem betreffenden Fall tatsächlich ein Verteidiger anwesend war. Abgesehen davon, dass diese Argumentation in einem Zirkelschluß mündet, tritt aber für die hier behandelte Thematik noch ein ganz anderes Problem hinzu. Es geht hier ja eigentlich gar nicht um die Frage, wie es sich verhält, wenn der Angeklagte die ihm durchaus eingeräumte Gelegenheit zur Anwesenheit durch sein eigenes Verschulden wieder verspielt. Die eigentliche Frage ist, worin der unantastbare Kern des Anwesenheitsrechts liegt, wenn ein sich ordnungsgemäß verhaltender Beschuldigter gegen seinen Willen aus übergeordneten Belangen des Zeugenschutzes von der Verhandlung oder Vernehmung ausgeschlossen wird. Wollte man auch dann noch gelten lassen, dass dem Anwesenheitsrecht des Beschuldigten durch die Anwesenheit eines Verteidigers genüge getan wäre, so würde man aber den Beschuldigten für diesen Teil des Verfahrens gänzlich seiner Subjektsstellung berauben. Es muß also in einem solchen Fall noch ein Weiteres hinzukommen, wodurch die Subjektsstellung des Beschuldigten aufrechterhalten bleibt und er in die Lage versetzt wird trotz des Ausschlusses seine Verteidigung auch im Hinblick auf die Zeugenvernehmung selbst zu führen.

763 Vgl. Welp, JZ 1980, S. 134 für das Anwesenheitsrecht gem. §§ 168 c StPO StPO StPO. Demgegenüber stellt Fahrenhorst, aaO im Zusammenhang mit dem Konventionsrecht nur auf die Kenntnis von dem Verfahren als solchem ab.

Benachrichtigung durch das Gericht auslösen.[764] Jedoch bleibt es nach dem Konventionsrecht aus Art.6. Abs.3 MRK und Art.14 Abs.3 IPBPR dem Angeklagten gerade selbst überlassen, sich über den Termin zu informieren, so dass mit dem Anwesenheitsrecht grundsätzlich auch keine besonderen Benachrichtigungs- oder Ladungspflichten seitens des Gerichts verbunden sind.[765] Fraglich ist aber, ob dies gerade für die hier vorgeschlagene Regelfallvernehmung des Hauptbelastungszeugen – zeitlich vorgezogen außerhalb der Hauptverhandlung und ohne spätere Wiederholungsmöglichkeit – ebenso gilt. Der Beschuldigte kann dann nicht darauf vertrauen, dass er seine Rechte, insbesondere sein Fragerecht, in der Hauptverhandlung noch voll und ganz ausüben kann. Er muss vielmehr davon ausgehen, dass es schon unmittelbar, nachdem die Vorwürfe erstmals gegen ihn erhoben werden, zur letztmaligen zeugenschaftlichen Vernehmung des Kindes kommt und er sich folglich sofort danach erkundigen müsste, ob für die Vernehmung des Kindes bereits ein Termin anberaumt ist. Aus den Grundsätzen der Fairness lässt sich bereits aus Art.6 Abs. 1 MRK und Art.14 Abs.l IPBPR folgern, dass er über diese Gefahren bereits bei der Mitteilung über den Verdacht aufzuklären und ferner über die beabsichtigte Vorgehensweise zu belehren ist.[766] Unter diesen Prämissen ist allerdings nicht einsehbar, warum der Angeklagte wohl auf die abstrakte Möglichkeit der Zeugenvernehmung hinzuweisen, nicht aber über den konkreten Termin und Ort zu benachrichtigen sein sollte. Eine allgemein gehaltene Belehrung könnte den Beschuldigten unter Umständen sogar unzulässigerweise in die Irre führen, wenn er mangels konkreterer Angaben glaubt, ihn selbst würde eine solche „Verfahrensart" nicht betreffen. Eine „Belehrung" ist in Anbetracht der geschilderten Sachlage und der gebotenen Eile, welche die möglicherweise unmittelbar bevorstehende Vernehmung des Zeugen mit sich bringt, nur dann wirklich hilfreich und den Anforderungen des Fairnessgebots genügend, wenn sie konkrete Angaben über die genaue Zeit und den Ort der Vernehmung

764 Vgl. Welp, JZ 1980, S. 134, in bezug auf die Benachrichtigung über richterliche und kommissarische Vernehmungen gem. § 168 c StPO StPO Abs. 5 Satz l und § 224 Abs. 1 Satz 1 StPO und Rüping, Grundsatz, S. 169 ff. Zur Sicherung des rechtlichen Gehörs durch die Terminbenachrichtigung und ihre Zustellung siehe auch BVerfGE 37, 93 (97 f.) sowie BayVerfGH NJW 1982, S. 2660 für die Bedeutung der Zustellung. Über den Zusammenhang zwischen der Informationspflicht gegenüber dem Beschuldigten und dessen Ausübung seines Anwesenheitsrechts, vgl. auch Hegmann, 1981, S. 207 in bezug auf das Anwesenheitsrecht bei Hausdurchsuchungen gem. § 106 StPO und S. 234–236 bezüglich der Benachrichtigung gem. § 168 c StPO StPO Abs. 5 Satz 1 StPO.

765 LR-Gollwitzer, MRK Art. 6, Rn. 189.

766 Zur Herleitung der Hinweis- und Belehrungspflichten, die angesichts besonderer Umstände aus Art. 6 Abs. 1 MRK resultieren können, siehe LR-Gollwitzer, Art. 6, Rn. 72.

enthält. Unter diesen Umständen verdichtet sich also auch nach dem Konventionsrecht die Belehrungspflicht zu einer Benachrichtigungspflicht.[767] Da ihre Einhaltung eine notwendige und mithin unabdingbare Voraussetzung der Verwirklichung des Anwesenheitsrechts ist[768], handelt es sich hierbei um ein Wesensmerkmal des Anwesenheitsrechts selbst. Dies hat zur Folge, dass eine unter Missachtung dieser Pflicht zustande gekommene, konservierte Erstvernehmung nur dann als Surrogat verwendet werden kann, wenn der Angeklagte nachträglich wirksam auf die Benachrichtigung verzichtet.[769]

bb) Erfüllung der Benachrichtigungspflicht

Auch wenn mit der Einordnung des Rechts auf bzw. der gerichtlichen Pflicht zur Benachrichtigung als (ein) Kern des Anwesenheitsrechts ein erstes Zwischenergebnis gewonnen ist, sind noch nicht alle hiermit im Zusammenhang stehenden Fragen abschließend beantwortet. Es ist nämlich weiter zu überlegen, welche Anforderungen an das Gericht im Hinblick auf die Erfüllung der Benachrichtigungspflicht zu stellen sind. So ist bislang noch offen geblieben, wann die Benachrichtigung spätestens zu erfolgen hat und ob sie die Einhaltung bestimmter Formen verlangt. Die Konventionen enthalten hierüber keine weiteren Maßgaben und eine entsprechende Statuierung solcher Vorschriften ist damit dem jeweiligen nationalen Recht überlassen. In § 255a StPO ist lediglich die Maßgabe

767 Dafür spricht auch, dass, soweit ersichtlich, in jenen Ländern, in denen eine solche Form der „antizipierten Beweisaufnahme" bereits zulässig ist, eine entsprechende Benachrichtigung vorgesehen ist. So auch Keiser, 1997, S. 317.

768 Siehe auch LR-Rieß § 168 c StPO Rn. 32 über die Bedeutung der Benachrichtigungspflicht bei richterlichen Vernehmungen im Hinblick auf das Anwesenheitsrecht des Beschuldigten bei richterlichen Zeugenvernehmungen gem. § 168 c StPO StPO Abs. 2 StPO, vgl. insoweit auch BGHSt, 26, 332 (334).

769 Zur Notwendigkeit des ausdrücklichen Verzichts auf persönliche Anwesenheit in einem Abwesenheitsverfahren vgl. EGMRK, EuGRZ 1985, S. 631 (Colozza und Rubinat gegen Italien) LS der Bearbeiterin Nr. 2, Satz l. Siehe für richterliche (und auch kommissarische) Vernehmungen LR-Rieß § 168 c StPO StPO Rn. 56. Strittig ist die Frage der Verlesbarkeit nach § 251 Abs. 2 StPO (befürwortend LR-(23)-Meyer-Goßner, § 168 c StPO StPO Rn. 32; BayObLG JR 1977, S. 475; gegen das BayObLG Peters, JR 1977, S. 476 f; ebenfalls für ein umfassendes Verwertungsverbot LR-(24)-Rieß § 168 c StPO StPO Rn. 59; Welp, JZ 1980, S. 134.) Weder bei einer Verwertung nach § 251 Abs. 2 Satz 1 StPO noch nach § 251 Abs. 2 Satz 2 im Kontext von § 255a StPO Abs. 2 besteht die Gefahr einer Umgehung der Benachrichtigungspflicht, da die erste Variante das Einverständnis des Angeklagten voraussetzt und zweite die Mitwirkung des Angeklagten an der Aufzeichnung. In beiden Fällen kann er nicht nachträglich auf die Benachrichtigung verzichten, da sie zwingende Voraussetzung der weiteren Verwertung ist.

enthalten, dass dem Angeklagten „Gelegenheit" zu geben ist, an der Vernehmung teilzunehmen. Festzuhalten bleibt somit, dass das mit der Benachrichtigung angestrebte Ziel, dem Angeklagten die Gelegenheit zu eröffnen, an der Vernehmung teilzunehmen, nicht dadurch unterlaufen werden darf, dass sie erst so spät erfolgt, sodass dem Beschuldigten objektiv keine Zeit mehr bleibt, rechtzeitig zu erscheinen. Der Klärung bedarf es nun noch, ob die Benachrichtigungspflicht auch dann als erfüllt anzusehen ist, wenn die Nachricht den Beschuldigten nicht erreicht und er demzufolge von dem Termin gar keine Kenntnis erlangt hat. Es gilt also zu prüfen, ob nicht für die Wahrung des Anwesenheitsrechts auf die positive Kenntnis des Angeklagten von dem Termin abzustellen ist.

Ein Blick in Art 6 Abs. 3 lit. a MRK zeigt, dass der Beschuldigte lediglich über den Umstand, dass überhaupt ein Verfahren gegen ihn eingeleitet worden ist, in Kenntnis zu setzen ist. Dem kann aber auch entsprochen werden, ohne dass eine Mitteilung über den konkreten Verhandlungstermin erfolgt. Damit kann eine positive Kenntnis allein keine Benachrichtigungspflicht garantieren.[770] Dass ferner beides nicht zwingend miteinander gleichzusetzen ist, lässt sich auch anhand der im deutschen Recht getroffenen Unterscheidung zwischen der Zustellung des Eröffnungsbeschlusses gem. § 215 StPO einerseits und der Ladung des Angeklagten gem. §§ 216, 217 StPO andererseits demonstrieren. Während der Eröffnungsbeschluss die bloße Mitteilung darüber enthält, *dass* das Verfahren eröffnet ist, werden das Gericht, der Sitzungssaal und der Zeitpunkt der Verhandlung allein in der Ladung bezeichnet.[771] Problematisch ist jedoch, dass es auf die Beweisbarkeit dieser – positiven – Kenntnis auch dann ankommt, wenn sich der Beschuldigte durch Flucht ganz bewusst der Möglichkeit zur Kenntnisnahme entzieht[772], weil es demnach offenbar nicht genügt, wenn nur der Versuch einer Zustellung oder eine Ersatzzustellung vorgenommen wird. Dies lässt befürchten, die Umsetzung nur einer Regelfallvernehmung könnte daran scheitern, dass der Beschuldigte die nochmalige Vernehmung des Kindes in der Hauptverhandlung erzwingen kann, indem er selbst sich bewusst der Kenntnis von dem Termin der frühen Vernehmung entzieht. Dies trifft jedoch nicht zu. Mit dem Konventionsrecht ist selbst eine Verurteilung des Beschuldigten in Abwesenheit zu vereinbaren, wenn er ein Recht auf Wiederaufnahme des Verfahrens besitzt und dabei die erneute Prüfung der Sach- und Rechtslage sichergestellt ist.[773] Nun geht es bei der zeugenschaft-

770 Fahrenhorst hingegen sieht eine solche Kenntnis hingegen als ausreichend zur Wahrung der Anwesenheitsrechte an, vgl. Fahrenhorst, EuGRZ 1985, S. 630. 1264 K/Meyer-Goßner, § 214, Rn. 2.

771 Fahrenhorst, EuGRZ 1985, S. 629 f. unter Bezugnahme auf den Bericht der EKMR in Fn. 20.

772 Fahrenhorst, EuGRZ 1985, S. 630 m.w.N. in Fn. 29 und 30.

773 Fahrenhorst EuGRZ 1985, S. 630 m.w.N in Fn. 29 und 30.

lichen Vernehmung des Kindes noch gar nicht um die Verurteilung des Beschuldigten. Zudem verbleibt auch bei der Verwirklichung des Regelfall-Ausnahmemodells die Prüfung der Sach- und Rechtslage der Hauptverhandlung vorbehalten, in die die Aussage des Kindes erst eingeführt werden soll. Nur insoweit, nicht aber schon für die frühe Vernehmung des Kindes, ist die positive Kenntnis des Beschuldigten von dem Verfahren erforderlich, so dass die Anforderungen des Konventionsrecht hier zu lockern sind.[774] Schließlich bedarf es für die Durchführung einer solchen Zeugenvernehmung im Ermittlungsverfahren nach dem Konventionsrecht normalerweise überhaupt keiner besonderen Benachrichtigung des Beschuldigten über den Vernehmungstermin und -ort. Dieses Erfordernis ergibt sich hier lediglich unter dem Gesichtspunkt, dass bereits zu diesem Zeitpunkt auf die spätere Ersetzbarkeit der Vernehmung in der Hauptverhandlung gezielt wird. Allein aus diesem Grund verlangt es die Gewährleistung des Anwesenheitsrechts, dass die Benachrichtigung durch das Gericht erfolgt und nicht dem Zufall überlassen bleibt. Mit Blick darauf, dass später ohnehin noch die Hauptverhandlung unter Einhaltung der formellen Ladungsvorschriften stattfindet, kann es in diesem frühen Verfahrensstadium jedoch nicht darum gehen, dem Gericht gleichsam die Erfolgshaftung dafür aufzuerlegen, dass der Beschuldigte auch tatsächlich Kenntnis von der Benachrichtigung erhält. Maßgeblich ist vielmehr, dass die Benachrichtigung auch tatsächlich vorgenommen wird, wobei es dann gegebenenfalls ausreicht, wenn zumindest *versucht* wird, den Beschuldigten zu benachrichtigen. Ob die Vernehmung später tatsächlich ersetzbar ist, hängt dann – neben den übrigen im vorigen Kapitel skizzierten Vorschriften des Beweisrechts[775] – davon ab, ob der Nachweis hierüber erbracht werden kann, dass dem Beschuldigten ermöglicht wurde bzw. versucht wurde zu ermöglichen, von dem Termin Kenntnis zu nehmen und somit auch während der Vernehmung anwesend zu sein. Nur wenn dies nicht gelingt, ist davon auszugehen, dass das Recht des Angeklagten auf Anwesenheit auch während der Vernehmung des Kindes gleichsam fortbesteht und er demzufolge nunmehr die nochmalige Einvernahme des Kindes in der Hauptverhandlung verlangen kann.[776]

774 Vgl. auch Keiser, 1997, S. 318.

775 Vgl. dazu 2. Kapitel, Zweiter Schritt, II und III.

776 Die anderslautende Argumentation des Schweizerischen Bundesgerichts (EuGRZ 1979, S. 296 ff.), die im Zusammenhang mit der Überprüfung der Vereinbarkeit der „antizipierten" Beweisaufnahme (vor dem Untersuchungsrichter) des Kantons Thurgau mit Art. 6 Abs. 3 lit. d MRK vorgenommen wurde und zum gegenteiligen Ergebnis kam, ist auf die hier vorliegende Fragestellung nicht übertragbar, da es dort nur um die Verwertung von solchen Aussagen ging, die als unerheblich eingestuft wurden, während es hier um die Vernehmung des einzigen Tatzeugen geht.

b) Mitteilungspflicht

Voraussetzung für eine effektive Verteidigung ist, dass sie auf der Grundlage des aktuellen Standes der Verhandlung und in diesem Sinne sachgemäß erfolgen kann. Unter dieser Prämisse lässt sich der eigentliche Sinn und Zweck des Anwesenheitsrechts darauf zurückführen, dass diese sachgemäße Verteidigungsführung dem Angeklagten eben dadurch ermöglicht werden soll, dass er sich fortlaufend über die Entwicklung der Verhandlung informieren und hierauf auch Einfluss nehmen kann. Stellt man auch hierbei wieder auf die „Möglichkeit" zur Ausübung des Anwesenheitsrechts ab, wird ersichtlich, warum dies einerseits nicht immer auch die „körperliche Anwesenheit verlangt, sich aber andererseits auch nicht darin erschöpft".[777] Es besteht nämlich weitgehend Einigkeit darüber, dass etwa ein verhandlungsunfähiger Angeklagter nicht als anwesend gilt. Maßgeblich ist vielmehr, dass der Angeklagte die Möglichkeit zur Verteidigung infolge seiner (Verhandlungs-) Fähigkeit besitzt, das Geschehen wahrnehmen und entsprechend auf den Gang der Verhandlung einwirken zu können.[778] Da die Ausübung aktiver Verteidigungsrechte im Zusammenhang mit der Stellung von Beweisanträgen im vorigen Kapitel bereits erörtert wurde, genügt es an dieser Stelle, allein die Wahrnehmungskomponente zu betrachten.

Wahrnehmung als solche stellt, etwas vereinfacht ausgedrückt, der Sache nach aber nichts anderes dar als die Aufnahme und Verarbeitung von Informationen. So besehen kommt es also mit anderen Worten bei der Anwesenheit im wesentlichen darauf an, dass der Angeklagte über den Fortgang der Verhandlung (bzw. hier der Beschuldigte über den Inhalt der Zeugenaussage) sofort informiert wird. Man könnte also sagen, das Anwesenheitsrecht sei ein Informationsrecht. Logische Konsequenz ist dann aber, dass auch hier wieder dem Recht des Beschuldigten eine Pflicht seitens des Gerichts bzw. der Ermittlungsbehörden – und zwar gegenüber dem Beschuldigten persönlich – bestehen muss. Denkbar wäre daher, dass in diesen Konstellationen, in denen der Angeklagte ohne eigenes Verschulden ausgeschlossen wird, er selbst, nachdem er wieder anwesend ist, über den Fortgang des Verfahrens zu unterrichten ist. Auf der Ebene des nationalen Rechts findet dieser Gedanke Ausdruck in den Bestimmungen der §§ 247 StPO Satz 4, 231 Abs.2 und 231b Abs.2, wonach dem Vorsitzenden jeweils die Pflicht obliegt,

777 LR-Gollwitzer 230. Rn. 1 und 9.

778 Für das nationale Recht siehe Niemöller/Schuppert, 1982, AöR 107, S. 425; K/Meyer-Goßner, Einl., Rn. 97 und § 230, Rn. 8; KK-Treier, § 230, Rn. 3; BGHSt 23, 331 (334) BGH bei Dallinger, MDR 1958 StPO, S. 141 f.; BGH NStZ 1984, S. 520; a.A. – in bezug auf die Anwendbarkeit der in § 230 Abs. 2 StPO vorgesehenen Zwangsmaßnahmen -Welp, JR 1991, S. 265 ff.

den Angeklagten „sobald dieser wieder anwesend ist, von dem wesentlichen Inhalt dessen [zu] unterrichten, was während seiner Abwesenheit ausgesagt oder sonst verhandelt worden ist."[779] Demgegenüber sind in den Art. 6 MRK und 14 IPBPR nun aber gerade keine derartigen besonderen Mitteilungspflichten statuiert, so dass fraglich erscheint, ob das Konventionsrecht tatsächlich dahingehend verstanden werden kann, dass mit dem Anwesenheitsrecht auch eine Unterrichtungspflicht der eben genannten Art verbunden ist. Hierbei ist aber zu berücksichtigen, dass anerkanntermaßen besondere Umstände das Gericht durchaus verpflichten können, durch entsprechende Hinweise auf die sachgemäße Rechtswahrung hinzuwirken.[780] Ein solch besonderer Umstand liegt nach der hier vertretenen Ansicht aber auch dann vor, wenn der Angeklagte aus übergeordneten, von ihm nicht zu vertretenden Belangen des Zeugenschutzes von der Anwesenheit ausgeschlossen wird und die Gefahr droht, dass er andernfalls ein subjektives Recht auf Selbstverteidigung nicht in dem gebotenen Umfang ausüben kann. Verlangt die Beachtung des Anwesenheitsrechts sonst, dass dem Angeklagten zumindest die Möglichkeit zur Anwesenheit faktisch offen steht, sind demzufolge in diesen eben bezeichneten Fallkonstellationen das Gericht bzw. hier die Ermittlungsbehörden auch nach dem Konventionsrecht verpflichtet, *dem Angeklagten zumindest die Gelegenheit zu geben, sich über das in seiner Abwesenheit Verhandelte bzw. Ausgesagte zu unterrichten.* Dabei ist gleichgültig, in welcher Form ihm diese Gelegenheit eingeräumt wird. Voraussetzung ist nur, dass der Angeklagte bzw. Beschuldigte die Information so rechtzeitig erlangt, dass die Verhandlung nicht ohne seine Anwesenheit in ein anderes Verfahrensstadium gelangt und er auf den Fortgang der Verhandlung in Ausübung seines Verteidigungsrechts einwirken kann.

Dies lässt sich auf ganz unterschiedlichen Wegen erreichen. Neben der für das deutsche Recht klassischen Form der „Unterrichtung" durch den Vorsitzenden, wie sie sich in den schon erwähnten §§ 247 Satz 4 StPO, 231a Abs.2 StPO, 231 b Abs.2 StPO findet, kommt natürlich auch in Betracht, dass der Beschuldigte sich unter der Verwendung technischer Hilfsmittel, die es ihm erlauben, die Vernehmung direkt akustisch und gegebenenfalls auch optisch mitzuverfolgen, gleichsam selbst von der Vernehmung unterrichtet.[781] Weil es jedoch lediglich um die

779 Dies wird anerkanntermaßen als Ausfluß des rechtlichen Gehörs betrachtet SK-StPO-Schlüchter, § 247 StPO Rn. 26.

780 LR-Gollwitzer, MRK, Art. 6, Rn. 72.

781 Vgl. die Gegenüberstellung der Entwürfe bei Keiser, 1997, S. 436: § 168 c StPO StPO Abs. 2 B-Rat, § 168e StPO Reg-E, § 162a Abs. 3 Satz 3 AE-ZVR und § 162a Abs. 1 Satz 1 und 2 i.V.m. 250 Ö-StPO.

Übermittlung der Aussageinhalte geht, handelt es sich nur bei der akustischen Übertragung um ein unabdingbares Muss, wohingegen es auf die visuelle Wahrnehmung nicht entscheidend ankommt. Denkbar ist also, den Beschuldigten sowohl nur über Tonbandgeräte die Vernehmung buchstäblich mithören zu lassen als auch zur akustischen Schaltung noch in visueller Hinsicht eine Videosimultanschaltung hinzukommen zu lassen.[782] Welche dieser Methoden letztendlich gewählt wird, ist allein für die Wahrung der Beschuldigtenrechte an und für sich unerheblich. Allerdings ist zu berücksichtigen, dass im Vordergrund der Modellumsetzung stets die Ersetzung der Aussage des Kindes durch die Verwendung eines Surrogats steht. Nichts liegt daher näher, als von vornherein so zu verfahren, dass nicht nur dem Beschuldigten die notwendigen Informationen übermittelt werden können, sondern zugleich ein für die spätere Ersetzung bestens geeignetes Beweissurrogat erstellt wird.[783] Der Beschuldigte kann die Erstellung direkt mitverfolgen, währenddessen sie zugleich für die spätere Verwendung aufgezeichnet wird. Ferner erhält er auch für den Fall seines Ausschlusses von der Vernehmung später seitens des Ermittlungsrichters die Gelegenheit, sich unverzüglich über das in seiner Abwesenheit Ausgesagte zu unterrichten und bleibt damit in der Lage, auf das weitere Prozessgeschehen in Ausübung seiner Verteidigung sachgemäß einzuwirken. Damit sind auch im Falle einer Regelersetzung seine Rechte gewahrt.

Das Wesentliche am Anwesenheitsrecht ist, dass es dem Angeklagten bzw. hier dem Beschuldigten die Möglichkeit einräumt, sich über den aktuellen Stand des Verfahrens zu informieren und auf der Grundlage dieser Information direkt in das Prozessgeschehen durch die sachgemäße Ausübung seiner Verteidigung einwirken zu können. Dies erfordert nicht unbedingt die ununterbrochene und unmittelbare physische Präsenz des Beschuldigten während der Zeugenvernehmung. Die Belange der Wahrheitsfindung und das besondere Schutzinteresse des Zeugen können seinen Ausschluss rechtfertigen. Weil dem Beschuldigten damit aber die Möglichkeit genommen ist, sich durch die eigene unmittelbare Wahrnehmung über das Geschehen zu informieren, sind diese Informationsdefizite auszugleichen. Dies gilt im Rahmen der Regelersetzung unter Fortfall einer nochmaligen Zeugenvernehmung in der Hauptverhandlung uneingeschränkt auch für die ermittlungsrichterlichen Vernehmungen. Die geringsten Einbußen für das Anwesen-

782 Die dritte Variante des „Einwegspiegels“ und Tonübertragung, über die aus einem Nebenraum unmittelbar die Vernehmung mitverfolgbar ist, verliert angesichts der Videoübertragungsmöglichkeiten immer mehr an Bedeutung.

783 Zur Beweisqualität, vgl. Im 2. Kapitel unter III.2.; zu den Anforderungen der Erstellung im einzelnen vgl. 2. Kapitel, 1. Schritt.

heitsrecht sind mit einer Verfahrensweise verbunden, die es dem Beschuldigten immer erlaubt, durch eine sogenannte Videosimultanübertragung die Vernehmung via Bildschirm nach § 168 e StPO zu verfolgen. Wird er davon ausgeschlossen, so ist der Beschuldigte ersatzweise entsprechend dem § 247 Satz 4 StPO über das in seiner Abwesenheit Ausgesagte zu unterrichten.[784]

3.1.5 Fragerecht

Sowohl Art.6 Abs.3 lit. d MRK als auch Art.14 Abs.3 lit. e IPBPR verleihen dem Angeklagten gegenüber dem Zeugen ein Fragerecht.[785] Allerdings setzen die Vorschriften nicht notwendig voraus, dass der Angeklagte sein Fragerecht gerade in der Hauptverhandlung ausüben kann. Verlangt wird nur, dass dem Angeklagten mindestens einmal[786] die Gelegenheit zur Ausübung seines Fragerechts gegeben wird, bevor die belastenden Angaben des Zeugen bei der Entscheidung gegen ihn verwertet werden[787], ohne einen Anspruch des Angeklagten auf mehrfache Befragung des Zeugen herzuleiten. Es handelt sich hierbei eben nur um eine bloße Mindestanforderung.[788] Folglich genügt es, wenn der Beschuldigte zu irgendeinem Zeitpunkt während des gegen ihn gerichteten Verfahrens eine einmalige Gelegenheit hat, den Belastungszeugen zu befragen.[789] Da die Beweisaufnahme

784 Da der bereits erwähnte 162a Abs. 3 AE-ZVR eine solche „Auffangklausel" nicht vorsieht, sondern es lediglich ermöglicht, dass dem Beschuldigten gestattet werden kann „sich in einem Raum aufzuhalten, der mit dem Sitzungszimmer durch technische Einrichtungen Wort- und Bildübertragung in beide Richtungen verbunden ist"', genügt er in diesem Punkt nicht den Mindestanforderungen des Konventionsrechts.

785 Weil MRK und IPBPR in bezug auf das Fragerecht inhaltsgleich sind, wird im folgenden entsprechend der üblichen Darstellungsweise in den einschlägigen Kommentierungen lediglich auf die MRK ausdrücklich Bezug genommen. Zur Begründung und Herleitung des Konfrontationsrechts und die Vereinbarkeit mit Opferechten,, vgl. auch Schleiminger, Diss. Fribourg, 2000.

786 LR-Gollwitzer, MRK Art. 6, Rn. 220.

787 LR-Gollwitzer, MRK Art. 6, Rn. 219.

788 LR-Gollwitzer, MRK Art. 6, Rn. 220.

789 K/Meyer-Goßner, Art. 6 MRK, Rn. 22; EGMR StV 1990, S. 481 (482) und 1991, S. 193 (194); einschränkend und die Zulässigkeit der ersatzweisen Vernehmung von Verhörbeamten über die Aussage des anonym bleibenden verdeckten Ermittlers erneut bekräftigend, BGH NJW 1991, S. 646 m.w.N.; bestätigt durch BVerfG NJW 1992, S. 168; vgl. auch Frowein/Peukert, Art. 6, Rn. 200. – Im übrigen ist auch sonst bei der Beurteilung der Frage, ob im konkreten Einzelfall die Garantien des Art. 6 MRK auch eingehalten worden sind, niemals nur querschnittartig der jeweilige Verfahrensabschnitt zu betrachten, sondern es hat eine Bewertung des gesamten Verfahrens zu erfolgen. So auch Schleiminger, S. 285.

der MRK demnach nicht unbedingt in der Hauptverhandlung erfolgen muss, sondern die Regelung über die Beweisaufnahme und -würdigung dem nationalen Recht überlassen bleibt[790], steht der ersatzweisen Verwertung von Zeugenaussagen, die im Ermittlungsverfahren durchgeführt und dokumentiert worden sind, für sich genommen nichts entgegen.[791] Jedoch ergibt sich wiederum aus dem Umstand, dass es sich bei dem hier diskutierten Regel-Ausnahmemodell bei der ermittlungsrichterlichen Vernehmung des Kindes ja gerade um die einzige Möglichkeit handelt, das Kind über seine Wahrnehmungen zu befragen, dass das Fragerecht in vollem Umfang zu gewährleisten ist.

Ebenso wenig wie das Anwesenheitsrecht die Gelegenheit zur (ununterbrochenen) physischen Präsenz des Beschuldigten verlangt, erfordert es das Fragerecht, dass der Beschuldigte dieses Recht auch persönlich ausübt und dem Kind die Fragen selbst stellt. Wie schon der Wortlaut der Vorschrift zeigt, genügt es, wenn dem Angeklagten die Möglichkeit eingeräumt wird, dem Zeugen die Fragen „stellen zu lassen".[792] Es reicht aus, dass der Betroffene eine faire Chance hatte an der Zeugenbefragung mitzuwirken und damit die Entscheidung zu beeinflussen.[793] Dies bedeutet jedoch natürlich nicht, dass der Ermittlungsrichter befugt wäre, allein nach pflichtgemäßem Ermessen zu entscheiden, welche Fragen er an den Zeugen stellt. Schließlich handelt es sich bei dem Fragerecht des Beschuldigten um ein originäres Verteidigungsrecht.[794] Bei aller Freiheit, die Art.6 Abs.3 lit. d MRK für die äußere Form der Zeugenbefragung lässt, muss deshalb das Fragerecht des Beschuldigten inhaltlich gewährleistet bleiben. Wenn weder der Beschuldigte selbst noch sein Verteidiger den Zeugen unmittelbar befragen können, so müssen sie aber doch den Ermittlungsrichter bzw. das Gericht verbindlich veranlassen können, dass sie jeweils die Fragen der Verteidigung an den Zeugen stellt.[795] Diese Möglichkeit ist im Ermittlungsverfahren über den skizzierten § 168 e StPO und für die Hauptverhandlung grundsätzlich in § 247 a StPO

790 EMRK, StV 1990, S. 481 K (482)

791 Frowein/Peukert, Art. 6, Rn. 200 f.; LR-Gollwitzer, MRK Art. 6, Rn. 227; K/Meyer-Goßner, MRK, Rn. 22; EMRK StV 1990, S. 481 ff. (482) – Verlesung untersuchungsrichterlicher Vernehmung grds. möglich, aber nicht, wenn der Zeuge selbst dem Untersuchungsrichter nicht bekannt und infolge seiner Anonymität nicht ermittelbar bleibt; BGH NStZ 1985, S. 376 (377) – Verlesung einer kommissarischen Vernehmung; EGMR NJW 1987, S. 3068 – Verlesung von Aussagen vor dem Untersuchungsrichter grds. möglich, aber nicht bei späterer, berechtigter, Aussageverweigerung.

792 LR-Gollwitzer, MRK, Art. 6, Rn. 221 m.w.N.

793 Schleiminger, S. 285.

794 LR-Gollwitzer, MRK, Art. 6, Rn. 221.

795 Vgl. dazu BGH NStZ 1993, S. 292 f.

iVm § 241 a StPO geschaffen worden. Das Recht auf eine unmittelbare Befragung des Zeugen aus § 240 Abs.2 StPO wird bei unter 16jähriger Zeugen für die Beteiligten ausgeschlossen und nur der Vorsitzende, d.h. hier der Ermittlungsrichter, vernimmt das Kind. Zu berücksichtigen ist, dass § 241 a Abs.2 Satz 1 StPO dem Angeklagten (und jedem der anderen nach § 240 Abs.l StPO und § 240 Abs.2 Satz 2 StPO Frageberechtigten) einen Anspruch darauf einräumt, dass der Vorsitzende dem Zeugen auf Verlangen weitere Fragen stellt, sofern diese nicht unzulässig[796] sind. Dabei hat der Vorsitzende zwar das Recht, die Fragen ihm in angemessener, kindgerechter Form zu stellen und dementsprechend umzuformulieren. Er darf sie jedoch nicht inhaltlich verändern.[797] Demgegenüber sind in der Strafprozessordnung für die Ausübung des Fragerechts des Beschuldigten bei richterlichen Vernehmungen gem. §168e StPO keinerlei Vorkehrungen zu seiner Sicherung getroffen. Dies wäre, nicht zuletzt im Interesse des jeweils betroffenen Kindes, noch zu ändern. Ebenso ist ein entsprechendes Anwesenheits- und Fragerecht des Beschuldigten bei polizeilichen Vernehmungen zu garantieren, da nur auf diese Art und Weise eine Gleichstellung von polizeilichen und richterlichen Videovernehmung[798] und deren Option einer möglichen Verwertung garantiert wäre.[799]

4. Ergebnis: Im Hinblick auf die Wahrung der Beschuldigtenrechte zu beachtende Gesichtspunkte bei der Umsetzung des Regel-Ausnahmemodells

Bei der Durchführung der ermittlungsrichterlichen Vernehmung sind das Anwesenheits- und Fragerecht zu gewährleisten. Dies bedeutet zunächst, dass der Beschuldigte durch den Richter von dem Vernehmungstermin zu benachrichtigen ist. Gelingt es jedoch nicht, ihn hiervon in Kenntnis zu setzten, etwa weil er für längere Zeit verreist oder flüchtig ist, so genügt es, wenn nachweislich zumindest der Versuch unternommen wurde, ihn zu benachrichtigen. Der Beschuldigte kann also nicht für die spätere Hauptverhandlung die nochmalige Vernehmung des Kindes erzwingen, nur weil er aus Gründen, die das Gericht nicht zu vertreten hat, von dem Vernehmungstermin nichts erfahren hat.

796 K/Meyer-Goßner, § 241 StPOa, Rn. 6.

797 KMR-Paulus, § 241 StPOa, Rn. 7; AK-StPO-Schöch, § 241 StPOa, Rn. 6,7; LR-Gollwitzer, § 241 StPOa, Rn. 5; K/Meyer-Goßner, § 241 StPOa, Rn. 4.

798 Vgl. zur Gleichstellung unter 2. Kapitel III.2.2.

799 Ein entsprechender Vorschlag zum Anwesenheitsrechts des Beschuldigten auch bei polizeilichen Vernehmungen findet sich bei der Stellungnahme des DAV zum Eckpunktepapier der Bundesregierung sowie in AE-EV § 186f. vgl. dazu im 4. Kapitel.

Das Anwesenheitsrecht des Beschuldigten beinhaltet keinen Anspruch auf unmittelbare physische Präsenz während der Durchführung der Zeugenvernehmung in demselben Raum, und auch das Fragerecht verlangt nicht, dass der Beschuldigte dieses unbedingt auch persönlich ausübt. Es genügt daher, wenn – wie in § 168 e StPO vorgesehen – der Beschuldigte vom Nebenzimmer aus die Vernehmung verfolgen kann oder der Richter unmittelbar im Anschluss an die Vernehmung des Zeugen über die wesentlichen Aussageinhalte unterrichtet wird oder sonst Gelegenheit erhält, sich unverzüglich selbst über das in seiner Abwesenheit Ausgesagte zu unterrichten. Darüber hinaus reicht es zur Mindestgarantie des Fragerechts aus, wenn der Beschuldigte direkt im Anschluss an die Vernehmung des Zeugen und seiner eigenen Unterrichtung Gelegenheit erhält, diesem Fragen stellen zu lassen, wobei er über daraufhin eingehende Antworten des Zeugen entweder direkt während der Videoübertragung, die er vom Nebenzimmer aus mitverfolgen kann, oder in gleicher Weise wie über die übrige Vernehmung erneut zu informieren ist. Wenn man bedenkt, dass es sich bei der richterlichen Vernehmung des Kindes nach dem Regel-Ausnahmemodell faktisch um eine die Hauptverhandlung in diesem Punkt antizipierende Zeugenvernehmung handelt, ist es sachgerecht, wie auch in § 168 e StPO formuliert, entsprechend der für die Hauptverhandlung geltenden § 241 a StPO und § 247 Satz 2 und Satz 4 StPO – Regelungen vorzugehen: Der Beschuldigte kann von einen Nebenzimmer aus die Vernehmung verfolgen und sein Fragerecht über eine Knopfschaltung zum vernehmenden Richter ausüben. Die Videosimultanvernehmung ist damit im Regelfall zulassen. Damit ist das Regel-Ausnahmemodell mit den Mindestrechten des Beschuldigten, die ihm in der MRK und dem IPBPR verbürgt sind, in vollem Umfang gewährt und damit letztendlich vereinbar. Zusammenfassend sind aber folgende Kriterien zu beachten:

- Dem Beschuldigten, der noch keinen Verteidiger hat, ist vor der Vernehmung ein Pflichtverteidiger zu bestellen
- Dem Verteidiger ist bereits vor der Vernehmung Einsicht in eventuell vorhandene Akten zu gewähren
- Nach der Vernehmung ist dem Beschuldigten und dem Verteidiger Einsicht in das hierüber angefertigte Video zu geben
- Zur Wahrung des Akteneinsichtsrechts sind von den Vernehmungen ungeachtet der Videoaufzeichnung schriftliche Protokolle im Sinne des § 168 c Abs.2 Satz 2 StPO anzufertigen. Diesbezüglich gilt das Akteneinsichtsrecht des Verteidigers uneingeschränkt, und zwar auch soweit es sich auf die Herausgabe und Vervielfältigung bezieht
- Auch dem unverteidigten Beschuldigten ist ein Akteneinsichtsrecht zu gewähren.

- Der Beschuldigte und sein Verteidiger sind von dem Vernehmungstermin rechtzeitig zu benachrichtigen. Die Geltung des § 168 c Abs.5 Satz 2 StPO ist auszuschließen. Verzögerungen, die von dem Beschuldigten und seinem Verteidiger nicht zu vertreten sind, sind in Kauf zu nehmen. Notfalls ist dem Beschuldigten ein anderer Verteidiger zu bestellen
- Das Anwesenheitsrecht und das Fragerecht sind zu gewährleisten. Der Ausschluss des Beschuldigten während der Vernehmung ist zulässig, solange nach § 168 e StPO sein Fragerecht über den Ermittlungsrichter ausübbar bleibt.
- Dem Beschuldigten ist auch ein Anwesenheitsrecht bei polizeilichen Vernehmungen zu garantieren.

Hinzuweisen ist noch darauf, dass maßgeblich im Hinblick auf die Wahrung der Beschuldigtenrechte die konkrete Handhabung des Prozesses im Einzelfall ist. Für die Frage der Ersetzbarkeit der Vernehmung ist es daher nicht entscheidend, inwieweit die einzelnen Regelungen, sondern vielmehr inwieweit die Rechte des Beschuldigten, die sie gerade sichern sollen, verletzt sind. Hier ist bei der Auslegung des § 255a StPO und § 168 e StPO anzusetzen und nach dem vorgeschlagenen Muster des Regel-Ausnahmemodells zu lösen. Es schafft erstens mit der konservierten Erstvernehmung die Voraussetzungen für die funktionsfähige Strafrechtspflege und eröffnet gleichzeitig eine neue Flexibilität: Den Ermittlungsbehörden bleibt notwendigerweise die Wahl überlassen, ob es in Einzelfällen für die Sachverhaltsaufklärung effektiver ist, von bestimmten Maßnahmen abzusehen oder sie erst zu einem späteren Zeitpunkt einzuleiten. Diese Flexibilität des Ermittlungshandelns kann dabei auch soweit gehen, nicht gleich in jedem Falle sofort eine entsprechende richterliche Vernehmung durchzuführen. Sind die Anschuldigungen nämlich nicht so schwerwiegend und würde normalerweise vielleicht gar nicht die Eröffnung der Hauptverhandlung zu erwarten sein, könnte sich eine derartige hauptverhandlungsähnliche Inszenierung der Vernehmung des Kindes auch leicht als eine Überreaktion darstellen. Dies ist immer auch mitzuberücksichtigen und fordert die Ermittlungsbehörden zu einer sorgfältigen Vorbereitung der Erstvernehmung auf. Gerade wenn das Kind mit dem Beschuldigten vielleicht in einer engen Gemeinschaft lebt, ist sorgfältig abzuwägen und zu überlegen, was letzten Endes mehr schadet als nutzt. Auf der anderen Seite kann es natürlich in komplexen Fällen, in denen es eine Vielzahl von Verdächtigen gibt, die Sachverhaltsaufklärung geradezu verunmöglichen, wenn nicht die Kinder vernommen werden können, ohne dass der oder die Beschuldigten hiervon erfahren und so verhindert wird, dass Beweise vernichtet werden. Damit erweist sich als das eigentliche Problem bei der Umsetzung des Regel-Ausnahmemodells die Frage der Nutzung dieser neuen Flexibilität und die mit ihr verbundene Abwägung. Sie setzt vorab voraus, dass die Ermittlungsbehörden in der

Maßgabe, im Regelfall doch eine konservierte richterliche Erstvernehmung anzufertigen, keine „Preisgabe der Ermittlungsfreiheit" sehen, sondern vielmehr die Voraussetzungen für eine Funktionsfähigkeit der Strafrechtspflege – d.h. konkret – der Strafverfolgung schaffen. De facto wird man also davon auszugehen haben, dass die strenge Liste der Anforderungen, die sich aus den Mindestrechten des Beschuldigten ergibt, immer einzuhalten ist, um die Verwertbarkeit zu garantieren.

II. Neo-inquisitorischer Charakter des Regel-Ausnahmemodells ?

Die vorgeschlagene Neuregelung schreibt den neo-inquisitorischen Charakter des Regel-Ausnahmemodells endgültig fest. Im Folgenden ist daher zu untersuchen, inwieweit eine solche Festschreibung in die Gesamtsystematik des Verfahrensrechts überhaupt integrierbar wäre. Bei dieser Frage spielen weniger die verfahrens- und beweisrechtlichen Überlegungen eine Rolle. Vielmehr gilt es im Folgenden, das Regel-Ausnahmemodell auf den rechtspolitischen Prüfstand zu stellen und unter diesem Blickwinkel nach Lösungsmodellen zu suchen.

1. Stellenwert des Ermittlungsverfahrens im Gesamtsystem

Roxin[800] sieht in der Hauptverhandlung, *Wolter*[801] hingegen im Ermittlungsverfahren das „Kernstück" und den „Höhepunkt des gesamten Strafprozesses". Dabei charakterisiert Wolters These treffender eine allgemein zu beobachtende Entwicklung[802], denn in der überwiegenden Zahl der Routinefälle entfällt die Hauptverhandlung ganz: Die Staatsanwaltschaft stellt das Verfahren ein, oder die Sanktionierung wird im Strafbefehlsverfahren ohne Einspruch hingenommen. Hinzu kommen die – umstrittenen – Neuerungen des beschleunigten Verfahrens[803] und die verschiedenen Änderungen gerade durch die Gesetze zur organisierten Kri-

800 Roxin, 1991, S. 275. Siehe insbesondere Rieß, FS für Lackner, 1987, S. 965, 985–987; Schünemann, FS für Pfeiffer, 1988, S. 461, 482;

801 Wolter, 1991, S. 35.

802 Übereinstimmend Rieß, FS für Schäfer, 1980, S. 155, 184 – 186; Wolter, 1991, S. 56.; Weigend, ZStW 104 (1992) Heft 2, S. 486 ff.

803 Vgl. Gesetz zur Änderung des Strafgesetzbuches, der Strafprozeßordnung und anderer Gesetze vom 28.10.1994, BGBl. I, 3168; Loos/Radtke, NStZ 1995, S. 569 ff.

804 Vgl. OrgKG, Gesetz zur Bekämpfung des illegalen Rauschgifthandels und anderer Erscheinungsformen der Organisierten Kriminalität vom 15.7.1992 (BGBl. I, 1302; III, 450–23).

minalität[804], die eindeutig den Schwerpunkt der verfahrensentscheidenden Beweisführung in das Ermittlungsverfahren setzten. Gerade bei letzteren[805] spielt die Hauptverhandlung oftmals eine Sekundär-Rolle, denn bei diesen komplexen Sachverhalten findet die Sachverhaltsaufklärung weniger durch Rede und Gegenrede, sondern oftmals mit Mitteln des Sach- und Urkundenbeweises statt. Weigend konstatiert in diesem Zusammenhang, dass nur ein relativ kleiner Bereich tatsächlich einfach gelagerter, aber schwerwiegender Taten, für die öffentliche Verhandlung noch ein brauchbares Medium der Aufklärung darstelle. Dies zeige sich daran, dass die Herrschaft des Unmittelbarkeitsgrundsatzes häufig durch hereinragende Teile des Ermittlungsverfahrens – wie bspw. durch § 251 StPO in Frage gestellt werde.[806] Aus dieser Perspektive betrachtet gehen die Ersetzungsmöglichkeiten aus § 255a StPO eben mit jener Entwicklung konform, dass das Ermittlungsverfahren im Vergleich zum Hauptverfahren in den letzten Jahren immer mehr an Bedeutung gewonnen hat. Weigend geht sogar so weit, diesen Bedeutungszuwachs mit der Situation vor Einführung des Inquisitionsprozesses zu vergleichen.[807]

Problematisch an dieser Entwicklung ist, dass je mehr die Hauptverhandlung durch den Schatten des Ermittlungsverfahrens sozusagen verdunkelt wird, desto geringer die Effizienzen und die Erfolgsaussichten solcher späten Bemühungen des Beschuldigten sind, seine Sicht der Dinge letztendlich zu Geltung zu bringen. Umso gewichtiger ist es daher, das Ermittlungsverfahren unter Beibehaltung des Inquisitionsgrundsatzes auch dem Normprogramm nach zum Kernstück des Verfahrens zu machen. Entsprechend ist auch das Regel-Ausnahmemodell in diesem Kontext zu sehen. Es ist Teil einer gesamten rechtspolitischen Entwicklung hin zu einem quasi-neoinquisitorischen Verfahren, einer immer stärkeren Betonung des Ermittlungsverfahrens. Dies hat aber notwendig zur Voraussetzung, dass die Verteidigung die Möglichkeit wirksamerer Einflussnahme auf die Entwicklung der Ermittlungen erhält; und es hat, zur – zumindest plausiblen – Konsequenz, dass am Ende des Ermittlungsverfahrens ein vorläufiger Entscheidungsvorschlag steht. Die Frage, die sich dann aber stellt, ist: Was wird dann aus der Hauptverhandlung ? Dazu sind – auch im Hinblick auf die rechtspolitische Begründung des Regel-Ausnahmemodells – mehrere Lösungen denkbar.[808]

805 Exemplarisch: Wirtschaftsstrafsachen, Drogenhandel, Waffenhandel, Frauenhandel, Anlage E RiStBV, Gemeinsame Richtlinien der Justizminister/-senatoren und der Innenminister/-senatoren über die Zusammenarbeit von Staatsanwaltschaft und Polizei bei der Verfolgung der Organisierten Kriminalität.

806 Weigend, ZStW 104(1992), S. 504.

807 Vgl. Weigend, ZStW 104 (1992), S. 172, 173; s. Trusen, in: Landau/Schroeder, 1984, S. 29, 54–69; weitere Nachweise bei Weigend, 1989, S. 77–79; s. Jerouschek, ZStW 104 (1992), Heft 2.

808 Im Anschluß an Schünemann, FS für Pfeiffer, 1988, S. 461, 482, könnte man an die Entscheidung des Falles durch einen „von den Beteiligten nicht berechenbaren und in diesem Sinne

2. Das neo-inquisitorische Verfahrensmodell

Als Modellvorschlag wäre es möglich, sich in der (bisherigen) Hauptverhandlung darauf zu beschränken, auf der Grundlage eines Sachberichts über das Ergebnis der Ermittlungen von etwaigen Beweisinitiativen der Verteidigung nachzugehen; die Verhandlung würde im übrigen der Erörterung von Rechts- und Strafzumessungsfragen dienen. Das entsprechende Modell mag ungewöhnlich erscheinen; es kann sich jedoch immerhin in verschiedenen Punkten auf ausländische Vorbilder oder auf Reformforderungen stützen, die in der deutschen Wissenschaft schon fast Allgemeingut geworden sind.[809] Es soll deshalb skizziert und anschließend auf den Fall des Regel-Ausnahmemodells bezogen werden:

Das Ermittlungsverfahren sollte wie bisher von der Staatsanwaltschaft mit Hilfe der Polizei durchgeführt werden. Der Ermittlungsrichter würde allerdings neben der bisherigen Funktion der Kontrolle von Grundrechtseingriffen[810] die zusätzliche Aufgabe erhalten, Beweise nicht nur im Auftrag der Staatsanwaltschaft (wie nach § 162 StPO), sondern auch im Auftrag des Beschuldigten bzw. seines Verteidigers und des Opferzeugen bzw. der Nebenklagevertretung zu erheben.[811] Das

aleatorischen Spruchkörper (etwa nach dem Muster des klassischen Schwurgerichts)" denken. Dabei entstünde jedoch ein Dilemma: Entweder müßten sämtliche Beweise erneut und in einer für die Geschworenen verständlichen Weise präsentiert werden – das würde die von beweisrechtlichen Fragen belastete Mammutverhandlung erfordern, die das amerikanische Jury-System so unpraktisch macht; oder man müßte den Beweisstoff künstlich beschränken – dann würde man das Gericht dazu zwingen, gegebenenfalls auf einer von ihm selbst als unvollständig erkannten Tatsachengrundlage zu entscheiden.

809 Das Modell ist grundsätzlich auf alle Arten von Strafverfahren anwendbar. Eines besonderen Bagatellverfahrens bedürfte es wohl nicht, da die meisten einfachen Fälle entweder von der Staatsanwaltschaft eingestellt oder vom Richter nach Abschluß der Ermittlungen ohne großen Aufwand entschieden werden könnten. Auf diesen Verfahrensstufen könnten z. B. auch etwaige Wiedergutmachungsleistungen des Täters berücksichtigt werden. Für ein Einheitsverfahren auch Rapports, 1991, S. 132f.; für eine Mehrzahl von Verfahrensgängen aber Rieß, FS für Lackner, 1987, S. 965, 984.

810 Insoweit wäre es angebracht, Zeitpunkt sowie Art und Weise der richterlichen Kontrolle (präventiv wie etwa in g 100 b Abs. 1 Satz 1, 114 StPO; nachträglich ohne Antrag wie in § 100 Abs. 2, 100b Abs. 1 Satz 3 StPO oder nachträglich auf Antrag des Betroffenen wie in § 98 Abs. 2 Satz 2 StPO) neu zu durchdenken und zu systematisieren; siehe hierzu Hilger, JR 1990, 485 m.w.N.

811 Dies entspricht auch den Vorschlägen der polnischen Reformkommission; Cieslak, ZStW 104 (1992), S. 483. Vielfach wird vorgeschlagen, dass der Beschuldigte seine Beweisanträge bei der Staatsanwaltschaft stellen und gegen deren (begründete) Zurückweisung das Recht auf gerichtliche Entscheidung haben solle; Rieß, Festschrift für Schäfer, 1980, S. 155, 209f.; Roxin, Festschrift für Jauch, 1990, S. 183, 194; Rapports 1991, S. 146; Wolter, 1991, S. 90. Gegen jede gerichtliche Kontrolle Wassermann, FS für Pallin, 1989, S. 465, 474, mit dem hier

schon bisher in der deutschen Strafprozessordnung vorgesehene Beweisantragsrecht des Beschuldigten im Ermittlungsverfahren würde also nicht mehr bloß auf dem Papier stehen, sondern durchsetzbar werden.[812] Beweisanträge sollte der Ermittlungsrichter nur aus den Gründen des § 244 Abs. 3 – 5 StPO ablehnen können. Ob man dem Ermittlungsrichter darüber hinaus die Befugnis einräumen sollte, auch ohne Antrag Untersuchungshandlungen *zugunsten* des Beschuldigten vorzunehmen, wäre diskutabel, aber zweifelhaft; dafür sprechen die praktischen Bedürfnisse eines unverteidigten Beschuldigten, dagegen die zu starke Eingriffsmöglichkeit des Richters, die diesen in Kollision mit der Staatsanwaltschaft, die ja prinzipiell „Herrin des Vorverfahrens" bleiben soll, bringen würde. Um dem Beschuldigten ausreichende Möglichkeiten zur Widerlegung von Verdachtsgründen und zur Entwicklung seiner eigenen Beweisposition zu geben, wäre weiterhin die alte Forderung nach einer Verbesserung des Akteneinsichtsrechts der Verteidigung zu erfüllen: Die Akteneinsicht sollte während des Ermittlungsverfahrens nur aus eng umrissenen Gründen und nur für bestimmte Zeit versagt werden können, und der Verteidiger sollte sich hiergegen mit Rechtsbehelfen zur Wehr setzen können[813] – letzteres ist an sich schon de lege lata eine Selbstverständlichkeit.[814] Nachzudenken ist ferner über die Option eines eigenen Akteneinsichtsrechts für den unverteidigten Beschuldigten und eine Erweiterung der Regelun-

nicht besonders überzeugenden Hinweis auf den Gesichtspunkt der Gewaltenteilung. Der Umweg über eine Antragstellung bei der Staatsanwaltschaft scheint m.E. das Verfahren sehr zu komplizieren; außerdem ist fraglich, ob die Staatsanwaltschaft (oder die Polizei) eine ihr vom Richter aufgezwungene Beweiserhebung mit ausreichendem Engagement vornehmen würde.

812 Nach geltendem Recht (§ 163a Abs. 2, 166 Abs. 1 StPO) ist schon streitig, ob der Beschuldigte überhaupt einen Anspruch auf Erhebung der von ihm beantragten sachdienlichen Beweise im Ermittlungsverfahren hat. Bejahend z. B. LR-Rieß § 163 a Rn. 112; Krekeler, NStZ 1991, 367; ablehnend (Ermessen der Staatsanwaltschaft) die wohl überwiegende Meinung, vgl. ANM, Beweisantrag, S. 336; K/Meyer-Goßner/Meyer, § 163 a Rn. 1 5; wohl auch KK-Müller § 163 a Rdn. 8; KMR-Müller § 163a Rn. 10. Selbst wenn man diese Frage bejaht, besteht der Anspruch nur, soweit die beantragten Beweise „von Bedeutung sind"; im übrigen hat der Beschuldigte nach ganz überwiegender Meinung keine prozessuale Möglichkeit, einen etwaigen Anspruch auf Beweiserhebung im Ermittlungsverfahren durchzusetzen; vgl. LR-Rieß § 146 a Rn. 117.

813 Vorschläge hierzu auch bei Arbeitskreis Strafprozeßreform, Die Verteidigung, 1979, S. 97, 99 (Versagung nur bei dringender Gefahr der erheblichen Behinderung weiterer Ermittlungen); Roxin, FS für Jauch, 1990, S. 183, 193 (Versagung nur für höchstens 14 Tage); Wolter, 1991, S. 88 (mindestens einmalige „garantierte" Akteneinsicht).

814 Siehe OLG Celle NStZ 1983, 379; Welp, StV 1986, 446; LR-Lüderssen, § 147 Rn. 157; anders die überwiegende Ansicht: siehe z. B. K/Meyer-Goßner § 147 Rn. 39 m.w.N.; siehe auch BVerfG NJW 1985, 1019.

gen zur Bestellung eines Pflichtverteidigers.[815] Außerdem gehört es zu den Voraussetzungen einer gleichberechtigten Position der Verteidigung, dass der Verteidiger bei der Zeugenvernehmung durch die Polizei und die Staatsanwaltschaft ein Anwesenheits- und Fragerecht besitzt[816] und dass er auch an der polizeilichen Vernehmung seines Mandanten teilnehmen darf.[817]

Solche Regelungen würden zu der Hoffnung berechtigen, dass das Ergebnis der Ermittlungen ausgewogener als bisher wird, da zum einen der Blick der Verteidigung durch bessere Information über das Ermittlungsgeschehen auf das Wesentliche gelenkt und da zum anderen die Entfaltung ihrer eigenen Beweisinitiativen erleichtert wird. Nach Abschluss des Ermittlungsverfahrens sollte die Staatsanwaltschaft über dieselben Entscheidungsmöglichkeiten wie nach geltendem Recht verfügen. Erhebt sie Anklage, so hätte ein Richter zu prüfen, ob die Schuld des Angeschuldigten nach Lage der Akten mit einer zur Verurteilung hinreichenden Wahrscheinlichkeit festgestellt werden kann. Ist dies der Fall, so ist das Verfahren in der Regel für eine vorläufige Entscheidung reif. Der Richter sollte daher – nach fakultativer mündlicher Verhandlung, in der auch einzelne Beweise erhoben werden können[818] – einen Entscheidungsvorschlag wie im jetzigen Strafbefehlsverfahren erlassen, allerdings mit der Besonderheit, dass dieser Vorschlag wie ein Urteil zu begründen wäre.[819]

815 Vgl. auch die Vorschläge im fünften Kapitel und BGHSt 38,214=StV 1992,212 sowie BGHSt 46, 93=StV 2000,593 und StV 2002,117.

816 Roxin, FS für Jauch, 1990, S. 183, 192; Wolter, 1991, S. 85; hinsichtlich eines Fragerechts zweifelnd Miklau/Szymanski, FS für Pallin, 1989, S. 249, 272 (nur bei gleichzeitiger Anwesenheit des Staatsanwalts); ablehnend mit Argumenten aus der Praxis Bachlechner, JBl. 1991, 192, 196. Die praktischen Probleme eines derartigen Rechts sind nicht zu übersehen; Eine längere Ladungsfrist wird man dem Verteidiger schwerlich einräumen können; bei kurzfristiger Information dürften aber Terminkollisionen unvermeidlich sein.

817 Die Frage des Anwesenheitsrechts ist bekanntlich de lege lata umstritten und wird von der Praxis verneint; umfassende Nachweise bei LR-Rieß § 163a Rdn. 95.

818 In der vergleichbaren udienzia preliminare des italienischen Verfahrens ist dagegen lediglich eine Anhörung des Angeklagten, keine weitere Beweisaufnahme vorgesehen (Art. 421 Abs. 2 it, StPO).

819 In mancher Hinsicht ähnlich der Vorschlag von Wolter, GA 1989, 397, 404f., 412; ders. 1991, S. 63 f., zur Einführung einer „mündlichen und konfliktregelnden Variante" der Verfahren nach g 153 a, 407 ff. StPO.

Die Staatsanwaltschaft kann den Urteilsvorschlag nur im Wege der Rechtsbeschwerde hinsichtlich verfehlter Rechtsanwendung (auch im Hinblick auf das Strafmaß) rügen.[820] Dem Angeschuldigten sollte es dagegen freistehen, ob er den Vorschlag annimmt; ist er nicht einverstanden, so kann er die Durchführung einer mündlichen Verhandlung beim zuständigen Gericht verlangen. Um auszuschließen, dass der Angeschuldigte bei dieser Entscheidung durch die Furcht vor einer Erhöhung der Sanktion motiviert und so zur Unterwerfung unter den Vorschlag genötigt wird, wäre gesetzlich festzulegen, dass das Endurteil nur in Ausnahmefällen (z. B. bei wesentlich abweichender rechtlicher Beurteilung oder beim Auftauchen neuer, die Tatschuld erheblich steigernder Umstände) zum Nachteil des Angeschuldigten vom Urteilsvorschlag abweichen darf.[821] Die Idee einer Entscheidung nach Aktenlage am Ende des Ermittlungsverfahrens lehnt sich an das italienische giudizio abbreviato an.[822] Auf einen ausdrücklichen Strafnachlass sollte man jedoch verzichten, um die Entscheidung des Angeschuldigten in größtmöglichem Umfang von den Chancen zusätzlicher Verteidigungsmittel in einer Hauptverhandlung und nicht von der Differenz zwischen den zu erwartenden Strafen abhängig zu machen. Aufgrund des Interesses, einerseits die Zustimmung des Beschuldigten zu dem Entscheidungsvorschlag zu erlangen, und andererseits aufgrund der Beschwerdemöglichkeit der Staatsanwaltschaft wäre gewährleistet, dass der Richter ein einigermaßen realistisches Strafmaß anbietet, so dass der Anreiz für die Verteidigung, unter Spekulation auf eine Herabsetzung der Strafe in jedem Fall eine Hauptverhandlung zu verlangen, nicht besonders hoch wäre.

Der Richter, der den Entscheidungsvorschlag erlässt, ist im Idealfall weder mit dem Ermittlungsrichter noch mit dem erkennenden Gericht identisch. Sollte man dies als eine zu große personelle Belastung der Justiz ansehen, so kämen auch zwei Alternativen in Betracht, deren Vereinbarkeit mit der Rechtsprechung des Europäischen Gerichtshofs für Menschenrechte zur Unparteilichkeit des Richters[823]

820 Ein Vetorecht der Staatsanwaltschaft gegen den Entscheidungsvorschlag würde der Anklagebehörde unangemessen großen Einfluß auf die Strafzumessung gewähren. Eine vergleichbare Regelung im neuen italienischen Strafprozeßrecht (nach Art. 438 Abs. 1 it. StPO bedarf das Verfahren des giudizio abbreviato, das zu einem Strafnachlaß für den Angeklagten führt, der Zustimmung der Staatsanwaltschaft; die Verweigerung braucht nicht begründet zu werden) wurde wegen Verstoßes gegen den Gleichheitssatz im Jahre 1990 für verfassungswidrig erklärt (Urteil des Verfassungsgerichtshofs v. 18.1.1990, Gazzetta Ufficiale v. 14.2.1990, Nr. 7).

821 Ähnlich der Vorschlag von Schünemann, Gutachten B zum 58 StPO. Deutschen Juristentag, S. B 162 f., für den Fall einer mißlungenen Absprache über das Verfahrensergebnis.

822 Art. 438 – 440 it. StPO.

823 Siehe insbesondere De Cubber ./. Belgien, EuGRZ 1985, 407 (Untersuchungsrichter darf nicht auch als erkennender Richter in derselben Sache tätig werden). Entsprechende Bedenken auch in Rapports, 1991, S. 160.

jedoch zweifelhaft ist: Der Urteilsvorschlag könnte, wie in Italien beim giudizio abbreviato, vom Ermittlungsrichter erlassen werden, oder er könnte vom erkennenden Gericht (im Zwischenverfahren) ausgehen. Zumindest im letzteren Falle würde sich das Gericht aber in den Augen des Angeschuldigten doch zu weitgehend festlegen, als dass er noch auf eine unbefangene Untersuchung des Falles in einer späteren Hauptverhandlung vertrauen könnte.

Lehnt der Angeschuldigte den Urteilsvorschlag ab, so soll es zu einer Hauptverhandlung kommen, bei der angesichts der kontradiktorischen Vorklärung des Falles allerdings auf die Reduplikation der früheren Ermittlungen weitgehend verzichtet werden könnte.[824] Die Hauptverhandlung sollte mit einem Sachbericht des Staatsanwalts über das Ergebnis der Ermittlungen beginnen; in diesem Bericht müssten auch die einzelnen Beweismittel und die aus ihnen gezogenen Schlüsse referiert werden. In Strafrichtersachen ließe sich der Sachbericht auch durch die stille Lektüre der Ermittlungsakten durch das Gericht ersetzen. Beweis erhoben wird dann nur noch insoweit, als die Verteidigung zulässige Beweisanträge stellt oder Beweisanregungen gibt, die das Gericht auch unter Berücksichtigung der Ermittlungsergebnisse für bedeutsam hält.[825] Dabei sollte die erneute Aufnahme solcher Beweise jedenfalls grundsätzlich präkludiert sein, die im Ermittlungsverfahren bereits in Anwesenheit der Verteidigung erhoben wurden.[826] Diese Lösung sichert der Verteidigung die Option, entweder im Ermittlungsverfahren aktiv mitzuwirken oder statt dessen ihre Chance in der Hauptverhandlung zu suchen. Der Staatsanwaltschaft käme in einer solchen Hauptverhandlung eine eher passive Rolle zu; allerdings wird man ihr das Recht einräumen müssen, auf neue Beweismittel der Verteidigung mit Gegenbeweisen zu antworten. Und selbstverständlich hätte sie ebenso wie die Verteidigung die Möglichkeit, zu Rechtsfragen und zur Strafzumessung Stellung zu nehmen. Es ist durchaus möglich,

824 Dem entgegengesetzten Ansatz folgt die italienische Strafprozeßreform, indem sie die im Ermittlungsverfahren gesammelten Beweise grundsätzlich für die Hauptverhandlung sperrt, zwingt sie zu deren erneuter Präsentation.

825 Die Berechtigung des Gerichts, Beweismittel von sich aus einzuholen ist schwierig einschränkbar, da ein Ermessensspielraum besteht, doch ist zu hoffen, dass sich die Gerichte in dieser Hinsicht Zurückhaltung auferlegen, da sonst der Sinn der Vorwegnahme der Beweisaufnahme im Ermittlungsverfahren verlorenginge.

826 Vorschläge in diese Richtung auch bei Engelhard, FS für Rebmann, 1989, S. 45, 60; Wolter, 1991, S. 86. Die Rechtsprechung des Europäischen Gerichtshofs für Menschenrechte zum Recht auf Konfrontation mit Belastungszeugen (Engel ./. Niederlande, EuGRZ 1976, 221; Unterpertinger ./. Österreich, EuGRZ 19B7, 147) stünde einer solchen Regelung nicht entgegen, da ja die Verteidigung bei der Vernehmung von Belastungszeugen im Ermittlungsverfahren von ihrem Fragerecht Gebrauch machen kann.

dass ein solches Verfahren, hinsichtlich dessen Details natürlich noch viele Fragezeichen bleiben, gegenüber dem heutigen Strafverfahren gewisse Komplikationen und Verzögerungen mit sich bringt. Einen Ausgleich dafür könnte der Wegfall der Berufung bieten, die bei einer Verfahrensstruktur wie der hier vorgeschlagenen keinen sinnvollen Zweck mehr erfüllen würde.[827]

3. *Konsequenzen für das Regel-Ausnahmemodell*

Das skizzierte – in ausländischen Prozessordnungen festgeschriebene – neo-inquisitorische Modell, das sowohl kontradiktorische als auch konsensuale Elemente in sich aufnimmt[828], eröffnet auch für das vorgeschlagene Regel-Ausnahmemodell neue Ansätze. Es zeigt eine mögliche Präklusionswirkung für die aufgezeichnete richterliche Vernehmung auf, die die Gewichte vom Haupt- ins Ermittlungsverfahren verschiebt und dabei die Rollen der Prozessbeteiligten neu verteilt. Da sich hieraus die größten Implementationsprobleme ergeben, setzt das Modell im Grunde vom Beginn des Ermittlungsverfahrens an eine aktive professionelle Verteidigung voraus, so dass zu erwägen wäre, ob nicht nach amerikanischem Vorbild öffentliche Verteidigerbüros eingerichtet werden müssten, deren Mitglieder dem Beschuldigten jedenfalls als Soforthelfer zur Verfügung zu stehen hätten. Darüber hinaus stellt sich die Frage, ob sich nicht die Staatsanwaltschaft die faktische Verfahrensherrschaft im Ermittlungsstadium jedenfalls zum Teil von der Polizei zurückholen müsste, um die Justizförmigkeit des nach diesem Vorschlag entscheidenden Teils des Prozesses zu gewährleisten.[829] Es zeigt aber grundsätzlich die Möglichkeit auf, die im Regel-Ausnahmemodell bedingte Präklusionswirkung so in das Verfahrensrecht zu integrieren, dass Beschuldigte und Opferzeugen gleichermaßen gewahrt bleiben.

827 Die Regelung, wonach auf unbegründete Anfechtung eines Beteiligten hin die gesamte Hauptverhandlung wiederholt werden muß, dürfte ohnehin eine deutsche Besonderheit darstellen; in ausländischen Rechtsordnungen sind zweiinstanzliche Rechtsmittelsysteme ganz üblich.

828 Für eine „notwendige Verteidigung" grundsätzlich in allen Fällen z. B. auch Arbeitskreis Strafprozeßreform, Die Verteidigung, 1979, S. 49 – 57; Hassemer, 1987, S. 143 f.; Schünemann, FS für Pfeiffer, 1988, S. 461, 482; Rapports, 1991, S. 141 f.; einschränkend Wolter, 1991, S. 45 f. (nur in Fällen von Untersuchungshaft). In Italien muß jeder Angeklagte einen (gewählten oder vom Gericht ernannten) Verteidiger haben; ernannte Verteidiger müssen aber weitgehend ohne Kostenerstattung durch den Staat tätig werden.

829 Siehe hierzu auch Miklau/Szymanski, FS für Pallin, 1989, S. 249, 256; Wolter, 1991, S. 54–46. Bedenkenswert ist die polnische Unterscheidung zwischen Ermittlungsverfahren in leichteren Fällen, die an die Polizei delegiert werden können und Untersuchungsverfahren, in denen grundsätzlich der Staatsanwalt selbst tätig werden muß, vgl. Cieslak, ZStW (1992), S. 483.

Viertes Kapitel
Konsequenzen für die Beweiswürdigung und Glaubwürdigkeitsbegutachtung bei Verzicht auf die regelmässige erneute Vernehmung und auf die Exploration durch einen Sachverständigen

Da nach der vorgeschlagenen Konzeption das Gericht allein auf der Grundlage der konservierten Erstvernehmung und ohne (zwingende) Hinzuziehung eines Sachverständigen die Glaubhaftigkeit der Aussage beurteilen soll, stellt sich die Frage, ob diese Verfahrensweise das sich aus den revisionsrechtlichen Grundsätzen ergebende Gebot der „erschöpfenden Beweiswürdigung" erfüllt. Bildlich gesprochen ist im Folgenden das „Damoklesschwert" der Revision, das quasi über den Gerichten schwebt, näher zu betrachten.

Die revisionsrechtliche Rechtsprechung lässt auf den ersten Blick keinen Zweifel daran, dass die Beurteilung der Glaubwürdigkeit durch das Gericht zur „ureigene Aufgabe" [830] und zum „Wesen richterlicher Rechtsfindung" gehört. Die entsprechende Sachkunde wird den Richterinnen und Richtern in der Regel auch zugestanden.[831] Nur *ausnahmsweise* soll ein Sachverständiger hinzugezogen werden.[832] Gerade in Fällen wegen sexuellen Missbrauchs hat sich diese Ausnahme in einen Regelfall verkehrt und parallel dazu sind die Anforderungen an eine eigene Würdigung der Aussagen durch das Gericht gestiegen: Zwar kann das Gericht nach dem Grundsatz der freien Beweiswürdigung das Gutachten uneingeschränkt nachprüfen[833] und ist an die Ergebnisse des Gutachtens nicht gebunden, sondern „zu einem eigenen Urteil auch in schwierigen Sachfragen verpflichtet" und muss

830 BGHSt 7, 82 (83); Dippel, 1986, S. 169 m.w.N; Zur Glaubwürdigkeitsbeurteilung als der „ureigenen Aufgabe" des Strafrichters vgl. BGHSt 3, 52 (53); 8, 130 (131); BGH StV 1993, S. 173; STREIT 1996, S. 120 f.; Fischer, NStZ 1994, S. 2; Krauß, ZStW 85 (1971), S. 321; Dippel, 1986, S. 20.

831 BGHR StPO § 244 IV 1 Glaubwürdigkeitsgutachten 1, 2, 3; vgl. auch die zahlreichen Nachweise bei KK-Herdegen 3. Aufl., § 244 Rn. 31.; in K/Meyer-Goßner § 244 Rn. 44; LR-Gollwitzer § 244 Rn. 82 ff.; ANM, Beweisantrag, S. 699 ff.

832 Zu den Besonderheiten und Ausnahmefällen die eine Hinzuziehung des Sachverständigen erfordern zählen psychische Erkrankungen (vgl. BGH StV 1985, 398, vgl. BGH, NStZ 1990, 8), Krankheiten (vgl. BGH NStZ 1991, 47; BGH, NJW 1967, 313), Reifedefizite (LR-Gollwitzer § 244 Rnr. 95 m.w.N.), schwierige Beweissituationen (BGHSt 8, 130, 131; BGH StV 1989, 204 m.Anm. Schlothauer). Damit können alle Fälle die von den Normalfällen abweichen und irgendwelche Besonderheiten aufweisen, zum Ausnahmefall erklärt werden.

833 BGHSt 7, 238, Dippel, 1986, S. 30.

„die Entscheidung auch über diese Fragen selbst erarbeiten" und durchdenken, um sich eine eigene Meinung über die Beweisfrage zu bilden. Im Umkehrschluss ist ein Sachverständigengutachten damit auch keine zwingende Voraussetzung für die Beurteilung der Glaubwürdigkeit.[834] Auf der anderen Seite stellt die Rechtsprechung aber so hohe Anforderungen an die richterliche Begründung sowie die konkrete Auseinandersetzung mit den Kriterien zur Glaubwürdigkeit und – in den Fällen, in denen ein Gutachten vorliegt und das Gericht davon abweichen will – eine intensive Auseinandersetzung damit, dass faktisch die eigene richterliche Urteilungsfähigkeit sehr einschränkt ist: So muss der Richter im Urteil kenntlich machen, dass diese Abweichung aufgrund eigener Überzeugung geschehen ist[835] und die Gründe hierfür detailliert mitteilen.[836] Er muss regelmäßig, die *Anknüpfungstatsachen* und Ausführungen des Sachverständigen sowie seine eigenen Überlegungen angeben[837], und aufgrund der schwierigen Beweislage ist die Darlegungspflicht sehr hoch.[838] Will das Gericht folglich von einem Gutachten abweichen bzw. die Glaubwürdigkeit unabhängig davon beurteilen, müssen die Urteilsgründe genau erkennen lassen, dass es das bessere Sachwissen auf dem ihm fremden Wissensgebiet zurecht für sich in Anspruch genommen hat.[839] Der Rechtfertigungsdruck für den Richter ist folglich enorm: Er muss seine Fachkompetenz darlegen und im Regelfall die Gedankengänge des Sachverständigen im Einzelnen wiedergeben und seine Gegenansicht eingehend begründen.[840] Durch diese hohen Anforderungen bleibt ihm für den Fall, dass er dem Gutachten nicht folgt, fast kein Spielraum mehr für eine eigene Beweiswürdigung und noch weniger Spielraum in der Frage, inwieweit er auf das Gutachten ganz verzichten kann. Dies erklärt sowohl die in der Praxis üblich gewordene Hinzuziehung eines Sachverständigen und zeigt die Gefahr, dass seine Bewertung die eigene richterliche Beweiswürdigung ersetzt.

Für die Kinder bedeutet dies, dass sie neben der möglichen einzigen richterlichen Vernehmungen *immer* einer Exploration durch den Sachverständigen unterzogen werden, die für sie häufig nicht von einer Vernehmung zu unterscheiden ist, da sie de facto noch einmal das Geschehene rekapitulieren müssen, was für sie gleichermaßen Belastungsgefahren birgt.[841] Um die Möglichkeiten des skizzier-

834 BGHSt 8, 113; vgl. BGH StV 1991, 500; Dippel, 1986, S. 30 ff. m.w.N.

835 BGHSt 12,311: StV 1982,210.

836 BGH, NStZ 1982,342; StV 1982, 210.

837 BGHSt 12,311; BGH NStZ 1981,488; OLG Frankfurt 4 S 150/91 S. 6; OLG Düsseldorf NStZ 1983.283; LR-Hanack § 337 Rn. 140.

838 BGHSt 12,315.

839 BGHSt 21,62; Dippel, 1986, S. 32.

840 BGH StV 1984, 241 StPOf; ähnlich StV, 1986, 47.

841 Marquardt, 1993, S. 87.

ten, umfassenden, opferzeugenschützenden Ansatzes weitestgehend zu realisieren[842], soll daher im ersten Teil untersucht werden, wie eine solche Glaubwürdigkeitsbeurteilung durch den Sachverständigen nicht zwingend erforderlich ist, sondern die Beurteilung der Glaubwürdigkeit auf Grundlage der konservierten Erstvernehmung wieder zur „ureigenen Aufgabe des Gerichts werden kann".[843] Ähnlich wie im vorigen Kapitel, als der Richter das Vorliegen der Voraussetzungen für eine „Ungeeignetheit" oder „Unerreichbarkeit" allein aus seiner Sachkunde heraus beurteilen musste, ist in diesem Zusammenhang zu untersuchen, ob das Damoklesschwert der Revision einen Verzicht auf den Sachverständigen und damit eine eigene Beurteilung durch das Gericht zulässt. So kann im *Verzicht auf die Hinzuziehung eines Sachverständigen* eine aus revisionsrechtlicher Sicht unzulässige Eingrenzung des Beweisumfangs liegen, aber auch gegen die Grundsätze einer *„erschöpfenden Beweiswürdigung"* verstoßen.[844] Insoweit sind auch nach der höchstrichterlichen Rechtsprechung die Grenzen zwischen einem Verstoß gegen die Aufklärungspflicht und einem solchen gegen die Grundsätze der Beweiswürdigung ziemlich unklar: Knüpft man hier offenbar an Verfahrensvorschriften wie § 244II,261 an, ist es zwar fraglich, ob man dann etwaige Mängel des tatrichterlichen Urteils, so wie die Rechtsprechung dies tut, auf die Sachrüge hin beachten sollte, oder ob es nicht vielmehr Verfahrensrügen sind.[845] Soll aber, wie hier vorgeschlagen, nach Möglichkeiten gesucht werden, wie die zwingende Hin-

842 Vgl. dazu auch den Vorschlag des DJB, Oberlies/Nelles, 1998, S. 20/21, § 68 b S. 23: „Gutachten, die der Beurteilung der Glaubwürdigkeit von Zeuginnen und Zeugen dienen, sind nur zulässig, wenn die zu begutachtende Person nach Belehrung einwilligt. Glaubwürdigkeitsgutachten bei Personen unter 16 Jahren sind unzulässig.

843 Vgl. 2. Kapitel, Zweiter Schritt, III. 1., 2.

844 So die Rechtssprechung, die in diesen Fällen immer eine Sachrüge annimmt, vgl. BGH, StV 1988, 57 ff.; Denn erfaßt § 261 grundsätzlich nur die Fälle, in denen das Gericht seine Überzeugung nicht aus dem Inbegriff der Verhandlung geschöpft habe und nur daraufhin die Verfahrensrüge erhoben werden kann. Gleichzeitig verpflichtet aber 244 II das Gericht den Sachverhalt von Amts wegen zu ermitteln und dabei die Beweisaufnahme nach pflichtgemäßem Ermessen auf alle entscheidungserheblichen Tatsachen und Beweismittel zu erstrekken. Folglich dient § 244 II dazu die Überzeugungsbildung des Richters auf eine möglichst umfassende und zuverlässige tatsächliche Grundlage zu stellen. Eine unzulängliche oder unterlassene Beweisaufnahme setze sich daher häufig als Fehler bis in die Beweiswürdigung fort. Kommt der Richter seiner umfassenden Aufklärungspflicht nicht nach, so stützt er seine Überzeugung auf eine unvollständige Beweisaufnahme und damit auf eine dem Verfahrensrecht widersprechende Entscheidungsgrundlage. Vorliegend soll die Frage, inwieweit ein Gutachter hinzuzuziehen ist, dennoch nicht innerhalb von § 244 II, sondern bei § 261 behandelt werden, da bei der Frage, inwieweit das Gericht selbst die Glaubwürdigkeit beurteilen kann, mehr die Frage der pflichtgemäßen Beweiswürdigung im Vordergrund steht.

845 So vor allem die Verteidigung, vgl. Niemöller, StV 1984, S. 431.

zuziehung eines Sachverständigen entbehrlich wird, so lässt sich diese Frage für den Richter zwangsläufig erst *nach Würdigung* der konservierten Erstvernehmung entscheiden.[846] Insofern ist in diesen Fällen die Frage der Beweiserhebung bzw. Beweisführung aus § 244Abs. 2 StPO[847] und der Beweiswürdigung aus § 261 StPO nicht voneinander zu trennen.[848] Beide Beweisprinzipien sind daher in der Gesamtschau zu sehen und damit die Streitfrage, ob nun Verfahrens- oder Sachrügen erhoben werden, an dieser Stelle nicht relevant.[849]

Gleiches gilt für die weitere Frage, inwieweit die konservierte Erstvernehmung als Grundlage für eine Beweiswürdigung ausreicht, jedoch besteht dort das potentielle Spannungsverhältnis zwischen §§ 244 Abs. 2 StPO und § 261 StPO noch verstärkter fort, da die Fehler in der Beweiserhebung immer auch Gefahren der Umdeutung und Verfälschung für die Beweiswürdigung bedeuten. [850] Im Hinblick auf die richterliche Würdigung der Aussage – ohne zwingende erneute Vernehmung des Kindes – gilt es daher, revisionssichere Ansätze für den Umfang und die Grenzen einer „erschöpfenden Beweiswürdigung" aus dem Verhältnis von § 244 Abs. 2 StPO und § 261 StPO heraus zu entwickeln. Ferner setzt diese vorgeschlagene Verfahrensweise eine (unzulässige) *präsumtive Beweiswürdigung* zwingend voraus. Gerade beim Zeugenbeweis kommt dem Verbot der präsumti-

846 Vgl. dazu ausführlich die Untersuchung von Dedes, 1992, sowie ders. GS für H. Kaufmann, 1986 S. 936 ff.; ferner Meurer, GS für H. Kaufmann, 1986, S. 947,955.

847 Zu denen die Beweisantragsrechte aus § 244 Abs. 3–6 und die Instruktionsmaxime aus § 244 Abs. 2 StP zählen.

848 A.A. als grundsätzlich voneinander voneinander getrennten Phasen des gerichtlichen Entscheidungsbildungsprozesses, vgl. Kunert, GA 1981, 401; ANM, Beweisantrag, S. 22; SK-Schlüchter § 244 Rn. 35; siehe § 261: „Über das Ergebnis der Beweisaufnahme entscheidet das Gericht nach seiner freien, aus dem Inbegriff der Verhandlung geschöpften Überzeugung"; Für Mattern, 1933, S. 6, ist es sogar so, dass Überzeugungsbildung und Beweisumfang kongruent zu setzen und in Abhängigkeit von der Bedeutung der Sache und der Schwere der Anklage zu bestimmen sind, da nur eine solche Differenzierung des Aufklärungsaufwandes dem Grundsatz der Prozeßökonomie und dem daraus resultierenden Gedanken der Verhältnismäßigkeit des Aufwandes im Vergleich zum Erfolg entsprechen würde.

849 KMR-Paulus § 244 Rn. 112; Tenckhoff, 1980, S. 98.

850 Kunert, GA 1981, 401 (413); Herdegen, NStZ 1984, 97; ders., GS für K. Meyer, 1990, S. 187 (189); KK-Herdegen § 244 Rn. 26; Gutmann, JuS 1962, 369 (373); Wessels, JuS 1969, 1 (6, 7); Wenner, 1982, S. 38; Sarstedt/Hamm, 1983, Rn. 247 StPO; nur scheinbar kann Meyer, in: ANM, Beweisantrag, S. 22 diese Spannung bestreiten, indem er suggestiv fragt, wie das Gericht von irgendeinem Sachverhalt überzeugt sein könne, solange es nicht alle Beweise erhoben hat, die der Aufklärung dienen können. Diese Frage läßt sich leicht dahin umkehren, warum der Tatrichter weiter aufklären soll, wenn er weiteren Beweisen angesichts seiner Überzeugung keine Bedeutung zumißt. Gerade in diesem Grenzbereich liegt im psychologischen Erkenntnisvorgang der Widerstreit bei der Wahrheitsermittlung begründet.

ven eine besondere Relevanz zu.[851] Dies lässt sich zum einen historisch erklären, denn die bei Entstehung der noch nicht verankerten Maxime des Beweisantizipationsverbotes[852] war der zentrale Begriff, mit Hilfe dessen in der Reichsgerichts-Rechtsprechung die Ausbildung des Beweisantragsrechts vollzogen wurde, dies jedoch zunächst nur für das Gebiet des Zeugenbeweises.[853] Diese konstitutive, herausgehobene Bedeutung des Beweisantizipationsverbots für die Sicherung eines Beweiserhebungsanspruchs mittels des Beweisantragsrechts besteht auch heute fort.[854] Dabei sind die in § 244 Abs. 3 Satz 2 StPO normierten Ablehnungsgründe substantiell auf das Gebiet des Zeugen- und Urkundenbeweises zugeschnitten.[855] Überwiegend wurde daher gerade beim Zeugenbeweis eine Präsumtion des Beweiswerts und des Beweisgelingens überwiegend abgelehnt.[856] Dies wurde mit der höchstpersönlichen Natur des Beweismittels, das nicht fungibel sei, dem aber erfahrungsgemäß Mängel bei der Wahrnehmung und Bekundung von Beweistatsachen innewohnen, begründet.[857] Ferner wurde auf die besonders große praktische Bedeutung des personalen Beweismittels im Verhältnis zum Urkundenbeweis, für den das Beweisantizipationsverbot zwar ebenso gilt[858], hingewiesen. Es stellt sich daher in diesem Kapitel abschließend die Frage, welche Möglichkeiten der präsumtiven Beweiswürdigung innerhalb des Beweisrechts bestehen und wie die konkreten Kriterien einer präsumtiven Beweiswürdigung – die Beurteilung der Glaubwürdigkeit der Aussage des Kindes – aussehen können.[859]

851 Grundsätzlich gilt es für alle Beweismittel, wie sie nach der StPO bekannt sind. Zu nennen sind hier Zeugen-, Sachverständigen-, Augenscheins- und Urkundenbeweis, näher dazu ANM, Beweisantrag, S. 165 ff. (412); Rieker, 1935, S. 100; Statzel, 1932, S. 103; Alsberg, 1930, S. 64.

852 Dazu Rieß, FS für BMJ, 1977, S. 373 (424).

853 Siehe ANM, S. 421.

854 Siehe dazu nur Rieß, FS BJM, 1977, S. 373 (428); ANM, S. 412.

855 Siehe dazu Gutmann, JuS 1962, 369 (374f.); das folgt bereits daraus, dass für den Sachverständigen- und Augenscheinsbeweis darüber hinausgehende Regelungen gelten, siehe § 244 Abs. 4 u. Dippel, 1986, S. 60.

856 KK-Herdegen § 244 Rn. 65; ANM, Beweisantrag, S. 412; Stützel, 1932, S. 103; Gutmann, JuS 1962, 369 (375f.); Alsberg, 1930, S. 64; s. LR-Gollwitzer § 244 Rn. 182; Engels, GA 1981, 21 (28).

857 Siehe Stützel, 1932, S. 104; Engels, GA 1981, 21 (23 ff. u. 36), Alsberg, JW 1922, 258 StPO; ANM, Beweisantrag, S. 413.

858 Gutmann, JuS 1962, 369 (376).

859 BGH, Urt. V. 30.7.1999-1 StR 618/98, NJW 1999, 2746; vgl. auch die hohen Anforderungen der Verteidigung, Niemöller StV 84, 431. Er argumentiert, dass in bestimmten Fällen eine revisible Verletzung sachlichen Rechts vorliege, wenn wissenschaftliche Erkenntnisse besonders der Zeugenpsychologie und der Glaubhaftigkeitsbegutachtung nicht beachtet werden. Diese Ansicht fordert damit ein, dass sich die RichterInnen immer auf den neusten Stand der Aussage und Vernehmungstechnik bringen und dies auch dokumentiert ist. Dies ließe sich durch Pflicht-Teilnahme an einer entsprechenden Fortbildung pro Jahr durchaus erfüllen.

I. Die Glaubwürdigkeitsprüfung als ureigene richterliche Aufgabe? – Verzicht auf die Hinzuziehung eines Sachverständigen

1. Rückkehr zur „ureigenen Aufgabe" des Gerichts – Glaubwürdigkeit als Beweisgegenstand

Die Feststellung von Glaubwürdigkeit soll, so meinte schon das *RG* in ständiger Rechtsprechung[860], „ureigene Aufgabe des Richters" sein. Ist sie dies, gehört sie zum „Wesen richterlicher Tätigkeit", so kann Glaubwürdigkeit nicht allein Beweisgegenstand, Tatsache sein: Niemand käme auf die Idee, die Feststellung von Bremswegen, Blutalkoholkonzentrationen oder Todesursachen als „ureigene Aufgabe" des Richters zu bezeichnen. Der Unterschied liegt in der Mehrdimensionalität des Begriffs: Sind die zuletzt genannten – im Einzelfall nur mit höchst spezialisierter Sachkunde zu erforschenden – Tatsachen Wirklichkeit in sozusagen unmittelbarer Form, so erlaubt „Glaubwürdigkeit" nur einen sehr mittelbaren Zugriff auf dieselbe: Sie ist die kommunikativ vermittelte Eigenschaft einer Behauptung (Aussage) über die (subjektiv empfundene) Wirklichkeit[861]; zugleich erhebt sie den Anspruch, selbst Wirklichkeit herzustellen. Schon die gängige Aufteilung in „allgemeine" und „spezielle" Glaubwürdigkeit spiegelt dies wider. Da seit langem offenkundig ist, dass vor Gericht nicht nur „solche Fragen zu erörtern seien, die den Horizont eines gebildeten Mannes[862] nicht übersteigen", kann wesensmäßig richterliche Aufgabe nicht die Erklärung der Wirklichkeit sein. Richterlich und juristisch ist nicht die *Untersuchung* der Wahrheit, sondern ihre *Würdigung*. Dem Sachverständigen obliegt es daher nicht, Wertungen der Wirklichkeit vorzutragen, sondern dem Gericht solche zu ermöglichen, indem er ihm – wie der Zeuge – Zugang zu Tatsachen verschafft.[863] Für die Beweisbehauptung „Glaubwürdigkeit" gilt insoweit nichts besonderes. Auch sie umfasst nicht die Wertung selbst – und schon gar nicht steht sie synonym für „Wahrheit", sondern eine Mehrheit von

860 Seit RGSt 61, 273 (Urt. v. 1.4.1927) freilich mit Einschränkungen in die oben skizzierte Richtung; vgl. dazu Undeutsch, 1954, S. 5f.; Wüst, 1993, S. 16 ff.; Bockelmann, GA 1955, 321 ff.

861 Vgl. Bockelmann GA 1955, S. 23; Eisenberg, 1996, Rn. 1361.

862 An dieser Stelle sein angemerkt, dass an gebildete Frauen 1995 offensichtlich noch nicht gedacht wurde, und dies obwohl eine hohe Anzahl von Frauen nach 1945 als Richterinnen tätig waren, vgl. Juristinnen in Deutschland, 1998, S. 31 ff.

863 Bockelmann GA 1955, 321, 323.20; Dippel, 1986, S. 51 ff.; Eisenberg, 1996, Rn. 1000; BGHSt 8, 130.

(psychologischen und kommunikativen) Tatsachen, welche als Eigenschaften einer Person („allgemeine Glaubwürdigkeit“) oder einer Aussage („spezielle Glaubwürdigkeit“) beschrieben werden können.[864]

Diese skizzierten Abgrenzungen werden aber von der Rechtsprechung und Literatur zur Glaubwürdigkeitsbegutachtung verwischt. Schon in der Entscheidung vom 5. 7. 1955' hat der *BGH* dargelegt, der Tatrichter dürfe sich die nötige Sachkunde zur Beurteilung der Glaubwürdigkeit dann nicht zutrauen, „wenn die Beweislage – etwa infolge unaufklärbarer Widersprüche weiterer Zeugen – besonders schwierig ist“.[865] Umgekehrt soll trotz Vorliegen von „Besonderheiten“ die Begutachtung einer Zeugenaussage dann nicht erforderlich sein, wenn sie „in anderen Umständen erhebliche Unterstützung findet“.[866] Aus unterschiedlichen Richtungen wird hier die „ureigene“ Aufgabe des Richters zu einer solchen des Sachverständigen erklärt: Gebietet eine *„Beweislage“* die Glaubwürdigkeitsbegutachtung, so kann es auf die richterliche Sachkunde zur Tatsachenfeststellung gerade nicht ankommen: diese verändert sich ja nicht mit der Anzahl sonstiger Beweismittel. Entlastet werden soll der Tatrichter vielmehr gerade von seiner eigentlichen Aufgabe: die Beweise zu würdigen. Dem entspricht, dass auf Gutachterseite bei der Beurteilung der „speziellen Glaubwürdigkeit“ ohne weiteres die Gesamtheit sonstiger Beweismittel herangezogen wird. Die Aussage, soll ihre Untersuchung nicht in einem logischen Zirkel enden[867], muss zu abtrennbaren, äußeren Gegenständen in Bezug gesetzt werden[868], um überprüfbar zu sein.[869] Dass diese Art der Prüfung „Würdigung“, Wertung ist, sollte nicht zweifelhaft sein, wenngleich Glaubwürdigkeits-Gutachten dem Ergebnis regelmäßig die Weihe

864 Vgl. Bender/Nack, Band I, 1995, S. 36 ff.; Greuel et al. 1998, S. 12; vgl. auch BGH Urt. Vom 5.10.1993-1 StR 547/93 = StV 2/94, S. 64: „Bei der Prüfung einer Zeugenaussage kann Anlaß bestehen, zwischen der allgemeinen und der speziellen Glaubwürdigkeit eines Zeugen zu unterscheiden. Während letztere die Frage der Glaubwürdigkeit im Hinblick auf die Aussage zum jeweiligen Verfahrensgegenstand betrifft, betrifft die allgemeine Glaubwürdigkeit die Frage, ob man Zeugen hinsichtlich sonstiger Angelegenheiten außerhalb des Verfahrens grundsätzlich Glauben schenken kann. Die Klärung der allgemeinen Glaubwürdigkeit läßt noch nicht ohne weiteres generelle Schlüsse auf die spezielle Glaubwürdigkeit zu.“; vgl. auch Leferenz in: Göppinger/Witter, 1993, Bd. II, S. 1314 ff., 1317, 1325f, 1341; Undeutsch, in: Elster/Elingemann/Sieverts, 1995, Bd. 1, S. 205 ff., 212; vgl. auch KK-Herdegen § 244 Rn. 31; AK-Maiwald, § 261 Rn. 24.

865 BGHSt 8, 130.

866 So auch LR-Gollwitzer § 261 Rn. 82 m.w.N.; BGHSt 7, 82, 85; BGHR StPO § 244 IV 1 Sachkunde 4; BGH NStZ 1987, 182.

867 ANM, Beweisantrag, S. 703; LR-Gollwitzer § 244 Rn. 86 mwN.

868 Die Aussage „Ich bin unglaubwürdig“ ist unüberprüfbar.

869 Zur Abtrennbarkeit von Teilen einer Aussage, vgl. auch StV 1993, S. 27.

naturwissenschaftlicher Forschung verleihen möchten.[870] Ferner ist Gegenstand aussagepsychologischer Begutachtung – wie sich bereits aus dem Begriff ergibt – nicht die Frage nach einer allgemeinen Glaubwürdigkeit des Untersuchten im Sinne einer dauerhaften personalen Eigenschaft.[871] Es geht vielmehr um die Beurteilung, ob auf ein bestimmtes Geschehen bezogene Angaben zutreffen, d.h. einem tatsächlichen Erleben der untersuchten Person entsprechen[872]: Eine Aufgabe, die bei der Sachverhaltsaufklärung auch dem Richter obliegt.

Das Interesse des Tatrichters an (Verantwortungs-) Entlastung in schwierigen Lagen und das Interesse des Gutachters an Durchsetzung seiner – im Gegensatz zur richterlich-intuitiven wissenschaftlichen – Entscheidungsmethode und damit auch nach Ausweitung seiner Kompetenz treffen sich also und gehen da zusammen, wo Glaubwürdigkeits-Begutachtung zur Beweiswürdigung wird. Genau hier entstehen – neben der Frage, wo die Grenze zur verbotenen präsumtiven Beweiswürdigung anzusetzen ist – für die Ausgangsfrage aber neue Ungereimtheiten, in der Unklarheiten der Aufgabenabgrenzung begründet sind. Sie gilt es im Folgenden daher näher zu betrachten:

1.1. Unklarheiten der Aufgabenabgrenzung

Sind folglich richterliche und sachverständig-psychologische Aussagebeurteilung strukturell gleich, so können aus allgemeinen Lehren über das „Wesen" richterlicher Tätigkeit keine Erkenntnisse darüber gewonnen werden, welche Beurteilungskompetenz dem Tatrichter „im Allgemeinen" zukommt. Die Abgrenzung zwischen den Zuständigkeitsbereichen von Richter und Glaubwürdigkeits-Gutachter wird von der h.M. allein *quantitativ*, nach dem *Maß* der (aussagepsychologischen) Sachkunde vorgenommen.[873] Unter der Herrschaft dieses Kriteriums lassen sich aber „ureigene Aufgaben" des Richters schlechterdings nicht mehr postulieren: Warum die Wahrheit schlecht oder mittelmäßig erforschen, wenn es mittels wissenschaftlicher Methoden auch besser geht? Die skizzierte revisionsrichterliche Sicht, die lediglich unter dem Blickwinkel des § 244 Abs. 2 – 5 die Nichtzuziehung eines Sachverständigen betrachtet, kann hier nicht weiterhelfen:

870 Vgl. Arntzen, 1993: „Es ist heute ... in der Regel möglich, nach 3 bis S Stunden ... zu einem klaren Ergebnis in der Frage zu kommen, ob einer Zeugenaussage Glaubwürdigkeit zugesprochen werden kann oder nicht (S. 132) ... In der verschiedenen Vorbildung der Gutachter liegt der häufigste Grund für Abweichungen (bei mehrfachen, abweichenden Begutachtungen)" (S. 136).

871 Vgl. BGH, NJW 1999, S. 2747.

872 Herdegen, KK-§ 244 Rn. 31.

873 Vgl. LR-Gollwitzer § 261 Rn. 13 m.w.N.

Sie verlangt vom Tatrichter „unbedingte Sicherheit“[874], dass er die aussagepsychologischen Untersuchungsmethoden beherrscht und richtig anwendet.[875] Wenn sich der Glaubwürdigkeitssachverständige vom Richter aber nur durch ein Mehr an Sachkunde unterscheidet, ist es schwer erklärbar, warum nicht routinemäßig alle Zeugenaussagen begutachtet werden sollen

Die von Rechtsprechung und prozessrechtlicher Literatur aufgestellten Kataloge von „Besonderheiten“, welche, abweichend vom Normalfall, die Begutachtung von Zeugen gebieten sollen, stimmen mit den Ergebnissen der aussagepsychologischen Forschung nicht überein. Danach ist es unzutreffend, dass der Wahrheitsgehalt von Aussagen geistig abnormer, kranker, minderjährigen und sexuell missbrauchten Menschen besonders schwierig zu ermitteln sei; vielmehr ist das Gegenteil richtig.[876] Die Annahme, gerade die Bewertung solcher Aussagen bedürfe besonders hoher aussagepsychologischer Sachkunde, ist empirisch nicht belegt; sie beruht auf unbewiesenen Plausibilitätsbehauptungen von Juristen. Tatsächlich ist es gerade die „normale“ Aussage des geistig gesunden Erwachsenen, welche ein hohes Maß schwer erkennbaren Fehlerquellen birgt.[877] Um die Quantität von aussagepsychologischer Sachkunde, um die bloße Schwierigkeit, allgemein anerkannte wissenschaftliche Methoden im Einzelfall anzuwenden, kann es hier folglich gar nicht gehen. Nähme die Rechtsprechung ihre Postulate ernst, so müsste sie die Anzahl der Gutachtenaufträge vervielfachen und das Schwergewicht der Begutachtung gerade auf diejenigen Aussagen verlagern, deren Beurteilung ihr als *Regelfall* gilt.

In diesem Zusammenhang ist erstaunlich, dass – unter den zitierten Voraussetzungen – Einlassungen des Beschuldigten/Angeklagten nur sehr selten Gegenstand von Glaubwürdigkeits-Begutachtungen sind. Gerade hier aber liegen besonders oft außergewöhnliche Umstände vor, gerade hier ergeben sich besondere Schwierigkeiten bei der Anwendung aussagepsychologischer Methoden. Ein Tatrichter, der den minderbegabten 11-jährigen Zeugen, nicht aber den 42-jährigen „unbescholtenen“ Lehrer, den der Junge des sexuellen Missbrauchs beschuldigt, psychologisch begutachten lässt, praktiziert also nach allen bekannten und vom *BGH* stets wiederholten Kriterien gerade das Falsche; er verstößt gegen das Aufklärungsgebot. Es kann folglich nicht davon gesprochen werden, die Mehrzahl der heute angeordneten Glaubwürdigkeitsbegutachtungen finde da statt, wo die Anwendung aussagepsychologischer Methoden besondere Schwierigkeiten be-

874 BGHSt 23, 8, 12.
875 Vgl. auch LR-Gollwitzer § 244, Rn. 300.
876 Siehe schon Hetzger/Pfeiffer, NJW 1964, 441, 442; Arntzen, 1993, S. 1 ff. (5).
877 Vgl. dazu auch die Zusammenstellung bei Eisenberg, 1996, Rn. 928 ff.

reitet und daher besonders hohe Sachkunde erfordert. Eine Begutachtung findet vielmehr in dem Feld statt, das von den forensisch tätigen Psychologen und professionellen Glaubwürdigkeits-Gutachtern seit jeher besonders intensiv bearbeitet worden ist – nicht weil es besonders schwierig wäre, sondern weil sich hier am leichtesten Ergebnisse erzielen lassen. *Undeutsch*[878] hat schon 1954 dargelegt, dass die unverhältnismäßige Übergewichtung von Kinderaussagen in der aussagepsychologischen Literatur verfehlt ist.[879] Zugleich macht er in seltener Offenheit das professionelle Beharrungsinteresse der Gutachter deutlich: „Dass die Mehrzahl der kindlichen Zeugen in Sittlichkeitsprozessen wahrheitsgemäße Angaben machen, (darf) nicht dazu verleiten, nun wieder auf die Beiziehung von Sachverständigen zu verzichten (...). Denn man wird das Bedürfnis empfinden, in jedem Einzelfall einen sauberen Nachweis der Wahrhaftigkeit der Bekundungen in den Händen zu haben, wie ihn gerade der psychologische Sachverständige zu liefern vermag, um den Verbrecher der verdienten Strafe und geeigneten Maßnahmen der Besserung entgegenführen zu können."[880]

Festzuhalten bleibt: Die Beauftragung von Glaubwürdigkeits-Sachverständigen im Strafprozess ist nicht Selbstzweck; sie dient auch weder dem Interesse der Wissenschaft an ausreichender Beschäftigung noch der Befriedigung des zum Teil hoch entwickelten kriminalistischen Interesses der Gutachter.[881] Der Sachverständige ist „in jedem Fall ein Helfer des Richters".[882] Er hat dem Gericht Fachwissen zu vermitteln, über das es selbst nicht verfügt oder aufgrund solchen Fachwissens Tatsachen festzustellen.[883] Die Heranziehung eines Sachverständigen ist nicht er-

878 Undeutsch, 1993, S. 4.

879 Undeutsch, 1993, S. 10. „Ich wage den Satz, dass bei den Bekundungen, die zum Inhalt haben, dass der Zeuge Opfer einer sittlichen Verfehlung geworden ist, die glaubhafte Aussage die Regel ist...". Zum gleichen Ergebnis gelangt auch Fegert, 1993, 61, der davon ausgeht, dass 90–97 % aller Kinderaussagen glaubhaft sind; vgl. auch Arntzen, 1993, S. 1 ff.

880 Undeutsch, 1993, S. 189.

881 Welches leider allzu oft auf Verständnis der Gerichte stößt. So hatte im Fall BGH NStZ 1991, 295 die Glaubwürdigkeitsgutachterin bei ein- und derselben Exploration eines 5-jährigen Kindes 1. den Sachverhalt des sexuellen Mißbrauchs durch den Vater vollständig ermittelt, 2. die Glaubwürdigkeit dieser Aussage zweifelsfrei erforscht und 3. festgestellt, dass das Kind a) zwar mehrstündige Befragungen durch zwei Sozialarbeiterinnen und sie selbst, nicht aber eine kurze Vernehmung durch einen Richter seelisch verkraften könne und bb) keinerlei Verständnis für die Bedeutung des Zeugnisverweigerungsrechts habe. Die Jugendschutzkammer hatte daher insoweit die Beweisaufnahme auf die Vernehmung der Sachverständigen beschränkt und sich ihrem „überzeugenden Gutachten" in allen Punkten angeschlossen.

882 Dippel, 1986, S. 16.

883 KK-Pfeiffer, Einl. Rn. 104.

forderlich, wenn das Gericht selbst über die erforderliche Sachkunde verfügt. Das gilt nach ständiger Rechtsprechung gerade auch im Bereich der Glaubwürdigkeitsbeurteilung, gehört doch hier die Sachkunde zum „Wesen richterlicher Tätigkeit".[884] Ginge es nur um *Quantitäten* von Sachkunde, um die mehr oder minder[885] ausgeprägte Anwendung aussagepsychologischen Fachwissens, so bestünde für einen entsprechend gebildeten Richter kein Grund, weshalb er nicht allein auf der Grundlage der konservierten Erstvernehmung die Frage der Glaubwürdigkeit beurteilen könnte. Dies gilt umso mehr, als auch der Sachverständige selbst auf dieser Grundlage sein Gutachten erstellen kann, ohne eine eigene Exploration durchzuführen.[886] Durch weiteres Studium der Verfahrensakten einschließlich weiterer möglicherweise vorliegender schriftlicher Stellungnahmen oder Gutachten von anderen Personen aus dem sozialen Umfeld des Kindes zur Persönlichkeit und zum Entwicklungsstand des Kindes (Lehrerinnen, Eltern, Ärzte), die natürlich durch entsprechende Hinweise in das Verfahren einzuführen sind, verfügt er über ausreichendes Wissen über Charakter, Persönlichkeitsgefüge, allgemeine und spezielle Glaubwürdigkeit des Zeugen.

1.2. Verfassungsrechtliche Grenzen der Wahrheitserforschung

Ein weiterer Einwand gegen das Überhandnehmen von Glaubwürdigkeits-Begutachtungen ergibt sich aus der Tatsache, dass bisher keine Ermächtigungsgrundlage in der Strafprozessordnung dafür existiert. Kinder können daher nicht verpflichtet und schon gar nicht gezwungen werden, an einer entsprechenden Begutachtung mitzuwirken, die als Exploration ohnehin dem Ablauf einer belastenden zusätzlichen Zeugenvernehmung vergleichbar ist.[887] Diese Rechtslage hat die Rechtsprechung zunächst ebenso stillschweigend übergangen. Erst Mitte der 90er Jahre hat sich der Bundesgerichtshof insoweit auf das Gesetz besonnen und judiziert, dass jeder Zeuge, der auf seine Glaubwürdigkeit hin untersucht werden soll, nicht nur – wie es bereits früher entschieden wurde – über sein Unversuchungsverweigerungsrecht als Angehöriger in Analogie zu § 81 c StPO[888] bzw. § 52 StPO[889] zu belehren ist, sondern auch darüber informiert werden muss, dass es

884 Vgl. auch BGH, NStZ 1990, 228, BGH 5 StR 621/96 = StV 2/98, S. 62.

885 Grundlegend BGHSt 7, 82, 83f.: „Die überlegenen Erkenntnismittel des Sachverständigen liegen darin, dass im vertrauten Gespräch eine innere Beziehung gebildet werden kann. Deshalb ist das Verhalten des kindlichen Zeugen für die Beurteilung ergiebiger ...".

886 Vgl. dazu BGH Urt. vom 5.11,1997-5 StR 422/97 = StV 3/98, 116.

887 Dazu Weigend, Anm. zum Urteil des BGH vom 29.6.1989-4 StR 201/89, JZ 1990, S. 49.

888 BGHSt 13, 394, 399.

889 Eisenberg, Anm. z. Urt. v. BGH v. 15.11.1994-1 StR 461/94 (StV 1995, S. 171), StV 1995, S. 625, 626.

ihm freistehe, freiwillig (oder gar nicht) daran mitzuwirken, weil in Ermangelung einer Eingriffsgrundlage die Mitwirkung nur als *freiwillige Leistung* erbeten, nicht aber verlangt werden könne.[890] Daneben ist bislang viel zu wenig diskutiert, ob Explorationen, wie sie von der forensischen Aussagepsychologie routinemäßig vorgenommen werden, die verfassungsmäßigen Grenzen des Persönlichkeitsschutzes stets hinreichend beachten. Ausforschungen, welche dem Gericht § 68a I zweifellos verboten wären, gehören zum Standardrepertoire der Begutachtung [891] und der Kreis nichtöffentlicher, alleine vom Sachverständigeninteresse geleiteter Beweiserhebungen außerhalb jeder richterlichen Kontrolle ist hier kaum überschaubar: „Die Erkundung bestimmter Persönlichkeitsbezüge, die für die Glaubwürdigkeitsbeurteilung Bedeutung haben, erfolgt in erster Linie durch Verhaltensbeobachtung, Exploration des Zeugen und seiner Bezugspersonen, Milieuerkundung und Leistungstests..."[892]. Die Zulässigkeit solcher Persönlichkeitserforschung muss durchaus bezweifelt werden. Wo unter verfassungsrechtlichen Gesichtspunkten der entscheidende Unterschied zwischen Rohrschach-Test und Lügendetektor[893] liegen soll, bleibt in Rechtsprechung und prozessrechtlicher Literatur ungeklärt.[894] Die allein am Kriterium der Sachgerechtigkeit orientierte (Ausforschungs-) Psychologie kann ihn nicht erkennen, denn normativen Schranken ist ihr Erkenntnisinteresse nicht unterworfen.

1.3. Validität aussagepsychologischer Kriterien

Zu erinnern ist schließlich daran, dass die genannten grundsätzlichen Ungereimtheiten der Glaubwürdigkeitsbegutachtung vor dem Hintergrund eines alles andere als günstigen Validitätsbefundes zu betrachten sind. Die Selbstgewissheit der Gutachter ist quasi hermetisch; sie speist sich vorwiegend aus der erzielten oder erzielbaren Eindeutigkeit des Urteils.[895] Auch soweit „Bestätigungsfälle" (nachträgliche – wahre? – Geständnisse oder anderweitige Bestätigungen) die hohe Zuverlässigkeit der Gutachten belegen sollen, bleibt doch außer Betracht, dass empirisch gesicherte Aussagen über die „Trefferquote" von psychologischen Be-

890 BGH, JZ 1990, 47, 48.

891 Vgl. Arntzen, 1993, S. 127 ff.; krit. auch Eisenberg, 1996, Rn. 1363 ff.; LR-Meyer vor § 72 Rn. 11.

892 Arntzen, 1993, S. 65.

893 Ganz unbefangen positiv zu letzterem als „wichtige Möglichkeit" der aussagepsychologischen Untersuchung noch Undeutsch, 1954, S. 20. Ablehnend zu Recht dagegen die Rechtsprechung, vgl. BGH 5, 332; Firster, ZStW 106, 303; auch nicht mit Einwilligung des Beschuldigten, vgl. BVerfG NJW 82, 375.

894 Vgl. den Überblick bei Eisenberg, 1996, Rn. 130 ff.

895 Vgl. etwa Arntzen, 1993, S. 132.

gutachtungen keineswegs vorliegen; dies schon deshalb nicht, weil die Anzahl der *erfolgreichen* Täuschungen der Natur der Sache nach unbekannt bleiben muss.[896] Tatsächlich liegt auch bei psychologisch geschulten Personen die Quote entdeckter Täuschungsversuche in Experimenten nur knapp über der Zufallserwartung.[897]

2. Beweiswürdigung als richterliche Prozessgestaltung

Gegen die strukturelle Gleichheit von richterlicher und gutachterlicher Glaubwürdigkeitsbeurteilung sprechen Gesichtspunkte, welche mit dem Wesen des[898] Strafprozesses selbst zusammenhängen.

2.1. Wirklichkeit im Strafprozess

Wie „Schuld" und „Verantwortung", so ist auch die „Wahrheit" kein objektiver Gegenstand, der im Strafprozess allein mit einem Höchstmaß wissenschaftlicher Gründlichkeit zu erkennen" sei. Psychologisch so kurios wirkende Gebilde wie der „Wille, eine Tat als eigene – oder als fremde – zu wollen" oder der „auf einen Gesamterfolg gerichtete Fortsetzungsvorsatz", von vermeidbar fehlendem Unrechtsbewusstsein und der gewöhnlichen Vorhersehbarkeit ganz zu schweigen, spielen in der Lebenswirklichkeit keine Rolle; die *gerichtliche* Wahrheit bestimmen sie weithin. Der Strafprozess – und erst recht das Strafurteil – stellt nicht nur eine Wirklichkeit eigener Art dar, welche von der der wissenschaftlichen Forschung wesensmäßig verschieden ist; er *produziert* zugleich Wirklichkeit durch Verdichtung („Reduktion von Komplexität") und Anwendung normativer Zuschreibungen.[899] Normative Denkweise, Zuschreibungsmechanismen, Abstraktion und dialogische Kommunikation aber sind einem Denken fremd, welches stets am Einzelfall, nie am Allgemeinen, stets an der Wahrheit, nie an der Zumutung orientiert ist. Die außerordentlich wichtige kommunikative Struktur des Strafprozesses[900] gerät dabei außer Sicht; damit wird aber gerade der befriedende, soziale, „symbolische" Gehalt des Prozesses aus der Hand gegeben. In die wesentlich richterliche Beurteilung – und Konstruktion – von Wirklichkeit gehen Grundsätze ein, welche diesem Gehalt zuallererst verpflichtet sind: das Postulat individueller Verantwortlichkeit, der Zweifelssatz, der allein an Erfordernissen der

896 Siehe Eisenberg, 1996, Rn. 968.
897 Vgl. Eisenberg, 1996, Rn. 1360, ANM, Beweisantrag, S. 700 ff.
898 Siehe schon Krauß ZStW 85 (1973), 320 ff.
899 Vgl. auch Eisenberg, 1996, Rn. 964.
900 Dazu unter einem anderen Blickwinkel auch Salditt, StV 1993, 442 ff.

Sachgerechtigkeit ausgerichtete wissenschaftliche Blick vermag das nicht wahrzunehmen.[901] In die „künstliche“, normative, symbolische Wirklichkeit des historisch gewachsenen Strafprozesses ragen die Sachverhalts-Wahrheiten des psychologischen Sachverständigen wie Fremdkörper hinein.[902] Sie sind schwieriger zu integrieren als die wissenschaftlichen Wahrheiten auf der „Rechtsfolgeseite“, als Schuldfähigkeitsvoraussetzungen und Strafzumessungstatsachen. Um ihre Integration zu vollziehen, behandelt sie die Rechtswissenschaft so, als seien sie ein Teil von ihr, als sei es die „ureigene Aufgabe“ des Richters selbst, welche punktuell in die Hände sachkundiger Dritter gelegt werden könne: Eine Bewertung und Verfahrensweise, die die bisher skizzierten Grundsätze zur ureigenen Aufgabe des Richter gefährdet und zu konterkarieren droht. Sie soll daher mit Blick auf das „Wesen“ der ureigenen Aufgabe des Richters noch einmal überprüft werden.

2.2. Das Wesen der „ureigenen Aufgabe“ : Glaubwürdigkeitsbeurteilung

Ist die Beurteilung der Glaubwürdigkeit „ureigene Aufgabe des Tatrichters“, von deren Beherrschung „die Befähigung zum Richteramt notwendig und wesentlich abhängt“[903], und muss diese Aufgabe gleichwohl immer wieder wegen fehlender Sachkunde von Tatrichtern an Psychologen und Psychiater delegiert werden, so muss es erstaunen, in welchem Ausmaß die wissenschaftlichen Voraussetzungen dieser Sachkunde von Justizverwaltung, Rechtsprechung und Rechtswissenschaft vernachlässigt werden. Dass die Befähigung zum Richteramt „notwendig und wesentlich“ von Fähigkeiten abhängt, die weder während des Studiums und im jahrelangen Vorbereitungsdienst gelehrt noch jemals geprüft werden, ist kaum vorstellbar.[904] Dass die „ureigene Aufgabe“ sich einerseits nach wissenschaftlichen Methoden in quantitativen Kategorien der „Sachkunde“ vollzieht, andererseits aber auch nach 90 Jahren Forschung noch immer nicht Eingang in obligatorische Fortbildungsmaßnahmen des Richterpersonals gefunden hat, deutet darauf hin, dass Leitsätze und strafprozessuale Praxis einander nicht entsprechen, dass das strafrichterliche Alltagsgeschäft – welches hier stets den Weg des geringsten Widerstands geht– sich in anderen Kategorien als denen der „Sachkunde“ voll-

901 Krauß ZStW 85 (1973), 320, 355.

902 Vgl. – aus entgegengesetzter Sicht – die sehr instruktive Klage von Förster, 1979, S. 49f.: „Leider können wir als Gutachter diese Widersprüche nicht einfach übergehen. Als Gutachter werden wir gezwungen, uns in sie zu verwickeln... Man will es meist nur nicht wahrhaben, aber bei den meisten Strafverfahren wegen sexuellen Mißbrauchs Minderjähriger entscheidet über Verurteilung oder Freispruch nicht das Gericht, sondern der Gutachter.“

903 BGHSt 3, 52, 53.

904 Vgl. Peters, 1985, S. 408: „Eine der Seltsamkeiten unserer Juristenausbildung“.

zieht. Wie die Glaubwürdigkeitsbeurteilungen in richterlichen Beweiswürdigungen zeigen, ist die Kenntnis von Glaubwürdigkeitskriterien, wie sie die Aussagepsychologie in den vergangenen Jahrzehnten erarbeitet hat, im Durchschnitt außerordentlich gering.[905] Die Gerichte „beurteilen" Glaubwürdigkeit nach wie vor weithin *intuitiv*, sie schreiben sie nach Begründungsmustern zu, welche sich als wissenschaftlich überwiegend wertlos erwiesen haben. So wird beispielsweise nach wie vor bei Kindern überwiegend auf die Konstanz ihrer Aussagen abgestellt, obwohl die aussagepsychologische Forschung seit Anfang der 90er Jahre mehrere Kriterien entwickelt hat und deutlich belegte, dass gerade der Konstanz die geringste Bedeutung bei der Beurteilung der Glaubwürdigkeit einer Aussage zukommt.[906] Die bedeutet nicht, dass die „Trefferquote" intuitiver Würdigungen wesentlich niedriger wäre als die wissenschaftlicher Begutachtung. Richter und Sachverständige meinen jedoch offenbar jeweils eine ganz andere Art von Sachkunde, wenn sie über Glaubwürdigkeitsbeurteilung sprechen. Es kann daher auch insoweit nicht davon gesprochen werden, die Auswahl sachverständig zu untersuchender Zeugenaussagen vollziehe sich nach dem Grad der erforderlichen Sachkunde. Vielmehr deutet schon der Katalog der „besonderen Umstände" – von Geisteskrankheit über Pubertät, Klimakterium und Senilität bis zur „übergroßen Jugend" darauf hin, dass auch hier *normative* Auswahlkriterien nach dem Muster der Schuldfähigkeitsfeststellung vorherrschen: Wer „normal" ist, dessen Glaubwürdigkeit, Motivierbarkeit, Verantwortlichkeit wird an „normalen" Maßstäben gemessen, ganz gleich, ob dies schwierig ist oder nicht. Nur das Unnormale in der menschlichen Psyche zu verstehen, verlangt nach Sachkunde *außerhalb* juristischer Kompetenz. Wenn dies aber so ist, dann ist *diese* Untersuchung nicht „wesentlich richterliche" Aufgabe. Richterlich, normativ ist vielmehr die Auswahl dessen, was als unnormal zu gelten hat.

3. *Zwischenergebnis*

Beweiswürdigung ist wesentlich richterliche Aufgabe, weil sie sich in normativen, nicht gänzlich objektivierbaren Bahnen vollzieht. Diesen „ureigenen" Bereich seiner Tätigkeit darf und kann der Tatrichter nicht delegieren; Wird es dennoch von ihm praktiziert, so entzieht er letztlich dem Prozess selbst die Grundlage, nicht anders, als gäbe er die Strafzumessung in die Hand prognostisch geschulter Sachverständiger (Untersuchungsaufgabe: Welches Strafmaß wirkt am meisten reso-

905 Vgl. Eisenberg, 1996, Rn. 964 ff.; Köhnken, 1990, S. 35; Steller, R&P, 1998, S. 11 ff.: Realkennzeichen nach Steller/Köhnken (1989) in: Fegert, 1993, S. 98.

906 Siehe Realkennzeichen nach Steller/Köhnken (1989) in: Fegert, 1993, S. 98.

zialisierend?). *„Glaubwürdigkeit"* kann Beweisgegenstand des Strafprozesses sein, soweit sie Eigenschaften einer Person beschreibt. Sobald aber die *Glaubhaftigkeit* einer bestimmten Aussage unter Beweis gestellt wird, ist es die prozessuale Wahrheit selbst, die zur Untersuchung steht. Diese Wahrheit darf aber nach unserem Verständnis von Strafprozess allein auf justizförmigem Wege, normativ, unter Wahrung grundlegender Persönlichkeitsgarantien der Betroffenen von Richtern festgestellt werden; der kommunikative Prozess ihrer Feststellung ist wesensmäßiger Teil der Rechtsprechung, die allein ihnen anvertraut ist (Art. 92 GG). Es ist daher erforderlich, dem weiteren Vordringen psychologisch-professioneller Sachkunde in diesen Kernbereich richterlicher Tätigkeit entgegenzutreten. Was der Glaubwürdigkeits-Gutachter tut, ist *nicht* „wesentlich richterlich", auch wenn es ihn danach drängt, „über Verurteilung und Freispruch zu entscheiden". Der Gutachter ist vielmehr darauf zu beschränken, empirisches Material zur richterlichen Beweiswürdigung beizutragen. Eine Begutachtung der „speziellen Glaubwürdigkeit" muss damit in der Regel ausscheiden; sie gaukelt überdies allein dem Bequemen Sicherheiten vor, die es nicht gibt: Andere Wissenschaften, auch andere Psychologen, mögen zu ganz anderen Ergebnissen kommen. Damit ist zugleich die „schwierige Beweislage" als Ansatz zur Glaubwürdigkeitsbegutachtung ausgeschieden: Umstände, die dem Bereich der Beweiswürdigung und nicht dem personalen Bereich des Aussagenden angehören, können die Anforderung von Glaubwürdigkeits-Gutachten nicht rechtfertigen. Eine – längst überfällige – adäquate Integration der Aussagepsychologie in das Strafverfahren ist so ohne weiteres möglich, ohne dass dessen normative Strukturen „einstürzen" [907]; Voraussetzung dafür sind freilich eine stärkere Beschäftigung der Strafrichter mit den Forschungsergebnissen dieser Wissenschaft, Zurückdrängung der Glaubwürdigkeits-Gutachter aus der Beweiswürdigung und Stärkung des Verantwortungsbewusstseins gegenüber der „ureigenen Aufgabe" des Strafrichters. Es ist vorhersehbar, dass dies auf heftige Widerstände aus der Lobby der Sachverständigen trifft.[908]

907 Krauß, ZStW 85 (1973), 32f, 34.

908 So bereits formuliert von Fabian/Greuel/Stadler, StV 1996, S. 347 ff.: „Möglichkeiten und Grenzen aussagepsychologischer Glaubwürdigkeitsbegutachtung"

II. Maßstab der freien richterlichen Beweiswürdigung und Umfang der Beweiserhebung – Kriterien der richterlichen Überzeugungsbildung im Hinblick auf das Ausreichenlassen der konservierten Erstvernehmung

Im vorigen Abschnitt wurde aufgezeigt, dass die richterliche Beweiswürdigung, die auch die Bewertung der Glaubhaftigkeit einer Aussage umfasst, nicht zwingend die Hinzuziehung eines Sachverständigen voraussetzt. Im Folgenden gilt es weiter zu untersuchen, welche Kriterien an eine richterliche Beweiswürdigung anzulegen sind, die den Beweisumfang begrenzt und eine konservierte Erstvernehmung ausreichen lässt. Da diese Frage entscheidend davon abhängt, ob das Gericht die Aussage des Kindes als glaubhaft einstuft und damit für den weiteren Tatnachweis als ausreichend bewertet, ergeben sich mögliche Kriterien für eine Einschränkung des Beweisumfangs damit aus einer zwingend vorweggenommenen, *präsumtiven Beweiswürdigung*. Sie ist im Verfahren nur eingeschränkt nach sehr engen Kriterien zulässig. Für die Frage, welche Maßstäbe an das Ausreichenlassen einer konservierten Erstvernehmung und die Beurteilung ihrer *Glaubhaftigkeit* anzulegen sind, gilt es daher im Folgenden die Grundsätze der richterlichen Überzeugungsbildung im Kontext der prozessualen Wahrheitsfindung und auch der Prämisse einer präsumtiven Beweiswürdigung zu untersuchen. Gerade letztere legt den Maßstab für Kriterien einer richterlichen Glaubhaftigkeitsprüfung der Aussage fest, den es im Folgenden aufzuzeigen gilt.

1. Richterliche Beweiswürdigung: Relative Wahrheit und Persönliches Für-wahr-Halten

Unabhängig von der grundsätzlichen Zweiteilung des Beweisverfahrens in Beweiserhebung und Beweiswürdigung[909] lassen sich Grad und Umfang der Tatsachenermittlung im Strafverfahren erst durch den maßgeblichen Begriff von „Wahrheit" bestimmen. Betrachtet man die Suche nach der Wahrheit als eine „Rekonstruktion eines sozialwissenschaftlichen Sachverhalts mit prozessualen Mitteln"[910], so ist als normatives Leitbild für Wahrheit im prozessualen Verfahren

909 Vgl. dazu Kunert, GA 1981, 401; ANM, Beweisantrag, S. 22; SK-StPO-Schlüchter § 244 Rn. 35; siehe § 261: Über das Ergebnis der Beweisaufnahme entscheidet das Gericht nach seiner freien, aus dem Inbegriff der Verhandlung geschöpften Überzeugung"; Für Mattern, 1933, S. 6, ist es sogar so, dass Überzeugungsbildung und Beweisumfang kongruent zu setzen und in Abhängigkeit von der Bedeutung der Sache und der Schwere der Anklage zu bestimmen sind, da nur eine solche Differenzierung des Aufklärungsaufwandes dem Grundsatz der Prozeßökonomie und dem daraus resultierenden Gedanken der Verhältnismäßigkeit des Aufwandes im Vergleich zum Erfolg entsprechen würde.

910 Einen Überblick über die sozialwissenschaftliche Diskussion liefert Skirrbekk (Hrsg.), 1977.

sowohl die materielle Wahrheitserforschungspflicht aus § 244 Abs. 2 StPO als auch der Grundsatz der freien Beweiswürdigung aus § 261 heranzuziehen[911], denn die *materielle* Wahrheitserforschungspflicht, wie sie die Aufklärungspflicht aus § 244 Abs. 2 StPO und die Beweisantragsrechte aus § 244 Abs. 3–6 StPO kennzeichnen soll, reicht für sich genommen nicht aus, den Beweisumfang im Strafverfahren zu bestimmen. Vielmehr sind die Kriterien der freien richterlichen Überzeugungsbildung aus § 261 StPO mit heranzuziehen. Demnach gilt der rechtsrelevante Sachverhalt als festgestellt, wenn das Gericht ihn „für wahr erachtet", ein Synonym für „subjektive Gewissheit" zu Schuld oder Unschuld des Angeklagten, die es als „freie Überzeugung" begründen muss. Entgegen der „ursprünglichen, wechselhaften und umstrittenen Rechtsprechung des Reichsgerichts"[912] wird heute von der herrschenden Meinung in Rechtsprechung[913] und Literatur [914] von Richtern übereinstimmend eine persönliche Überzeugung verlangt, die keinen Raum mehr für vernünftige Zweifel lässt, d.h. es wird eine Gewissheit als personale Wertung verlangt, bei der theoretische Zweifel unbeachtet bleiben, konkrete indes erheblich werden. Prinzipiell setzen damit nur die zwingenden Gesetze der Logik, gesicherte wissenschaftliche Erkenntnisse oder Erfahrungssätze dem Tatrichter Grenzen[915] in der Rekonstruktion eines Bildes von Wahrheit, das er aus dem Inbegriff der Verhandlung zu entwickeln hat. Insoweit wird die Kontrolle im Bereich der tatrichterlichen Beweiswürdigung durch die Revisionsgerichte weitgehend auf eine *Vertretbarkeitskontrolle zur inneren Schlüssigkeit des Urteils beschränkt*[916], wäh-

911 Zu seinen historischen Grundlagen vgl. ausführlich, Dedes, Gedächtnisschrift f. H. Kaufmann, 1986, S. 929 (932f.).

912 Dazu Tenckhoff, 1980, S. 99; Herdegen, NStZ 1987, 193 (195f.); Kindhäuser, JURA 1988, 290 (291); Fezer, StV 1995, 95 (96), alle mit zahlreichen Hinweisen auf die Rechtssprechung.

913 Grundlegend BGHSt 10, 208 ff.; 11, 1 (4f.); 29, 18 ff.; BGH, GA 1954, 152; GA 1969, 181; BGH, NJW 1967, 359 (360); siehe auch BGH, NStZ 1984, 180; 1986,49 (550); vgl. weiter zu dieser Rspr. Kindhäuser, JURA 1988, 290 (291); Herdegen, StV 1992, 527 (529 ff.); Fezer, StV 1995, 95 (98 ff.).

914 Eb. Schmidt LK II § 244 Rn. 9; KK-Hürxthal § 261 Rn. 2; LR-Gollwitzer § 261 Rn. 7; Tenckhoff, 1980, S. 99; Walter, 1979, S. 110; Wessels, JuS 1969, 1 (6); K/Meyer-Goßner § 261 Rn. 2; Albrecht, NStZ 1983, 486; Herdegen, NStZ 1987, 193 (197); ders. FS f. Kleinknecht, 1985, S. 173 (176, 177); ders., StV 1992, 527f.; Kindhäuser, JURA 1988, 290 (291f.); Strate, in: 16. Strafverteidigertag, 1992, S. 23 (30); eingehend Fezer, StV 1995, 95 (96 ff.).

915 Dazu BGHSt 29, 18 (21f.); 10, 208 (211); Tenckhoff, 1980, S. 104; K/Meyer-Goßner § 261 Rn. 2.

916 Vgl. BGHSt 10, 208 (210); 29, 18 (20); siehe dazu auch Herdegen, FS für Kleinknecht 1985, S. 173 (176f.); ders., NStZ 1987, 193 (196 u. 198f.); Volk, 1980, S. 27; Schmid, ZStW 85 (1973), 360 (382); die dazu im Schrifttum entwickelten Beweistheorien – hervorzuheben sind insbesondere die neo-positive und neo-negative Beweistheorie, die beide auf eine stärkere Intersubjektivität und Nachvollziehbarkeit der Überzeugungsbildung zielen, vgl. zum Überblick

rend hingegen in der Literatur eine *erweiterte Kontrolle zur Revisibilität der tatrichterlichen Überzeugungsbildung* gefordert wird.[917] Bei der Frage nach den Grenzen, die folglich dieser Überzeugungsbildung gesetzt sind, besteht nur Einigkeit darüber, dass es keine „Wahrheit um jeden Preis"[918] und keine „absolute Wahrheit"[919] geben kann. Die Prämisse der gesetzlichen Beweiswürdigungsvorschrift liegt eben darin, dass die Unzulänglichkeiten der Erkenntnisquellen und die Grenzen des menschlichen Leistungsvermögens es nicht ermöglichen, den zu erforschenden Sachverhalt mit intersubjektiver Gewissheit zu rekonstruieren.[920]

Nach diesen Grundsätzen liegt § 261 StPO folglich das Leitbild einer personal-autoritativen richterlichen Entscheidungsfreiheit zugrunde.[921] Die persönliche Gewissheit des Richters bildet das konstitutive Element der Überzeugungsbildung[922]. Ausgehend von diesem subjektivistischen Überzeugungsmodell wird ein richterlicher Überzeugungsbildungsprozess als psychologische Struktur eines allgemein menschlichen Entscheidungsvorgangs anerkannt, der von subjektiven Wertungen und Interpretationen der Beteiligten abhängig ist, sich als gesamtpsychologischer Prozess aber allgemeinen Regeln entzieht, weil er die rational-kognitive Sphäre überschreitet.[923]

Walter, 1979, S. 136 ff.; Wenner, 1982, S. 31 ff.; Tenckhoff, 1980, S. 102 ff., alle m.w.N. – zielen auf eine Erweiterung der Kontrolle tatrichterlicher Würdigungsfreiheit. Zutreffend werden aber die gesetzlichen Leitvorstellungen vom Grundsatz der freien Beweiswürdigung von der überwiegenden Ansicht aber als Grenze für eine Verobjektivierung des Wahrheitsfindungsprozesses betrachtet, vgl. LR-Gollwitzer § 261 Rn. 11; KK-Hürxthal § 261 Rn. 45 ff., Albrecht, NStZ 1983, 486 (491f.).

917 Vgl. Fezer, 1975, S. 94 ff.; ders. 1974, S. 11 ff.; ders. StV 1995, 95 (97 ff.); Schmid, ZStW (85) 1973, S. 360 ff.; Albrecht, NStZ 1983, 486 (491f.); Rieß, GA 1978, 257 (271 ff.); Peters, Gedächtnisschrift f. H. Kaufmann, 1986, S. 913 (925); Herdegen, FS. f. Kleinknecht 1985, S. 174 (177); ders., NStZ 1987, 193 (197 ff.); ders., StV 1992, 527 (534); Strate, in: 16. Strafverteidigertag, 1992, 23 (31). 73 BGHSt 14, 358 StPO (365).

918 BGHSt 14, 358 StPO (365).

919 BGHSt 5, 34 (36f.); Adomeit, JuS 1972, 628 (631); Paulus, FS f. Spendel, 1992, S. 687 (690).

920 Siehe dazu Volk, 1980, S. 12; Walter, 1979, S. 109f.; Wessels, JuS 1969, 1 (6); Herdegen, NStZ 1984, 97; ders., NStZ 1987, 193 (198); KK-Hürxthal § 261 Rn. 2; Paulus, FS f. Spendel, 1992, S. 687 (693, 694); aus der Rspr. BGHSt 10, 208 (209)

921 Vgl. Küper, 1967, S. 293 ff.; ders., FS f. Peters, 1984, S. 23 (25 ff.); Herdegen, NStZ 1984, 97; ders., NStZ 19S7, 193 (196f.); ders., StV 1992, 527 (528); Albrecht, NStZ 1983, 486 (488); Paulus, FS f. Spendel, 1992, S. 687 (694); aus der Rspr. BGHSt 10, 208 (209, 210); 29, 18 (19, 20).

922 BGHSt 10, 208 (209).

923 Siehe näher bei Küper, 1967, S. 295f.; auch Backes, in: Francke, 1982, S. 59; Paulus, FS f. Spendel, 1992, S. 687 (694 ff.).

Was bedeutet dies nun für die Würdigung der konservierten Erstvernehmung und die Frage, ob eine erneute Vernehmung des Kindes erfolgen soll ? Grundsätzlich ist das Gericht bei der Würdigung der Beweise weitgehend ungebunden.[924] Allein nach seinem persönlichen Gewissen, jedoch ohne Willkür, hat es über Schuld oder Unschuld des Angeklagten zu entscheiden.[925] Das zentrale Kriterium einer Wahrheit im Strafverfahren ist folglich das persönliche „Für-wahr-Halten".[926] Die freie Überzeugung bildet das Synonym von Wahrheit: Wo in § 244 Abs. 2 StPO – wie dargelegt – noch abstrakt und scheinbar allgemein gültig von Wahrheit gesprochen wird, konkretisiert sie sich in § 261 StPO zur subjektiven und – schon aufgrund der menschlichen Erkenntnisgrenzen – zur *relativen Wahrheit*. Nach Paulus hat damit die „Aufklärungsmaxime als Anleitung zur Durchführung des Beweisverfahrens in dem personalen Wertungsurteil ihren Bezugspunkt und wird dadurch erst konkret".[927] Beweiswürdigung ist in diesem Sinne nicht nur ein psychologischer Sachverhalt, sondern ein funktionaler Rechtsbegriff für prozessuale Wahrheit.[928] Aus diesem *relativen* Wahrheitsbegriff – der auf ein persönliches Für-wahr-Halten abstellt – ergeben sich auch Konsequenzen für den Umfang der Beweiserhebung, denn er legt den Maßstab für die erneute Beweiserhebung – die erneute Vernehmung des Kindes in der Hauptverhandlung – durch den Richter fest.

924 Denn allgemein gültige Regeln der Beweiswürdigung gibt es nicht, vgl. nur Meurer, FS f. Oehler, 1985, S. 357, der die Freiheit von gesetzlichen Beweiswürdigungsregeln jedoch eher für schädlich erachtet und darauf hinweist, dass schon das geltende Recht dem Tatrichter bestimmte Regelhaftigkeiten für die Beweiswürdigung vorgibt, vgl. a.a.O., S. 372 ff.

925 Hierin verdeutlicht sich das Wechselspiel der Beweisprinzipien zwischen Beweiserhebung und Beweiswürdigung, siehe dazu Eb. Schmidt LK II, Vorbem. zu § 244–256 Rn. 13; Herdegen, NStZ 1984,97; Küper, 1967, S. 293; Kunert, GA 1981,401; zur Würdigungsfreiheit siehe auch K/Meyer-Goßner § 261 Rn. 3; KK-Hürxthal § 261 Rn. 3, 4.

926 Wenner, 1982, S. 28, 37; Tenckhoff, 1980, S. 98; Herdegen, NStZ 1984, 97; ders., NStZ 1987, 193 (197); ders., StV 1992, 527 (528); Walter, 1979, S. 164; Rieß, GA 1978, 257 (264); Albrecht, NStZ 1983, 486.

927 Vgl. KMR-Paulus § 244 Rn. 144;

928 Paulus, FS f. Spendel, 1992, S. 687 (696 ff.). Nicht zu Unrecht läßt sich fragen, ob damit nicht die materielle Wahrheitserforschungsmaxime faktisch aufgehoben ist, siehe so Ostendorf, NJW 1978, 1345 (1347); auch I. Müller, in: Gustav-Radbruch-Forum, 1981, 44 (47) und Krauß, in: Jäger, 1980, S. 65 (80 ff.); es ist hier jedoch nicht der Ort, über die Diskrepanz zwischen der Faktizität des Verfahrens und seinen normativen Vorgaben zu diskutieren; normativ kann die Würdigungsfreiheit des Tatrichters nur als nähere Umschreibung dessen gelten, was mit dem Abstraktum „materielle Wahrheit" gemeint ist. Ob sich begrifflich danach noch von materieller Wahrheit sprechen läßt, erscheint in der Tat zweifelhaft, verständlich wird ein solcher Sprachgebrauch nur, wenn man darunter eine Zielorientierung versteht, mit der eine höchstmögliche Annäherung an Wahrheit erstrebt wird, so auch Albrecht, NStZ 1983, 486 (487).

Es stellt sich die Frage, wann und wie unter Zugrundelegung dieses Maßstabs der Richter allein aufgrund seines persönlichen Für-wahr-Haltens die erneute Vernehmung des Kindes ablehnen kann und wie sich dies konkret zu den Beweisablehnungsrechten aus § 244 Abs. 3–6 StPO und der Instruktionsmaxime aus § 244 Abs. 2 StPO verhält. Folglich ist bei der Frage, inwieweit die konservierte Erstvernehmung nach § 261 StPO ausreicht, auch dessen Verhältnis zu diesen beiden Prinzipien entscheidend. Es soll daher im Folgenden näher betrachtet werden.

2. *Freie Beweiswürdigung im Spannungsfeld der Beweisprinzipien*

Aus der Tatsache, dass die Beweisaufnahme sowie Beweiswürdigung faktisch schwer zu trennen sind[929], droht das Objekt der Wertung, die Rekonstruktion des Sachverhalts, durch die Grundsätze zur Wertung des Objekts uminterpretiert oder verfälscht zu werden. Zwischen der Beweiswürdigung und der Amtsaufklärungspflicht besteht folglich ein potentielles Spannungsverhältnis[930], das auch den Maßstab des „Für-wahr-Haltens „mitbeeinträchtigt.

Da die Instruktionsmaxime – wie im vorigen Kapitel dargelegt – auch im Beweisantragsrecht bestimmend bleibt, gilt dies ebenso gegenüber einem Beweiserhebungsverlangen anderer Prozessbeteiligter. Im Klartext heißt das: wo noch keine Überzeugung entwickelt ist, hat die Suche nach Wahrheit voranzuschreiten. Wenn sich jedoch für den Tatrichter eine persönliche Gewissheit, ein „Für-wahr-Halten" herausgebildet hat, scheint das weitere Beweisverfahren seinen Sinn ver-

929 Vgl. dazu ausführlich die Untersuchung von Dedes, 1992; vgl. auch ders. GS H. Kaufmann, 1986, S. 936 ff. und Meurer, GS H. Kaufmann, 1986, S. 947,955. Auch normativ läßt sich eine Antwort nicht mehr aus dem einen oder anderen Prinzip allein entwickeln, da der Gegenstand der tatrichterlichen Beweiswürdigung vom Ziel des Beweisaufnahmeverfahrens nach § 244 Abs. 2 StPO nicht zu trennen ist, vgl. KMR-Paulus § 244 Rn. 112; Tenckhoff, 1980, S. 98. Hinzu kommt die Struktur des Instruktionsprinzips die dazu führt, dass eine Personenidentität zwischen dem Richter als Tatsachenermittler und -beurteiler besteht, Kunert, GA 1981, 401 u. 410; Herdegen, NStZ 1984, 97; ders., StV 1992, 590 (591). Anders im angloamerikanischen Recht, dort besteht eine strenge Trennung zwischen beiden.

930 Kunert, GA 1981, 401 (413); Herdegen, NStZ 1984, 97; ders., GS für K. Meyer, 1990, S. 187 (189); KK-Herdegen § 244 Rn. 26; Gutmann, JuS 1962, 369 (373); Wessels, JuS 1969, 1 (6, 7); Wenner, 1982, S. 38; Sarstedt/Hamm, 1983, Rn. 247 StPO; nur scheinbar kann Meyer, in: ANM, S. 22 diese Spannung bestreiten, indem er suggestiv fragt, wie das Gericht von irgendeinem Sachverhalt überzeugt sein könne, solange es nicht alle Beweise erhoben hat, die der Aufklärung dienen können. Diese Frage läßt sich leicht dahin umkehren, warum der Tatrichter weiter aufklären soll, wenn er weiteren Beweisen angesichts seiner Überzeugung keine Bedeutung zumißt. Gerade in diesem Grenzbereich liegt im psychologischen Erkenntnisvorgang der Widerstreit bei der Wahrheitsermittlung begründet.

loren zu haben, produziert nur noch „sinnlose" Verausgabung von personellen und zeitlichen Ressourcen. Aus den Beweisprinzipien heraus lässt sich folglich – in der Theorie – die Wahrheitsbildung als *Verdichtungsprozess* beschreiben: Die Fortdauer des Beweisverfahrens im Sinne von Annäherung an empirische Wahrheit wird durch die wachsende, sich verdichtende Überzeugung des Tatrichters immer mehr eingegrenzt und schließlich abgebrochen.[931]

Was bedeutet dieser Prozess, der einer faktischen Aufhebung der postulierten Trennschärfe zwischen den Phasen der Beweiserhebung und Beweiswürdigung gleichkommt, nun konkret für den Umfang der Beweiserhebung? – Übertragen auf die Bewertung der konservierten Erstvernehmung und die Frage, inwieweit sie ausreicht, kann der Richter daher – theoretisch – bereits aufgrund der Aussage zu dieser relativen Wahrheit gelangen und den Tatvorwurf für wahr halten. Dann kann eine weitere Vernehmung aus seiner Sicht ebenfalls überflüssig und nur eine sinnlose Belastungsgefahr für das Kind darstellen. Der Verdichtungsprozess der „Wahrheitsbildung" wäre damit schnell abgeschlossen und allein seine Überzeugung würde über den Zeitpunkt entscheiden.

Dies zeigt den Konflikt auf, in dem sich der Richter befindet. Er muss nach wie vor bemüht sein, dem Gebot der Wahrheitsermittlung und seiner eigenen Würdigungsfreiheit von Wahrheit zu entsprechen: Letztendlich ein unmögliches Unterfangen, denn Überzeugungen bilden sich – dies kann als allgemein bekannt vorausgesetzt werden – nicht erst nach Abschluss der Beweisaufnahme, sondern bestehen bereits als vorgefasste Meinung oder entwickeln sich im Prozess mit dem Fortlauf der Hauptverhandlung. In aller Schärfe zeigt sich der daraus entstehende Konflikt angesichts der Grundkategorien, denen das gerichtliche Instruktionsermessen folgt. Denn wie bereits aufgezeigt, erfordert die Instruktionstätigkeit geradezu – und hierbei unterscheiden sich Amtsaufklärungspflicht und Beweisantragsrecht prinzipiell nicht – ein *präsumtives Urteil* über die Erheblichkeit und Geeignetheit der Beweiserhebung bzw. ihrer Fortsetzung. Dieses Votum des Tatrichters kann aber stets nur aufbauen auf den ihm aus der Hauptverhandlung bereits bekannten Tatsachen oder den aus dem Verfahrensablauf, den Akten oder sonstigen Erkenntnisquellen potentiell zu ersehenden Beweistatsachen und -mitteln, d.h. in unserem Fall auf die konservierte Erstvernehmung.[932] Je mehr das Gericht nun aber bereits aufgrund dieser Beweismittel bzw. Tatsachen von der

931 Dies ließe sich historisch dokumentieren, denn mit Entstehung der StPO war die Gestaltung des Beweisumfangs noch völlig vom Gedanken der freien Beweiswürdigung beherrscht und erfuhr erst allmählich, mit dem Ausbau des Beweisantragsrechts und der Aufklärungsrüge (-pflicht), Einschränkungen, näher dazu bei Kunert, GA 1981, 401 (404 ff., 408).

932 Hierzu nochmals Köhler, 1979, S. 26; vgl. auch Hamm, FS f. Peters, 1984, S. 169 (170).

Schuld des Angeklagten im Sinne personaler Gewissheit gewonnen hat, desto eher wird es versucht sein, das weitere Beweisverfahren aufgrund eben dieser Überzeugung abzubrechen[933], weil ihm eine weitere Wahrheitserforschung sinnlos erscheint[934]; anders ausgedrückt: Die Fortdauer der Sachaufklärung wird durch die entgegenstehende Überzeugung relativiert und begrenzt, was durch die Freiheit des Tatrichters in seiner subjektiven Überzeugungsbildung auch legitimiert wird. Sie erlaubt es ihm, Behauptungen für zutreffend anzusehen, selbst wenn sie nicht Gegenstand der Beweiserhebung waren, wie umgekehrt auch entlastende Behauptungen als unglaubhaft zurückweisen, selbst wenn ihr Gegenteil nicht positiv erwiesen ist.[935] Der Richter, dem die Aufgabe der Instruktion und der Bewertung ihrer Ergebnisse in Personalunion zukommt, erhält normativ die Befugnis, seine Überzeugung als Wahrheit zu begründen, wo andere noch zweifeln, ob der Beweis erbracht oder nicht geführt ist.[936] Vor dem Hintergrund dieser skizzierten, personal-autoritativen richterlichen Befugnis wäre fraglich, „wie für das Gericht noch Anlass bestehen könne, den Sachverhalt weiter aufzuklären, wenn es bereits die volle Überzeugung von der Schuld des Angeklagten erlangt hat?“[937]

933 Nimmt man die beiden Konstellationen, unter denen die Aufklärungspflicht nach § 244 Abs. 2 StPO StPO verletzt sein kann, so ist zwar einerseits auch die Sachverhaltserforschung beschränkt, weil der Tatrichter subjektiv bereits von einem bestimmten Geschehensablauf überzeugt ist (vgl. Wessels, JuS 1969, 1 (6), dennoch ist das Problem vorwiegend auf der Ebene des § 261 zu lösen, da sich dort dieses Defizit fortsetzt und im Zusammenhang nur lösbar ist, da die unterbliebene Aufklärung auch die gesetzlichen Anforderung an eine hinreichende Überzeugungsbildung mitbestimmt.

934 So spricht auch Greger, 1978, S. 37, davon, dass sich im geistig-seelischen Vorgang von Überzeugungsbildung das Bewußtsein niederschlage, die Tatsachenfeststellungen mit einem vertretbaren Aufwand und unter Berücksichtigung des Verhältnismäßigkeitsgrundsatzes zu betreiben.

935 Vgl. nur BGH b. Holtz, MDR 1978, 108; b. Holtz, MDR 1979, 637; BGH, GA 1954, 152 (153).

936 KK-Herdegen § 244 Rn. 26; Herdegen, NStZ 1987, 193 (197) mit zahlreichen Hinweisen auf die Rechtssprechung.

937 So Schneidewin, in: Lobe, 1929, S. 331; Herdegen, GS f. K. Meyer, 1990, S. 187 (192) hält die Frage für falsch gestellt. Sie müsse statt dessen dahingehen, ob das Tatgericht von einer be- oder entlastenden Tatsache (noch) nicht überzeugt sein dürfte, weil eine von ihm unberücksichtigt gelassene tat- oder täterbezogene Aufklärungsmöglichkeit vorhanden war, deren Benutzung den Schuldvorwurf möglicherweise widerlegt, abgeschwächt, in Frage gestellt oder als begründet erwiesen hätte. Eine solchermaßen gestellte Frage verpflichtet in der Tat zu einer weitergehenden Aufklärungspflicht. Indes dürfte sie kaum der tatrichterlichen Praxis entsprechen, da in dieser regelmäßig verlautbart wird: Es bedürfe keiner weiteren Beweiserhebung, da diese, selbst im Falle ihres Gelingens, ohnehin nichts an der Überzeugung des Gerichts zum Ergebnis der Beweisaufnahme ändern würde, siehe insoweit selbst Herdegen, a.a.O., S. 196.

Entsprechend könnte die erneute Vernehmung des Kindes allein aus einer richterlichen Überzeugung heraus abgelehnt werden, wenn das Gericht aufgrund seiner schon entwickelten Überzeugung die Beweistatsache für unerheblich oder das Beweismittel für ungeeignet hält. Sobald die vorläufige Überzeugung des Tatrichters sich im Laufe der Beweisaufnahme zu einer endgültigen verfestigt hat, scheint jedenfalls potentiell der Gegenbeweis zu dem vom Tatrichter für wahr erachteten Sachverhalt ausgeschlossen. Das wäre die Schlussfolgerung, die sich theoretisch aus der Einheit von Instruktion und Bewertung als einer tatrichterlichen Aufgabe ziehen ließe.[938]

Problematisch hierbei ist, dass das Wahrheitserforschungspostulat in diesem Widerstreit der Beweisprinzipien zu einer rein subjektiv gebundenen Größe zu verkommen droht. Denn mit einem personal-subjektivistischen Überzeugungsmodell, wie es der Freiheitsmaxime bei der Beweiswürdigung zugrunde liegt, drohen präjudiziell wirkende Rechts- und Gerechtigkeitsgefühle auch auf die Sachverhaltsfeststellung überzugreifen. Mit einer Eingrenzung des Beweisumfangs durch das Beweiswürdigungsprinzip entsteht die Gefahr, dass die Partizipationsinteressen der Verfahrensbeteiligten zurückgedrängt werden und die Prozesssubjektstellung des Angeklagten unterminiert wird. Die präsumtive und zugleich abschließende Entscheidung, mit der der Beweisumfang im Hinblick auf den für gesichert festgestellten Sachverhalt restringiert wird, birgt nämlich schon in sich – weil nun einmal das menschliche Erkenntnisvermögen unzulänglich ist – die Wahrscheinlichkeit einer fehlerhaften Überzeugungsbildung.[939] Dieser Mangel kann seinen Grund insbesondere darin haben, dass die Beweisaufnahme lückenhaft, unvollständig oder einseitig durchgeführt wird. Einige empirische Untersuchungen führen deutlich vor Augen, dass mangelhafte Tatsachenfeststellungen und subjektive Beurteilungsfehler bei der Überzeugungsbildung zu einer der Hauptfehlerquellen im Strafprozess gehören:[940] Fehlerquellen, die Zielsetzungen des Strafverfahren wie Rechtsfrieden und Gerechtigkeit[941] aber nur bedingt in Frage stellen. Es ist immer auch als Gegengewicht der im zweiten Kapitel skizzierte Ansatz zu sehen,

938 Und wie bereits angedeutet gibt es nach der überwiegenden Ansicht einen solchen Grenzbereich, wo die tatrichterliche Überzeugung die weitere Beweiserhebung überflüssig erscheinen läßt.

939 Hierzu nur skizzenhaft Peters, ZStW 94 (1982), 1001 (1017, 1018); ders., GS für H. Kaufmann, 1986, S. 913 (917f.); Greger, 1978, S. 37.

940 Vgl. nur Peters, 1972, S. 232 ff.; ders Gutachten C für den 52. DJT, 1978, C 48. 103 Allgemein zu diesen Zielen des Strafverfahrens Roxin, 1993, S. 104; Geschichtlich wird dieser Zusammenhang deutlich, dazu Kunert, GA 1981, 401 (406).

941 Vgl. nur ANM, Beweisantrag, S. 22; Wessels, JuS 1969, 1 (7); Herdegen, GS für K. Meyer, 1990, S. 187 (189); Allgemein zu diesen Zielen des Strafverfahrens Roxin, 1993, S. 104.

dass der Verzicht auf eine erneute Vernehmung, der dem Opferzeugenschutzgedanken folgt, auch der Zielsetzung des Strafverfahrens, der Wahrheitsfindung dient und die erneute Vernehmung in diesem Zusammenhang aufgrund ihrer kontraproduktiven Indikationen[942] diese Zielsetzung eher zu gefährden droht.

Ausgehend von dieser Prämisse ist daher nach Maßstäben für die richterliche Überzeugungsbildung zu suchen. Eine Orientierung dazu liefert der von *Kunert* begründete Satz:

„Je freier die Würdigung, desto gebundener muss die Präsentation der Beweismittel sein.[943]

Übertragen auf die Frage der erneuten Vernehmung ist durch die Verwobenheit zwischen Beweisaufnahme und Beweiswürdigung offensichtlich nach ergänzenden Kriterien in Form von anderen Vorschriften oder Regelungen zu suchen, um insgesamt die rechtsstaatlichen Funktionen eines Strafverfahrens zu sichern, die gleichzeitig auch den Opferschutzgedanken miteinschließt.

Hierbei legt die ungeschriebene, beweisrechtliche Maxime der *verbotenen präsumtiven Beweiswürdigung* die entsprechenden Grenzen fest.[944] Ein Verbot, das dazu dient, die grundsätzliche Trennung zwischen den Phasen der Beweiserhebung (Herstellung) und Beweiswürdigung (Begründung) zu sichern und eben jener skizzierten Gefahr einer Subjektivierung und Verfälschung des Beweisergebnisses durch drohende Einschränkung des Beweisverfahrens aus Gründen einer schon verfestigten Überzeugung zu verhindern. Es soll die Garantie schaffen für eine Annäherung an eine „objektive Wahrheit als Ideal sowie für eine unverkürzte Einwirkungsbefugnis der Verfahrensbeteiligten auf die Rekonstruktion des Sachverhalts".[945] Zwar ist diese Trennung zwischen Beweiserhebung und -würdigung, wie bereits im vorhergegangenen Abschnitt deutlich wurde, schwierig zu ziehen und zugegebenermaßen oftmals „künstlich", da die Beweiswürdigung häufig bereits während der Beweisaufnahme stattfindet.[946] Dennoch bestimmt das Ver-

942 Vgl. dazu ausführlich im 2. Kapitel III, 2.2.

943 Kunert, GA 1981, 401 (413); ebenso auch Herdegen, NStZ 1984, 97; ders., GS für K. Meyer, 1990, S. 187 (188, 189); ders., StV 1992, 590 (591, 592); ders, in: 16. Strafverteidigertag, 1992, S. 133 (138); in die gleiche Richtung Meurer, GS für H. Kaufmann, 1986, S. 947, 960.

944 Begründet wurde dieses Verbot erstmalig in RGSt 1, 189 (190); es ist auch verfassungsrechtlich anerkannt, vgl. BVerfG, NVwZ 1987,785, ohne dass damit allerdings seine Grenzen klar umrissen wären. Der BGH spricht sogar von einem allgemeinen Grundsatz des Strafverfahrensrechts, siehe BGH b. Spiegel, DAR 1981, 199; BGH, StV 1986, 418; vgl. auch KK-Herdegen § 244 Rn. 65; ANM, Beweisantrag, S. 23 und S. 413; AK-Schöch § 244 Rn. 75; Wessels, JuS 1969, 1 (6); Roxin, 1993, § 43 C II d)bb); Gutmann, JuS 1962, 369 (375).

945 Vgl. nur ANM, Beweisantrag, S. 22f.; Engels, 1980, S. 24; Lobe, LZ 1914, Sp. 977 (982), Herdegen, in: 16. Strafverteidigertag, 1992, S. 133 (138).

946 Vgl. dazu ausführlich die Untersuchung von Dedes, 1992; vgl. auch ders. GS für H. Kaufmann, 1986, S. 936 ff. und Meurer, GS H. Kaufmann, 1986, S. 947,955.

bot der präsumtiven Beweiswürdigung den Umfang der Beweisaufnahme mit und es kann – im Extremfall – eine Aufhebung der Entscheidung nach § 338 Nr. 5 StPO wegen mangelhafter und unzureichender Beweiswürdigung begründen.[947]

Im Folgenden sind daher vorab die Möglichkeiten und Grenzen einer präsumtiven Beweiswürdigung näher zu betrachten, um aus ihnen Kriterien einer möglichen präsumtiven Glaubhaftigkeitsbeurteilung zu entwickeln. Zur Klarstellung sei an dieser Stelle nochmals betont, dass die im Folgenden zu untersuchende Frage nach den unterschiedlichen Grenzen des Beweisantizipationsverbotes innerhalb § 261 StPO über die im obigen Abschnitt untersuchten Verbote der Beweisantizipation innerhalb der Grenzen der Aufklärungspflicht und der Beweisantragsrechte hinausgeht, da andere Korrelative eingreifen.

3. *Möglichkeiten und Grenzen der präsumtiven Beweiswürdigung*

Allgemeine Grundlage für die Untersagung einer negativen Beweisvorauswürdigung ist historisch[948] der allgemeine Erfahrungssatz, dass sich regelmäßig ein sicheres Urteil über das Ergebnis einer Beweisaufnahme oder den Wert eines Beweismittels erst *nach* der Beweiserhebung treffen lässt. Im Umkehrschluss gilt, dass selbst dann, wenn das Gericht glaubt, die Sachverhaltsfeststellung unbedenklich auf das bisherige Beweisergebnis stützen zu können, der Gebrauch eines zur Verfügung stehenden und nicht offensichtlich untauglichen Beweismittels die Beurteilung des Sachverhalts wider Erwarten ändern kann.[949] Damit ist impliziert, dass trotz des Unvermögens objektiver Wahrheitsrekonstruktion eine größtmögliche Annäherung der Tatsachenfeststellung an dieses Ideal zu erreichen ist,

947 Vgl. nur KK-Herdegen § 244 Rn. 42; Gutmann, JuS 1962, 369 (377); Strate, in: Deutscher Anwaltsverlag, 1992, S. 80 (84f.); Perron, JZ 1994, 823,(829); Frister, StV 1994, 445 (449); ders. eingehend in: ZStW Bd. 105 (1993), 340 ff.; Dazu auch Ditzen, 1926, S. 28.

948 Zur diesbezügl. Rspr. des RG vgl. RGSt l, 189 (190); S. 312; 21, 225 (227); 29, 368; 47, 100 (105).

949 Vgl. Engels, 1979, S. 25; ders., GA 1981, 21 (25); Keller, ZStW 101 (1%9), 381 (390); ANM, S. 412; Peters, ZStW 56 (1937), 34 (57 ff.); Bruns, DR 1940, 2041 (2043); Dohna, FS f. Kohlrausch, 1944, S. 319 (335); Kreuzer, 1964, S. 36 u. 193; Krause, 1966, S. 63; Ditzen, 1926, S. 28; Gutmann, JuS 1962, 369 (374); Bergmann, 1970, S. 143; Völcker, 1931, S. 14; Niethammer, FS f. Sauer, 1949, S. 26 (33); Hellwig, JW 1932, 2672 (2674); Julius, NStZ 1986, 61 (63); Herdegen, GS für K. Meyer, 1990, S. 187 (188); Strate, GS für K. Meyer, 1990, S. 469; bestritten wird allein von Klee, dass es, einen solchen Erfahrungssatz gebe, da sich zumindest ebenso oft ein Erfahrungssatz umgekehrten Inhalts aufstellen lasse, siehe Klee, 1937, S. 137f.; ders., DJ 1937, 1384 (1386) – damit ist jedoch nicht die Notwendigkeit des Beweisantizipationsverbots zu widerlegen, sondern nur angedeutet, dass es bei anderen entgegenstehenden Erfahrungssätzen Ausnahmen vom aufgestellten Verbot geben kann. Zur diesbezüglichen Rspr. des RG, vgl. RGSt l, 189 (190); S, 312; 21, 225 (227); 29, 368; 47, 100 (105).

wenn eine Koppelung der Bestimmung des Beweisumfangs mit der aufgrund der bisherigen Beweisaufnahme vorliegenden Überzeugung unterbunden wird.[950] Nach dieser auf den Erfahrungssatz gestützten Grundlage des Beweisantizipationsverbots müsste daher in jedem Fall eine erneute Vernehmung des Kindes erfolgen.

Neben der Ableitung aus einem Erfahrungssatz wird das Beweisantizipationsverbot auch normativ zu verankern gesucht. Dabei wurde früher das Verbot präsumtiver Beweiswürdigung vor allem aus dem Mündlichkeitsprinzip und dem Gebot der freien Beweiswürdigung deduziert, da nur der Inbegriff der Hauptverhandlung – und mithin die tatsächlich erörterten Beweise – Grundlage der gerichtlichen Entscheidung sein könnten.[951] Bereits dieser Ansatz ermöglicht erste Lockerungen des Beweisantizipationsverbots im Hinblick auf die erneute Vernehmung des Kindes, da das Mündlichkeitsprinzip nicht uneingeschränkt gilt und die Neuregelung gerade mit der Möglichkeit, die Vernehmung zu ersetzen, nicht mehr unbedingt daran festhält.

Nach der wohl heute herrschenden Meinung begründet sich der Grundsatz des präsumtiven Beweiswürdigungsverbots unmittelbar aus dem Gebot der Wahrheitserforschung.[952] Eb. Schmidt hat das auf die Formel gebracht:

„. § 244 Abs. 2 StPO enthält das unabdingbare und keine Ausnahme gestattende Prinzip, dass Wahrheit zu ermitteln sei. Eine antizipierte Beweiswürdigung bedeutet aber stets, dass das Gericht vorhandene Wahrheitserkenntnismittel ausschaltet, also eben gerade nicht alles tut, was zur Erforschung der Wahrheit notwendig ist.[953]

950 Dazu vor allem Alsberg, JW 1922, 258 StPO; Alsberg, FS f. Heinitz, 1930, S. 416 (423); ähnlich auch Gutmann, JuS 1962, 369 (374); der davon spricht, dass der Grundsatz sowohl in § 244 Abs. 2 StPO wie in § 261 wurzele; auch nach Paulus ist die Bindung an den allgemeinen Erfahrungssatz Wesensmerkmal der rechtsrichtigen Überzeugungsbildung, vgl. KMR-Paulus § 244 Rn. 141, 170; vgl. auch Engels, GA 1981, 21 (32f.); ANM, Beweisantrag, S. 412; Kreuzer, 1964, S. 32; Bruns, DR 1940, 2041 (2048); LR-Gollwitzer § 244 Rn. 183; Gutmann, JuS 1962, 369 (374); Eb. Schmidt, ZStW 61 (1941/42), 429 (454 Rn. 39).

951 Gutmann, JuS 1962, 369 (374); KMR-Paulus § 244 Rn. 141, 170; LR-Gollwitzer § 244 Rn. 183; Eb. Schmidt, ZStW 61 (1941/42), 429 (454 Rn. 39).

952 Vgl. Engels, 1979, S. 25; ders. GA 1981, 21 (25); Keller, ZStW 101 (109), 381 (390); ANM, Beweisantrag, S. 412; Peters, ZStW 56 (1937), 34 (57 ff.); Bruns, DR 1940, 2041 (2043); zu Dohna, FS f. Kohlrausch, 1944, S. 319 (335); Kreuzer, 1964, S. 36 u. 193; Krause, 1966, S. 63; Ditzen, 1926, S. 28; Gutmann, JuS 1962, 369 (374); Bergmann, 1970, S. 143; Völcker, 1931, S. 14; Niethammer, FS f. Sauer, 1949, S. 26 (33); Hellwig, JW 1932, 2672 (2674); Julius, NStZ 1986, 61 (63); Herdegen, GS für K. Meyer, 1990, S. 187 (188); Strate, Gedächtnisschrift f. K. Meyer, 1990, S. 469.

953 Eb. Schmidt LK II § 261 Rn. 18; vgl. Engels, GA 1981, 21 (25); auch Kunert, GA 1981, 401 (413); Herdegen, NStZ 1984, 97; ders., Gedächtnisschrift f. K. Meyer, 1990, S. 187 (188f.); Fezer II/12 Rn. 95. Nach einer anderen Meinung ergibt sich das Beweisantizipationsverbot aus dem „Beweiserhebungsanspruch" wie er mit dem Beweisantragsrecht als „Parteirecht,

Nach dieses Prämisse wäre also jeweils zu fragen, ob die erneute Vernehmung zur „Erforschung der Wahrheit notwendig ist".[954] Auch eine Herleitung aus dem dargestellten Erfahrungssatz ändert an dieser Perspektive nichts, denn dieser muss für die Aufklärungspflicht wie das Beweisantragsrecht gleichermaßen gelten. Weitgehender sogar noch muss man feststellen, dass sich den Grundlagen des Beweisantizipationsverbots wenig Konkretes über seine Bedeutungsfestsetzung im Einzelnen entnehmen lässt. Mit der Erkenntnis, dass das Verbot auf die Wahrheitserforschungsmaxime zurückzuführen ist, wird zur Bestimmung des Beweisumfanges im Konflikt zwischen dem Auftrag zur Wahrheitsermittlung und den opferschützenden Bedürfnissen zur Begrenzung des Beweisverfahrens, die auf einer schon gebildeten Überzeugung von der Glaubhaftigkeit der Aussage beruht, nicht viel neues beigetragen. Demnach wäre die Notwendigkeit einer erneuten Vernehmung aus opferschützenden Erwägungen heraus immer dann abzulehnen, wenn sie für die Wahrheitserforschung „nicht notwendig" ist. Damit wären dem Gericht dieselben Spielräume eröffnet wie bei § 244 Abs. 2 StPO. Dies verdeutlicht, dass die Grundlagen des Beweisantizipationsverbots nur im negativen Sinne zeigen, an welchen Prämissen die Sachaufklärung im Strafverfahren gebunden ist, ohne aus sich heraus Aussagen zum Umfang des Beweisverfahrens zu erbringen.

durch die zulässigen, enumerativ gefaßten Ablehnungsgründe in § 244 Abs. 3 Satz 2 anerkannt sei. Denn dieser Anspruch bleibe inhaltsleer, wenn damit nicht die Verfahrensbeteiligten den Umfang der Beweiserhebungspflicht zwingend beeinflussen könnten, weshalb die Entscheidung über das begehrte Beweisverlangen grundsätzlich nur unter Einhaltung des Verbots der antizipierten Beweiswürdigung erfolgen dürfte. Dafür spreche auch, dass in dem Ablehnungskatalog, den § 244 Abs. 3 aufstellt, zwar der Ablehnungsgrund der Erwiesenheit aufgenommen sei, nicht aber das Erwiesensein des Gegenteils. Vgl. im einzelnen näher zur Problematik dieses Begriffes bei Rieß, FS BJM, 1977, S. 377 (419 ff.). Dazu Engels, 1979, S. 40; Lehmann, JW 1935, 2327 (2328); LR-Gollwitzer 5 244 Rn. 179; Krause, 1966, S. 63; Widmaier, NStZ 1994, 414 (415).Zu dieser Herleitung des Beweisantizipationsverbots siehe insbesondere Alsberg, 1930, S. 65; ders., FS f. Heinitz, 1930, S. 416 (429); Krause, 1966, S. 63; auch Gutmann, JuS 1962, 369 (375). So insbes. ANM, S. 413; weitergehender noch Engels, 1979, S. 40, der annimmt, dass die in § 244 Abs. 3 enumerierten Ablehnungsgründe überhaupt die Einzigen sind, die nicht mit dem Beweisantizipationsverbot kollidieren. Der Streit um diese unterschiedliche Herleitung des Verbots präsumtiver Beweiswürdigung erscheint indes folgenlos.

954 Allgemein unbestritten ist, dass die § 244 Abs. 3 genannten Ablehnungsgründe aus der Wahrheitserforschungspflicht (§ 244 Abs. 2), als der im Strafverfahren übergeordnete Gesichtspunkt zu begründen sind. Die Konsequenz des Disputs aus der vorangegangenen Fn. läge allein darin, das Verbot unmittelbar (§ 244 Abs. 2) oder mittelbar (§ 244 Abs. 3) aus den normativen Vorgaben des Beweisrechts zu deduzieren. So wohl insbes. ANM, Beweisantrag, S. 412, 413.

Für eine Rechtfertigung der Nichtvernehmung des Kindes auf der Grundlage einer präsumtiven Beweiswürdigung bedarf es folglich der Auslegung (Konkretisierung) dieses allgemeinen Grundsatzes im Zusammenhang mit den gesetzlichen Einzelvorschriften. Diese Analyse hat jedoch zunächst die Herausarbeitung von Inhalt und Bedeutung des Beweisantizipationsverbots zur Voraussetzung.

3.1. Zum Inhalt des Verbots der vorweggenommenen Beweiswürdigung

Inhaltlich begründet die ungeschriebene Maxime des Beweisrechts das Verbot einer Vorwegnahme des Beweisergebnisses im *negativen* Sinne[955], das heißt der Tatrichter soll dem erhobenen Beweis und seiner daraus erwachsenen Überzeugung keine Priorität vor dem noch nicht erhobenen oder beantragten Gegenbeweis einräumen dürfen. Es soll also auch dann, wenn das Gericht glaubt, bereits eine für den Schuldspruch hinreichende Überzeugung gewonnen zu haben, die Möglichkeit einer umfassenden Sachaufklärung erhalten bleiben.[956] In diesem Sinne streitet das Verbot gegen eine opferzeugenorientiert zu verstehende Limitierung des Beweisverfahrens, weil der Tatrichter als Inquisiteur den Überzeugungsbildungsprozess für abgeschlossen hält. Ausgeschlossen ist aber nur die Beweisantizipation zum Nachteil des Antragstellers, während sie, was der Ablehnungsgrund der Erwiesenheit zum Ausdruck bringt, zu seinen Gunsten erlaubt bleibt. Dabei ist für die Geltung des Beweisantizipationsverbots zu unterscheiden zwischen der Entscheidung über die Notwendigkeit einer Beweiserhebung als exakte Prüfung (Zwischenbeweiswürdigung) – unter Abstrahierung vom bisherigen Beweisergebnis – und einer Beweiswürdigung als ex post-Bewertung.[957] Dabei ist jeder gerichtlichen Instruktionstätigkeit als solcher ein prognostisches Urteil über die Notwendigkeit und Geeignetheit des Beweisverfahrens immanent. Und diese Beweisurteile beziehen sich insofern antizipierend auf nicht erhobene Beweise, da sie auf keine konkret erwiesenen Sachverhalte aufbauen, also nicht die Qualität einer Schlussberatung der Hauptverhandlung haben, sondern abstrakt-hypothetisch bestimmt sind.[958]

955 Schneidewin, in: Lobe, 1929, S. 328. 123 vgl. Eb. Schmidt LK II 0 261 Rn. 18; KMR-Paulus 5 244 Rn. 125; AK-Schöch § 244 Rn. 7S; ANM, S. 411; Fezer IV12 Rn. 95; Stlitzel, 1932, S. 102; Simander, 1933, S. 124; Rieker, 1935, S. 90; Alsberg 1930, S. 59; Niethammer, FS f. Sauer, 1949, S. 26 (33); Gutmann, JuS 1962, 369 (374); Dahs/Dahs, 1993, Rz. 317; Engels, 1980, S. 25; BoRn, 1984, S. 130; Julius, NStZ 1986, 61 (63); Herdegen, Gedächtnisschrift f. K. Meyer, 1990, S. 187 (18B); Meurer, Gedächtnisschrift f. H. Kaufmann, 1986, S. 947 (956); Perron, JZ 1994, 823 (829).

956 Kreuzer, 1964, S. 192; Engels, 1980, S. 24. 126.

957 Köhler, 1979, S. 28.

958 ANM, S. 413; Eb. Schmidt LK II 5 244 Rn. 52; zu Dohna, DJZ 1911, Sp. 305 (307); Alsberg, GA 61 (1914),484 (492); Völcker, 1931, S. 13.

Diese allgemeine (weitere) Form des antizipierenden Instruktionsermessens soll durch das Verbot nicht untersagt, wohl aber an bestimmte Regeln geknüpft werden.

Die Gefahren im Prozess der richterlichen Erkenntnisforschung, wie sie aus dem skizzierten Wechselspiel der Beweisprinzipien deutlich geworden sind, liegen jedoch eben darin, dass die präjudiziellen Beweisurteile nur auf den Horizont des Richters von tatsächlicher und normativer Richtigkeitserfahrung bezogen sind.[959] Damit droht es für andere Verfahrensbeteiligte unmöglich zu werden, auf eine abweichende Rekonstruktion und Interpretation des rechtsrelevanten Sachverhalts hinzuwirken. Da eine solche intersubjektive Erfahrung von Wahrheit, wie oben bereits skizziert, aus der Beweiswürdigungsfreiheit heraus von vornherein nicht gewollt ist, scheint nur dann das Bestreben nach einem opferzeugenorientierten Verfahren den Vorrang zu haben, wo die gegenteilige Überzeugung davon, was der Antragsteller als seine Interpretation von Wahrheit anzubieten hat, schon sicher feststeht. Gerade hiergegen aber streitet das Beweisantizipationsverbot in seinem Kern. Es konstituiert den Ausschluss einer Ablehnungsmöglichkeit der Beweiserhebung wegen des Erwiesenseins ihres Gegenteils.[960] Das Beweisantizipationsverbot entrückt das Gelingen einer Beweiserhebung, den Inhalt der Beweisaussage und ihren Zuverlässigkeitswert einer negativen Vorbeurteilung aufgrund des bisherigen Beweisergebnisses (der bereits gebildeten Überzeugung).[961] Dies gilt sowohl in bezug auf die Beweistatsache wie das Beweismittel. Unstatthaft ist danach einerseits die Vorauswürdigung, ob die behauptete Beweistatsache überhaupt beweisbar erscheint. Unzulässig ist auch eine Beschränkung des Beweisverfahrens, weil die Beweistatsache bereits widerlegt wäre oder in Widerspruch zum bisherigen Ergebnis der Beweisaufnahme stehen würde.[962] Unzulässig ist andererseits die Präsumtion vom Wert des Beweismittels, seiner Zuverlässigkeit und der ihm innewohnenden Beweiskraft.[963]

Im Einzelnen bedeutet dies, dass eine Beweisbehauptung nicht mit der Begründung abgelehnt werden darf, der Sachverhalt sei bereits hinreichend geklärt, das Gelingen der Beweistatsachen sei unwahrscheinlich oder ihr Gegenteil sei erwie-

959 ANM, S. 411, 412; Alsberg, JW 1922, 258 StPO; Alsberg, 1930, S. 58 StPO u. 62; KK-Herdegen § 244 Rn. 65; Kreuzer, 1964, S. 36; Simander, 1933, S. 121.

960 Stützel, 1932, S. 103; Simander, 1933, S. 125, 126; Alsberg, JW 1922, 258 StPO; Alsberg 1930, S. 60; Lobe, LZ 1914, Sp. 977 (982); zu Dohna, FS f. Kohlrausch, 1944, S. 319 (325);

961 Dahs/Dahs, 1993, Rn. 325; Engels, 1980, S. 25; Schlüchter, 1983, Rn. 549; KMR-Paulus § 244 Rn. 418 ff.; LR-Gollwitzer § 244 Rn. 184 ff.; ANM, Beweisantrag, S. 413 ff.

962 KK-Herdegen § 244 Rn. 65. 132; siehe auch die Autoren wie Fn. zuvor.

963 Im übrigen Alsberg, JW 1922, 258 StPO (259); ders. 1930, S. 61; Kreuzer, 1964, S. 36; Völcker, 1931, S. 13; Eb. Schmidt LK II 5 244 Rn. 50; LR-Gollwitzer § 244 Rn. 182; Ditzen, 1926, S. 34 betont zu Unrecht nur diesen letztgenannten Gesichtspunkt; ebenso Harreß, 1930, S. 36.

sen, die Beweisbehauptungen seien erdichtet, unglaubhaft, widersprächen der eigenen Einlassung des Angeklagten oder den entgegenstehenden Ergebnissen der bisherigen Beweisaufnahme.[964] Ebenso ist auch für das Beweismittel eine Vorwegnahme des Beweisergebnisses sowie die Prüfung des Beweiswerts untersagt. Unvertretbar ist es deshalb, wenn der Tatrichter die Existenz des Beweismittels überhaupt bestreitet, ihm im Hinblick auf das bisherige Beweisergebnis die behauptete Beweiskraft abspricht, den Wert des Beweismittels im Verhältnis zu bereits erhobenen Beweisen herabwürdigt oder ihm als solches die Tauglichkeit, Glaubwürdigkeit und Geeignetheit als Beweismittel nicht zubilligt.[965] Grundsätzlich könnte damit das Gericht den Wert des Beweismittels nicht *verneinen*, ohne den Beweis erhoben zu haben.

Fraglich ist aber, wie es sich in den Fällen verhält, in denen das Gericht den Beweiswert des Beweismittels *bejaht*, also von der Glaubhaftigkeit der konservierten Aussage ausgeht. Hier entsteht ein Sonderfall einer präsumtiven Beweiswürdigung: Einerseits ist solch eine vorweggenommene *positive* Bewertung des Beweismittels möglich, sie stellt keinen Fall der skizzierten negativen präsumtiven Beweiswürdigung dar. Andererseits ist dieser zulässigen Präsumtion die Option eröffnet, die weitere Vernehmung und damit den Beweis von weiteren Beweistatsachen bzgl. des Vorliegens des Tatvorwurfs abzuschneiden. Letztere Alternative wäre der klassische Fall der skizzierten präsumtiven negativen Beweiswürdigung. Für eine Lösung bedarf das Verbot einer weiteren Konkretisierung der sachlichen Bedeutung des Beweisantizipationsverbots. Festzuhalten bleibt vorerst, dass die präsumtive Beweiswürdigung möglich ist und nicht uneingeschränkt gilt.

3.2. Konkretisierung der sachliche Bedeutung des Beweisantizipationsverbots

Die sachliche Bedeutung der Beweisantizipationsverbots-Maxime lässt sich nach dem bisher Gesagten wie folgt kennzeichnen: Mit dem Versuch, mittels des Verfahrensgrundsatzes eine Trennung zwischen den Phasen der Beweiserhebung und -würdigung zu garantieren, ergibt sich potentiell die Möglichkeit für die

964 Vgl. dazu im Überblick bei ANM, Beweisantrag, S. 414f.; Alsberg, JW 1922, 258 StPO ff.; Alsberg, 1930, S. 60 ff.; Dahs/Dahs, 1993, Rz. 325; KK-Herdegen § 244 Rn. 65; KMR-Paulus § 244 Rn. 417f.; AK-Schöch § 244 Rn. 75; LR-Gollwitzer § 244 Rn. 184f., alle m.w.N. auf die Rspr.

965 Siehe auch hierzu im Überblick bei ANM, Beweisantrag, S. 416 ff.; Alsberg, 1930, S. 60 ff.; Eb. Schmidt LK II § 244 Rn. 50; AK-Schöch § 244 Rn. 75; LR-Gollwitzer § 244 Rn. 182 u. 185, alle m.w.N. auf die Rspr.

Verfahrensbeteiligten, Einfluss auf die richterliche Überzeugungsbildung und damit auf Umfang wie Präzision der Sachverhaltsrekonstruktion zu erlangen.[966] Mit *Hanack* formuliert:

„Im Verbot der Beweisantizipation liegt der entscheidende sachliche Schutz für die prozessualen Einwirkungs- und Aufklärungsbefugnisse der Beweisantragsberechtigten.[967]

Auch wenn der Tatrichter bereits eine subjektive Gewissheit von Wahrheit begründet zu haben glaubt, soll er sich gegenüber der anders gearteten Würdigung des Beweisergebnisses, wie sie durch die neu gestellten Anträge der Verfahrensbeteiligten zum Ausdruck gebracht wird, offen halten und zumindest das Gelingen dieser angebotenen alternativen Sachverhaltsdarstellung nicht präsumieren.[968] Im übrigen soll diese Beweismaxime aber auch unabhängig von der Partizipation sonstiger Verfahrensbeteiligter den Instruktionsprozess bei der prozessualen Konstruktion der „Wahrheit" freihalten von sachfremden Einflüssen, die der Annäherung an das Ziel optimaler Sachverhaltsaufklärung entgegenstehen können. Die Reglementierungen, die durch das Beweisantizipationsverbot dem tatrichterlichen Instruktionsermessen geschaffen sind, sollen präventiv der Gefahr entgegenwirken, dass der tatsächliche Sachverhalt nicht ermittelt wird[969], konkret der – auch empirisch belegbaren – Konsequenz von Fehlurteilen[970] begegnen. Insofern kann das Verbot antizipierender Beweiswürdigung als Summe von forensischen Erfahrungen gesehen werden.[971] Diese Erfahrungen müssen daher zwingend auch die Erfahrungen der Aussagepsychologie miteinbeziehen. Sie sind Kriterien, die folglich das Beweisantizipationsverbot auch weiter konkretisieren und aufweichen können.

Ferner begründet der „ungeschriebene" Beweisgrundsatz funktional eine Selbstbindung des Tatrichters als Missbrauchsabwehr[972], die vor unsachgemäßer Pflichtausübung in der Beweisaufnahme schützen soll. Zu dieser unsachgemäßen Pflichtausübung zählt auch eine Nichtbeachtung opferschützender Gesichtspunkte und ihr Zusammenhang mit aussagepsychologischen Erkenntnissen.

966 Hierzu Solbach/Vedder, JA 1980, 99 (100); Alsberg, FS f. Heinitz, 1930, S. 416 (429); KK-Herdegen § 244 Rn. 42; AK-Schöch § 244 Rn. 43; Herzog, StV 1994, 166 (167); Perron, JZ 1994, 823 (829); Gutmann, JuS 1962, 369 (377).

967 Vgl. Hanack, JZ 1970, 561 (562).

968 Siehe dazu Alsberg, 1930, S. 59; ANM, S. 411; Strate, GS für K. Meyer, 1990, S. 469; Herdegen, in: 16. Strafverteidigertag, 1992, S. 133 (138).

969 Bergmann, 1970, S. 143; Frister, StV 1994, 445 (449).

970 Hermann, ZStW 85 (1973), 255 (280); Perron, JZ 1994, 823 (829); Frister, StV 1994, 445 (449); Peters, 1972, Bd. II, S. 227, 228; ders, ZStW 56 (1937), 34 (52 f.).

971 So wie sie in §§ 244 und 245 niedergelegt sind.

972 Hermann, ZStW 85 (1973), 255 (280).

Folglich stellt das Verbot, das Gelingen von potentiell möglichen und tauglichen Beweisen negativ zu präsumieren, eine Barriere gegenüber richterlicher Willkür[973] und eine Basis für eine gerechte, vorurteilsfreie Urteilsfindung dar.[974] Die künstliche Dichotomie Opferzeugenschutz (Verzicht auf eine erneute Vernehmung) versus Gründlichkeit in der Beweisaufnahme (umfassende Wahrheitserforschung) erhält in der Maxime des Beweisantizipationsverbots damit eine Rechtsfigur des Ausgleichs und der Kontrolle, ebenso aber auch einen Kristallisationspunkt, d.h. auch innerhalb des Beweisantizipationsverbots können sich beide gleichermaßen ergänzen. Dies bedeutet, dass die im zweiten Kapitel aufgezeigte Prämisse, dass Opferschutz und Wahrheitsfindung sich ergänzen, auch in die beweisrechtliche Maxime des Beweisantizipationsverbots integrierbar ist. Dabei ist der Ausgleichs- und Kontrollgedanke des Beweisantizipationsverbots mehr in den Vordergrund zu stellen. So kann die opferschützenden Entscheidung, das Kind nicht zwingend erneut zu vernehmen, der Wahrheitsfindung dienen, da nach aussagepsychologischen Ergebnissen die konservierte Erstvernehmung das sach- und tatnächste sowie weitgehendst suggestivfreiste Beweismittel darstellt. Insofern stellt sie das bestmögliche Beweismittel dar und ist einer erneuten Vernehmung im Beweiswert überlegen. Ausgehend von dieser Prämisse ist daher auch das skizzierte Beweisantizipationsverbot im Lichte der umfassenden Wahrheitsermittlung zu sehen. Ferner muss als Kontrollmöglichkeit die Beweisantizipation nachvollziehbar sein, d.h. es müssen konkret objektivierbare Kriterien bei der Bewertung der Glaubwürdigkeit vorliegen. Hier soll ein Blick in die aussagepsychologischen Kriterien der Beweiswürdigung von Aussagen, die auch Grundlage der richterlichen Beweiswürdigung sind, Möglichkeiten der Konkretisierung der Beweisantizipation aufzeigen.

4. Konkrete Kriterien der präsumtiven Beweiswürdigung zur Beurteilung der Glaubwürdigkeit der konservierten Erstvernehmung

4.1. Kriterien nach der Aussagenanalyse von Steller/Köhnken

Der Bereich des zu ermittelnden Wahrheitsgehalts einer Aussage wird in der Rechtsprechung mit dem Konzept der *speziellen Glaubwürdigkeit* erfasst[975], wobei es sich der Sache nach um eine Beurteilung der Glaubhaftigkeit einer Aussage handelt. Demgegenüber verliert die Beurteilung der allgemeinen Glaubwürdigkeit in der

973 Vgl. Eb. Schmidt LK II § 261 Rn. 18; Hellwig, JW 1932, 2672.
974 Gutmann, JuS 1962, 369 (374).
975 BGH, StV 94, 64, Köhnken PsychR 86, 183.

forensischen Aussagepsychologie zunehmend an Bedeutung.[976] Zum Zwecke der Glaubwürdigkeitsbeurteilung liegen eine Reihe aussagepsychologischer Kriteriologien vor (sog. Realitäts- und Inhaltskennzeichen), die sich bzgl. Ausführlichkeit, Systematik und Grad der empirischen Überprüfung stark unterscheiden.[977] In unterschiedlichem Maße werden dabei Daten aus dem Umfeld der Aussage (Geschichte, Person des Aussagenden, Verhalten während der Aussage) berücksichtigt, wobei der Schwerpunkt bei der Bewertung des Aussageinhalts liegt. Da die Beurteilung der Glaubwürdigkeit des kindlichen Zeugen allein auf Grundlage der konservierten Erstvernehmung erfolgen muss, sind bei der speziellen Glaubwürdigkeit die Realitätskriterien heranzuziehen, die sich vorrangig auf den Inhalt der Aussagen beziehen. Hierzu haben *Steller/Köhnken*[978] ein entsprechendes System entwickelt, das der präsumtiven Beweiswürdigung im Folgenden zugrundegelegt werden soll.

a) allgemeine Merkmale

Hinsichtlich der Gruppe der allgemeinem Merkmale der Aussage soll es auf eine logische Struktur derselben ankommen, d.h. auf die logische Konsistenz und Homogenität der berichteten Ereignisse. Die Aussageweise soll sich dagegen gerade durch Unstrukturiertheit (Inkonsistenz) auszeichnen. Detailfülle ist ein weiteres Kriterium, wobei nur jeweils neue Details berücksichtigt werden sollen.

976 Zu den Kriterien zählten Charaktereigenschaften und das bisherige Verhältnis zur Wahrheit. Die Abkehr von diesen Kriterien ist insoweit überzeugend, als es sich bei entsprechenden Konstanten teilweise um statische Konstrukte handelt, die naturgemäß zur Beschreibung der per se wandlungsfähigen und differenzierten menschlichen Persönlichkeit und zur Vorhersagemenschlichen Verhaltens weniger geeignet sind. Vom methodischen Standpunkt aus ist die begrenzte Validiät und vom anwendungspsychologischen Standpunkt aus die begrenzte Utilität (Anwendbarkeit und klinische Nützlichkeit) der einschlägigen Persönlichkeitsfragebögen bemängelt worden. Auch kann selbstverständlich ein all glaubwürdiger „Mensch im speziellen Fall sehr wohl eine glaubhafte Aussage machen. Ferner bestanden bei den Kriterien der allgemeinen Glaubwürdigkeit erhöhte Gefahren einer subjektiven Bewertung, vgl. dazu ausführlich Köhnken PsychR 86, 183 ff.

977 Vgl. den ausführlichen Überblick bei Greuel/Offe, 1997, S. 293 ff., 245 ff.; Eisenberg, 1996, S. 492 ff.

978 Dieses System gilt speziell für die Aussagen von Kindern bei Sexualdelikten, vgl. Steller/Köhnken, 1989, Criteria-based statement analysis. In C. Raskin (Ed.), Psychological methods in criminal investigation and evidence (pp. 217–245). New York, Springer; vgl. auch Steller/Wellershaus, Zeitschrift für experimentelle und angewandte Psychologie, 39, 151–170: Ferner, Realkennzeichen von Köhnken/Steller (1989) in: Fegert, 1993, S. 98.

b) Spezifische Inhalte

Im zweiten Schritt wendet sich die Analyse den spezifischen Inhalten der Aussage zu. Die Einbettung der geschilderten Handlung in einen Kontext des täglichen Lebens ist ein Realitätskriterium dieser Kategorie, weiterhin die Beschreibung von Interaktionen, die Wiedergabe von Unterhaltungen (zumindest z.T. im Wortlaut) und die Schilderung nicht zu erwartender Komplikationen im Handlungsablauf.

c) Besonderheiten in der Aussage

Besonderheiten des Inhalts machen die nächste Gruppe der Realitätskriterien aus. Dabei sollen ungewöhnliche und für die Kernhandlung überflüssige Details sowie berichtete Details, deren Bedeutung von Zeugen gar nicht verstanden oder missverstanden wird, für einen realen Gehalt der Zeugenaussage sprechen. Das gleiche soll etwa für den speziellen Fall gelten, dass Kinder berichten, mit dem Beschuldigten über eigene sexuelle Erlebnisse mit Dritten gesprochen zu haben (so indirekt handlungsbezogene Schilderung). Ebenfalls als Realitätskriterien gelten Berichte über eigene Kognitionen und Emotionen während des geschilderten Ereignisses sowie Versuche, dem Täter bestimmte Motive zuzuschreiben.

d) Weitere besondere Kriterien

Während in den vorgenannten drei Gruppen Kriterien zusammengefasst sind, mit deren Erfindung und Integration in die Aussage der kindliche Zeuge überfordert sein kann, beruhen die Kriterien der vierten Gruppe auch auf der Annahme, dass ein falsch aussagender Zeuge Details dieser Art in seiner Aussage vermeiden will: spontane Verbesserungen, die gerade gemachte Aussageteile relativieren, modifizieren oder sonst wie verändern, das Zugeben von Erinnerungslükken, das Wecken von Zweifeln an der eigenen Aussage, das freiwillige Zugeben eigener Verfehlungen, die im Zusammenhang mit der Tat stehen, und das Angeben von Entschuldigungsgründen für den Täter.

e) Spezielle Glaubwürdigkeitskriterien

Als spezielles Glaubwürdigkeitskriterium geben Steller/Köhnken die Schilderung deliktspezifischer, aber als solcher nicht allgemein bekannter Details an. Dabei ist allerdings ggf. zu prüfen, ob zum Zeitpunkt der Aussage Informationen betreffend typischer Fallgestaltungen unter Umständen durch öffentliche Diskussion, Medien und ähnliches über Fachkreise verbreitet worden sind, und im Umfeld zu fragen, inwieweit der Zeuge Zugang dazu hatte.

4.2. Empirische Überprüfung

Die genannten Kriterien wurden auch im Rahmen von empirischen Arbeiten überprüft.[979] Dabei wurden jeweils 20 bestätigte und 20 unbestätigte, als Falschbezichtigungen geltende Fälle von sexuellem Missbrauch an Kindern kriterienbezogen untersucht. Die Zuordnung als „bestätigt" bzw. als „falsch" erfolgte aufgrund mehrerer Gesichtspunkte, die von der Aussage unabhängig waren wie Geständnisse (für deren Echtheit als Kriterium lediglich die Abwesenheit von „erkennbaren" Motiven für ein Falschgeständnis verwandt wurde), medizinische Hinweise für erfolgten sexuellen Missbrauch bzw. keine entsprechenden medizinischen Hinweise, keine anderweitigen Indizien für Missbrauch, entsprechende psychologische Beurteilung betreffend die geringe Wahrscheinlichkeit sexuellen Missbrauchs und andere. Die Anwendung der (mittels standardisierter Interviewvorlage) erhobenen Aussagen bzgl. der Gruppenzugehörigkeit „blinde" Beurteilung hat dabei eine klare Trennung zwischen beiden Gruppen ergeben.[980]

Ferner fand eine weitere Überprüfung der kriteriengestützten Aussagenanalyse im Rahmen einer deutschen Simulationsstudie statt. Dabei wurden Schüler der ersten und vierten Grundschulklasse instruiert, jeweils eine wahre und eine erfundene Geschichte zu erzählen. Die Auswahl möglicher Themen war so gewählt, dass bestimmte Merkmale der Erfahrung, sexuellem Missbrauch ausgesetzt zu sein (negative Gefühle, weitgehender Kontrollverlust), auch für die erlebte oder erfundene Handlung kennzeichnend sein sollten (u.a. Operation, Zahnarztbehandlung, Angriff durch ein Tier). Der Wahrheitsgehalt der Berichte wurde (neben den Angaben der Kinder) lediglich mittels Befragung der Eltern überprüft. Die Begutachtung der Aussagen erfolgte durch solche Personen, die bezüglich der Gruppenzugehörigkeit („wahr"/" erfunden") nicht informiert waren. Zusätzlich wurde eine begrenzte Zahl von Aussagen durch 31 Personen ausgewertet, um deren Übereinstimmung bezüglich der Beurteilung (sog. Inter-Rater-Reliabilität) zu ermitteln.

Bezüglich jedes einzelnen vorgenannten Realitätskriterium wurde überprüft, ob es signifikant zwischen „wahren" und „erfundenen" Aussagen zu trennen in der Lage war. Dies sei für die Kriterien logischer Konsistenz, Detailreichtum, Einbettung in den Kontext, Schilderungen von Komplikationen, ausgefallener und nicht zu erwartender Details, Schilderungen unverstandener Handlungselemente und indirekt handlungsbezogener Schilderungen und Berichte über innerpsychische Vorgänge der Fall. Sowohl die Beschreibung der Interaktionen als auch die

979 Durchgeführt von Esplin u.a., vgl. Steller in, Yuille, 150, Steller u.a. ZexPsych 92, 151 ff.
980 Vgl. dazu ausführlich Steller, in Yuille, S. 150.

Wiedergabe von Gesprächen in der Aussage unterscheiden sich in bezug auf die Vorkommenshäufigkeit zwar zwischen „wahren“ und „erfundenen“ Aussagen, verfehlten aber knapp die Signifikanzgrenze. Nicht erfolgreich bestätigt werden konnten die Kriterien der vierten, auf die Motivation des falschaussagenden kindlichen Zeugen abstellenden Gruppe. Dieses Ergebnis ist möglicherweise auf eine ungenügende Simulation des motivationalen Hintergrundes von Falschaussagen, z.B. jemandem schaden wollen, Rachemotive, durch das Versuchsdesign zurückzuführen.

Insgesamt deuten die Ergebnisse der Untersuchung darauf hin, dass die Entstehungsbedingungen „wahrer“ bzw. „erfundener“ Aussagen im Experiment teilweise erfolgreich nachgestellt werden können und dass es grundsätzlich möglich ist, anhand dieser entwickelten Schemata zwischen „wahren“ und „erfundenen“ Aussagen zu trennen. Zu berücksichtigen ist hierbei aber noch, dass je nach Entwicklungsalter des Kindes mit einer unterschiedlichen Häufigkeit und Ausprägung von Glaubwürdigkeitskriterien zu rechnen ist und dies bei der Anwendung zu berücksichtigen ist. Im Einzelnen fanden sich insbesondere Ausprägungen von Spontaneität, Konsistenz und Detailreichtum umso seltener, je jünger die Kinder waren, und zwar unabhängig vom Wahrheitsgehalt der Aussagen.[981]

4.3. Konkrete Anwendung: Ratingschema

Die konkrete Bewertung der skizzierten Glaubwürdigkeitskriterien ist nach einem einfachen Ratingschema vorgesehen (Kriterium fehlt, Kriterium ist erfüllt, Kriterium ist in besonderem Maße erfüllt)[982], wobei eine quantitative Bewertung des Ergebnisses noch nicht möglich ist.[983] Insgesamt ist die auf Kriterien begründete Analyse des Inhalts eingebettet in einen weiteren Rahmen von Informationen aus den Akten. Die Verfahrensweise von Steller/Köhnken bietet damit die Möglichkeit eines standardisierten und nachvollziehbaren Verfahrens. Der Richter hat in seinem Beschluss, auf die erneute Vernehmung des Kindes zu verzichten, die einzelnen Kriterien, die für ihn die Glaubhaftigkeit der Aussage führen und einen Verzicht begründen, entsprechend dem Schemata detailliert anzuführen.

Zu berücksichtigen ist in diesen Zusammenhang das Problem, dass eine Überzeugung von der inhaltlichen Richtigkeit weithin von bestimmten Merkmalsausprägungen der Aussage bzw. des Aussageverhaltens beeinflusst wird (z.B. Sicherheit, Klarheit, Kürze, Detailreichtum, aufweisen persönlicher oder gar intimer

981 Vgl. dazu auch Gordon/Follmer, Child psychology, 94, 283 ff.
982 Vgl. Steller, in Yuille, S. 139.
983 Vgl. dazu nur die Literatur und Praxisauswertung von Prüfer, MDR 1995, S. 37 ff.

Bezüge), die durchaus auch ambivalent sein können. Oft kann es daher für den Richter schwierig sein, das Kriterium dann entsprechend einzuordnen. Dieses Dilemma vermag auch die standardisierte Verfahrensweise nicht zu lösen. Sie dient aber dazu, die Entscheidung nachvollziehbar und revisionsrechtlich nicht länger angreifbar werden zu lassen. Letztendlich ist nach diesem Schemata eine präsumtive Beweiswürdigung objektivierbar und damit auch zulässig. Eine sichere Anwendung setzt aber notwendigerweise noch eine entsprechende Schulung der Richter voraus.

5. Ergebnis

Die Beurteilung der Glaubwürdigkeit des Kindes durch das Gericht zählt zur „ureigene Aufgabe" und zum „Wesen richterlicher Rechtsfindung". Die entsprechende Sachkunde ist den Richterinnen und Richtern in der Regel auch zuzugestehen und es sollte daher nur *ausnahmsweise* ein Sachverständiger hinzugezogen werden. Für die Kinder können damit Belastungsgefahren weiter reduziert werden, da sie das Geschehene nicht erneut rekapitulieren müssen, was auch immer Suggestivgefahren birgt. Zu berücksichtigen ist ferner, dass für die Kinder eine Exploration ohnehin schwierig von einer richterlichen Vernehmung zu unterscheiden ist, da sie im Ergebnis über dieselben Vorkommnisse berichten und ähnliche Fragen beantworten müssten. Um daher die Möglichkeiten des skizzierten, umfassenden, opferzeugenschützenden Ansatzes weitestgehend zu realisieren, ist die Glaubwürdigkeit durch den Richter auf Grundlage der konservierten Erstvernehmung zu beurteilen. Im Umkehrschluss bedeutet dies, dass ein Sachverständigengutachten nicht als zwingende Voraussetzung für die Beurteilung der Glaubwürdigkeit anzusehen ist und die von der Rechtsprechung aufgestellten hohe Anforderungen an die richterliche Begründung und die konkrete Auseinandersetzung mit den Kriterien zur Glaubwürdigkeit nicht dazu führen dürfen, dass die Sachverständigen quasi zum „Richter vor dem Richter" werden und ihre Beurteilung letztendlich entscheidend ist. Dies schränkt die richterliche Entscheidungsfindung in einer unangemessenen Art und Weise faktisch ein. Im Ergebnis kann der von der Rechtsprechung geforderten hohen Darlegungslast genügt werden, wenn die Kriterien die für die richterliche Glaubwürdigkeitsbeurteilung detailliert in der Entscheidungsfindung angegeben werden. Ähnlich wie im bei den Voraussetzungen für eine „Ungeeignetheit" oder „Unerreichbarkeit" kann daher das Gericht die Glaubwürdigkeit allein aus eigener Sachkunde heraus beurteilen kann, ohne das Damoklesschwert der Revision befürchten zu müssen. Der Verzicht auf die Hinzuziehung eines Sachverständigen stellt nach den in der Arbeit entwickelten Grundsätzen– aus revisionsrechtlicher Sicht – keine unzulässige Eingrenzung des Beweisumfangs dar und verstößt auch nicht gegen die Grundsätze einer „erschöpfenden Beweiswürdigung“. Da sich die Frage der Hinzuziehung eines Sachverständigen für den Richter zwangsläufig erst nach Würdigung der konservierten Erstvernehmung entscheiden lässt, sind auch die Fragen der Beweiserhebung bzw. Beweisführung aus § 244 Abs. 2 StPO und der Beweiswürdigung aus § 261 StPO nicht voneinander zu trennen. Beide Beweisprinzipien sind daher in der Gesamtschau zu sehen und damit die Streitfrage, ob nun Verfahrens- oder Sachrügen erhoben werden, an dieser Stelle nicht relevant. Gleiches gilt auch für die weitere Frage, inwieweit die konservierte Erstvernehmung als Grundlage für eine Beweiswürdigung ausreicht. Im Hinblick auf die richterliche Würdigung der Aussage – ohne zwingende erneute Vernehmung des Kindes – ist der Umfang der „erschöpfenden Beweiswürdigung“ aus dem Verhältnis von § 244 Abs. 2 StPO und § 261 StPO zu bestimmen. Dies bedeutet, dass eine präsumtive Beweiswürdigung zwingend vorauszusetzen und auch zulässig ist. Dies ergibt sich direkt aus der Prämisse der Beweiswürdigung als einer wesentlich richterliche Aufgabe, die sich in normativen, nicht gänzlich objektivierbaren Bahnen vollzieht. Diesen „ureigenen“ Bereich seiner Tätigkeit darf und kann der Tatrichter nicht delegieren; wird es dennoch von ihm praktiziert, so entzieht er letztlich dem Prozess selbst die Grundlage. Sobald daher die Glaubhaftigkeit einer bestimmten Aussage unter Beweis gestellt wird, ist es die prozessuale Wahrheit selbst, die zur Untersuchung steht. Da diese Wahrheit allein auf justizförmigem Wege, normativ, unter Wahrung grundlegender Persönlichkeitsgarantien der Betroffenen von Richtern festgestellt werden darf, ist auch die Glaubhaftigkeitsprüfung in seinen Aufgabenbereich zu legen. Für die Frage, welche Maßstäbe an die zwingend erforderliche präsumtive Beweiswürdigung und das Ausreichenlassen einer konservierten Erstvernehmung und die Beurteilung ihrer *Glaubhaftigkeit* anzulegen sind, kann auf die Kriterien der aussagepsychologischen Forschung zurückgegriffen werden, da die richterlichen Beweiswürdigung dann präsumtive Elemente enthalten kann, wenn sie objektivierbar und konkretisierbar sind. Dieses Kriterium erfüllen die aussagepsychologischen Kriteriologien der sog. Realitäts- und Inhaltskennzeichen von Steller/Köhnken. Sie ermöglichen es dem Gericht, die Glaubhaftigkeit zu beurteilen und diese Prüfung nachvollziehbar und damit objektivierbar werden zu lassen. Damit wird die Glaubwürdigkeitsprüfung wieder zur „ureigenen Aufgabe“ des Gerichts, ohne dass die Gefahr einer revisionsrechtlichen Aufhebung der Entscheidung droht. Ihre Anwendung setzt eine entsprechende Fortbildung der Richterinnen und Richter voraus. Sie gilt es in der Rechtspraxis zu forcieren.

Fünftes Kapitel
Stand der Umsetzung der Neuregelung in der Praxis und Reformvorschläge

Die ersten (empirischen) Erfahrungen mit der Videovernehmung liegen inzwischen vor. [984] Sie zeigen, dass die Videovernehmung nur sehr selten eingesetzt wird und die Praxis ihr überwiegend skeptisch gegenübersteht. Nur jedes fünfte Gericht erklärte sich zur Anwendung überhaupt bereit. Aufschlussreich auch die Erfahrungen im Hinblick auf die Mehrfachvernehmungen: Danach wurde nur in knapp 40 % der Fälle Mehrfachvernehmungen durchgeführt. 50 % der Kinder wurden nur einmal und 10% aller Kinder gar nicht vernommen.[985] Auf den ersten Blick eine positive Bilanz. Bei näherer Betrachtung zeigt sich aber Nachbesserungsbedarf, denn trotz der Tatsache, dass nach der Untersuchung von Kipper in 90 % der Fälle ein Geständnis des Angeklagten eine erneute Vernehmung verhinderte[986] ist die Quote von 40 % der Mehrfachvernehmungen immer noch erstaunlich hoch. Dies hängt damit zusammen, dass im Ermittlungsverfahren keine Videovernehmungen der Kinder angefertigt, und der Angeklagte damit konfrontiert, bzw. bei der Vernehmungen bereits mitgewirkt hatte. Damit wurde die Möglichkeit über eine Videovernehmung zum Geständnis des Angeklagten zu gelangen, offensichtlich nicht genutzt, was sich mit der festgestellten Skepsis der Praxis gegenüber der Videovernehmung erklären lässt.

Für die skizzierten Optionen zur Reduzierung der Mehrfachvernehmungen besteht daher nach wie vor Reformbedarf und es sind offensichtlich weitere Regelungen, Richtlinien, bzw. praktischen Handreichungen zur Implementierung der Regelung erforderlich. Die Bundesregierung hat entsprechend reagiert und mit

984 Kipper, Oliver (2001). Schutz kindlicher Opferzeugen im Strafverfahren. Kriminologische Forschungsberichte. Max-Planck-Institut für ausländisches und internationales Strafrecht. Freiburg, Dissertation an der rechtswissenschaftlichen Fakultät der Albert Ludwigs Universität in Freiburg. Danach will nur jedes fünfte Gericht künftig von den Möglichkeiten der Videotechnologie Gebrauch machen. Als Gründe für die Ablehnung konstatiert Kipper den finanziellen und technischen Aufwand, der für eine solche Vernehmung kindlicher Zeugen zu treffen ist (Kipper, aaO S. 275). Darüber hinaus bezweifeln die Gerichte, dass die Vernehmung mit einer zwischengeschalteten Kamera den gleichen positiven Effekt haben könne wie persönlicher Einsatz und Einfühlungsvermögen des Richters in der unmittelbaren Befragung des Kindes (Kipper, aaO S. 280). Vgl. demgegenüber zu den positiven Effekten der Videovernehmung aus aussagepsychologischer Sicht, Knoblauch zu Hatzbach, ZRP 2000, S. 276.

985 Kipper, aaO, S. 284.

986 Kipper, aaO, S. 285.

einem Diskussionspapier eine weitere Reformdebatte zum Opferschutz und zu Beweisverwertungsmöglichkeiten angestoßen.[987] Dabei gehen die Reformvorschläge deutlich in Richtung der vorliegend erarbeiteten Lösungsvorschläge: Der Opferschutz soll aufgewertet und die Beweisverwertungsmöglichkeiten erweitert und noch stärker zur Einsparung von Mehrfachvernehmungen genutzt werden.[988] Dies zeigt nicht nur wie aktuell die in der Arbeit skizzierten Lösungsvorschläge zur Vernehmung von Kindern in Verfahren sind, sondern auch, dass die damit verbundenen Problemstellungen die Grundprinzipien des Strafverfahrens tangieren und in Frage stellen. Abschließend sollen daher die Optionen einer Vernehmungsreduzierung nach dem skizzierten Regel-Ausnahmemodell an den erweiterten Reformvorschlägen erneut gemessen werden.

I. Das Diskussionspapier der Bundesregierung zur „Reform des Strafverfahrens"

Festzuhalten bleibt vorab, dass es sich bei dem von der Bundesregierung vorgelegten Reformansätzen bisher um ein „Diskussionspapier zur Reform des Strafverfahrens" handelt und ein konkreter Referentenentwurf derzeit noch nicht in Sicht ist. Zielsetzung des Diskussionspapiers ist es, die Verfahren ohne Einbußen an Rechtsstaatlichkeit bei der Wahrheitsfindung auf die jeweils entscheidenden Fragen zu konzentrieren: Die Reform strebt eine Stärkung der ersten Instanz nicht

987 Eckpunkte einer Reform des Strafverfahrens, Diskussionspapier der Bundesregierung vom 6.4.2001, abgedruckt in StV 2001, 314 ff. Das Eckpunktepapier wurde auf der Gemeinsamen Justizministerkonferenz des Bundes und der Länder vom 11.-13.6. 2001 in Trier zur Kenntnis genommen und dort diskutiert. Die Vorlage des Referentenentwurfs sollte noch innerhalb dieser 14. Legislaturperiode – Sommer 2002- erfolgen, vgl. Presseerklärung der gemeinsamen Justizministerkonferenz vom 13.6.2002. Allerdings ist absehbar, dass sich dieser Zeitplan in Zeiten des Bundestagswahlkampfs nicht einhalten läßt. Erläuterungen und Konkretisierungen von Bundesministerin der Justiz Däubler-Gmelin, StV 2001, 359ff; Stellungnahmen dazu: Arbeitskreis der Strafrechtslehrer GA, 2002, 82ff; Salditt, Eckpunkte-Streitfragen des partizipatorischen Strafprozesses, StV 2001, 311; Bittmann, ZRP 2001, 441; Gräfin von Galen/Wattenberg, ZRP 2001, 445; s. auch Salditt u.a., Stellungnahme des Deutschen Anwaltsvereins (DAV) zur Reform der Strafjustiz (Mai 2000); Deutscher Richterbund (DRB), Stellungnahme zum Eckpunktepapier (Juni 2001), www.drb.de/stellung/st-eckpunkte.html;Stellungnahme; Stellungnahme der Strafverteidigervereinigungen zum Eckpunktepapier (Juni 2001); Salditt u.a., Stellungnahme des DAV zum Eckpunktepapier (Mai 2001); hinzuweisen ist in diesem Zusammenhang auf den die Thematik z.T. berührenden Alternativ-Entwurf Reform des Ermittlungsverfahrens (AE-EV), Entwurf eines Arbeitskreises deutscher, österreichischer und schweizerischer Strafrechtslehrer (Arbeitskreis AE), vorgelegt von Bannenberg u.a., 2001; ferner auch auf Jung GA 2002, 65.

988 StV 2001, S. 314.

zuletzt durch eine Optimierung des Ermittlungsverfahrens und des Zwischenverfahrens an.[989] Durch die stärkere Einbindung der Verteidigung in einem möglichst frühen Verfahrensstadium soll es nach den Reformvorstellungen mehr als bisher möglich sein, Beweiserhebungen aus dem Ermittlungsverfahren in der Hauptverhandlung zu verwerten (geplant ist u.a. ein Beteiligungsrecht des Verteidigers bei der polizeilichen Vernehmung, bei von der Verteidigerseite beantragten Beweiserhebungen, bei der richterlichen bzw. staatsanwaltschaftlichen Vernehmung des Mitbeschuldigten sowie ein Beteiligungsrecht der Verteidigung bei der Auswahl eines Sachverständigen).[990] Das sorgfältiger und offener gestaltete Vorverfahren soll – so die Zielsetzung – zu einer effizienteren Hauptverhandlung beitragen, die noch häufiger als bisher in einen Rechtsfrieden schaffenden Verfahrensabschluss bereits in der ersten Instanz münden soll. Vor allem auch die geplante Einführung konsensualer Gestaltungs- und Erledigungsmöglichkeiten (so genanntes Rechts- oder Kooperationsgespräch im Ermittlungsverfahren) soll die Konzentration des Strafprozesses ermöglichen.[991] Durch die Stärkung der ersten Instanz soll ein effizienterer Ablauf des Berufungsverfahrens ermöglicht werden.[992] Nicht zuletzt soll der verstärkte Einsatz neuer technischer Mittel (audiovisuelle und Tonbandaufzeichnungen) die Wiedergabe von Vernehmungen und damit die Wahrheitsfindung erleichtern.[993]

Wie aber sehen nun weitere Fachgruppen die Vorschläge aus dem Eckpunktepapier im Hinblick auf die konservierte Erstvernehmung und ihre Verwertung im Hauptverfahren aus?

II. Weitere Vorschläge von Fachgruppen

1. Der Deutsche Richterbund

Der *Deutsche Richterbund* begrüßt grundsätzlich eine Aufwertung des Opferzeugenschutzes im Verfahren. Mehrfachvernehmungen von Opferzeugen werden aber weiterhin als unvermeidbar angesehen und es wird lediglich auf Verbesserungen des Opfer-Services am Gericht gesetzt. So soll durch Zeugenbegleitprogramme sichergestellt werden, dass Opfer gerade ihre Vernehmungen in der Hauptverhandlung als Möglichkeit sehen, dem Gericht einen unmittelbaren Eindruck von

989 StV 2001, S. 315 Punkt 5.
990 StV 2002, S. 316 Punkt 7.
991 StV 2001, S. 315 Punkt 4.
992 StV 2001, S. 316/317 Punkt 11.
993 StV 2001, S. 316 Punkt 7 und Punkt 9.

ihrer Person und der Wirkungen der Tat auf sie zu vermitteln und bei der Strafzumessung auch ihre Belange angemessen zu berücksichtigen. In seiner Stellungnahme lehnt der Deutsche Richterbund ferner eine stärkere Einbindung des Beschuldigten in das Ermittlungsverfahren ab und hält Forderungen nach einem solchen „partizipatorischem Strafverfahren" für generell verfehlt, da es das Ermittlungsverfahren und die Hauptverhandlung – so die Prognose – verlängern werde. Die Erfordernisse einer effektiven Strafverfolgung setzen es aus Sicht des Richterbundes gerade voraus, dass prozessuale Zwangsmaßnahmen ohne eine vorausgehende Information des Beschuldigten durchgeführt werden. Bereits nach geltender Rechtslage sei sichergestellt, dass der Beschuldigte unmittelbar nach Durchführung der Maßnahmen informiert und gegebenenfalls über Anfechtungsmöglichkeiten belehrt werde. Aufgabe des weiteren Verfahrens könne es nicht sein, eine „möglichst von allen akzeptierte Lösung zu finden", sondern Ziel des Verfahrens sei es eine tatangemessene Sanktion zu finden oder nach allein Staatsanwaltschaft und/oder Gericht obliegender Bewertung des öffentlichen Interesses an einer Ahndung durch Urteil eine Verfahrenseinstellung nach Opportunitätsgrundsätzen herbeizuführen. Nach Ansicht des Richterbundes unterstelle das Eckpunktepapier ein Interesse und eine Bereitschaft der Verteidiger, das Ermittlungsverfahren durch Beweisanträge, die auf die Ermittlung der Wahrheit gerichtet sind, zu fördern. Dieses sei aber nicht Aufgabe einer allein am Interesse des Beschuldigten orientierten Verteidigung: „Der Verteidigung muss es unbenommen bleiben, die Ausgestaltung ihrer Rechte in den verschiedenen Abschnitten des Strafverfahrens auch taktisch zu nutzen, ohne hierdurch in späteren Verfahrensabschnitten präkludiert zu sein." Bei der Frage der erleichterten Beweisverwertung lehnt der Richterbund eine Verlesungsmöglichkeit von polizeilichen Vernehmungsprotokollen ab, da dies einen Mehraufwand im Ermittlungsverfahren erfordere, der mit dem vorhandenen Personalbestand nicht annähernd abgedeckt werden könnte.[994] Zur Beweiserhebung wird grundsätzlich betont, dass einem Verzicht der Verfahrensbeteiligten immer die Pflicht zur Beweiserhebung nach den Maßstäben des Amtsaufklärungsgrundsatz entgegenstehe. Daraus ergebe sich für das Gericht das Recht und die Pflicht auch bei einem möglicherweise zuvor erklärten Verzicht, auf die Beweiserhebung zu bestehen. Nach Ansicht des DRB erfordere es der Opferschutz, dass sich das Gericht einschließlich der ehrenamtlichen Richter ein eigenes Bild von der Person des Opfers mache, ein erklärter Verzicht auf diese Vernehmung wirke sich daher nicht auf die Beweiserhebungsoption aus.

994 Zur Verwertbarkeit von weiteren im Ermittlungsverfahren erhobenen Beweisen auch gegen den Willen eines oder mehrerer Verfahrensbeteiligter wird keine konkrete Stellungnahme abgegeben und auf den zu erwartenden Referentenentwurf verwiesen.

Auf die Videovernehmung übertragen, bedeutet diese Ansicht, dass die Verteidigung für die Vernehmungsmöglichkeit nicht allein auf eine Videovernehmung im Ermittlungsverfahren beschränkt bleiben darf und eine präkludierende Wirkung dieser ersten Vernehmung grundsätzlich im Hinblick auf § 247 a und 255 a Abs. 2 verneint wird. Gleichzeitig soll diese konservierte Erstvernehmung nicht polizeilich durchgeführt und verwertet werden können. Eine erneute Vernehmung des Kindes in der Hauptverhandlung sei aus der Aufklärungspflicht heraus erforderlich, da diese immer einen persönlichen Eindruck vom Kind verlange.

2. Der Arbeitskreis der Strafrechtslehrer[995]

Der *Arbeitskreis der Strafrechtslehrer* betont, dass solange die Unschuldsvermutung des Beschuldigten gelte, auch noch kein direktes Opfer genau *dieses* mutmaßlichen Täters bestehe und es sich insgesamt – unter Wahrung des Strafanspruchs des Staates – bei der Frage nach einem Interessenausgleich zwischen Täter und Opferinteressen insgesamt um eine „diffizile Angelegenheit" handele. Konkrete Vorschläge für einen Ausgleich werden nicht gemacht. Eine Stärkung der Rechte der Verteidigung mehr Beteiligungs- und Anwesenheitsrechte des im Ermittlungsverfahren – konkret bei den polizeilichen Vernehmungen – wird von den Strafrechtslehrern begrüßt. Als Einschränkung wird hierbei aber auf den § 168 s Abs.5 verwiesen. Danach soll eine Beteiligung dann ausgeschlossen sein, wenn der Untersuchungszweck gefährdet ist. Allerdings soll dann – um das Beteiligungsrecht nicht zu entwerten – ein Ausschluss zu einem Beweisverwertungsverbot im weiteren Verfahren führen. Kritisiert wird, dass trotzt einer gewollten stärkeren Beteiligung des Beschuldigten im Ermittlungsverfahren nach wie vor dem unverteidigte Beschuldigte kein eigenes Akteneinsichtsrecht gewährt werden soll.[996] Diese Forderung erhebt der Arbeitskreis nochmals mit Nachdruck.[997] Eine grundsätzliche Ersetzung jeder weiteren Vernehmung durch die Videovernehmung wird abgelehnt. Lediglich aus „sachlichen Gründen", wie bspw. des

995 GA (149) 2002, S. 82–97.

996 Eine Forderung, die im Schrifttum schon lange erhoben wird, vgl. Heghmanns, Das Arbeitsgebiet des Staatsanwalts 2. Aufl. Rnr. 160; ders., Das Zwischenverfahren im Strafprozeß 1991, S. 214; zum Akteneinsichtsrecht des unverteidigten Beschuldigten (mit Blick auf Art 6 Abs. 3 EMRK) siehe auch EGMR NStZ 1998, 429; § 147 AE-EV.

997 GA 2002, S. 87. In diesem Zusammenhang macht der Arbeitskreis die Anregung an die Gesetzgeber, für eine angemessene Rechtsschutzmöglichkeit bei Verletzung des Rechts auf Gewährung von Akteneinsichtsrecht – insbesondere im Zusammenhang mit einer Versagung wegen Gefährdung des Untersuchungszwecks – zu sorgen. Vorgeschlagen wird eine § 98 Abs. 2 StPO entsprechende Regelung.

Zeugenschutzes[998] sei diese Durchbrechung des § 244 Abs. 2 zu befürworten. § 255 a Abs. 2 sei daher immer im Kontext der Aufklärungspflicht und deren Grenzen möglich. Der bloße Umstand, dass ein Verteidiger bei der Aufzeichnung der Videovernehmung anwesend war oder anwesend hätte sein können, reiche nicht aus. In dieser Verfahrensphase könne sachgerecht nicht entschieden werden, ob der Zeuge später persönlich gehört werden müsse oder ein Abspielen der Aufzeichnung ausreiche. Diese schwerwiegende Entscheidung könne nur unter Berücksichtigung des aktuellen Verfahrensstandes *in der Hauptverhandlung* sachgerecht getroffen werden. Diese Entscheidung dürfe der Verteidigung redlicherweise nicht vorher und schon gar nicht in versteckter Form abverlangt werden. Vielmehr müsse der Verteidigung bis zuletzt die Möglichkeit verbleiben, einen entsprechenden Beweisantrag auf eine persönliche Vernehmung des Zeugen zu stellen. Eine etwaige Präklusion von entsprechenden Beweisanträgen wird seitens des Arbeitskreises entschieden abgelehnt.[999] Auch ohne eine solche – mehr oder weniger offengelegte Präklusion von Beweisanträgen wird eine Beteiligung des Verteidigers bei Vernehmungen im Vorfeld, die auf Video aufgezeichnete werden als sinnvoll erachtet. Dadurch habe der Verteidiger in der Hauptverhandlung eine gewisse Beurteilungsgrundlage, um einigermaßen abschätzen zu können, ob es angezeigt ist, auf der persönlichen Vernehmung zu bestehen oder ob es für seinen Mandanten nicht besser ist, darauf zu verzichten. Eine gute Vertretung des Mandanten könne auch in einem Verzicht auf eine nochmalige Vernehmung des Opfers liegen, wenn etwa die nochmalige Vernehmung des Opfers eines Sexualdelikts – nach Einschätzung des Verteidigers – lediglich zu weiteren Belastungen des Opfers führe. Anders verhalte es sich aber, wenn der Verteidiger zu der Einschätzung gelange, dass die erneute persönliche Vernehmung relevante Zweifel an der Täterschaft des Angeklagten begründen könne.

Im Ergebnis kann damit nach § 255 Abs. 2 StPO gemessen am Maßstab der Aufklärungspflicht aus § 244 Abs. 2 StPO eine konservierte Erstvernehmung eine erneute Vernehmung des Kindes aus opferschützenden Erwägungen heraus begründen. Eine grundsätzlich präkludierende Wirkung dieser Erstvernehmung aus § 255 Abs. 2 StPO heraus wird abgelehnt. Eine solche präkludierende Wirkung könne sich allein aus den Ablehnungsgründen des Beweisantragsrecht oder einem Verzicht auf diese Beweiserhebung seitens der Verteidigung ergeben. Eine erneute Vernehmung liege damit immer in der Disposition der Verteidigung. Dies

998 Der Opferzeugenschutz wird in diesem Zusammenhang nicht explizit genannt, vgl. GA 2002, S. 91.

999 Anders der Vorschlag aus dem AE-ZVR zu § 244 Abs. 2.

wird damit begründet, dass eine gute Verteidigung auch in einem Verzicht auf die erneute Vernehmung aus opferschützenden Erwägungen heraus bestehen könne, wenn kein weiterer Erkenntnisgewinn erwartet wird.

3. *Der Deutsche Anwaltsverein*

Der *Deutsche Anwaltverein* sieht grundsätzlich in der Videovernehmung auch erhebliche Chancen für die Verteidigung und nimmt daher die Einbuße der „Unmittelbarkeit" in Kauf. Allerdings wird weniger im Hinblick auf Opferzeugen[1000] als vielmehr im Hinblick auf V-Leute die ausdrücklich Regelung begrüßt. In diesem Sinne – so das Fazit – gelte es, die Herausforderungen und Möglichkeiten des Zeugenschutzgesetzes aufzugreifen und dabei den Unmittelbarkeitsgrundsatz als tragende Säule des Strafprozesses nicht aus den Augen zu verlieren.[1001] In bezug auf Opferzeugen wird vor allem die Unschuldsvermutung des Beschuldigten hervorgehoben, die in einem scharfen Konflikt zum Ziel, den Opfern von Straftaten auf beschleunigtem Wege zur Wiedergutmachung zu verhelfen stehe. Ein Ausgleich im Rahmen des Strafprozesses wird abgelehnt und das Opfer auf den zivilen Rechtsweg verwiesen. Alles andere führe „zu unlösbaren Friktionen mit Verfahrensprinzipien und übrigens auch mit der Rolle der Opfer als strafprozessuales Beweismittel".[1002] Der

1000 Vgl. Stellungnahme aa0, S. 3: „Dennoch muß mit einer gewissen Sorge festgestellt werden, dass die Eckpunkte den Opferschutz als Prüfstein und Zentrum der Reformpläne bezeichnen."

1001 Weniger in Bezug auf Opferzeugen, als in bezug auf V-Männer, wird hierbei auf das Rechte auf Artikel 6 Abs. 3 lit. d EMRK verwiesen, das dem Angeklagten das Recht, Fragen an die Belastungszeugen zu stellen oder stellen zu lassen, unter denselben Bedingungen aber auch die Ladung und Vernehmung von Entlastungszeugen zu erwirken, gibt. Vor diesem Hintergrund und aus diesem Anspruch auf Waffengleichheit und ein faires Verfahren ergebe sich die gerichtliche Pflicht, auch Entlastungszeugen in den Genuß der neuen gesetzlichen Regelung kommen zu lassen. So wie es der Verteidigung gestattet ist, selbst Vernehmungen und Ermittlungshandlungen vorzunehmen, so kann sie den gesetzlichen Vorgaben entsprechend Videoaufzeichnungen von Entlastungszeugen veranlassen und diese mit gleichem Beweiswert einführen. Was dem mehrfach vorbestraften V-Mann recht sei müsse dem wegen eines Steuerstrafverfahrens an der Einreise gehinderten Entlastungszeugen billig sein.

1002 Die Konflikte treten schon heute, durch Ausbau von Verfall, vorläufiger Sicherstellung und Zurückgewinnungshilfe, deutlich zutage. Weitere Schritte in diese Richtung, nämlich eine Befugnis des Strafgerichts, Wiedergutmachungsvergleiche vorzuschlagen, oder ein Anspruch der Opferpartei auf zivilrechtliche Entscheidung des Strafgerichts, fügen sowohl dem Strafprozess als auch dem Zivilprozess Schaden zu. Wir raten davon ab, bei der Reform der Strafjustiz eine solche Richtung einzuschlagen, die ein Irrweg wäre, vor allem wenn die angestrebte strafrechtliche Transparenz zum Instrument zivilrechtlicher Interventionen zugunsten des Opfers werden soll. Im Verhältnis zum Angeklagten, der noch durch die Unschuldsvermutung geschützt ist, wären solche Interventionen unzulässige Drohung und prozesswidriger Druck.

DAV unterstützt ferner die Absicht, das Strafverfahren insbesondere in seinen frühen Abschnitten durch partizipatorische Elemente zu verändern. Er hält es nicht für ausreichend und rät davon ab, die Befugnis zur Teilnahme des Verteidigers insbesondere an nichtrichterlichen Zeugenvernehmungen nur durch eine Sollvorschrift zu ermöglichen. Dies würde der Staatsanwaltschaft den derzeitigen Spielraum belassen und die unbefriedigende Praxis nicht verändern. Vielmehr seien die angestrebten positiven Wirkungen des Reformprojekts nur dann zu erwarten, wenn die Verfolgungsbehörden verpflichtet werden, bei verweigerter Teilnahme die Beweiserhebung vor Abschluss des Ermittlungsverfahrens partizipatorisch nachzuholen. Die Vorschläge des DAV[1003] gehen hierbei übrigen weiter als das Eckpunktepapier und erstrecken sich auf das Akteneinsicht und auch auf Beweisanträge.[1004] Teilnahmerechte des Beschuldigten seien verbindlich – und nicht lediglich durch eine Sollvorschrift – festzulegen und in jedem Fall sei eine Verlesung bei Widerspruch des Verteidigers nicht zuzulassen, selbst wenn diese unter Hinzuziehung des Verteidigers im Ermittlungsverfahren protokolliert worden ist.[1005]

Eine Verwertung der konservierten Erstvernehmung ohne Zustimmung der Verteidigung und eine weitergehende Präklusion wird abgelehnt.[1006] Eine erneute Vernehmung des Kindes in der Hauptverhandlung sei darüber hinaus immer erforderlich um einen persönlichen Eindruck zu gewinnen.

1003 Der DAV hat hier in einer Stellungnahme zur Strafjustiz detaillierte Vorschläge unterbreitet, auf die bezug genommen wurde, vgl. Salditt u.a., Stellungnahme zum Eckpunktepapier 2001.

1004 Der DAV hat sich in diesem Zusammenhang auch darum bemüht, die notwendigen partizipatorischen Regelungen auf solche Verfahren zu konzentrieren, die nach dem Grundsatz der Verhältnismäßigkeit dazu Anlass geben, und Bagatellsachen auszunehmen.

1005 Vgl. Stellungnahme DAV, aaO, S. 2: „Soweit das Eckpunktepapier sich mit einer Sollvorschrift begnügen will, wird vermutlich erhofft, die Staatsanwaltschaften würden der Absicht des reformierten Gesetzes aus freien Stücken entsprechen, damit das so zustande kommende Vernehmungsprotokoll durch Verlesung in die Hauptverhandlung eingeführt werden kann. Offenbar ist geplant, die Verlesung auch gegen den Widerspruch des Verteidigers zuzulassen. Eine solche Regelung wäre jedoch von Grund auf verfehlt und schädlich."

1006 Dies ergebe sich aus drei Punkten. Erstens: Das Prinzip der unmittelbaren Beweiserhebung in der Hauptverhandlung gilt seit den Anfängen des reformierten Strafprozesses und gehört zu den Errungenschaften des Jahres 1848. Freie richterliche Beweiswürdigung, rechtliches Gehör, Mitwirkung von Laienrichtern und öffentliche Kontrolle des Strafverfahrens wären anders nicht denkbar. Zweitens: Auch die Verteidigung muss befugt sein, die Einhaltung dieses fundamentalen Prinzips dadurch Sicherzustellen, dass der Verlesung in der Hauptverhandlung widersprochen wird. Diese Befugnis gewährleistet, dass Verlesungen auf Beweiserhebungen begrenzt bleiben, über die Konsens besteht. Wo es am Konsens fehlt, würde die Rolle des Verteidigers zerstört, wenn die Verlesbarkeit einseitig durchgesetzt werden könnte. Weder das Gericht noch die Staatsanwaltschaft sind dazu berufen, die verantwortliche Abwägung des Verteidigers zu ersetzen, ob die zu den grundlegenden Prinzipi-

4. Alternativ-Entwurf Reform des Ermittlungsverfahrens (AE-EV)[1007]

Der *Alternativ-Entwurf Reform des Ermittlungsverfahrens (AE-EV)* enthält detaillierte Vorschläge. Neuerungen bringt der Entwurf für die Rechtsstellung des Verletzten vor allem im Bereich der Wiedergutmachung,[1008] beim Täter-Opfer Ausgleich[1009] und bei den Einstellungsmöglichkeiten. So soll der Verletzte künftig auch bei aus Opportunitätserwägungen eingestellten Verfahren ein Klageerzwingungsverfahren betreiben,[1010] andererseits aber bei einem ihn übermäßig belastenden Strafverfahren bis zu einer Straferwartung von einem Jahr ebenso auf eine Einstellung des Verfahrens hinwirken können.[1011] Informationsrechte des Verletzten werden erweitert[1012] und dem Rechtsanwalt des Verletzten erhält auch ein Anwesenheitsrecht bei polizeilichen Vernehmungen gewährt.[1013] Der Entwurf regelt ferner die Rechtsstellung des Beschuldigten in weiten Bereichen neu. So unterscheidet er zwischen dem Status des Beschuldigten und dem Verdächtigen, indem er schon dem (vielleicht ohne Grund) Beschuldigten alle Rechte eines solchen gibt, aber erst dem Verdächtigen dessen Pflichten auferlegt.[1014] Kurzum: Der

en des Verfahrens gehörende Regel – die unmittelbare Vernehmung in der Hauptverhandlung – einzuhalten ist oder nicht. Drittens: Es gibt auch keinen Anlass zu solch massiven Einschnitten. Je selbstverständlicher die Teilhabe des Verteidigers an Vernehmungen im Ermittlungsverfahren sein wird, desto eher wird Übereinstimmung über die so gewonnenen Erkenntnisse entstehen. Dies legt einvernehmliche Verlesungen weit über das bisherige Maß hinaus nahe. Sollte es auf Einvernehmen aber nicht mehr ankommen, wird die Austrocknung der Hauptverhandlung gegen den Widerspruch des Verteidigers vergiftende Wirkungen erzeugen und zu neuen Auseinandersetzungen führen, die das Konzept der Partizipation in das Gegenteil umschlagen ließen. Partizipation kann und darf nicht zu einer Bevormundung der Verteidiger – noch dazu im Herzstück des Strafverfahrens, der Hauptverhandlung – werden.

1007 Der Alternativ-Entwurf „Reform des Ermittlungsverfahrens" (AE-EV) resultiert aus der Arbeit des Arbeitskreises deutscher, österreichischer und schweizerischer Strafrechtslehrer. Er hat sich die Reform der Grundlagen des strafprozessualen Ermittlungsverfahrens zum Ziel gesetzt und knüpft an frühere Alternativ-Entwürfe an; insbesondere bildet er ein Gegenstück zum Alternativ-Entwurf „Reform der Hauptverhandlung" (AE-HV, 1985) und stellt dem Alternativ-Entwurf „Zeugnisverweigerungsrechte und Beschlagnahmefreiheit" (AE-ZVR, 1996) einen auf die Grundlagen des Ermittlungsverfahrens zielenden Reformentwurf zur Seite.

1008 Vgl. § 153 g AE-EV.

1009 Vgl. § 153 h AE-EV.

1010 Vgl. Regelung § 172 und 174 a AE-EV.

1011 Vgl. Regelung § 153 f AE-EV.

1012 Vgl. § 406 h Abs. 2 AE-EV.

1013 Vgl. § 406 f Abs. 2 AE-EV.

1014 Vgl. § 157 AE-EV.

Verdächtige erhält weitergehende Rechte und der Beschuldigte einen Anspruch auf möglichst frühzeitige Mitteilung des Tatverdachts,[1015] auf selbständige Akteneinsicht[1016] und auf die schriftliche Bescheidung (und im Ablehnungsfalle Begründung) von Beweisanträgen.[1017] Das Recht auf Verteidigung wird durch ein Anwesenheitsrecht des Verteidiger bei polizeilichen Vernehmungen[1018] sowie die Notwendigkeit eines Verteidigers bei Vernehmungen des Beschuldigten in der Untersuchungshaft gestärkt.[1019]

III. Bewertung der Reformvorschläge

Das Eckpunktepapier unterstreicht mit den genannten Zielsetzungen die notwendige Umsetzung des in der Arbeit skizzierten Regel-Ausnahmemodells: Mehrfachvernehmungen sind aus opferzeugenschützenden Erwägungen heraus zu vermeiden, technische Mittel wie die Videovernehmung sind einzusetzen um eine erneute Vernehmung zu ersparen und insgesamt soll dadurch die Wahrheitsfindung erleichtert werden. Beteiligungsrechte des Beschuldigten sind zu wahren und zu erweitern um eine sichere Verwertung der im Ermittlungsverfahren gewonnen Erkenntnisse zu garantieren. Dabei geht es um die Einführung eines partizipatorischen Verfahrens, das auch gerade im Hinblick auf die dem Regel-Ausnahmemodell inneliegende quasi-präkludierende Wirkung der konservierten Erstvernehmung zu begrüßen ist, da es die Verwertungsmöglichkeiten im weiteren Verfahren erleichtert. Der konkrete Vorschlag dem Beschuldigten auch ein Anwesenheitsrecht bei polizeilichen Vernehmungen zu geben ist aus der Perspektive einer Umsetzung des Regel-Ausnahmemodells dann zu begrüßen, wenn gleichzeitig zwingend eine Videoaufzeichnung der Vernehmung erfolgt und diese dann entsprechend einer richterlichen Vernehmung – wie in der Arbeit vorgeschlagen – verwertbar ist. Auf diese Art und Weise ist auch bei einer polizeilichen Vernehmung unter Beteiligung des Beschuldigten eine einmalige, verwertbare Vernehmung möglich.

Die Stellungnahme des *Deutschen Richterbundes* zeigt deutlich, dass es den Richtern vor allem um den unmittelbaren Eindruck von Opferzeugen geht, den die Aufklärungspflicht erfordere. Wie in der Arbeit aufgezeigt, ist es aber gerade die

1015 Vgl. § 163 a AE-EV.
1016 Vgl. § 147 AE-EV.
1017 Vgl. § 163 a AE-EV.
1018 Vgl. § 168 f AE-EV.
1019 Vgl. § § 115 b b AE-EV.

Aufklärungspflicht und die ihr immanente Prämisse des bestmöglichsten Beweises – die den Verzicht auf die erneute Vernehmung ermöglicht[1020] –, da es keine Beweiserhebung um jeden Preis geben darf. Folglich ist bei kindlichen Opferzeugen gerade aus der Amtaufklärungspflicht heraus auf den bestmöglichen Beweis – die konservierte Erstvernehmung – zurückzugreifen und auf die erneute Vernehmung aus den skizzierten Gründen zu verzichten. Zu berücksichtigen ist auch, dass der unmittelbare Eindruck ebenso durch eine Videovernehmung erreicht werden. Der These, dass die Vertreter der Verteidigung für ihren Mandanten nicht zwingend ein Interesse an der Wahrheitsfindung haben ist uneingeschränkt zuzustimmen. Allerdings kann dies nicht im Umkehrschluss bedeuten, dass ein taktisches Vorgehen der Verteidigung damit zwingend zu Lasten der Wahrheitsfindung und – vor allem – zu Lasten der Opferzeugen gehen darf. Eine Taktik der Verteidigung muss sich daher am Maßstab der Verhältnismäßigkeit messen lassen. Konkret bedeutet dies: Eine taktische Maßnahme der Verteidigung kann nicht zwingend zu Lasten der Opferzeugen gehen, sondern muss bei der Entscheidung des Gerichts, ob sie diesem Schachzug nachgibt, auch die Interessen der Opferzeugen und den Maßstab der Verhältnismäßigkeit berücksichtigen. Eine mögliche Taktik der Verteidigung bspw. bewusst Informationen zurückzuhalten, um sie erst in einem späteren Stadium zu verwerten und damit eine erneute Vernehmung der Opferzeugen zu erzwingen kann, wenn der Nachweis gelingt, daher als unverhältnismäßig anzusehen sein und zu einer Präkludierung führen. Nur eine solche Verfahrensweise garantiert gleichermaßen den Rechtsfrieden und stelle eine verhältnismäßige Interessenabwägung dar. Die weitergehende Forderung des DRB die technischen Voraussetzungen und die rechtlichen Anforderungen an Videovernehmungen so auszugestalten, dass der Schutz der Opfer gewährleistet sei zeigt in diesem Kontext erneut, dass die Gerichte den vorhandenen Spielraum nicht opferschützend nutzen, sondern auch hier noch weitere Konkretisierungen benötigen. Zwar wird insgesamt eine technische Ausgestaltung der Verfahren und der Einsatz der Videovernehmung befürwortet, aber in der Anwendung zeigt die Stellungnahme des DRB deutlich, das Unsicherheiten bestehen und ein weiterer Regelungsbedarf gesehen wird.

Die *Stellungnahme der Strafrechtslehrer* ist durch einen reflexiven Blick auf die Opferzeugenrechte gekennzeichnet. So wird die Bestimmung eines Ausgleichs zwischen Opferzeugen- und Täterinteressen unter dem Vorbehalt der Garantie der Unschuldsvermutung und weiterer rechtsstaatlicher Verfahrensgrundsätze gesehen. Eine – auf den ersten Blick ausformulierte Selbstverständlichkeit, aber bei näherer Betrachtung zeigt sich was wirklich dahintersteckt. Nicht erst in der

1020 Siehe dazu ausführlich im 2. Kapitel unter II.1.

Anwendung von entsprechende Ausgleichsmechanismen, sondern bereits in der Legitimation derselben wird das Problem gesehen. Dies wird auch daran deutlich, dass die Bestimmung der Schutzbedürftigkeit als einem unbestimmten Rechtsbegriff in die Hände der Staatsanwaltschaft gelegt wird. Deutlichen Signale zur Aufwertung von Opferzeugeninteressen werden nicht gegeben.[1021] Zur Videovernehmung wird praxisfremd argumentiert. Da es gerade zur Aufgabe des Strafverteidigers gehört in jedem Stadium des Verfahrens die Glaubwürdigkeit von Hauptbelastungszeugen zu erschüttern geht die Forderung, dass die Verteidigung für eine „ gute Verteidigung" auf eine erneute Vernehmung aus opferschützenden Erwägungen heraus verzichtet, ins Leere. Gerade bei der Verteidigung müssen opferzeugende Erwägungen hier aus taktischen und professionellen Erwägungen heraus sekundär sein. Das Verhältnis von § 244 Abs. 3 StPO zu § 244 Abs. Abs. 2 StPO wird nicht thematisiert. Als Grenze der Aufklärungspflicht gelten hier nach überwiegender Ansicht:

Der *Deutschen Anwaltsverein* besteht auf uneingeschränkte Beteiligungsrechte bei der konservierten Erstvernehmung und auf ein Zustimmungsrecht zur Verwertung. Dass hier ein klarer unlösbarer Dissens zu Opferzeugenrechten besteht ist offensichtlich. Möglichkeiten einer völligen Ersetzung werden aus taktischen Erwägungen heraus abgelehnt. Es geht um die Möglichkeit den Hauptbelastungszeugen in einer erneuten Vernehmung in ihrer Glaubwürdigkeit zu erschüttern und ein im Sinne des Beschuldigten agierender Verteidiger wird auf die Option „Gut befragt ist halb gewonnen" bestehen.

Bei den Vorschlägen aus dem *Alternativ-Entwurf zur Reform des Ermittlungsverfahrens (AE-EV)* stehen klar die zivilrechtlichen Wiedergutmachungsoptionen und der Täter-Opferausgleich im Vordergrund. Beides betrifft kindliche Opferzeugen weniger und soll daher vorliegend ausgeklammert werden. Entscheidende Neuerung für Opferzeugen ist aber das neue Mitspracherecht bei den Einstellungsmöglichkeiten und das Klageerzwingungsverfahren. Beide Optionen gewähren den Opferzeugen Aktivrechte die klar ihren Status im Verfahren aufwerten.

1021 Vgl. AE-EV, S. 88.: Lediglich quantitative Lösungsansätze. Vielmehr wird der Maßstab für einen Ausgleich und die Lösung des Problems – wie die der Vorschlag der Strafrechtslehrer zum Opportunitätsgrundsatz deutlich zeigt, quantitativ angegangen: da durch die Tat nicht nur das Verhältnis Täter-Opfer, sondern der Rechtsfriede tangiert sei, entscheide der Grad der Störung des Rechtsfriedens – in diesem Fall die zu erwartende Strafe – über den Stellenwert der Opferrechte. Bei zu erwartender Strafe von nicht mehr als einem Jahr Freiheitsstrafe sowie fehlender spezial- und generalpräventiver Strafbedürfnisse kann auf Antrag des Verletzten von der Erhebung der öffentlichen Klage bei Vergehen abgesehen werden, wenn dies zum Schutz vor erheblichen körperlichen seelischen oder familiären Auswirkungen des Strafverfahrens geschieht.

Dass unabhängig von den in der Arbeit entwickelten Lösungsansätze weitere Opferzeugenschutzrechte unumgänglich sind darüber hinaus auch Vorschläge, die bereits auf den legislativen Weg gebracht wurden: So hat Hamburg am 3.9.1999 im Bundesrat einen Entwurf zur Stärkung der Verletztenrechte vorgelegt[1022], der mehr Informations-, Mitwirkungs-, und Entschädigungsrechte für Verletzte im Strafverfahren vorsieht. Bezogen auf die Vernehmungssituation hat Rheinland-Pfalz einen Ergänzungsvorschlag zur Videovernehmung in den Bundesrat eingebracht.[1023] Er sieht für Opferzeugen unter 16 Jahren das Mainzer Modell auch für die Hauptverhandlung vor, d.h. der Vorsitzende befindet sich mit dem Opferzeugen in einem Raum und die Vernehmung wird in den Hauptverhandlungssaal übertragen. Diesem Vorschlag stimmte der Unterausschuss des Rechtsausschusses am 5.9. 2000 zu. Da dieser Vorschlag allerdings auch keine zwingende Vernehmungsreduzierungen bedeutet, stellt er im Ergebnis auch keine Annäherung an die in der Arbeit postulierte Prämisse „ möglichst" nur einer Vernehmung dar.

1022 BR.Drs. 507/99.
1023 BR.Drs. 552/00.

Resümee

Mit der Neuregelung zur Videovernehmung wurde in § 255a Abs. 1 und Abs. 2 StPO eine Dispositionsbefugnis über die Anzahl der Vernehmungen von Kindern in Verfahren wegen sexuellen Missbrauchs geschaffen. Sie eröffnet einen tatrichterlichen Ermessensspielraum, der unter einer entsprechenden opferzeugenschützenden Prämissensetzung auch so nutzbar ist, dass künftig eine Regelfallvernehmung im Ermittlungsverfahren ausreichen kann und jede weitere Vernehmung des Kindes durch sie ersetzbar ist. Da es sich bei jeder Vernehmung des Kindes um einen Eingriff in dessen Persönlichkeitsrecht aus Art 2 Abs. 1 GG iVm Art 1 GG handelt, ist hierbei – wie immer bei Grundrechtseingriffen – nach der Verhältnismäßigkeit, also der Erforderlichkeit und Angemessenheit der erneuten Vernehmung, zu fragen. In bezug auf die Aufklärungspflicht des Gerichts ist diese Grenze leicht gezogen, denn sie endet dort, wo die Pflicht zur Aussage unzumutbar ist, d.h. dort wo Persönlichkeitsrechte und andere aus Art 1 GG unmittelbar ableitbare Rechte direkt verletzt sind. Umgekehrt formuliert: Da es keine Wahrheitserforschung um jeden Preis geben darf, konstituiert die Unzumutbarkeit ein direktes Beweiserhebungsverbot, wobei trotz der Möglichkeit des video-link-Verfahrens eine Unzumutbarkeit der erneuten Vernehmung vorliegt.

Jenseits der Zumutbarkeitskriterien stellt sich die Frage nach der Erforderlichkeit einer erneuten Vernehmung hingegen weitaus differenzierter, denn sie hängt davon ab, ob ein gleichwertiges Beweismittel vorhanden ist oder nicht. Hierbei wurde aufgezeigt, dass es sich bei der konservierten Erstvernehmung um ein solches Äquivalent handelt. Eine frühere unbelastete – getrennt von den Verfahrensbeteiligten durchgeführte – Vernehmung des Kindes stellt eine gleichwertige, wenn nicht sogar bessere Beweisgrundlage dar als die konstruierte Vernehmung nach vielen anderen vorherigen Vernehmungen im Verfahren, wo die Rollen festgelegt sind. Ferner ist zu berücksichtigen, dass die Möglichkeit besteht, Video-Szenen zu wiederholen und zu verlangsamen und so die Dinge schärfer unter der Lupe zu sehen, die im Gang eines Verfahrens, wo alle Beteiligten unter Stress stehen, viel weniger deutlich wahrzunehmen sind. Die neue Technik verdichtet auf diese Art und Weise das Beweismittelrecht und stellt auf diese Art und Weise aus dem Aufklärungsgebot heraus bereits die „Erforderlichkeit" einer erneuten Vernehmung in Frage. Unabhängig davon ist sie aber in jedem Fall als unangemessen anzusehen, da der Gewinn für die weitere Sachaufklärung als gering anzusehen ist und Mittel und Zweck Relation der erneuten Vernehmung damit nicht gewahrt ist. Dies gilt auch in bezug auf die Möglichkeit des video-link-Verfahrens. Unabhängig davon ob die erneute Vernehmung nach dem englischen oder Mainzer Modell durchgeführt wird, stellt sie in jedem Fall eine erneute Vernehmung dar und ist auch im Beweiswert – aus den skizzierten aussagepsychologischen Gründen – einer konservierten Erstvernehmung nicht überlegen. Damit ist auch sie als unangemessen anzusehen.

Die Konstruktion des § 255a Abs. 2 StPO , der in § 255 a Abs. 2 S. 1 StPO eine Ersetzung der weiteren Vernehmung ermöglicht, gleichzeitig aber eine ergänzende Vernehmung lapidar für zulässig erklärt wirft die Frage auf, wie eine erneute Vernehmung dogmatisch im Verhältnis zum Beweisantragsrecht zu sehen ist. Dabei wurde in der Arbeit aufgezeigt, dass die Wechselwirkung zwischen der Aufklärungspflicht auch auf die Beweisablehnungsgründe einwirkt und umgekehrt. Da man innerhalb des Beweisantragsrechts gerade von der klassischen Erforderlichkeitsprüfung grundsätzlich freigestellt ist, wurde hier auf die im Beweisantragsrecht formulierten Ablehnungsgründe der „Unerreichbarkeit" (§ 244 Abs. 3 S. 2, 2. Alt StPO) und „Ungeeignetheit" (§ 244 Abs. 3 S. 2 3. Alt. StPO) zurückgegriffen. Sie ermöglichen es auf die erneute Vernehmung des Kindes zu verzichten.

Die Regelfallersetzung der weiteren Vernehmung erfordert ein besonderes Augenmerk, bzw. sehr sensible Grenzziehung zu den Verteidigungsinteressen, da sich mit der besonderen beweisrechtlichen Gewichtung der konservierten Erstvernehmung die Gewichte zwischen dem Haupt- und Ermittlungsverfahren unweigerlich verschieben und der konservierten Erstvernehmung eine verfahrensentscheidende Bedeutung eingeräumt wird. In der Konsequenz führt diese prozessuale Schieflage zu einer weiteren Vorverlagerung der Beweiserhebung ins Ermittlungsverfahren mit einem „quasi neo-inquisitorischen" Charakter. Wird dem Beschuldigten aber in jedem Fall Gelegenheit zur Teilnahme an der konservierten Erstvernehmung erteilt und kann er sein Fragerecht in jedem Fall ausüben, so bestehen hier keine Bedenken. Weitergehend zu fordern ist ein Anwesenheitsrecht des Beschuldigten bei polizeilichen Vernehmungen sowie ein Akteneinsichtsrecht des unverteidigten Beschuldigten. Nachzudenken wäre ferner über die Einrichtung von „Verteidiger Soforthilfediensten" – nach amerikanischem Vorbild, bzw. einem entsprechenden logistischen Ausbau bestehender anwaltlicher Bereitschaftsdienste .

Wenig produktiv ist es dagegen – wie leider im Vorfeld der Regelung häufiger geschehen – plakativ Interessen des Opferzeugen als Gefahr für die Wahrheitsfindung zu postulieren und sie den Interessen des Beschuldigten dadurch zwangsläufig unterzuordnen. Es kann hier nicht um Polarisierungen, sondern um eine Berücksichtigung der Interessen des Beschuldigten unter gleichzeitiger Wahrung von Opferinteressen gehen. In der Arbeit wurde daher ein neuer Ansatz begründet, der den Opferzeugenschutz nicht länger als dem Interessen an der Wahrheitsfindung gegenläufig postuliert, sondern – umgekehrt – gerade als ein

Mittel der Wahrheitsfindung definiert. Auf den Punkt gebracht postuliert der Ansatz einen Opferschutz durch Abwägung der Kollision der prozessualen Grundrechte des Opfers und des Beschuldigten *gerade im Interesse der Wahrheitsfindung und zur Sicherung des Rechtsfriedens.* Nur auf diese Art und Weise kann die normstabilisierenden Wirkung des Strafrechts und eine Sachaufklärung erreicht werden, da nicht einseitig Interessen einer Gruppierung im Vordergrund stehen, sondern die jeweiligen Belange *gleichwertig* nebeneinander benannt und berücksichtigt werden können. Auf dieser Grundlage wird in der Arbeit aufgezeigt, wie sich aus den der Zeugenpflicht immanenten Grundrechtseingriffen eine Vernehmungsreduzierung im Verfahren in das bestehende System einfügen lässt und dabei mit der prozessualen Wahrheitsfindung vereinbar ist bzw. diese sie gerade erfordert.

Zur Unterstützung dieser These werden die Ergebnisse der aussagepsychologischen Forschung für Kinderaussagen herangezogen. Sie zeigen übereinstimmend, dass die Aussagequalität von Kinderaussagen steigt, je geringer die verfahrensrechtlichen Belastungsfaktoren sind, unter denen eine Aussage stattfindet, und je zeitnaher eine Vernehmung erfolgt, da dann das Erinnerungsvermögen des Aussagenden besser und die Suggestivgefahren geringer sind je weniger Vernehmungen durchgeführt werden, da Erinnerungsschwächen nicht durch suggestive Faktoren ausgeglichen werden. Ferner erinnern Kinder – unabhängig vom konkreten Alter und Abstand der Befragung – periphere Details wie die zeitliche und räumliche Einordnung des Geschehens schlechter als zentrale Informationen. Damit sind mehrere Vernehmungen, um diese Details zu erfragen, wenig erfolgversprechend und aus aussagepsychologischer Sicht auch obsolet. Zu beachten ist darüber hinaus, dass Kinder durch mehrere Vernehmungen ihre Spontaneität, die bei einer ersten Aussage normalerweise vorhanden ist, verlieren und auch früh Verdrängungsmechanismen des Geschehens einsetzen, die jede weitere Aussage weniger authentisch werden lassen. Diese drei Faktoren – nachlassendes Erinnerungsvermögen, Suggestivgefahren und Verdrängungsmechanismen – zusammengenommen zeigen, dass die Durchführung einer Vernehmung nach dem Regel-Ausnahmemodell, d.h. eine zeitnahe, frühzeitige konservierte Erstvernehmung im Regelfall mit ergänzenden Vernehmung nur im Ausnahmefall, die bestmögliche Beweisgrundlage darstellt. Durch dieses Modell könnten erstens die Belastungsgefahren reduziert und zweitens ein erster und damit weitestgehend suggestivfreier Eindruck konserviert werden, der im Beweiswert jeder weiteren Vernehmung überlegen sein wird, in der das Erinnerungsvermögen nachlässt, Verdrängungsmechanismen vermehrt einsetzten sowie Suggestivgefahren zunehmen können. Ferner lässt sich nach einer Auswertung aller Untersuchungsergebnisse konstatieren, dass Mehrfachvernehmungen von Kindern nachteilig für die Beurteilung der Glaubhaftigkeit sind.

Eine Regelfallvernehmung ist folglich mit den Zielsetzungen des Strafverfahrens, der „Wahrheitsermittlung" und dem damit verbundenen Prinzip der bestmöglichen Sachverhaltsaufklärung bzw. des bestmöglichen Beweises wie sie in § 244 Abs. 2 StPO festgeschrieben ist, vereinbar bzw. setzt sie geradezu zwingend voraus. Folglich ist kein Spannungsverhältnis, sondern vielmehr eine Konvergenz zwischen der Pflicht zur Wahrheitserforschung und dem Schutz kindlicher Zeugen anzunehmen, aus der heraus die Zielsetzung nur einer Regelfallvernehmung im Verfahren zu rechtfertigen ist.

Da für die Kinder ferner häufig nicht zwischen Explorationsgesprächen durch den Sachverständigen und Vernehmungen im rechtlichen Sinne zu unterscheiden ist auch im Regelfall auf dies Exploration zu verzichten. Die Glaubwürdigkeitsbeurteilung ist eine „ ureigenen Aufgabe" des Gerichts und kann auch auf der Grundlage einer konservierten Erstvernehmung in der Hauptverhandlung erfolgen. Dies verstößt nicht gegen den Grundsatz der präsumtiven Beweiswürdigung, solange sie objektiv nachvollziehbar auf der Grundlage der aussagepsychologischen Kriteriologie nach Köhnken/Steller erfolgt. Für die Rechtspraxis sind entsprechende Fortbildungsangebote damit unabdingbar.

Darüber hinaus zeigen erste empirische Ergebnisse, dass die Neuregelung nicht eingesetzt wird und weiterer Handlungsbedarf zur Reduzierung der Mehrfachvernehmungen bei Kindern besteht. Das von der Bundesregierung vorgelegte Eckpunktepapier zur Reform des Strafverfahrens versucht mit entsprechenden Vorschlägen zu reagieren und weist dabei eine klare Tendenz in Richtung der hier vorgestellten Lösungsansätze auf: Der verfahrensrechtliche Opferzeugenschutz soll aufgewertet und die Mehrfachvernehmungen durch eine offensivere Verwertungspraxis reduziert werden. Hier zeigen bereits vorab die entsprechenden Stellungnahmen der einzelnen Fachgruppen zum Eckpunktepapier, dass diesem Reformanliegen ein harter Wind entgegenbläst und erneut die Gefahr einer reinen „Opferrhetorik" besteht. Offensichtlich sind daher trotz der in der Arbeit de lege lata aufgezeigten Möglichkeiten, weitere Regelungen – de lege ferende – zur Stärkung des Opferzeugenschutzes und der konsequenten Anwendung der Neuregelung unumgänglich. Abschließend wird daher folgende Neufassung des § 255a Abs. 2 StPO vorgeschlagen:

§ 255a StPO Abs. 2 n.F.:

„Die Vernehmung von Zeugen unter 16 Jahren ist unbeschadet des § 244 Abs. 2 StPO durch die Vorführung seiner nach § 168 e StPO hergestellten Bild-Tonaufzeichnung seiner früheren richterlichen Vernehmung zu ersetzen. Eine ergänzende Vernehmung ist nur in den Fällen, in denen der Zeuge beantragt, mit Zustimmung der gesetzlichen Vertreter persönlich vernommen zu werden, zulässig."

Literaturverzeichnis

Albrecht, Hans-Jörg: Kindliche Opferzeugen im Strafverfahren / Hans-Jörg Albrecht. In: Vom Umgang der Justiz mit Minderjährigen, Kinder und Jugendliche in familien- und vormundschaftsgerichtlichen Verfahren; kindliche Opferzeugen im Strafverfahren, Tagungsdokumentation, Frankfurter Tage der Rechtspolitik, 1994 / hrsg. von Ludwig Salgo. – Neuwied, 1995. – S. 3 ff. – (Schriftenreihe Familie und Recht; Bd. 13).

Albrecht, Hans-Jörg: Die Stellung des kindlichen Opferzeugen im Strafverfahren. Eine vergleichende Analyse / Hans-Jörg Albrecht. – unveröffentlichtes Manuskript 1993 (zit.: Albrecht Gutachten).

Alsberg, Max: Der Beweisantrag im Strafprozeß / Max Alsberg; Karl-Heinz Nüse; Karlheinz Meyer. – 5. völlig neubearb. u. erw. Aufl. – Köln (u.a.), 1983 (zit.: ANM).

Alternativ-Entwurf: Zeugnisverweigerungsrecht und Beschlagnahmefreiheit (AE-ZVR) / hrsg. von einem Arbeitskreis deutscher, österreichischer und schweizerischer Strafrechtslehrer. – München, 1996 (zit. AE-ZVR).

Alternativ-Entwurf: Reform des Ermittlungsverfahrens (AE-EV)/hrsg. Von einem Arbeitskreis deutscher, österreichischer und schweizerischer Strafrechtslehrer. München, 2001 (zit. AE-EV).

Alternativkommentar zur Strafprozeßordnung: Kommentar zur Strafprozeßordnung in 3 Bänden / hrsg. von Rudolf Wassermann (zit.: AK-Bearbeiter):
Bd. 1: §§ 1–93 Strafprozeßordnung. – Neuwied (u.a.), 1988
Bd. 2/ Teilband 1: §§ 94–212b Strafprozeßordnung. – Neuwied (u.a.), 1992
Bd. 2/ Teilband 2: §§ 213–275 Strafprozeßordnung. – Neuwied (u.a.), 1993
Bd. 3, §§ 276–477 Strafprozeßordnung. – Neuwied (u.a.), 1996.

Amelung, Knut/ Wirth, Stefan: Die Rechtsprechung des Bundesverfassungsgerichts seit 1990 zum Schutz der materiellen Grundrechte im Strafverfahren. – In: StV 2002, S. 161–168.

Arntzen, Friedrich: Psychologie der Zeugenaussage, System der Glaubwürdigkeitsmerkmale / Friedrich Arntzen. – 3. Aufl. – München, 1993.

Arntzen, Friedrich: Video- und Tonbandaufnahmen als Ersatz für richterliche Vernehmungen von Kindern zu Sexualdelikten / Friedrich Arntzen. – In: ZRP München: Beck. – H. 7, 1995. – S. 241 StPO–244.

Backes, Otto: Abschied von Zeugen vom Hörensagen / Otto Backes. – In: Festschrift für Ulrich Klug / hrsg. von Günter Kohlmann. – 1983. – S. 447.

Baltzer, Ulrich: Faires Verfahren und Alltag der Strafjustiz / Ulrich Baltzer. – In: Neue Kriminologie. – H. 4, 1991. – S. 38–40.

Barth, Klaus: Kindesmißhandlung – Ein Überblick aus der Sicht des Jugendamtes / Klaus Barth. – In: ZfJ, 1986. – S. 236 ff.

Basdorf, Clemens: Änderungen des Beweisantragsrechtes und Revision / Clemens Basdorf. In: StV. – H. 6, 1995. – S. 310–320.

Baurmann, Michael: Das Opfer nach der Straftat : seine Erwartungen und Perspektiven / Michael Baurmann, Wolfram Schädler. – Wiesbaden, 1991.

Baurmann, Michael: Sexualität, Gewalt und psychische Folgen / Michael Baurmann. – Wiesbaden, 1983. – S. 59 ff.

BDP, Bund dt. Psychologen: Schutz kindlicher Opferzeugen in Fällen sexuellen Kindesmißbrauchs Leitantrag der Sektion Rechtspsychologie im BDP in der gültigen Fassung zur Delegiertenkonferenz am 16./17.5.1995.

Becker, Walter: Schutz kindlicher Zeugen vor psychischer Schädigung durch das Strafverfahren / Walter Becker. – In: ZBlJR, 1975. – S. 515 ff.

Bender, Rolf: Tatsachenfeststellung vor Gericht : Bd. 1: Glaubwürdigkeits- und Beweislehre / von Rolf Bender; Armin Nack. – 2. Aufl. – München: Beck, 1995.

Beulke, Werner: Gewalt im sozialen Nahraum : Forschungsbericht / Werner Beulke. – Langfassung. – März, 1995.

Beweisantragsrechte : Diskussionsbericht der Tagung des Max-Planck-Instituts zu Beweisantragsrechten vom 10.2.1995. – In: ZStW. – H. 1/1996. – S.156 u. 164.

Blath: Sexueller Mißbrauch von Kindern / Blath. – In: FÜR, 1995. – S. 71 ff.

Blau, Günter: Zur Zulässigkeit und Zweckmäßigkeit psychologischer Glaubwürdigkeits-Gutachten in Jugendschutzsachen / Günter Blau. – In: GA, 1959. – S. 293 ff.

Block, Thomas: Bericht der Justizministerkonferenz von 1995 / Thomas Block. – In: DriZ. – H. August, 1995. – S. 313–314.

Boat, B.W: Use of anatomical dolls among professionals in sexual abuse evaluations / B.W. Boat, Everson, M.D. – In: Child abuse and neglect. – H. 12/1988. – S. 171–179.

Bockelmann, Paul: Strafrichter und psychologischer Sachverständiger / Paul Bockelmann. – In: GA, 1955, S. 321 ff.

Bodenbender, Erich: Sexuelle Mißhandlung von Kindern : Psychosoziale statt strafrechtliche Intervention? / Erich Bodenbender. – In: FPR, 1995, S. 134 ff.

Bohlander, Michael: Videotechnologie bei der Vernehmung kindlicher Zeugen im Strafverfahren : eine rechtsvergleichende Betrachtung der Modelle Englands, der USA und Australiens. – In: ZStW. – H. 197, 1995. – S. 82–116.

Böhm, Klaus: Kindliche Opferzeugen vor den Amtsgerichten / Klaus Böhm. – In: ZRP. – H. 7, 1996. – S. 259–263.

Bölter, Herbert: Handreichung für die Bearbeitung von Strafverfahren wegen sexueller Straftaten an Kindern / Herbert Bölter. – In: DriZ. – H. Juli, 1996. – S. 273–280.

Böttcher, Reinhard: Der Schutz der Persönlichkeit des Zeugen im Strafverfahren / Reinhard Böttcher. – In: Festschrift für Theodor Kleinknecht zum 75. Geburtstag / hrsg. von Karl Heinz Gössel (u.a.). – Müchen, 1985, S. 25 ff.

Bracken, Rudolf v.: Kinder als Opfer und Zeugen im Strafverfahren wegen sexuellen Mißbrauchs : acht Thesen zur Rolle und Aufgabe des Amtsvormundes / Rudolf v. Bracken. – In: DAVorm, 1993. – S. 506 ff.

Brauchli, Andreas: Das Kindeswohl als Maxime des Rechtes / Andreas Brauchli. – Zürich, 1982 (zugl.: Diss. jur.).

Brauns, Birgit: Videoübertragungen von jugendlichen Zeugen in Mißbrauchsprozeßen / Birgit Brauns. – In: ZRP. – H. 4, 1997. – S. 168.

Brockhaus, Ulrike: Sexuelle Gewalt gegen Mädchen und Jungen / Ulrike Brockhaus, Maren Kolshorn. – Frankfurt (u.a.), 1993.

Bröcker, Lars: Der Schutz kindlicher Opferzeugen : eine kritische Bestandsaufnahme / Lars Bröcker. – In: MschrKrim. – H. 79, 1996. – S. 406 ff.

Bruns, Hans-Jürgen: Neue Wege zur Lösung des strafprozessualen V-Mann-Problems / Hans-Jürgen Bruns. – 1982.

Bruns, Hans-Jürgen: Zur Frage der Zulässigkeit der „Beweisantizipation" im Strafverfahren / Hans-Jürgen Bruns. – In: DR, 1940. – S. 2041.

Burgsmüller: Prozeßbericht aus den Wormser Verfahren / Burgsmüller. – In: Streit, 1995, S. 13 ff.

Busse, Detlef: Belastungserleben von Kindern in Hauptverhandlungen : Abschlußbericht eines Forschungsprojekts im Auftag des Bundesministeriums der Justiz / Detlef Busse, Renate Volbert, Max Steller. – Bonn, 1996 (zit. Volbert/Busse, 1996).

Busse, Detlef: Glaubwürdigkeitsgutachten in Strafverfahren wegen sexuellen Mißbrauchs : Ergebnisse einer Gutachtenanalyse / Detlef Busse, R. Volbert. – In: Psychologie der der Zeugenaussage / L. Greuel... (Hrsg.). – Weinheim (u.a.): Psychol. Verl. Union, 1997. – S. 131–142.

Bussman, Kai-D.: Verbot familialer Gewalt gegen Kinder. Zur Einführung rechtlicher Regelungen sowie zum (Straf-) Recht als Kommunikationsmedium. Habil-Schr. Univ. Bielefeld, 1997, aktualisierte Fassung, Heymann, 2000.

Caesar, Peter: Noch stärkerer Schutz für Zeugen und andere nicht beschuldigte Personen im Strafprozeß? / Peter Caeser. – In: NJW. – H. 32, 1998. – S. 2313–2318.

Carl, Eberhard: Die Aufklärung des Verdachts eines sexuellen Mißbrauchs in familien- und vormundschaftsgerichtlichen Verfahren / Eberhard Carl. – In: FamRZ. – H. 19, 1995. – S. 1183–1192.

Celisik, Stephen.J.: Perspectives on children's testimony – New York: Springer, 1989.

Coester, Michael: Das Kindeswohl als Rechtsbegriff : Arbeiten zur Rechtsvergleichung / Michael Coester. – Frankfurt (Main), 1983. – (Schriftenreihe der Gesellschaft für Rechtsvergleichung; Bd. 114) (zit.: das Kindeswohl).

Dähn, Gerd: Vorschläge für einen verstärkten Schutz kindlicher Zeugen im Strafverfahren / Gerd Dähn. – In: ZRP, 1973, S. 211 ff.

Dahs, Hans: Handbuch des Strafverteidigers / Hans Dahs. – 6. Aufl. – München: Beck, 1999.

Dahs, Hans: Die gespaltene Hauptverhandlung / Hans Dahs. – In: NJW. – München: Beck, 1996. – S. 178–179.

Dahs, Hans: Die Revision im Strafprozeß / Hans Dahs. – 5. Aufl. – 1993. – (zit.: Dahs/ Dahs, 1993, Rz).

Dätwyler, Lilo: Befragung und Betreuung der Opfer von Sexualdelikten / Lilo Dätwyler. – In: Kriminalistik, 1993. – S. 735 ff.

Davies, Graham: Videotechnology and the child witness / Graham Davies; Helen Westcott. – In: Children as Witnesses / hrsg. von Helen Dent – Chichester (u.a.), 1992. – S. 211 ff.

Deckers, Rüdiger: Verteidigung in Verfahren wegen sexuellen Mißbrauchs von Kindern / Rüdiger Deckers. – In: NJW. – München, 1996. – S. 3105 ff.

Denger, Burkhart: Kinder und Jugendliche als Zeugen im Strafverfahren wegen sexuellen Mißbrauchs in der Familie und deren Umfeld / Burkhart Denger. – In: ZRP, 1991, S. 48 ff.

Deutscher Anwaltverein e.V.: Stellungnahme zu den Gesetzesanträgen des Bundestages (der Fraktion der SPD), des Bundesrates und zu den „Vorüberlegungen" des Bundesministeriums der Justiz zum Schutz kindlicher Zeugen in Strafverfahren wegen des Verdachts einer Straftat gegen die sexuelle Selbstbestimmung / Deutscher Anwaltverein. – Bonn: Dt. Anwaltverein, 1996. – (zit.: DAV, Stellungnahme).

Deutscher Anwaltverein e.V.: Stellungnahme zum Eckpunktepapier (Mai 2001), Bonn (zit.: DAV, Stellungnahme-Eckpunktepapier)

Deutscher Juristinnenbund: Sexueller Mißbrauch von Kindern; Reform der materiellen und prozessualen Bestimmungen / Dt. Juristinnenbund. – In: Streit. – 1995. – S. 109–114.

Deutscher Kinderschutzbund: Hilfe statt Gewalt, Erklärung zur gewaltsamen Beeinträchtigung von Kindern in Familien / hrsg. vom Dt. Kinderschutzbund. – Hannover: Dt. Kinderschutzbund, 1989.

Deutscher Richterbund : Gutachten der Großen Strafrechtskommission, die Stellung des Kindes im Strafverfahren / Deutscher Richterbund. – In: Teil I: Das Kind als Opfer im Strafverfahren, Ergebnisse der Sitzung vom 14.08.–18.08.1995 in Erfurt / Deutscher Richterbund. – 1995. – (zit.: DRiB, Gutachten).

Deutscher Richterbund: Stellungnahme zum Eckpunktepapier (Juni 2001), www.drb.de/stellung/st-eckpunkte.html.

Diesing, Ulrich: Psychische Folgen von Sexualdelikten bei Kindern / Ulrich Diesing. – München, 1980.

Dietlein, Johannes: Die Lehre von den grundrechtlichen Schutzpflichten / Johannes Dietlein. – Berlin, 1992. – (Münsterische Beiträge zur Rechtswissenschaft; Bd. 58 StPO).

Dippel, Karlhans: Zur Behandlung von Aussagen kindlicher und jugendlicher Zeugen / Karlhans Dippel. – In: Festschrift für Herbert Tröndle zum 70. Geburtstag / hrsg. von Hans-Heinrich Jescheck. – Berlin (u.a.), 1989. – S. 599 ff.

Dippel, Karlhans: Die Stellung des Sachverständigen im Strafprozeß : eine Studie unter besonderer Berücksichtigung der Zulässigkeit und der Folgen eigener Ermittlungen des Sachverständigen nach geltendem und künftigem Recht / Karlhans Dippel. – Heidelberg: Decker, 1986. – (R. v. Decker's rechts- und sozialwissenschaftliche Abhandlungen; Bd. 30).

Dohna, Alexander zu: Das Problem der vorweggenommenen Beweiswürdigung im Strafverfahren / Alexander zu Dohna. – In: Festschrift für Eberhard Kohlrausch zum 70. Geburtstag. – 1944. – S. 319.

Dorsch, Gabriele: Die Konvention der Vereinten Nationen über die Rechte des Kindes / Gabriele Dorsch. – Berlin, 1992. – (Schriften zum Völkerrecht; Bd. 115).

Eckhart, Karin: 3 Jahre Sonderdezernat „ Sexualstraftaten sowie Gewalt in der Familie" bei der Staatsanwaltschaft Limburg – Zweigstelle Wetzlar : ein Rückblick / Karin

Eckhart. – In: Vom Umgang der Justiz mit Minderjährigen, Kinder und Jugendlichen im familien- und vormundschaftsgerichtlichen Verfahren; kindliche Opferzeugen im Strafverfahren; Frankfurter Tage der Rechtspolitik 1994 / hrsg. von Ludwig Salgo. – Neuwied (u.a.), 1995. – S. 95 ff. – (Schriftenreihe Familie und Recht; Bd. 13).

Eisenberg, Ulrich: Beweisrecht der StPO : Spezialkommentar / Ulrich Eisenberg. – 3. Aufl. – München: Beck, 1996.

Eisenberg, Ulrich: Aspekte der Rechtsstellung des Strafverteidigers / Ulrich Eisenberg. – NJW. – München, 1991. – S. 1256 ff.

Eisenberg, Ulrich: Zur „besonderen Qualität" richterlicher Vernehmungen im Ermittlungsverfahren / Ulrich Eisenberg. – In: NStZ, 1988. – S. 488 f.

Ell, Ernst: Kinder als Opfer bei der Polizei und vor Gericht / Ernst Ell. – In: ZfJ, 1990. – S. 142 ff. u. 189 ff.

Endres, Johann: Sexueller Kindesmißbrauch aus psychologischer Sicht / Johann Endres; O. Berndt Scholz. – In: NStZ. – H. 10 / 1994. – S. 466–473.

Engels, Dieter: Die Aufklärungspflicht nach § 244 Abs. 2 StPOStPO / Dieter Engels. – Diss. – Bonn: Universität, 1979. – S. 163 (zugl.: Diss. jur.).

Engels, Dieter: Beweisantizipationsverbot und Beweisumfang im Strafprozeß / Dieter Engels. – In: GA, 1981. – S. 21.

Engels, Dieter: Konsequenzen der BGH-Rechtsprechung zur Vernehmung von V-Männern / Dieter Engels. – In: NJW. – München: Beck, 1983. – S. 1530.

Erichsen, Hans-Uwe: Elternrecht – Kindeswohl – Staatsgewalt / Hans-Uwe Erichsen. – Berlin, 1985. – (Münsterische Beiträge zur Rechtswissenschaft; Bd. 14).

Eser, Albin: Aussagefreiheit und Beistand des Verteidigers im Ermittlungsverfahren / Albin Eser. – In: ZStW. – H. 79, 1967. – S. 213 ff.

Everson, M.D.: Sexualized doll play among young children : implication für the use of anatomical dolls in sexual abuse evaluations / M.D. Everson, B.W. Boat In: Journal of the American Academy of Child and Adolescent Psychiatry. – H. 29/ 1990. – S. 736–742.

Fabian, Thomas: Möglichkeiten und Grenzen aussagepsychologischer Glaubwürdigkeitsbegutachung / Thomas Fabian; Luise Greuel; Michael Stadler. – In: StV. – H. 6, 1996. – S. 347–350.

Fastie, Friesa: Zeuginnen der Anklage : die Situation sexuell mißbrauchter Mädchen und junger Frauen vor Gericht / Friesa Fastie. – Berlin, 1994.

Fegert, Jörg M.: Sexuell mißbrauchte Kinder und das Recht : Bd. II : Ein Handbuch zu Fragen der kinder- und jugendpsychiatrischen und psychologischen Untersuchung und Begutachtung / Jörg M. Fegert. – Köln: Volksblatt Verl., 1993. – S. 196.

Fegert, Jörf u.a.: Umgamg mit sexuellem Mißbrauch, Institutionelle und individuelle Reaktionen, Forschungsbericht, Votum Verl., 2001.

Fezer, Gerhard: Strafprozeßrecht / Gerhard Fezer. – 1986. – (Strafprozeßrecht; Bd. 2).

Fischer, Thomas: Empfehlen sich gesetzliche Änderungen, um Zeugen und andere nicht beschuldigte Personen im Strafprozeß besser vor Nachteilen zu bewahren ? / Thomas Fischer. – In: JZ. – H. 17, 1998. – S. 816–822.

Fischer, Thomas: Glaubwürdigkeitsbeurteilung und Beweiswürdigung : von der Last der „ureigenen Aufgabe“ / Thomas Fischer. – In: NStZ. – H. 1, 1994. – S. 1–5.

Flin, Rhona H.: Children's konowledge of court proceedings / Rhona H. Flin, Yvonne Stevenson, Graham M. Davies. – In: British Journal of Psychology. – H. 80, 1989. – S. 285 ff.

Frehsee, Detlev: Schadenswiedergutmachung als Instrument strafrechtlicher Sozialkontrolle : ein kriminalpolitischer Beitrag zur Suche nach alternativen Sanktionsformen / Detlev Frehsee. – Berlin, 1987. – (Kriminologische und Sanktionsrechtliche Forschungen; Bd. 1). – (zit.: Sozialkontrolle).

Frenzel, Rainer: Der verfassungsrechtliche Anspruch Minderjähriger und Heranwachsender auf freie Entfaltung der Persönlichkeit : rechts- und sozialwissenschaftliche Aspekte der Jugendhilfe / Rainer Frenzel. – Wuppertal, 1988 (zugl.: Diss. phil.).

Freudenberg, Dagmar: Strafverfahrensrechtliche Aspekte des kindlichen Zeugenschutzes / Dagmar Freudenberg. – In: Kinder als Zeugen : Das Strafverfahren bei sexuellem Mißbrauch an Kindern; Dokumentation der Fachtagung vom 11. Mai 1995 in Hannover. – Hannover: Niedersächs. Frauenministerium, 1995. – S. 8 ff.

Freund, Georg u.a.: Stellungnahme der Strafrechtslehrer zum Eckpunktepapier der Bundesregierung zur Reform des Strafverfahrens, Arbeitskreis Strafrechtslehrer, GA 2002, S. 84–97.

Frey, Veronika: Personensorge und milieugefährdete Kinder : der Schutz des seelischen Kindeswohls / Veronika Frey. – Tübingen, 1987 (zugl.: Diss. jur.).

Frister, Helmut: Das Verhältnis von Beweisantragsrecht und gerichtlicher Aufklärungspflicht im Strafprozeß / Helmut Frister. – In: ZStW, H. 105, 1993. – S. 340.

Frommel, Monika: Das Dilemma zwischen den Beschuldigtenrechten und Opferschutz / Monika Frommel. – In: Jugend und Strafrecht / Bauhofer (Hrsg.). – o.O, 1998. – S. 307 ff.

Frommel, Monika: Entlastung der Gerichte durch Alternativen zum zivilen Justizverfahren? / Monika Frommel. – In: ZRP. – H. 2, 1983. – S. 31–36.

Frommel, Monika: Möglichkeiten und Grenzen des Schutzes kindlicher Opferzeugen im Strafverfahren / Monika Frommel. – In: Vom Umgang der Justiz mit Minderjährigen, Kinder und Jugendliche im familien- und vormundschaftsgerichtlichen Verfahren; kindliche Opferzeugen im Strafverfahren; Tagungsdokumentation Frankfurter Tage der Rechtspolitik 1994 / hrsg. von Ludwig Salgo. – Neuwied (u.a.), 1995. – S. 31 ff. – (Schriftenreihe Familie und Recht; Bd. 13) (zugl. Veröff. In: KritV. – 1995. – S. 177 ff.

Frommel, Monika: Präventionsmodelle in der deutschen Strafzweck-Diskussion / Monika Frommel. – Berlin, 1987.

Frowein, Jochen A.: Europäische MenschenrechtsKonvention : EMRK-Kommentar / Jochen A. Frowein, Wolfgang Peukert. – 2. Aufl. – Kehl (u.a.), 1996. – (Zit.: Frowein/ Peukert).

Ganderath, Reinhard: Schutz des Tatopfers im Strafverfahren / Reinhard Ganderath. – In: MDR. – 1983. – S. 797–801.

Gebhardt, Christoph: Für einen besseren Umgang der Justiz mit Kindern als Zeugen. – In: Betrifft: Justiz. – H. 33, 1993. – S. 5 ff.

Gebhardt, ChriStPO h: Optimierung der Ermittlungsverfahren wegen sexueller Gewalt gegen Kinder bei der Staatsanwaltschaft / ChriStPO h Gebhardt. – In: FuR, 1995. – S. 158 StPO ff.

Geddert-Steinacher, Tatjana: Menschenwürde als Verfassungsbegriff : Aspekte der Rechtsprechung des Bundesverfassungsgerichts zu Art. 1 Abs. 1 Grundgesetz / Tatjana Geddert-Steinacher. – Berlin, 1990. – (Tübinger Schriften zum Staats- und Verwaltungsrecht; Bd. 5).

Geerds, Friedrich: Über Vorhalt und Urkundenbeweis mit Vernehmungsprotokollen / Friedrich Geerds. – In: Festschrift für Günther Blau um 70. Geburtstag / o. Hrsg. – Berlin (u.a.), 1985. – S. 67 ff..

Geerds, Friedrich: Zur Rechtsstellung des Verletzten im Strafprozeß / Friedrich Geerds. – In: JZ, 1987. – S. 786 ff.

Geppert, Klaus: Der Grundsatz der Unmittelbarkeit im deutschen Strafverfahren / Klaus Geppert. – Berlin (u.a.), 1978 (zit.: Geppert, Unmittelbarkeit).

Geppert, Klaus: Die Vernehmung kindlicher Zeugen mittels Videotechnologie / Klaus Geppert. – In: Jura. – H. 10, 1996. – S. 550–554.

Glaubhaftigkeit der Zeugenaussage : Die Praxis der forensisch-psychologischen Begutachtung / Luise Greuel ... – Weinheim (u.a.): Beltz, 1998. – S. VIII, 332.

Gley, Christa: Psychologische Grundlagen und Kriterien der Beurteilung von Zeugenaussagen bei Kindern und Jugendlichen / Christa Gley. – In: Strafverteidiger. – H. 9/ 1987. – S. 403–410.

Godenzi, Alberto: Gewalt im sozialen Nahraum / Alberto Godenzi. – Basel (u.a.): Lang, 1993.

Goedelt, Christina: „ Sonderdezernat zur Verfolgung von Sexualstraftaten" : ein Erfahrungsbericht / Christina Goedelt. – In: Festschrift zum 125jährigen Bestehen der Staatsanwaltschaft in Schleswig-Holstein / hrsg. von Heribert Ostendorf Kassel (u.a.), 1992. – S. 361.

Gössel, Karl-Heinz: Empfehlen sich Änderungen des Strafverfahrensrecht, mit dem Ziel, ohne Preisgabe rechtsstaatlicher Grundsätze den Strafprozeß, insbesondere die Hauptverhandlung zu beschleunigen : Schriften zum 60. Deutschen Juristentag / Karlheinz Gössel, 1994. – (Schriften zum Deutschen Juristentag: Gutachten C.)

Göttinger Modell: Unveröffentlichtes Konzeptpapier der Staatsanwaltschaft Göttingen / Staatsanwaltschaft Göttingen. – Göttingen, 1995.

Goldstein, Joseph: Das Wohl des Kindes : Grenzen professionellen Handelns / Joseph Goldstein, Anna Freud, Albert J. Solnit. – Frankfurt (Main), 1988.

Gomolla, Monika: Der Schutz des Zeugen im Strafprozeß / Monika Gomolla. – Frankfurt (Main), u. a.: Lang, 1986. – (Europäische Hochschulschriften, Reihe II : Rechtswissenschaft; Bd. 58 StPO1).

Goodman, Gail S.: Child sexual and physical abuse : children's testimony / Gail S. Goodman, Christine Aman, Jodi Hirschman. – In: Children's eyewitness memory / hrsg. von Stephen J. Ceci. – New York (u.a.), 1987. – S. 1 ff.

Granderath, Reinhard: Schutz des Tatopfers im Strafverfahren / Reinhard Granderath. – In: MDR, 1983. – S. 797 ff.

Grasnick, Walter: Wahres über die Wahrheit – auch im Strafprozeß / Walter Grasnick. – In: Eine Würdigung zum 70. Geburtstag von Paul-Günter Pötz / hrsg. von Jürgen Wolter. – Berlin, 1993. – S. 55 ff. – (Goltdammer's Archiv für Strafrecht).

Greuel, Luise.: Suggestibilität und Aussagezuverlässigkeit : ein (neues) Problem in der forensisch-psychologischen Praxis? / L. Greuel. – In: Psychologie der Zeugenaussage / L. Greuel ... (Hrsg.). – Weinheim (u.a.): Psychol. Verl. Union, 1997. – S. 211–220.

Greuel, Luise: Qualitätsstandards aussagepsychologischer Gutachten zur Glaubhaftigkeit von Zeugenaussagen/ Luise Greuel. – In: MschKrim 2000, S. 59–71.

Greuel,Luise u.a.: Glaubhaftigkeit der Zeugenaussage. Theorie und Praxis der forensisch-psychologischen Begutachtung, Beltz Verlag, Weinheim 1998.

Griesbaum, Rainer: Der gefährdete Zeuge : Überlegungen zur aktuellen Lage des Zeugenschutzes in Strafverfahren / Rainer Griesbaum. – In: NStZ. – H. 9, 1998. – S. 433–441. – (Zum 62. Dt. Juristentag in Bremen vom 22–25. Sept. 1998).

Groh, Martin: Zum Recht des Strafverteidigers auf Einsichtnahme in staatsanwaltliche Ermittlungsakten / Martin Groh. – In: DriZ, 1985. – S. 52 ff.

Grünwald, Gerald: Der Niedergang des Prinzips der unmittelbaren Zeugenvernehmung / Gerald Grünwald. – In: Festschrift für Hanns Dünnebier zum 75. Geburtstag / hrsg. von Ernst-Walter Hanack ... – 1982. – S. 347.

Grundgesetz für die Bundesrepublik Deutschland : Kommentar / bearb. von Hans Jarass, Bodo Pieroth. – München: Beck, 1992. (zit.: Jarass/Pieroth – Bearbeiter).

Grunsky, Wolfgang: Grundlagen des Verfahrensrechts : eine vergleichende Darstellung von ZPO, FGG, VwGO, SGG / Wolfgang Grunsky. – Bielefeld, 1970.

Grünwald, Gerald: Das Beweisrecht der Strafprozeßordnung / Gerald Grünwald. – Baden-Baden: Nomos, 1993. – (Schriftenreihe / Deutsche Strafverteidiger e.V.; Bd. 2) (zit.: Beweisrecht).

Grünwald, Gerald: Beweisverbote und Verwertungsverbote im Strafverfahren / Gerald Grünwald. – In: JZ, 1966. – S. 489 ff.

Gusy, Christoph: Verfassungsfragen des Strafprozeßrechts/Christoph Gusy. – In: StV 2002, S. 153–160.

Habscheid, Walther J.: Das Persönlichkeitsrecht als Schranke der Wahrheitsfindung im Prozeßrecht / Walther J. Habscheid. – In: Gedächtnisschrift für Hans Peters / hrsg. von H. Conrad... – Berlin (u.a.), 1967. – S. 840 ff.

Hanack, Ernst-Walter: Empfiehlt es sich, die Grenzen des Sexualstrafrechts neu zu bestimmen ? / Ernst-Walter Hanack. – In: Gutachten für den 47. Deutschen Juristentag / hrsg. von der ständigen Deputation des dt. Juristentages. – München 1968. – (Gutachten für den 47. Dt. Juristentag; Bd. 1: Teil A).

Hassemer, Winfried: Die „Funktionstüchtigkeit der Strafrechtspflege" : ein neuer Rechtsbegriff ? / Winfried Hassemer. – In: StV, 1982. – S. 275 ff.

Hassemer, Winfried: Funktionstüchtige Strafrechtspflege contra strafprozessuale Garantien / Winfried Hassemer. – In: KritJ, 1980. – S. 316 ff.

Hassemer, Winfried: Legalität und Opportunität im Strafverfahren / Winfried Hassemer. In: Strafverfolgung und Strafverzicht : Festschrift zum 125jährigen Bestehen der Staatsanwaltschaft Schleswig-Holstein / hrsg. von Heribert Ostendorf. – Köln (u.a.), 1992. – S. 529 ff.

Hassemer, Winfried: Rücksichten auf das Verbrechensopfer / Winfried Hassemer. – In: Festschrift für Ulrich Klug / G. Kohlmann (Hrsg.). – Köln: 1983. – S. 217–234.

Hassemer, Winfried: Zu welchem Zweck und welchem Ende strafen wir ? / Winfried Hassemer. – In: StrV. – H.7, 1997. – (S. 316–321).

Hegmann, Jürgen: Fürsorgepflicht gegenüber dem Beschuldigten im Ermittlungsverfahren / Jürgen Hegmann. – Bochum, 1981. – (Bochumer juristische Schriften; Nr. 16) (zit.: Fürsorgepflicht im Ermittlungsverfahren).

Heidelberger Kommentar zur Strafprozeßordnung / bearb. von Michael Lemke. – 2. Aufl. – Heidelberg: Müller, 1999. – (Heidelberger Kommentar).

Heinz, Wolfgang: Opfer und Strafverfahren / Wolfgang Heinz. – In: Kleines kriminologisches Wörterbuch / hrsg. von Günther Kaiser. – 3. Aufl. – Göttingen (u.a), 1993. – S. 372 ff.

Heissler, Udo: Die Unmittelbarkeit der Beweisaufnahme im Strafprozeß unter besonderer Berücksichtigung des Zeugnisses vom Hörensagen / Udo Heissler. – Tübingen, 1973 (zugl.: Diss. jur.).

Hengesch, Georges: Das Dilemma der Glaubwürdigkeitsbeurteilung / Georges Hengesch. – In: ZStW (101). – H. 3, 1989. – S. 611–626.

Herdegen, Gerhard: Beweiantragsrecht, Beweiswürdigung, strafprozessuale Revision / hrsg. von Gerhard Herdegen – Schriftenreihe des DAV, Nomos, 1995.

Herdegen, Gerhard: Aufklärungspflicht – Beweisantragsrecht – Beweisantrag – Beweisermittlungsantrag. – In: Gedächtnisschrift für Karlheinz Meyer / hrsg. von Klaus Geppert / Dieter Dehnicke, 1990. – S. 187 ff.

Heubel, Horst: Der „fair trial" : ein Grundsatz des Strafverfahrens ?; zugleich ein Beitrag zum Problem der „verfassungskonformen" Rechtsfortbildung im Strafprozeß / Horst Heubel. – Berlin, 1981. – (Strafrechtliche Abhandlungen : Neue Folge; Bd. 41).

Hilger: Beweisantragsrechte / Hilger. – In: JR, 1990. – S. 485 m. w. N.

Hill, Paula: Videotaping children's testimony : an empirical view / Paula Hill, Samuel M. Hill. – In: Michigan Law Review, 1987. – S. 809 ff.

Hinz, Manfred: Kindesschutz als Rechtsschutz und elterliches Sorgerecht / Manfred Hinz. – Paderborn 1976. – (Rechts- und Staatswissenschaftliche Veröffentlichungen der Görres Gesellschaft: N.F. / hrsg. von Alexander Hollerbach.; H. 22).

Hirsch, H.-J.: Zur Stellung des Verletzten im Straf- und Strafverfahrensrecht : über die Grenzen strafrechtlicher Aufgaben / H.-J. Hirsch. – In: Gedächtnisschrift für A. Kaufmann. – Heidelberg, 1990. – S. 702 ff.

Höfer, E.: Diagnostik und Attribution von Glaubwürdigkeit : Abschlußbericht Ko 882/4-1 an die Deutsche Forschungsgemeinschaft / E. Höfer,... – Kiel: Univ, 1993 (Abschlußbericht Ko 882/4-1 an die Deutsche Forschungsgemeinschaft).

Höfer, E.: Empirische Ergebnisse und theoretische Überlegungen zu verdrängten Erinnerungen : oder wie und warum sind Menschen für Suggestionen empfänglich? / E. Höfer, ... – In: Psychologie der Zeugenaussage / L. Greuel... (Hrsg.). – Weinheim (u.a.): Psychol. Verl. Union, 1997. – S. 165– 176.

Hoffmann, Paul: Der unerreichbare Zeuge im Strafverfahren : die Unerreichbarkeit des Zeugen, gemäß § 244 Absatz 3 Satz 2 der Strafprozeßordnung, geschichtliche Untersuchung und aktuelle Problemstellung einschließlich der V-Mann-Problematik / Paul Hoffmann. – 1991 (zugl.: Diss. jur., 1986).

Horndasch, Klaus-Peter: Zum Wohle des Kindes : Möglichkeiten und Grenzen staatlicher Einwirkung auf die Erziehungsverantwortung der Eltern / Klaus-Peter Horndasch. – Göttingen, 1983 (zugl.: Diss. jur. Göttingen).

Hübner, Claudia: Allgemeine Verfahrensgrundsätze: Fürsorgepflicht oder fair trial? / Claudia Hübner. – Tübingen: Universität, 1983. – (Juristische Studien; Bd. 70).

Hünenfeld, Peter: Zeugenschutz durch Verkürzung oder Vorenthaltung von Angaben zur Person des Zeugen :Ein rechtsvergleichendes Gutachten im Auftrag des Bundesministeriums der Justiz / Peter Hünerfeld (Hrsg.). – Freiburg i. Br.: Max-Planck-Institut, 1992. – (Beiträge und Materialien aus dem Max-Planck-Institut für ausländisches und internationales Strafrecht / hrsg. von Albin Eser; Bd. S. 35).

Hussels, Martin: Videoübertragungen von jugendlichen Zeugen in Mißbrauchsprozessen: eine Bestandsaufnahme und Überlegungen de lege ferenda / Martin Hussels. – In: ZRP 1997, S. 242–244.

Ignor, Alexander./Matt,Holger.: Integration und Offenheit im Strafprozeß, Vorschläge zu einer Reform des Strafverfahrens, StV 2002, S. 102–109.

Internationaler Kommentar zur Europäischen Menschenrechtskonvention / hrsg. von Heribert Golsong. – Stand: 3. Lfg. 1995. – Köln (u.a.), 1986. – (zit.: IntKommEMRK-Bearbeiter).

Isensee, Josef: das Grundrecht als Abwehrrecht und staatliche Schutzpflicht / Josef Isensee. – In: Handbuch des Staatsrechts der Bundesrepublik Deutschland / hrsg. von Josef Isensee. – Heidelberg, 1992. – (Handbuch des Staatsrechts der Bundesrepublik Deutschland; Bd. V: Allgemeine Grundrechtslehren; § 111).

Jäger, Matthias: Bericht: „Wege aus dem Labyrinth"; zu therapeutischer Arbeit bei sexuellem Mißbrauch von Kindern./Matthias Jäger. – In: UschKrim. – H. 1, 1998. – S. 38–43.

Jansen, Gabriele: Prozeßbericht : Vernehmung kindlicher Zeugen mittels Videotechnologie / Gabriele Jansen. – In: StV. – H. 2, 1996. – S. 123–125.

Jesionek, Udo: Anzeige- und Aussageverhalten bei Kindesmißbrauch / Udo Jesionek. – In: Festschrift für Winfried Platzgummer zum 65. Geburtstag / hrsg. von Helmut Fuchs (u.a.). – Wien (u.a.), 1995. – S. 369 ff.

Joachim, Norbert: Der Hörensagenbeweis im Strafverfahren / Norbert Joachim. – Frankfurt (Main), 1991. – (Schriften zum Strafrecht und Strafprozeßrecht; Bd. 2).

Julius, Karl-Peter: Die Unerreichbarkeit von Zeugen im Strafprozeß / Karl-Peter Julius. – 1988 (zugl.: Diss. jur.). – (zit.: Julius, 1988).

Julius, Karl-Peter: Zum Verhältnis der Aufklärungspflicht und Beweisantragsrecht im Strafprozess / Karl-Peter Julius. – In: NStZ, 1986. – S. 61.

Jung, Heike: Die Stellung des Verletzten im Strafprozeß / Heike Jung. – In: ZStW. – H. 93 / 1981. – S. 1147–1176.

Jung, Heike: Zeugenschutz / Heike Jung. – In: GA, 1998. – S. 313–329.

Jung, Heike: Einheit und Vielfalt der Reformen des Strafprozessrechts in Europa. – In: GA 2002, S. 65–84.

Jung, Heike: Zur Rennaissance des Opfers – ein Lehrstück kriminalpolitischer Zeitgeschichte/Heike Jung. – In: ZRP 2000, S. 159–163.

Junger, Ilka: Die Begutachtung der Glaubwürdigkeit von Opferzeugen : Rechtliche Grundlagen / Ilka Junger. – In: Streit, 1985. – S. 7 ff.

Kaiser, Michael: Die Stellung des Verletzten im Strafverfahren / Michael Kaiser. – Freiburg i. Br., 1992. – (Kriminologische Forschungsberichte aus dem Max-Planck-Institut für ausländisches und internationales Strafrecht / hrsg. von Günther Kaiser; Bd. 63).

Kaminski, Andrea: Sexueller Mißbrauch in der Familie : Knast, Entlassung und Fortsetzung mit dem nächsten Opfer? / Andrea Kaminski. – In: Betrifft : Justiz, 1994. – S. 237 ff.

Karlsruher Kommentar zur Strafprozeßordnung und zum Gerichtsverfassungsgesetz / hrsg. von Gerd Pfeffer. – 3. Aufl. – München: Beck, 1993. – (zit.: KK-Bearbeiter).

Kaum, Markus: Der Beistand im Strafprozeßrecht / Markus Kaum. – München, 1992. – (Rechtswissenschaftliche Forschung und Entwicklung / hrsg. von Michael Lehmann; Bd. 362).

Keiser, Claudia: Kindeswohl im Strafverfahren/ Claudia Keiser – Lang Verlag, Frankfurt 1998 (Diss.).

Kichling, Michael: Opferinteresse und Strafverfolgung, NStZ 1995, S. 626.

Kichlin, Michael: Opferschutz und Strafanspruch des Staates – ein Widerspruc ?, ZRP 2002, S. 57–63.

Kintzi, Heinrich: Der rote Faden : Schutz der Opfer; Gesetz zur Bekämpfung von Sexualdelikten und Zeugenschutzgesetz verabschiedet / Heinrich Kintzi. – In: DriZ. – H. Mai, 1998. – S. 173–177.

Kintzi, Heinrich: Stellung des Kindes im Strafverfahren / Heinrich Kintzi. – In: DriZ. – H. Mai, 1996. – S. 184–193.

Kintzi, Heinrich: Verbesserung des Opferschutzes im Strafverfahren / Heinrich Kintzi. – In: DriZ. – H. Februar, 1998. – S. 65–74 u. S. 173–177.

Kipper, Oiver: Schutz kindlicher Opferzeugen im Strafverfahren. Kriminologische Forschungsberichte. Max-Planck-Institut für ausländisches und internationales Strafrecht, Freiburg, 2001.

Kirchhoff, Sabine: Sexueller Mißbrauch vor Gericht / Sabine Kirchhoff. – Opladen, 1994 Bd. 1: Beobachtung und Analyse Bd. 2: Gerichtsprotokolle.

Klee, Hans-Joachim: Das freie Ermessen des Strafrichters bei der Bestimmung des Umfangs der Beweisaufnahme / Hans-Joachim Klee. – In: DJ. – 1937. – S. 1384.

Kleinknecht, Theodor: Strafprozeßordnung mit GVG und Nebengesetzen : Kommentar / Theodor Kleinknecht; Lutz Meyer-Goßner. – 43. Aufl. – München: Beck, 1997. – (zit.: K/Meyer-Goßner).

Klingner, Klaus: Kindliche Opferzeugen besser stellen! : Justizminister stellt Maßnahmen-Paket vor / Klaus Klingner. – Kiel: Pressestelle der Landesreg. Schleswig-Holstein, 1996. – S. 10.

Koblauch zu Hatzbach, Petra: Videovernehmung von Kindern – erste Erfahrungen deutscher Gerichtspsychologinnen, ZRP 2002, S. 276–278.

Koch, R.: Zulässigkeit von Videovernehmungen / R. Koch. – In: NJW. – H. 3, 1996. – S. 208–209.

Kohlhaas, Max: Die Verlesung von Niederschriften über frühere Vernehmungen in der Hauptverhandlung : § 251 StPO / Max Kohlhaas. – In: NJW. – München: Beck, 1954. – S. 535.

Köhnken, Günter: Video im Gericht : Modelle und Erfahrungen aus Großbritannien / Günter Köhnken. – In: StV. – H. 7, 1995. – S. 376–380.

Köhnken, Günther: Glaubwürdigkeit / Günther Köhnken, Beltz, Psychologie Verlag. – München 1990.

Köhnken, Günther: Forschungsaufgaben in der Glaubwürdigkeitsdiagnostik. – Psychologische Rundschau, 38, 167–168.

Kollhosser, Helmut: Das Beweisantragsrecht : ein allgemeines Prozeßrecht; auch in der freiwilligen Gerichtsbarkeit / Helmut Kollhosser. – In: Beiträge zur Rechtswissenschaft : Festschrift für Walter Stree und Johannes Wessels zum 70. Geburtstag / hrsg. von Wilfried Küper ... – 1993. – S. 1029. – (zit.: FS für Stree u. Wessels, 1993).

Konrad, Heinrich: Probleme der eheähnlichen Lebensgemeinschaft im Strafrecht / Heinrich Konrad. – Frankfurt (Main) (u.a.): Lang, 1986. – (Europäische Hochschulschriften Reihe II: Rechtswissenschaft; Bd./Vol. 551) (zugl.: Würzburg: Diss. jur. 1986).

Kraheck-Brägelmann, Sibylle: Entwicklungspsychologische Grundlagen für die Anhörung von Kindern / Sibylle Kraheck-Brägelmann. – In: Die Anhörung von Kindern als Opfer sexuellen Mißbrauchs / Sibylle Kraheck-Brägelmann. – Rostock, 1993. – S. 33 ff.

Krause, Friedrich-Wilhelm: Zum Urkundenbeweis im Strafprozeß / Friedrich-Wilhelm Krause. – Kiel, 1966. – (Rechtswissenschaftliche Abhandlungen / hrsg. von der Rechts- und Staatswissenschaftlichen Fakultät der Christian-Abrechts-Universität Kiel; Nr. 8).

Krauß, Detlef: Richter und Sachverständiger im Strafverfahren / Detlef Krauß. – In: ZStW, H. 85, 1975. – S. 411 ff.

Krehl, Christoph: Der Schutz von Zeugen im Strafverfahren – In: GA, 1990. – S. 555 ff.

Kreuzer, Elisabeth: Die Bestimmung des Umfangs der Beweisaufnahme im deutschen, französischen und italienischen Strafprozeß / Elisabeth Kreuzer. – 1964 (zugl.: Diss. jur, 1961).

Krey, Volker: Probleme des Zeugenschutzes im Strafverfahrensrecht / Volker Krey. – In: Gedächtnisschrift für Karlheinz Meyer / hrsg. von Klaus Geppert ... – Berlin (u.a.), 1990. – S. 238 ff.

Kühl, Kristian: Unschuldsvermutung und Einstellung des Strafverfahrens : die neueste Rechtsprechung des Europäischen Gerichtshofs für Menschenrechte zu Art. 6II MRK / Kristian Kühl. – In: NJW. – München: Beck, 1984. – S. 1264 ff.

Kühne, Adelheid: Sexueller Mißbrauch : forensisch-psychologische und psychodiagnostische Aspekte / Adelheid Kühne; Marie-Luise Kluck. – In: FamRZ. – H. 16, 1998. – S. 981–986.

Kühne, Hans-Heiner: Opferrechte im Strafprozeß : ein europäischer Vergleich / Hans-Heiner Kühne (Hrsg.). – Kehl am Rhein (u.a.), 1988. – (zit. Kühne, Opferrechte).

Kühne, Hans-Heiner: Strafprozeßlehre : eine systematische Darstellung für Prüfung und Praxis / Hans-Heiner Kühne. – 4. Aufl. – 1993. – (zit. Kühne, 1993).

Kunert, Karl- Heinz: Strafprozessuale Beweisprinzipien im Wechselspiel, GA 1979, S. 401 ff.

Kunkis, Jürgen: Wahrheitsfindung und Menschenwürde : Wahrheit um jeden Preis ? 7. Alsberg-Tagung in Bonn / Jürgen Kunkis. – In: DriZ, 1990. – S. 116.

Kurth, Hans-J.: Rechtsprechung zur Beteiligung des Verletzten am Verfahren / Hans-J. Kurth. – In: NSfZ. – H. 1, 1997. – S. 1–7.

Kurtze, Max: Die Ablehnung von Beweisanträgen im deutschen Strafprozeß : mit besonderer Berücksichtigung der Rechtsprechung des Reichsgerichts / Max Kurtze. – 1926 (zugl.: Diss. jur, 1926) (zit.: Kurtze, 1926).

Laubenthal, Klaus: Schutz sexuell mißbrauchter Kinder durch Einsatz von Videotechnologie im Strafverfahren / Klaus Laubenthal. – In: JZ. – H. 7, 1996. – S. 335–344.

Laufhütte, Heinrich: Das Grundrecht auf ein faires Verfahren aus der Sicht des Revisionsrichters / Heinrich Laufhütte. – In: Rechtsgestaltende Wirkung des Revisionsrechts / hrsg. von der Arbeitsgemeinschaft Strafrecht des Deutschen Anwaltsvereins. – Neuwied, 1993. – S. 181 ff.

Leipziger Kommentar : Strafgesetzbuch, Leipziger Kommentar, Großkommentar / begr. von Ebermayr, hrsg. von Burkhard Jähnke ... – 11. Aufl. – Berlin (u.a.), 1995. – (zit. LK-Bearbeiter).

Leipziger Kommentar : Strafgesetzbuch, Großkommentar / begr. von Ebermayr ...; hrsg. von H.-H. Jescheck ... – 10. Aufl. – Berlin (u.a.), 1988. – Bd. 5: §§ 185–262. – (zit.: LK-Bearbeiter).

Lempp, Reinhart: Kindeswohl und Kindesrecht / Reinhart Lempp. – In: ZblJR, 1974. – S. 124 ff.

Limbach, Jutta: Die Funktionstüchtigkeit der Strafrechtspflege im Rechtsstaat : Eröffnungsvortrag des 20. Strafverteidigertages in Essen zur Thematik: Aktuelles Verfassungsrecht und Strafverteidigung / Limbach, Jutta. – In: Frankfurter Rundschau vom 23.03.1996. – Frankfurt (Main): Frankfurter Rundschau, 1996. – S. 9.

Löhr, Holle Eva: Der Grundsatz der Unmittelbarkeit im deutschen Strafrecht / Holle Eva Löhr. – Berlin, 1972. – (Strafrechtliche Abhandlungen: N.F.; Bd. 8).

Löwe/Rosenberg: Die Strafprozeßordnung und das Gerichtsverfassungsgesetz mit Nebengesetzen / Löwe, Rosenberg. – 24. Aufl. – Berlin, 1984. – (Vorhergehende Auflagen werden kenntlich gemacht, zit.: LR-Bearbeiter).

Löwe/Rosenberg: Die Strafprozeßordnung und das Gerichtsverfassungsgesetz mit Nebengesetzen : Ergänzungsband / Löwe, Rosenberg. – 23. Aufl. – Berlin. – (Die Strafprozeßordnung und das Gerichtsverfassungsgesetz mit Nebengesetzen; Bd. 6). – (zit.: LR-(23)-Ergänzungsband-Bearbeiter).

Lüdeke, Achim M.: Der Zeugenbeistand : analytische Betrachtung zur Rechtsfigur des Zeugenbeistandes im geltenden und künftigen Strafverfahrensrecht / Achim M. Lüdeke. – Frankfurt (Main) (u.a.): Lang, 1995. – (Europäische Hochschulschriften Reihe II: Rechtswissenschaft; Bd. 1829).

Lüderssen, Klaus: Zur „Unerreichbarkeit" des V-Mannes / Klaus Lüderssen. – In: Festschrift für Ulrich Klug / hrsg. von Günter Kohlmann. – 1983. – S. 527.

MacFarlane, Kee: Videotaping of interviews and court ceremony / Kee MacFarlane, Sandy Krebs. – In: Sexual abuse of young children : evaluation and treatment / Kee MacFarlane ... (Hrsg.). – New York, 1987. – S. 164–203.

Maier, Alexandra: Audiovisuelle Vernehmung kindlicher Opfer von Straftaten gegen die sexuelle Selbstbestimmung in Strafverfahren : Opferschutz und Sachaufklärung; eine vergleichende Studie mit dem amerikanischen Recht / Maier. – Frankfurt (Main) (u.a.): Lang, 1997 (zugl.: Diss. jur.).

Maier, Alexandra: § 250 StPO: Vorrang des Zeugenbeweises nur bei Zeugenpflicht / Alexandra Maier. – In: Kritische Justiz. – H. 4, 1997. – S. 322–329.

Maiwald, Manfred: Zur gerichtlichen Fürsorgepflicht im Strafprozess und ihren Grenzen / Manfred Maiwald. – In: Festschrift für Richard Lange zum 70. Geburtstag / hrsg. von Günter Warda ... – Berlin (u.a.), 1976. – S. 745 ff.

Maiwald, Manfred: Die Beteiligung des Verletzten am Strafverfahren / Manfred Maiwald. – In: GA, 1970. – S. 33 ff.

Marquardt, Claudia: Vorrang des zivilrechtlichen Kinderschutzes : Strafanzeige nur auf Wunsch des Kindes / Claudia Marquardt. – In: Sexueller Mißbrauch von Kindern und Jugendlichen / hrsg. von Margit Gegenfurtner ... – Magdeburg, 1994. – S. 19 ff.

Marquardt, Claudia: Sexuell mißbrauchte Kinder und das Recht / Claudia Marquardt. – Köln, 1993. – (Sexuell mißbrauchte Kinder und das Recht; Bd. 1).

Grundgesetz : Kommentar; Bd. 2: Art. 12 a–37 / hrsg. von Theodor Maunz – Lieferg. 1 – 37. – München: Beck, 1994. – (zit.: MD-Bearbeiter).

Grundgesetz: Kommentar; Bd. 4 : Art. 91–146/ hrsg. von Theodor Maunz ... – Lieferg. 1–31. – München: Beck, 1994. – (zit.: MD-Bearbeiter).

Meier, Bernd-Dieter: Gewaltdelinquenz und strafrechtliche Reaktion : Bestandsaufnahme und Forschungsperspektiven / Bernd-Dieter Meier. – In: JZ, 1995. – S. 434 ff.

Meier, Bernd-Dieter: Kinder als Opfer von Straftaten : Überlegungen zur Ausgestaltung der strafrechtlichen Reaktion bei intrafamiliärer Delinquenz / Bernd-Dieter Meier. – In: GA, 1995. – S. 151 ff.

Meier, Bernd-Dieter: Kinder als Zeugen im Strafverfahren : Überlegungen zum Einsatz der Videotechnik und Vorschläge zur gesetzlichen Umsetzung / Bernd-Dieter Meier. – In: RdJB, 1996. – S. 451 ff.

Meier, Bernd-Dieter: Zwischen Opferschutz und Wahrheitssuche : Überlegungen zur Rechtsstellung von kindlichen Zeugen im Strafprozeß / Bernd-Dieter Meier. – In: JZ. – H. 13, 1991. – S. 638–645.

Meinen, Gero: Berücksichtigung von Opferinteressen im Rahmen der Haftentscheidung nach § 121 StPO. – In: NStZ, 1997. – S. 110 f.

Meyer, Fritz: Die Rechtsprechung des Bundesgerichtshofs zu den Hauptablehnungsgründen des § 244 Abs. 3 StPO / Fritz Meyer. – In: Aktuelle Probleme des Strafprozesses : Referate einer Arbeitstagung vom 26.–28. März 1980 in Schlitz / Hessischer Minister der Justiz (Hrsg.). – 1980 (zit.: Meyer F., 1980).

Meyer, Jürgen: Die prozeßrechtliche Problematik des V-Mannes / Jürgen Meyer. – In: ZStW, H. 95 / 1983. – S. 834.

Mildenberger, Elke H.: Schutz kindlicher Zeugen im Strafverfahren durch audiovisuelle Medien : ein Beitrag zur Videographie von Vernehmungen / Elke H. Mildenberger. – Frankfurt (u.a.): Lang, 1995. – (Europäische Hochschulschriften Reihe II: Rechtswissenschaft; Bd. 1832).

Mitnick, Mindy: Inzestuös mißbrauchte Kinder : Symptome und Behandlungsmethoden / Mindy Mitnick. – In: Sexueller Mißbrauch von Kindern in Familien / L. Backe ... (Hrsg.). – Köln, 1986. – S. 83–103.

Mittenecker, Erich: Video in der Psychologie : Methoden und Anwendungsbeispiele in Forschung und Praxis / Erich Mittenecker. – Bern (u.a.), 1987. – (Methoden der Psychologie / hrsg. von Kurt Pawlik; Bd. 9).

Mitzlaff, Elke: Sexueller Mißbrauch / Elke Mitzlaff. – In: Gewalt an und unter Kindern : Kinderkonsultation in Kurhessen-Waldeck / Margot Käßmann (Hrsg.). – Hofgeismar, 1992. – S. 13–21.

Müller, Egon: Der Grundsatz der Waffengleichheit im Strafverfahren / Egon Müller. – In: NJW. – München: Beck, 1976. – S. 1063–1068.

Münch, Ingo, von: Grundgesetz-Kommentar: (zit.: Bearbeiter in von Münch).
Bd. 1: Präambel bis Art. 20 / hrsg. Philip Kunig, 4. Aufl. – München: Beck, 1992.
Bd. 2: Art. 21–69 / hrsg. von Ingo von Münch, 3. Aufl. – München: Beck, 1995
Bd. 3: Art. 70–156 / hrsg. von Ingo von Münch 2. Aufl. – München: Beck, 1983.

Münning, Matthias: Die Rechte der Kinder in der Rechtsordnung der Bundesrepublik Deutschland / Matthias Münning. – In: Über die Rechte des Kindes : Impulse für die Jugendhilfe zum Schutz des Kindes durch Familie, Gesellschaft und Staat / hrsg. von Wolfgang Gernert. – Stuttgart (u.a.), 1992. – S. 233 ff.

Myers, John E.B.: Evidence in child abuse and neglect cases / John E.B. Myers. – New York, 1992. – (Evidence in child abuse an neglect cases; Bd. 2).

Nack, Armin: Verteidigung bei der Glaubwürdigkeitsbeurteilung von Aussagen / Armin Nack. – In: StV. – H. 10/1994. – S. 555–564.

Neddenriep-Hanke, Friedemann: Das Jugendamt und das Kindeswohlprinzip als sein Leitgedanke im Verfahren zur familiengerichtlichen Entscheidung über das Umgangsrecht nach der Entscheidung über das Umgangsrecht nach der Ehescheidung im Sinne des § 1634 Abs. 2 BGB / Friedemann Neddenriep-Hanke. – Kiel, 1988 (zugl.: Diss. jur.).

Nelles, Ursula: Der Einfluß der Verteidigung auf Beweiserhebungen im Ermittlungsverfahren / Ursula Nelles. – In: StV, 1986. – S. 74 ff.

Nelles, Ursula: Persönlichkeitsrechte und Pflichten kindlicher Zeugen im Strafprozeß / Ursula Nelles. – In: Recht der Persönlichkeit / hrsg. von Hans-Uwe Erichsen ... – Berlin, 1996. – S. 211 ff. – (zit.: Persönlichkeitsrecht).

Nelles, Ursula: Persönlichkeitsrecht und Pflichten kindlicher Zeugen im Strafprozeß / Ursula Nelles. – In: Streit 3/97. – S. 99–110.

Nelles, Ursula: Reform der Nebenklage und anderer Verletztenrechte / hrsg. von Ursula Nelles, Dagmar Oberlies / Schriftenreihe des Deutschen Juristinnenbundes / Baden-Baden: Nomos, 1998 (zit. Nelles/Oberlies, 1998).

Nelles, Ursula: Der Zeuge : ein Rechtssubjekt, kein Schutzobjekt / Ursula Nelles. – In: Neue Justiz. – H. 9, 1998. – S. 449–453.

Niewerth, Lydia: Umgang mit Kindern und Jugendlichen als Opfer sexueller Gewalt : Möglichkeiten und Grenzen des geltenden Rechts / Lydia Niewerth. – In: ZfJ, 1994. – S. 372 ff.

Oberlies, Dagmar: Zeugnisverweigerungsrecht für Psychologin / Dagmar Oberlies. – In: Streit. – H. 3/ 1997. – S. 119–121.

Oberlies, Dagmar: Kinderschutz im Strafverfahren, ein paternalistisches Fürsorgekonzept / In: KrimJ : Beiheft / 1999. – S. 138.

Okresek, Wolf: Verteidigungsrecht der Europäischen Menschenrechtskonvention im strafprozessualen Vorverfahren / Wolf Okresek. – In: Vorverfahren und Verteidigungsrechte / hrsg. von Walter Schuppich ... – Wien, 1992. – S. 33 ff.. – (Juristische Schriftenreihe; Bd. 61).

Ossenbühl, Fritz: Das elterliche Erziehungsrecht im Sinne des Grundgesetzes / Fritz Ossenbühl. – Berlin, 1981. – (Soziale Orientierung / hrsg. von Anton Rauscher; Bd. 2).

Ostendorf, Heribert: Strafrechtliche Sozialkontrolle gegenüber dem sexuellen Mißbrauch von Kindern im sozialen Nahraum in der Bundesrepublik Deutschland / Heribert Ostendorf. – In: Sexueller Mißbrauch von Kindern in Familien / L. Backe ... – Köln, 1986. – S. 148 ff.

Palandt, Bürgerliches Gesetzbuch / bearb. von Peter Bassenge .... – 56. Aufl. – München: Beck, 1997. – (zit.: Palandt-Bearbeiter).

Patsourakou, Stavroula N.: Die Stellung des Verletzten im Strafrechtssystem : eine rechtsdogmatische, rechtsphilosophische und rechtspolitische Analyse / Stavroula N. Patsourakou. – Bonn: Forum Verl., 1994. – S. 380.

Perron, Walter: Die Beweisaufnahme im Strafverfahrensrecht des Auslandes : Gutachten des Max-Planck-Instituts für ausländisches Strafrecht Freiburg im Auftrag des Bundesministeriums der Justiz / Walter Perron (Hrsg.). – Freiburg i. Br., 1994.

Peters, Karl: Strafprozeß : ein Lehrbuch / Karl Peters. – 4. Aufl. – Heidelberg (u.a.), 1985.

Peters, Karl: Fehlerquellen im Strafprozeß : Eine Untersuchung der Wiederaufnahmeverfahren in der Bundesrepublik Deutschland / Karl Peters. – Karlsruhe, 1972. – (Systematische Untersuchungen und Folgerungen; Bd. 2).

Pfäfflin, Friedemann: Schützen Videovernehmungen kindliche Zeugen vor sekundärer Traumatisierung? / Friedemann Pfäfflin. – In: StV, 1997. – S. 95 ff.

Pierroth/Schlink: Grundrechte, Beck 1991.

Plötz, Winfried: Die gerichtliche Fürsorgepflicht im Strafverfahren / Winfried Plötz. – Frankfurt (Main),1980. – (Forschungsreihe Kriminalwissenschaften; Bd. 3).

Pohl, Günter: Wie man Kinder am besten vernehmen sollte : Überlegungen und Empfehlungen aus richterlicher Sicht / Günter Pohl. – In: Die Anhörung von Kindern als Opfer sexuellen Mißbrauchs / S. Kraheck-Brägelmann (Hrsg.). – Rostock, 1993. – S. 9–31.

Prügl, Franz: Probleme des sexuellen Mißbrauchs aus der Sicht des Jugendamtes / Franz Prügl. – In: FÜR, 1995. – S. 141 ff.

Quambusch, Erwin: Die Persönlichkeit des Kindes als Grenze der elterlichen Gewalt / Erwin Quambusch. – Freiburg i. Br., 1973 (zugl.: Diss. jur.).

Rasch, Ingeborg: Straftat und familiengerichtliches Verfahren / Ingeborg Rasch. – In: FPR, 1995. – S. 151 f.

Rassek, Ernst Jan: Begriff und Bestimmung des Kindeswohls als Maßstab bei der Sorgerechtsregelung nach §§ 1671, 1672 BGB / Ernst Jan Rassek. – Frankfurt (Main) (u.a.): Lang, 1982 (zugl.: Diss jur. – Mannheim, 1982).

Rebmann, Kurt: Der Schutz des gefährdeten Zeugen im Strafverfahren : Möglichkeiten de lege lata; Erfordernisse de lege ferenda / Kurt Rebmann; Heinz Schnarr. – In: NJW. – München: Beck, 1989. – S. 1185 ff.

Rebmann, Kurt: Der Zeuge vom Hörensagen im Spannungsverhältnis zwischen gerichtlicher Aufklärungspflicht, Belangen der Exekutive und Verteidigungsinteressen / Kurt Rebmann. – In: NStZ, 1982, S. 315 ff.

Rehermann, Thomas: Videographie : Dokumentationsmedium mit Klasse / Thomas Rehermann, Heinz Stüllenberg. – In: Kriminalistik, 1990. – S. 345–347.

Rengier, Rudolf: Die Zeugnisverweigerungsrecht im geltenden und künftigen Strafverfahrensrecht : Grundlagen, Reformfragen und Stellum im System der Beweisverbote und im Revisionsrecht / Rudolf Rengier. – Paderborn (u.a.), 1979. – (Rechts- und Staatswissenschaftliche Veröffentlichungen der Görres-Gesellschaft / hrsg. von Alexander Hollerbach.: N. F.; H. 33).

Richter, Kurt: Einsatz von Videokameras bei der Vernehmung sexuell mißbrauchter Kinder / Kurt Richter. – In: Der Kriminalist, 1990. – S. 360 f.

Rieß, Peter: Zeugenschutz durch Änderung des § 338 Nr. 6 StPO / Peter Riess. – In: Festschrift für Lackner / 1987. – S. 965, 985–987.

Rieß, Peter: Amtlich verwahrte Beweisstücke (§ 147 StPO) / Peter Rieß. – In: Wahrheit und Gerechtigkeit im Strafverfahren : Festgabe für Karl Peters aus Anlaß seines 80. Geburtstages / hrsg. von Klaus Wasserburg ... – Tübingen, 1984. – S. 113 ff.

Rieß, Peter: Der Beschuldigte als Subjekt des Strafverfahrens in Entwicklung und Reform der Strafprozeßordnung / Peter Rieß. – In: Festschrift zum 100jährigen Geburtstag des Reichsjustizamtes am 1. Januar 1877 / hrsg. vom Bundesministerium der Justiz. – o.O., 1977. – S. 373. – (zit.: FS-BMJ).

Rieß, Peter: Die Durchführung der Hauptverhandlung ohne den Angeklagten / Peter Rieß. – In: JZ, 1975. – S. 265 ff.

Rieß, Peter: Prozeßmaximen und Ermittlungsverfahren / Peter Rieß. – In: Festschrift für Kurt Rebmann zum 65. Geburtstag / hrsg. von Heinz Eyrich ... – München: Beck, 1989. – S. 381 ff.

Rieß, Peter: Die Prüfungskompetenz des Ermittlungsrichters / Peter Rieß. – In: NStZ, 1991. – S. 513 ff.

Rieß, Peter: 15 Jahre Strafprozeßreform in Raten : Rückblick und Bilanz / Peter Rieß. – In: Strafrecht, Unternehmensrecht, Anwaltsrecht : Festschrift für Gerd Pfeiffer / hrsg. von Otto Friedrich Freiherr von Gamm ... – Köln (u.a.), 1988. – S. 155 ff.

Rieß, Peter: Zeugenschutz bei Vernehmungen im Strafverfahren : Das neue Zeugenschutzgesetz vom 30.04.1998 / Peter Rieß. – In: NJW. – H. 44, 1998. – S. 3240–3243.

Rieß, Peter: Zur Reversibilität der freien tatrichterlichen Überzeugung / Peter Rieß. – In: GA, 1978. – S. 257.

Roestel, Günther: Das verletzte Kind als Zeuge im Strafprozeß / Günther Roestel. – In: RdJ, 1971. – S. 218 ff.

Roestel, Günther: Zum Zeugnisverweigerungsrecht des Kindes im Strafverfahren gegen einen Angehörigen / Günther Roestel. – In: NJW. – München: Beck, 1967. – S. 967 ff.

Rösner, Sigrid: Der Verdacht auf sexuellen Mißbrauch von Kindern in familiengerichtlichen Verfahren / Sigrid Rösner; Burkhard Schade. – In: FamRZ, 1993. – S. 1135 ff.

Rössner, Dieter: Was kann das Strafrecht im Rahmen der Sozialkontrolle und der Kriminalprävention leisten ? : Überlegungen zu einer neuen theoretischen Grundlegung / Dieter Rössner. – In: Kriminalprävention und Strafjustiz / hrsg. von Jörg-Martin Jehle. – Wiesbaden, 1996. – (Kriminologie und Praxis : Schriftenreihe der Kriminologischen Zentralstelle; Bd. 17).

Rössner, Dieter: Opferbezogene Strafrechtspflege : Leitgedanken und Handlungsvorschläge / Dieter Rössner; Rüdiger Wulf. – Bonn: Dt. Bewährungshilfe e.V., 1984. – (Beihefte zum Rundbrief soziale Arbeit und Strafrecht / hrsg. vom „Arbeitskreis Täter-Opfer-Ausgleich"; Nr. 3).

Roters, Jürgen: „Das Opfer und die Kriminalitätsbekämpfung" : Opferbehandlung in der Polizei / Jürgen Roters. – Wiesbaden: Bundeskriminalamt, o. J.

Roxin, Claus: Strafverfahrensrecht / Claus Roxin. – 25. Aufl. – München: Beck, 1998.

Rüping, Hinrich: Der Grundsatz des rechtlichen Gehörs und seine Bedeutung im Strafverfahren / Hinrich Rüping. – Berlin (u.a.), 1976. – (Strafrechtliche Abhandlungen: N.F.; Bd. 26).

Rüping, Hinrich: Verfassungs- und Verfahrensrecht im Grundsatz des rechtlichen Gehörs / Hinrich Rüping. – In: NVWZ, 1985. – S. 304 ff.

Rüping, Hinrich: Das Strafverfahren / Hinrich Rüping. – 3. Aufl. – München: Beck, 1997.

Rüping, Heinrich: Theorie und Praxis des Strafverfahrens : Grundriß für Studium und Praxis / Hinrich Rüping. – 1979. – (zit.: Rüping, 1979).

Saarstedt, Werner: Die Revision in Strafsachen / Werner Saarstedt, Rainer Hamm. – Berlin (u.a.), 1983.

Salgo, Ludwig: Das Kindeswohl in der neueren Rechtsprechung de Bundesverfassungsgerichts / Ludwig Salgo. – In: Praxis und Umfeld der Kinder- und Jugendpsychiatrie: der Dialog mit Pädiatrie, Justiz, Sozial- und Verhaltenswissenschaften / hrsg. von Reinmar du Bois. – Bern: Lang, 1989. – S. 156 ff. – (zit.: Salgo: Kindeswohl, S.).

Sarstedt, Werner: Die Revision in Strafsachen / Werner Sarstedt. – 4. Aufl. – 1962. – (zit.: Sarstedt, 1962).

Sarstedt, Werner: Der Beweisantrag im Strafprozeß / Werner Sarstedt, Rainer Hamm. – In: DAR, 1964. – S. 307.

Saywitz, Karen J.: Children's testimony and their perception of stress in and out of the court-room / Karen J. Saywitz; Rebecca Nathanson. – In: Child abuse & neglect. – H. 17, 1993. – S. 613 ff.

Saywitz, K.R.: Improving children's testimony with preparation / K.R. Saywitz. – In: Child victims, child witnesses / G. Goodman... (Eds.). – New York: Guilford Press, 1993. – S. 117–145.

Schaaber, Regina: Strafprozessuale Probleme bei Verfahren wegen sexuellen Mißbrauchs / Regina Schaaber. – In: Streit, 1993. – S. 143 ff.

Schade, Burkhard: Der Wormser Mißbrauchsprozeß : der Zeitraum von den ersten Verdachtsäußerungen bis zur Hauptverhandlung als psychologischer Prozeß / Burkhard Schade. – In: Tagungen/recht/abstract.htm vom 04.06.00 aus dem Internet S. 22–23.

Schädler, Wolfram: Die Betreuung von Zeugen im Gerichtsgebäude : Luxus oder Aufgabe der Justiz / Wolfram Schädler. – In: ZRP, 1989. – S. 5 ff.

Schellenberg, Frank: Zur Zulässigkeit staatsanwaltlicher Vernehmungsersuchen im Ermittlungsverfahren / Frank Schellenberg. – In: NStZ, 1991. – S. 72 ff.

Schleiminger, Dorrit: Konfrontation im Strafprozeß, Art 6 Ziff 3 Lit.d. EMRK mit besonderer Berücksichtigung des Verhältnisses zum Opferschutz im Bereich von Sexualdelikten bei Minderjährigen/ hrsg. von Niggli M.A., Amsturtz, M., Grundlegendes Recht Bd. 2, Helbing und Lichtenhahn, 2001.

Schlosky : Die Ablehnung von Beweisanträgen / Schlosky. – In: JW. – 1930, S. 2505.

Schlüchter, Ellen: Wahrunterstellung und Aufklärungspflicht bei Glaubwürdigkeitsfeststellungen / Ellen Schlüchter. – Heidelberg, 1992.

Schlüchter, Ellen: Das Strafverfahren / Ellen Schlüchter. – 2., überarb. u. erg. Aufl. – Köln (u.a.), 1983.

Schmidt, Eberhard: Lehrkommentar zur Strafprozeßordnung und zum Gerichtsverfassungsgesetz : Teil I / Eberhard Schmidt. – 2. Aufl. – Göttingen 1967. –(zit.: Eb. Schmidt, KommentarI/II Rn).

Schmitt, Betram: Die richterlich Beweiswürdigung im Strafprozeß. Eine Studie zu Wesen und Funktion des strafprozessualen Grundsatzes der „ freien Beweiswürdigung“ sowie zu den Möglichkeiten und Grenzen einer Revision in Strafsachen; zugleich ein Beitrag zum Verhältnis von Kriminalistik und staatlicher Strafrechtspflege. Kriminalwissenschaftliche Abhandlungen Bs. 28, hrsg. von Friedrich Geerds, Lübeck, 1992.

Schnapp, Friedrich E.: Verhältnismäßigkeitsgrundsatz und Verwaltungsverfahrensrecht / Friedrich E. Schnapp. – In: Festschrift für Ulrich Scupin zum 80. Geburtstag / hrsg. von Norbert Achterberg ... – Berlin, 1983. – S. 899 ff.

Schneider, Hans Joachim: Kriminologie / Hans Joachim Schneider. – 3. Aufl. – München: Beck, 1992.

Schneider, Ursula: Körperliche Gewaltanwendung in der Familie / Ursula Schneider. – Münster, 1987. – (Münsterische Beiträge zur Rechtswissenschaft; Bd. 28).

Schöch, Heinz: Die Rechtsstellung des Verletzten im Strafverfahren / Heinz Schöch. – In: NStZ, 1984. – S. 385 ff.

Scholz, O. Berndt: Aufgaben des psychologischen Sachverständigen beim Verdacht des sexuellen Mißbrauchs : Befunde, Diagnostik, Begutachtung / O. Berndt Scholz, Johann Endres. – In: NStZ. – H. 1, 1995. – S. 6–12.

Schrade, Holger: Die rechtlichen Grenzen der Entscheidung des Vormundschaftsgerichts im Rahmen des § 1643 BGB / Holger Schrade. – Berlin, 1993.

Schreiber, Hans-Ludwig: Verfahrensrecht und Verfahrenswirklichkeit / Hans-Ludwig Schreiber. – In: ZStW, H. 88, 1976. – S. 117 ff..

Schünemann: Gutachten B zum 58 StPO. Deutschen Juristentag, Bd. I, S. 168 ff.

Schünemann, Bernd: Der deutsche Strafprozeß im Spannungsfeld von Zeugenschutz und materieller Wahrheit : Kritische Anmerkungen zum Thema des 62. Dt. Juristentages 1998. – / Bernd Schünemann. – In: StV. – H. 7, 1998. – S. 391–401.

Schünemann, Bernd: Zur Stellung des Opfers im System der Strafrechtspflege / Bernd Schünemann. – In: Strafrecht, Unternehmensrecht, Anwaltsrecht : Festschrift für Gerd Pfeiffer / hrsg. von Otto Friedrich Freiherr von Gamm ... – Köln (u.a.): Heymann, 1988. – S. 461 ff.

Schünemann, Bernd: Vorverfahren und Verteidigungsrecht / Beiträge zur Strafprozeßreform / Walter Schuppich (Hrsg.). – Wien, 1992.

Schweckendieck, Helmut: Die ordnungsgemäße Ladung von jugendlichen Angeklagten und minderjährigen Zeugen zur Hauptverhandlung / Helmut Schweckendieck. – In: NStZ, 1990. – S. 170.

Schwind, Hans-Dieter: Ursachen, Prävention und Kontrolle von Gewalt : Analysen und Vorschläge der unabhängigen Regierungskommission zur Verhinderung und Bekämpfung von Gewalt (Gewaltkommission); Bd. I: Endgutachten und Zwischengutachten der Arbeitsgruppen / Hans-Dieter Schwind. – Berlin, 1990.

Seelmann, Kurt: Dogmatik und Politik der „Wiederentdeckung des Opfers“ / Kurt Seelmann. – In: Rechtsdogmatik und Rechtspolitik : Hamburger Ringvorlesung / hrsg. von Karsten Schmidt. – Berlin, 1990. – S. 159 ff. – (Hamburger Rechtsstudien; Bd. 78).

Seelmann, Kurt: Zur materiell-rechtlichen Problematik des V-Mannes : die Strafbarkeit des Lockspitzels und des Verlockten / Kurt Seelmann. – In: ZStW, H. 95, 1983. – S. 797.

Seewald, Karlheinz: Das Recht auf Akteneinsicht / Karlheinz Seewald. – In: Vorverfahren und Verteidigungsrechte / hrsg. von Walter Schuppich. – Wien, 1992. – S. 91 ff. – (Juristische Schriftenreihe; Bd. 61). – (zit.: K. Seewald, Akteneinsicht).

Seewald, Otfried: Zum Verfassungsrecht auf Gesundheit / Otfried Seewald. – Köln (u.a.): Heymanns, 1981.

Seitz, Helmut: Das Zeugenschutzgesetz : ZSchG / Helmut Seitz. – In: JR. – H. 8, 1998. – S. 309–312.

Siedhoff, Eckhardt. Probleme im Spannungsfeld zwischen Elternrecht und Kindeswohl im Rahmen des § 1632 IV BGB / Eckhardt Siedhoff. – In: NJW. – München: Beck, 1994. – S. 616 ff.

Siegert, Karl: Die außergerichtlichen Tonbandaufnahmen und ihre Verwertung im Zivilprozeß / Karl Siegert. – In: NJW. – München: Beck, 1960. – S. 689 ff.

Simander, Walter: Die Ablehnung von Bewisanträgen in der Hauptverhandlung / Walter Simander. – 1933. – (zit.: Simander, 1933).

Simitis, Spiros: Kindeswohl, eine interdisziplinäre Untersuchung über seine Verwirklichung in der vormundschaftsgerichtlichen Praxis / Spiros Simitis ... – Frankfurt (Main), 1979.

Skupin, Karl-Heinz: Die Folgen beim Ausbleiben eines kindlichen oder jugendlichen Zeugen im Strafverfahren / Karl-Heinz Skupin. – In: MDR, 1965. – S. 865 ff.

Solbach, Günter: Der Anspruch auf Beweiserhebung in der Hauptverhandlung in Strafsachen / Günter Solbach, Axel Vedder. – In: JA, 1980. – S. 99.

Spaniol, Margret: Das Recht auf Verteidigerbeistand im Grundgesetz und in der Europäischen Menschenrechtskonvention. – Berlin, 1990. – (Untersuchungen und Forschungsberichte aus dem Max-Planck-Institut für ausländisches und internationales Strafrecht / hrsg. von Hans-Heinrich Jescheck ...; Bd. 12).

Spencer, John R: Child witnesses and video technology : thoughts for the home office / John R. Spencer. – In: Journal of criminal law and criminology. – H. 51, 1987. – S. 444 ff.

Spencer, John R.: The evidence of Children / John R. Spencer, Rhona F. Flin. – o.O., 1990. – S. 220.

Spencer, John R.: The evidence of children : the law and the psychology / John R. Spencer; Rhona F. Flin. – 2. Aufl. – London, 1993.

Spendel, Günter: Wahrheitsfindung im Strafprozeß / Günter Spendel. – In: JuS, 1964. – S. 465.

Sporer, Siegfried: Zeugenvernehmungn mit dem kognitiven Interview : empirische Belege / Siegfried Sporer; Silke Franzen. – In: Die Beeinflußbarkeit von Zeugenaussagen / hrsg. von Siegfried Ludwig Sporer ... – Marburg, 1994. – S. 284 ff. – (Kriminalwissenschaftliche Studien; Bd. 19).

Stackelberg: Anmerkungen zu OLG Bremein in NJW 1960, S.1265 f. / von Stackelberg. – In: NJW. – München: Beck, 1969. – S. 1266 f.

Stamm, Judith: Das sexuell geschädigte Kind in der Strafuntersuchung / Judith Stamm. – Zürich, 1967 (zugl.: Diss. jur.).

Starck, Christian: Menschenwürde als Verfassungsgarantie im modernen Staat / Christian Starck. – In: JZ, 1981. – S. 457 ff.

Starck, Christian: Empirie in der Rechtsdogmatik / Christian Starck. – In: JZ, 1972. – S. 609 ff.

Staudinger, J. von: Kommentar zum Bürgerlichen Gesetzbuch : mit Einführungsgesetz und Nebengesetzen; 4. Buch: Familienrecht: §§ 1666–1722 / J. von Staudinger. – 13., neubearb. Aufl. – Berlin, 1997. – (zit.: Staudinger-Bearbeiter).

Steiner, Dirk: Das Fairneßprinzip im Strafprozeß / Dirk Steiner. – Frankfurt (Main) (u.a.): Lang, 1995. – (Criminalia / hrsg. von Klaus Volk; Bd. 6).

Steller: Das Verfahren zur Glaubwürdigkeitsprüfung in Verfahren wegen sexuellen Mißbrauchs/ Steller, Köhnken. – In: R & P, 1998. – S. 11 ff.

Steller, Max: Aussagepsychologie vor Gericht : Methodik und Probleme von Glaubwürdigkeitsgutachten mit Hinweisen auf die Wormser Mißbrauchsprozesse. In: R & P, 1998. – S. 11–18.

Steller, M.: Criteria-based statement analysis / M. Steller, G. Köhnken. – In: Psychological methods in criminal investigation and evidence / C. Raskin (Ed.). – New York (u.a.): Springer, 1989. – S. 217–245.

Steller, Max: Forensische Aussagepsychologie als angewandte Entwicklungspsychologie / Über pseudopsychologische Konzepte sogenannter Aufdeckungsarbeit bei Verdacht auf sexuellen Kindesmißbrauch / Max Steller. – In: Tagungen/recht/abstract.htm vom 04.06.00 aus dem Internet S. 27–28.

Steller, M.: Realkennzeichen in Kinderaussagen : Empirische Grundlagen der kriterienorientierten Aussageanalyse / M. Steller, P. Wellershaus, T. Wolf. – In: Zeitschrift für experimentelle und angewandte Psychologie. – H. 39 / 1992. – S. 151–170.

Steller, M.: Zur Beurteilung von Zeugenaussagen : Aussagepsychologische Konstrukte und methodische Strategien / M. Steller, P. Wellershaus. – In: Bericht über den 38. Kongress der Deutschen Gesellschaft für Psychologie / L. Montada (Hrsg.). – Göttingen: Hogrefe, 1993. – S. 367–376. – (Bericht über den 38. Kongress der Deutschen Gesellschaft für Psychologie; Bd. 2).

Stern, William: Kinder und Jugendliche als Zeugen / William Stern. – In: JZ, 1910. – S. 1002 f.

Stöcker, Hans A.: Auslegung der Kinderkonvention / Hans A. Stöcker. – In: RdJ, 1991. – S. 75 ff.

Störzer, Hans-Udo: Sittlichkeitsprozeß und junges Opfer : Gedanken zu den neuen Vorschriften zum Schutze kindlicher und jugendlicher Zeugen im Strafverfahren : (§ 172 Nr. 4 GVG, §§ 241 StPO a, 247 StPO S. 2 StPO) / Hans Udo Störzer. – In: Sexualität und soziale Kontrolle / hrsg. von Henner Hess ... – Heidelberg, 1978. – S. 101 ff.

Strate, Gerhard: Unbeachtlichkeit einer Verletzung des § 137 Abs. 1 S. 1 StPO im Ermittlungsverfahren ? / Gerhard Strate; Klaus-Ulrich Ventzke. – In: StV, 1986. – S. 30 ff.

Strate, Gerhard: Zur Video-Simultanübertragung von Zeugenvernehmungen in Hauptverhandlungen wegen des Vorwurfs von Sexualstraftaten zum Nachteil von Kindern und Jugendlichen / Gerhard Strate. – In: StraFO, 1996. – S. 2 ff.

Strate, Gerhard: Zur Video-Übertragung von Zeugenvernehmungen in der Hauptverhandlung / Gerhard Strate. – In: Friebertshäuser-FS, 1997. – S. 203 ff.

Stratmann, Willi: Zeugenschutz und Zeugenbetreuung : wenn Zeugen zu Opfern werden / Willi Stratmann. – In: Kriminalistik. – H. 12, 1992. – S. 787–789.

Struck, Jutta: Die UN-Konvention über die Rechte des Kindes : Impulse für eine Erneuerung unseres Kindschafts- und Jugendrechts / Jutta Struck. – In: ZBlJR, 1990. – S. 613 ff.

Stützel, Karl: Der Beweisantrag im Strafverfahren / Karl Stützel. – 1932. – (zit.: Stützel, 1932).

Stumpf, Thomas W.: Opferschutz bei Kindesmißhandlung / Thomas W. Stumpf. – Neuwied (u.a.): Luchterhand. – Berlin, 1995. – (Schriftenreihe Familie und Recht).

Sydow, Fritz: Kritik der Lehre von den „Beweisverboten" / Fritz Sydow. – Würzburg, 1976 (zugl.: Diss. jur).

Systematischer Kommentar zum Strafgesetzbuch : Bd. I: Allgemeiner Teil (§§ 1–79 b) / hrsg. von Hans-Joachim Rudolphi ... – 6. Neubearb. Aufl. – Stand: 24. Lieferung, März 1995. – Neuwied (u.a.): Luchterhand, 1995. – (zit.: SK-StGB-Bearbeiter).

Systematischer Kommentar zur Strafprozeßordnung und zum Gerichtsverfassungsgesetz / Hans-Joachim Rudolphi ... – Stand: 9. Aufbaulieferung (Grundwerk) März, 1994. – Neuwied (u.a.): Luchterhand, 1994. – (zit.: SK-StPO-Bearbeiter).

Theune, Gerhard: Der Beweisantrag und seine Behandlung durch das Gericht : Hinweise für die Praxis / Gerhard Theune. – In: Ausgewählte Fragen aus dem Straf- und Strafverfahrensrecht : Referate einer Arbeitstagung vom 4.–6. Juli 1984 in Bad König / Hessischer Minister der Justiz (Hrsg.). – 1984. – (zit.: Theune, 1984).

Tondorf, Günter: Die Verteidigung pädophiler Delinquenten / Günter Tondorf. – In: Tatsachenerfassung, Verteidigung und erweiterte Anwaltsaufgaben im Strafprozeß : 18. Strafverteidigertag vom 11.–13. März in Hannover / hrsg. von den Strafverteidigervereinigungen. – 1. Aufl. – Köln, 1994. – S. 159 ff.

Tröndle, Herbert: Strafgesetzbuch und Nebengesetze / Herbert Tröndle. – 51. Aufl. – München: Beck, 1999. – (zit.: D-Tröndle).

Ulsamer, Gerhard: Europäische Menschenrechtskonvention und deutsche Strafverfolgungspraxis / Gerhard Ulsamer. – In: Festschrift für Wolfgang Zeidler : Bd. 2 / hrsg. von Walther Fürst ... – Berlin (u.a.), 1987. – S. 1799 ff.

Undeutsch, Udo: Alter von Kindern und Glaubwürdigkeitsbegutachtung : die Glaubwürdigkeit der Aussagen. – In: Undeutsch, Udo : Handbuch der Psychologie / Udo Undeutsch. – (Forensische Psychologie; Bd. 11. S. 6 ff).

Undeutsch, Udo: Die aussagepsychologische Realitätsprüfung bei Behauptung sexuellen Mißbrauchs / Udo Undeutsch. – In: Die Anhörung von Kindern als Opfer sexuellen Mißbrauchs / S. Kraheck-Brägelmann (Hrsg.). – Rostock, 1993. – S. 69–162 (Die Anhörung von Kindern als Opfer sexuellen Mißbrauchs; Bd. 1).

Undeutsch, Udo: Die Problematik des psychologischen Sachverständigen / Udo Undeutsch. – In: Festschrift für Richard Lange zum 70. Geburtstag / Günter Warda ... – Berlin (u.a.), 1976. – S. 717 ff.

Unruh, Peter: Zur Dogmatik der grundrechtlichen Schutzpflichten / Peter Unruh. – Berlin, 1996. – (Schriften zum öffentlichen Recht; Bd. 709).

ter Veen, Heino: Das unerreichbare Beweismittel und seine prozessualen Folgen : eine Übersicht zur Rechtsprechung des BGH und anderer Obergerichte / Heino ter Veen. – In: StV, 1985. – S. 295.

Vierhaus, Hans-Peter: Zulässigkeit der Ordnungs- und Zwangsmittel des § 51 StPO gegen Kinder als Zeugen / Hans-Peter Vierhaus. – In: NStZ, 1994. – S. 271 ff.

Völcker, Hans: Die Ablehnung von Beweisanträgen im Strafprozeß / Hans Völcker. – 1931 (zugl.: Diss. jur, 1931).

Volbert, Renate: Belastungen von Kindern in Strafverfahren wegen sexuellen Mißbrauchs / Renate Volbert; Detlef Busse. – In: Vom Umgang der Justiz mit Minderjährigen : Kinder und Jugendliche im familien- und vormundschaftsgerichtlichen Verfahren; kindliche Opferzeugen im Strafverfahren; Tagungsdokumentation; Frankfurter Tage der Rechtspolitik 1994 / hrsg. von Ludwig Salgo. – Neuwied (u.a.): Luchter Hand, 1995. – S. 73 ff.. – (Schriftenreihe Familie und Recht; Bd. 13).

Volbert, Renate: Wie fair sind Verfahren für kindliche Zeugen? : Zur Strafverfolgung bei Sexuellem Mißbrauch von Kindern / Renate Volbert; Detlef Busse. – In: Verfahrensgerechtigkeit / hrsg. von Günter Bierbrauer ... – Köln, 1995. – S. 139 ff. – (Rechtspsychologische Forschungsbeiträge für die Justizpraxis).

Volbert, Renate: Zwischenbericht zum Forschungsprojekt : Schutz minderjähriger Zeugen im Strafprozeß; Belastungserleben von Kindern in Hauptverhandlungen / Renate Volbert; Detlef Busse. – Berlin, 1995.

Volbert, Renate: Kinder als Zeugen im Strafverfahren wegen sexuellem Mißbrauchs / Renate Volbert; Katja Erdmann. – In: MschrKrim. – H. 79, 1996. – S. 239 ff.

Volbert, Renate: Zur Situation kindlicher Zeugen vor Gericht / Renate Volbert; Volker Pieters. – Bonn: BMJ, 1993.

Volk, Klaus: Wahrheit und materielles Recht im Strafverfahren / Klaus Volk. – Konstanz, 1980.

Walker Perry, Nancy: The child witness / Nancy Walker Perry; Lawrence S. Wrightsman. – Newbury Park (u.a.), 1991.

Walter, Michael: Zur Funktion des Strafrechts bei „akuten sozialen Problemen" : einige rechtssoziologische Überlegungen am Beispiel sexuellen Mißbrauchs von Kindern und Jugendlichen / Michael Walter; Angelika Wolke. – In: MschrKrim. – H. 80, 1997. – S. 93 ff.

Warren, Amye R.: Effects of timing and type of questioning on eyewitness accuracy and suggestibility / Amye R. Warren; Peggy Lane. – In: Memory and testimony in the child witness / hrsg. von Maria S. Zaragoza ... – Thousand Oaks (u.a.), 1995. – S. 44 ff.

Wasserburg, Klaus: Strafverteidigung und Zeugenschutz / Klaus Wasserburg. – In: Wahrheit und Gerechtigkeit im Strafverfahren : Festgabe für Karl Peters aus Anlaß seines 80. Geburtstages / hrsg. von Klaus Wasserburg ... – Tübingen, 1984. – S. 285 ff.

Wassermann, Rudolf: Präventive Kriminalpolitik im Strafverfahren / Rudolf Wassermann. In: Schwind, Hans-Dieter: Präventive Kriminalpolitik / Hans-Dieter Schwind ... Heidelberg 1980. – S. 71 ff. – (Kriminologische Forschung : Schriftenreihe des Niedersächsischen Ministeriums der Justiz; Bd. 1).

Weber, Victor: Besserer Schutz von Opferzeugen im Strafverfahren angestrebt : Separate Vernehmung von „Opferzeugen"; Videoübertragung; ein Überblick / Victor Weber. – In: DriZ, 1996. – S. 377 ff.

Wegner, Birgit: Ein kleiner Schritt im Verfahren, ein großer Schritt für den Opferschutz : die Vereinbarkeit der Videovernehmungen am Gericht mit dem Unmittelbarkeitsprinzip / Birgit Wegner. – In: ZRP, 1995. – S. 406 ff.

Weider, Hans-Joachim: Zur Problematik des polizeilichen V-Mannes / Hans-Joachim Weider. – In: StV, 1981. – S. 151.

Weidner, Hans-Joachim: Pflichtverteidigerbestellung im Ermittlungsverfahren und Opferschutzgesetz / Hans-Joachim Weidner. – In: StV, 1987. – S. 317 ff.

Weigend, Thomas: Anklagepflicht und Ermessen : Die Stellung des Staatsanwalts zwischen Legalitäts- und Opportunitätsprinzip nach deutschem und amerikanischem Recht; rechtsvergleichende Untersuchungen zur gesamten Strafrechtswissenschaft / Thomas Weigend. – Baden-Baden: Nomos, 1978. (Name der Serie nicht ermittelbar: 3. Folge; Bd. 3).

Weigend, Thomas: Deliktsopfer und Strafverfahren : Strafrecht und Kriminologie / Thomas Weigend. – Berlin, 1989. (Untersuchungen und Forschungsberichte aus dem Max-Planck-Institut für ausländisches und internationales Strafrecht in Freiburg i. Br.; Bd. 10).

Weigend, Thomas: Empfehlen sich gesetzliche Änderungen, um Zeugen und andere nicht beschuldigte Personen im Strafprozeßrecht besser vor Nachteilen zu Bewahren ? : Gutachten C / Thomas Weigend. – München: Beck, 1998. – S. C 131. – (Verhandlungen des 62. Dt. Juristentages : Bd.1 : Gutachten, Teil C).

Weigend, Thomas: Viktimologische und kriminalpolitische Überlegungen zur Stellung des Verletzten im Strafverfahren / Thomas Weigend. – In: ZStW. – H. 96, 1984. – S. 761 ff.

Weigend, Thomas: Die Reform des Strafverfahrens, europäische und deutsche Tendenzen und Probleme, ZStW 104 (1992), H. 2, S. 486 ff.

Welp, Jürgen: Anwesenheitsrecht und Benachrichtigungspflichten : Bemerkungen zum Urteil des BGH vom 2.5.1979; 2 StR 99/79 in JZ 1980, S. 149 ff. / Jürgen Welp. – In: JZ, 1980. – S. 134 ff.

Wenner, Gerd: Die Aufklärungspflicht gem. § 244 Abs. 2 StPOStPO / Gerd Wenner. – 1982 (zugl.: Diss. jur., 1982).

Werner, Hubertus: Flachslanden als Synonym für sexuellen Mißbrauch und die scheinbare Unfähigkeit der Justiz damit umzugehen ? / Hubertus Werner. – In: StraFO. – 1995. – S. 112–115.

Werner, Karin: Der Einfluß des Verletzten auf Verfahrenseinstellungen der Staatsanwaltschaft / Karin Werner. – Parensen, 1986. – (Neue Kriminologische Studien; Bd. 5).

Wessels: Die Aufklärungspflicht / Wessels. – In: JuS, 1969. – S. 4.

Weßlau, Edda: Opferschonendes Prozeßverhalten als Strafmilderungsgrund ? / Edda Weßlau. – In: KJ, 1993. – S. 461 ff.

Westhoff, Karl: Psychologische Gutachten : schreiben und beurteilen. – 2. Aufl. – Berlin (u.a.): Springer, 1994. – S. IX, 225 S.

Whitcomb, Debra: When the victim is a child / Debra Withcomb (Hrsg.). – Washington, 1985.

Wömper, Hans-Bernd: Ergänzender Urkundenbeweis neben §§ 253, 254 StPO / Hans-Bernd Wömper. – In: NStZ, 1983. – S. 293 ff.

Wolf, Petra: Kinder als Zeugen : was wissen sie über Gerichtsverhandlungen / Petra Wolf; Max Steller. – In: Verfahrensgerechtigkeit : rechtspsychologische Forschungsbeiträge für die Justizpraxis / hrsg. von Günter Bierbrauer – Köln, 1995. – S. 163 ff.

Wolter, Jürgen: Aspekte einer Strafprozeßreform bis 2007/ Wolter, Jürgen. – 1991.

Wolter, Jürgen: Menschenwürde und Freiheit im Strafprozeß / Jürgen Wolter. – In: Gedächtnisschrift für Karlheinz Meyer / hrsg. von Klaus Geppert ... – Berlin (u.a.), 1990. – S. 493 ff.

Wolter, Jürgen: Verfassungsrecht im Strafprozeß- und Strafrechtssystem : zugleich ein Beitrag zur Verfassungsmäßigkeit der Norm und zum rechtsfreien Raum „vor dem Tatbestand" / Jürgen Wolter. – In: NStZ, 1993. – S. 1 ff.

Wulf, Rüdiger: Opferbezogene Strafverfolgung : Plädoyer für ein neues Verhältnis zwischen Staatsanwalt(schaft) und Verbrechensopfer(n) nach geltendem Recht / Rüdiger Wulf. – In: Verbrechensopfer, Sozialarbeit und Justiz : das Opfer im Spannungsfeld der Handlungs- und Interessenskonflikte / hrsg. von Helmut Janssen ... – Bonn, 1985. – S. 437 ff. – (Schriftenreihe der Deutschen Bewährungshilfe e.V. : N.F., Bd. 3).

Wulf, Rüdiger: Opferschutz im Strafprozeß : rechtliche Gebote und faktische Möglichkeiten / Rüdiger Wulf. – In: DriZ, 1981. – S. 374 ff.

Zacharias, Klaus: Der Gefährdete Zeuge im Strafverfahren / Klaus Zacharias. – Berlin: Duncker u. Humblot, 1997. – (Strafrechtliche Abhandlungen; Bd. 102).

Bergmann, Maren
Die Verrechtlichung des Strafvollzugs und ihre Auswirkungen auf die Strafvollzugspraxis
Studien und Materialien zum Straf- und Maßregelvollzug, Bd. 16, 2003, 296 S., ISBN 3-8255-0368-2, ca. € 30,–

Borchert, Jens
Erziehung im DDR-Strafvollzug
Theoretische und gesetzliche Grundlagen sowie die Durchführung in der Strafvollzugseinrichtung Torgau
Beiträge zu Kriminologie und Strafrecht, Bd. 1, 2002, 150 S., ISBN 3-8255-0388-7, € 21,90

Giefers-Wieland, Natalie
Private Strafvollzugsanstalten in den USA
Eine Perspektive für Deutschland?
Studien- und Materialien zum Straf- und Maßregelvollzug, Bd. 18, 2002, 230 S., ISBN 3-8255-0383-6, ca. € 30,–

Henninger, Susanne
Nichtdeutsche Beschuldigte im Jugendstrafverfahren
Beiträge zu Kriminologie und Strafrecht, Bd. 2, 2003, 420 S., ISBN 3-8255-0386-0, € 32,80

Schünemann, Bernd (Hg.)
Claus Roxin. Person – Werk – Epoche
Reihe Rechtswissenschaften, Bd. 196, 2003, 80 S., ISBN 3-8255-0381-X, € 13,50

Stein, Henrike
Die Regelung von Täterschaft und Teilnahme im Europäischen Strafrecht am Beispiel Deutschland, Frankreich, Spanien, Österreichs und England
Studien zum Wirtschaftsstrafrecht, Bd. 14, 2002, 460 S., ISBN 3-8255-00327-5, 39,80 €

Schünemann, Bernd (Hg.)
Strafrechtssystem und Betrug
Studien zum Wirtschaftsstrafrecht, Bd. 7, 2002, 250 S., ISBN 3-8255-0153-1, 27,90 €

Tzschaschel, Nadja
Ausländische Gefangene im Strafvollzug
Eine vergleichende Bestandsaufnahme der Vollzugsgestaltung bei ausländischen und deutschen Gefangenen sowie eine Untersuchung zur Anwendung des § 456a StPO. Ergebnisse einer in Nordrhein-Westfalen durchgeführten Aktenanalyse
Studien und Materialien zum Straf- und Maßregelvollzug, Bd. 17, 2002, 170 S., ISBN 3-8255-0377-1, € 24,60

Kolibri 360 GmbH
Ferdinand-Jühlke-Straße 7
99095 Erfurt, Deutschland
produktsicherheit@kolibri360.de